SV

Bollons fundiertes, fesselnd geschriebenes Porträt bietet die beste Einführung in Leben und Werk Ciorans, der, 1911 im rumänischen Rasinari als Sohn eines Priesters geboren, 1937 nach Paris übersiedelte. Anknüpfend an die Tradition der französischen Moralisten, verarbeitete er die eigenen überschwenglichen Anfänge und Abgründe und wurde zu einem der bedeutenden Schriftsteller und Stilisten der französischen Sprache.

Um das facettenreich geschliffene, unruhig funkelnde Aphorismenwerk Ciorans ist es still geworden. Spätestens seit dem Tod des Autors (1995) droht die Auseinandersetzung mit den antisemitischen und hitlerfreundlichen Äußerungen des jungen Cioran die mit dem Werk zu überschatten.

Patrice Bollons biographischer Essay über den »Ketzer« setzt an genau diesem Punkt ein. Statt Ciorans Jugendblindheit abzudrängen, zeigt Bollon, in welcher kulturellen und politischen Landschaft die frühen Artikel sowie jene verhängnisvolle Schrift über die »Verklärung Rumäniens« entstanden und wie Cioran sich in einer lebenslangen Auseinandersetzung mit diesem Irrtum von den »blutigen Possen« der Utopie überhaupt und jederlei Glauben befreite – und so zu dem wurde, der er schließlich war: ein Meister der Klarheit, der Eleganz und Gelassenheit.

Patrice Bollon
Cioran, der Ketzer

Aus dem Französischen von
Ferdinand Leopold

Suhrkamp

Die französische Originalausgabe erschien 1997
unter dem Titel *Cioran, l'hérétique*
bei Éditions Gallimard, Paris.

Erste Auflage dieser Ausgabe 2024

Umschlaggestaltung nach Entwürfen
von hißmann, heilmann, hamburg
Druck: Books on Demand GmbH, Norderstedt
Printed in Germany
ISBN 978-3-458-24399-2

www.insel-verlag.de

Inhalt

»Was macht, offen gestanden, jeder Mensch?
Er sühnt sich selbst.«

Cioran
Gedankendämmerung (1940)[1]

Einführung

Ein großer Unbekannter

Ganz oben auf die letzte Seite seiner letzten, 1987 veröffentlichten Aphorismensammlung *Aveux et Anathèmes* (*Der zersplitterte Fluch*) – in symbolischer Position, die selbstverständlich keineswegs dem Zufall zu verdanken ist, sondern vielmehr einer wohlüberlegten, geradezu herausfordernden Absicht entspringt –, hatte er diesen Satz geschrieben, eine ewige wahrhafte Kriegserklärung an alle Glaubensvorstellungen und Heilsbotschaften: »Solange noch ein einziger Gott *steht*, ist die Aufgabe des Menschen nicht beendet.«[1] Gleichwohl ist Cioran am Freitag, dem 23. Juni 1995, in der denkbar religiösesten Art auf dem Friedhof Montparnasse bestattet worden, nach einem Gottesdienst in der rumänisch-orthodoxen Kirche von Paris, Rue Jean-de-Beauvais. Ein letzter und bei weitem nicht der einzige Widerspruch eines Mannes, der den immerwährenden Widerstreit mit sich selbst zur Grundlage seines Denkens und, allgemeiner, des Daseins erhoben hatte.

Dieser »Meister des zeitgenössischen Pessimismus«, wie ihn die Lexika[2] recht geistlos bezeichnen, wußte in seinen Schriften nicht nur sehr geschickt Humor und Ironie einzusetzen, sondern war im täglichen Leben auch einer der witzigsten Menschen, denen man begegnen konnte. Er hatte nichts gemein mit dem mürrischen, von dem Gedanken an Selbstmord besessenen Denker, den einige seiner Bewunderer beschrieben haben, eifrig bemüht, ihm ihre eigenen Neigungen zu unterstellen, so daß sie schließlich seinen Stil, seine Ausdrucksweise nachäfften – allerdings nicht die Eleganz, das heißt das Wesentliche. Er dagegen war begnadet. Anders als seine Nacheiferer ging er alles, und vor allem sich selbst, mit unermeßlich viel Abstand und Feinfühligkeit an. Der Spott ge-

hörte, mehr als Gehässigkeit oder Mißmut, zu seiner Wesensart; und das Lachen, seine ureigenste Ausdrucksweise, war fast so etwas wie sein Heilmittel. Weit entfernt von einem »verfemten« Romantiker, der sich schwermütig dem Weltschmerz hingibt, war er eher eine Art moderner »Neffe Rameaus«, dem beinahe nur Gehrock und gepuderte Perücke fehlten, um an einen Freigeist dieses französischen 18. Jahrhunderts zu erinnern, das er so sehr liebte und das er durch seine Schriften auferstehen zu lassen vermochte.
Trotz seines Rufs als Menschenhasser und Einsiedler war Cioran für alle Begegnungen offen, sofern sie ihm, mehr noch als geistige Bereicherung – deren bedurfte er kaum – Unterhaltung versprachen. Wie er in seinen *Exercices d'admiration*,[3] zweifellos einem seiner schönsten Bücher, berichtete, hat dieser gleichsam zeitenthobene Mensch im übrigen alle diejenigen kennengelernt, die in diesem Jahrhundert zu Recht bekannt sind, von Beckett, den er regelmäßig bei seinen Spaziergängen im Luxembourg überraschte, bis hin zu Michaux, der ihn zu wissenschaftlichen Dokumentarfilmen im Grand Palais mitnahm, nicht zu vergessen die großen, in Paris lebenden Rumänen, Fondane, Celan, Eliade und Ionesco, seine Freunde. Doch er konnte sich ebensogut stundenlang auf der Straße mit Außenseitern und alten Prostituierten unterhalten. In dieser Vorliebe für die »Gescheiterten«, wie er sie nannte, gab es seinerseits keinerlei Herablassung oder Voyeurismus: In Wirklichkeit fand er sich in ihnen wieder, aber auf einer anderen Ebene; und der Gedanke, daß nur die Mächtigen, die Intellektuellen oder die Künstler interessant sein könnten, war ihm völlig fremd.
Wenn man ihm zum ersten Mal begegnete, war man im übrigen überrascht von einer an Arglosigkeit grenzenden Ungezwungenheit, die man so nicht erwartete. Bei der ersten Begegnung erzählte er vielen, wie er zu der Zeit, als das Gesetz von 1948[4] noch in Kraft war, seine berühmte Wohnung unter den Dächern der Rue de l'Odéon erhalten hatte: Nachdem er über zwanzig Jahre lang in Hotels gewohnt hatte, drohte ihm,

vor die Tür gesetzt zu werden. Da erinnerte er sich an eine seiner Bewunderinnen, eine Immobilienmaklerin, die ihm einmal ihre Hilfe angeboten hatte. Sie war es, die diese notdürftig zu einer Drei-Zimmer-Wohnung vereinigten Dienstbotenzimmer für ihn fand. »Da kann man sagen, was man will«, bemerkte er gern. »Manchmal ist es doch ganz nützlich, Bücher zu schreiben ...«

Vielleicht war es diese Selbstironie, die ihn körperlich bei Kräften hielt. Mit sechzig Jahren hatte er noch immer die Gestalt eines Jugendlichen, eine aufrechte, aber keineswegs steife Haltung und eine geschmeidige Art, sich zu bewegen, die fast an eine Katze erinnerte. Auch die Jugendlichkeit der Züge seines von zwei hellblau lachenden Augen erhellten Gesichts erstaunte. In diesen Augen war nichts Düsteres oder Verquältes zu erkennen, vielmehr die Belustigung, die ihm das ewige Schauspiel der Welt und ihrer Seltsamkeiten bereitete, und eine an innere Abgeklärtheit grenzende Gelöstheit. Und das so sehr, daß die Fotos, die man von ihm kennt, mir trotz der hohen formalen Qualität von einigen Bildnissen etwas verfälscht erscheinen. Wurde er dem Auge der Kamera ausgesetzt, verursachte dies vielleicht den verkrampften Gesichtsausdruck, wie man ihn auf manchen Fotos erkennt. Schließlich war Cioran ein Mann aus der Zeit vor dem Medienzeitalter, ja sogar aus einem anderen Jahrhundert, dem es herzlich gleichgültig war, ob er sich für eine Illustrierte oder irgendeine beliebige Veröffentlichung, wie man heute zu sagen pflegt, »in Szene zu setzen« wußte oder nicht. Ich stelle mir also vor, daß es durch die Abwesenheit des Spielerischen dazu kommt, daß er auf den Fotos instinktiv die für ihn so unnatürliche Pose eines zünftigen pessimistischen Schriftstellers mit gerunzelter Stirn und argwöhnischem Blick einnimmt, die ihm so gar nicht ähnlich war.

Die Angriffe auf den Unsinn des Lebens mischten sich bei ihm unablässig mit einer »Neugier, dazusein«,[5] die deren Heftigkeit nicht nur abschwächte, sondern ihn von jeglicher Verzweiflung fernhielt. Nicht, daß er die Gegenwart des Nichts zu vergessen versuchte, eines Nichts, das er vielmehr auf Schritt und Tritt vorfand, oder daß dieses Empfinden sich bei ihm von einer rein intellektuellen oder angelesenen Haltung herleitete. Cioran hatte nicht zwei Gesichter, ein privates und ein öffentliches, seinen Büchern vorbehaltenes; er war das genaue Gegenteil eines kalten, wirklichkeitsfremden Gelehrten. Es fällt sogar schwer, sich einen großen Schriftsteller vorzustellen, der weniger »Literat« gewesen wäre als Cioran. Er war ein Mann von Fleisch und Blut, leidenschaftlich, stürmisch, er hatte seine Zwangsvorstellungen und war froh darüber, und bisweilen wurde er von heftigen Wutausbrüchen heimgesucht. Aber gleichzeitig zeigte ihm sein Skeptizismus, der für ihn wesentlich mehr als einen einfachen intellektuellen Mechanismus darstellte – er war für ihn praktische Lebensmoral, über kurz oder lang stets die Nichtigkeit dieser Dinge auf; und ein Scherz schloß solche Auseinandersetzungen endgültig ab. So erinnere ich mich an die Empörung – das Wort ist nicht zu stark –, die eine lautstark angekündigte Veröffentlichung eines angeblich »exklusiven« Interviews mit einer jungen rumänischen Journalistin in einer Wochenzeitung bei ihm hervorrief, eines Interviews, das tatsächlich aus den Brocken eines formlosen Gesprächs, der einzigen Art von Gespräch, zu dem Cioran sich bereit erklärte, zusammengestellt worden war. Wochenlang klagte er über das, was er bitter als »Verrat« deutete. Alle anderen Gesprächsthemen schienen ihm gleichgültig zu sein. Er ließ einfach nicht locker. Als ich ihn dann eines Tages fragte, ob die »Verräterin« wenigstens schön sei, erwiderte er: »Ja, leider! Gerade deshalb kann ich es ihr ja nicht wirklich übelnehmen. Das soll mir eine Lehre sein: in meinem Alter noch den Charmeur spielen zu wollen«, schloß er auflachend, wobei er durch seine Aussprache diesen witzigen altmodischen Ausdruck betonte. Und er sprach nie wieder davon.

Obschon es, man ahnt es bereits, beinahe unmöglich ist, diesen lebenden Widerspruch, der Cioran war, mit Hilfe einfacher psychologischer Begriffe zu fassen, glaube ich im übrigen nicht, daß er zu nachhaltigem Haß oder zu dauerhafter Bosheit fähig war. Nie habe ich aus seinem Munde die geringste Äußerung jener »üblen Nachrede« vernommen, deren er sich zu brüsten pflegte.[6] Der Moralist, den einige mißbräuchlich mit La Rochefoucauld verglichen haben und noch immer vergleichen – damit will ich sagen, daß trotz der unleugbaren Ähnlichkeiten seine Ziele und seine Art sich zutiefst von denen des Verfassers der *Maximen* unterscheiden, daß dieser Vergleich zu den zahllosen Klischees gehört, die seinen Denkweg eher verdunkeln als erhellen –, dieser Moralist beurteilte bestimmte Mängel des heutigen Lebens gewiß mit Härte. Aber er verband damit stets so viel Zweifel und Ironie, daß daraus eher ein milder, fast liebevoller Spott entstand als das Keifen eines Pamphletisten oder das Gefasel eines enttäuschten Propheten.

Etwa wie Cocteau, der behauptete, »die Diebe der Polizei stets vorzuziehen«, ging dieser freie, beinahe anarchische Geist so weit, daß er noch bei denjenigen, die ihn offen hinters Licht geführt hatten, Gründe für eine Entschuldigung fand! Schließlich ging ja die Schwierigkeit von ihm aus, war auf seine Naivität zurückzuführen, die er sich trotz seines äußersten Scharfblicks bewahrt hatte; und so nahm er eher die Gelegenheit wahr, sich über seine eigenen lächerlichen Seiten lustig zu machen, als über die der anderen herzuziehen. Das war auch bei jenem, inzwischen verstorbenen, berühmten, selbsternannten »großen Schriftsteller« der Fall, der sich, als er Cioran eines Tages unerwartet aufsuchte, mit Gewalt Zutritt zur Wohnung verschaffte, indem er einen Fuß in die Tür setzte, Cioran dann rücksichtslos mitten in dessen unaufgeräumtes Arbeitszimmer drängte, um ihn von dem Fotografen, der den Eindringling auf seinem Feldzug begleitete, porträtieren zu lassen. Als er genügend Abstand gewonnen hatte, empfand Cioran keinerlei Haß gegen diesen »Halunken«, sondern vielmehr eine Art Bewunderung für dessen erstaunliche Unverfrorenheit. Übrigens erzählte er diese Geschichte niemals, ohne darüber zu lachen. Und als viele Jahre später das Foto in einer großen Illustrierten[7] erschien, neigte er dazu, es »gar

nicht einmal so schlecht« zu finden. Und fügte verschmitzt hinzu: ». . . in soziologischer Hinsicht, versteht sich . . .«
Tatsächlich war ich der Autor des Artikels, der diese Veröffentlichung begleitete. Ich hatte ihn zuvor um Erlaubnis gebeten. Schelmisch hatte er mir geraten, mich darauf zu beschränken, einen Aufsatz zu überarbeiten, den ich drei Jahre zuvor in einer anderen Zeitschrift über ihn geschrieben hatte: »Auf diese Art und Weise«, sagte er mir, »schlagen Sie zwei Fliegen mit einer Klappe: Einerseits nehmen Sie mir die Angst, denn mir ist, was Sie über mich geschrieben haben, bekannt, und ich stimme dem zu. Andererseits verdienen Sie Geld, ohne zu arbeiten, was in diesem Beruf am allergescheitesten ist.«

So verhielt sich Cioran, durchaus nicht zynisch – er war, seinem eigenen Ausdruck zufolge, ein »Papier-Zyniker«, in Wirklichkeit zu dieser unausgesetzt berechnenden Haltung, die der echte Zynismus voraussetzt, gar nicht imstande –, aber mit einer Art eleganter Gelöstheit gegenüber der Welt, einer fast aristokratischen Frechheit gegenüber ihrem angeblichen »Ernst«.

Er lebte im Grunde wie ein ewiger Student, der er beinahe bis zum fünfzigsten Lebensjahr gewesen war, gleichsam am Rand, in einer Welt, die nur ihm gehörte. Jedoch lehnte er, wie man bisweilen etwas vorschnell behauptet hat, die Moderne nicht ab. Obgleich er kein besonderer Zeitungsleser war und bis Anfang der neunziger Jahre keinen Fernseher zu Hause haben wollte, wußte er sehr wohl, was in der Welt vorging, und äußerte sich zuweilen scharfsinnig über das Zeitgeschehen. Als Ende der achtziger Jahre die Sowjetunion zu zerfallen begann, bemerkte er, daß die Russen im Laufe ihrer Geschichte die Demokratie, die in ihren Augen stets ein dem Glauben unterlegener »westlicher Importartikel« gewesen war, niemals anerkannt hatten, er sagte die machtvolle Rückkehr der orthodoxen Kirche voraus und prophezeite den Einzug eines in liberalen Flitter gekleideten Zaren in den Kreml. Diese Analyse war besonders treffend. Cioran sah klar, weil er dem »Neuen« nicht mehr Substanz zuschrieb, als es tatsächlich besaß. Er betrachtete die Probleme aus großer Ferne, von einer Höhe herab, von der aus gesehen sie, wie er wiederholt schrieb, seit Adams und Evas Aufenthalt im Paradies fast unverändert geblieben waren. Der einzige Unterschied bestand darin, daß man sie verschieden auffaßte: Die Zeit veränderte den »Dekor«, nicht aber die Substanz.

Ein Gespräch mit ihm läßt sich nur schwer wiedergeben. Nicht, daß es sich jedem Plan widersetzte. Cioran ließ die Dinge einfach geschehen und nahm die Gelegenheiten, ins Gespräch einzugreifen, so wie sie kamen. Seit seiner Jugend in Rumänien liebte er das »balkanische Geschwätz«, wie er es zu bezeichnen pflegte, in dessen Verlauf man ganze Nachmittage lang vor einer Tasse Mokka, die kaum angerührt wurde, über alles und nichts reden konnte. Deshalb gab es an ihm etwas sogar eher Südländisches, ja beinahe Orientalisches. Bei einer Unterhaltung mit ihm hatte man jedenfalls niemals den Eindruck, der Verkündung von Lehrmeinungen oder einer »Unterweisung« beizuwohnen. Es war ein echter Austausch im Stil der Alten, wobei von jedem erwartet wurde, daß er möglichst viel vom anderen lernte. Mit ihm konnte man alle Themen zur Sprache bringen – die Vorstellung, daß einige Gesprächsstoffe von Natur aus edler seien, kam ihm, glaube ich, erst gar nicht in den Sinn. Und, was bemerkenswert ist, weil es selten genug vorkommt, er hörte mindestens ebenso gern zu, wie er sprach.

Das erste Mal, als ich ihm Mitte der achtziger Jahre im Auftrag einer inzwischen eingestellten Zeitschrift[8] begegnete, erzählte ich ihm also, ich weiß nicht mehr, unter welchem Vorwand, die wundersame und lächerliche Geschichte Vince Taylors, des »Neandertalers der Rockmusik«, wie ihn die Zeitungen nannten, der einer der »Idole« meiner Jugend gewesen war, und ich sagte Cioran noch, daß ich eine Zeitlang die Schnapsidee hatte, die Biographie Vince Taylors zu schreiben. Wie dieser junge giftige, ganz in schwarzes Leder gekleidete Amerikaner durch Zufall in London gelandet war und sich in einer einzigen Saison als Superstar durchgesetzt hatte. Wie er bei der Unterzeichnung seines ersten Vertrags von seinem Manager gefordert hatte, daß dieser ihm obendrein seinen Cadillac geben solle. Sein kurzfristiger Erfolg, nicht mehr als drei Monate im Paradies. Seine Dummheiten. Sein immer weniger vorhersehbares Verhalten. Ja, sein Wahnsinn: mit dreiunddreißig Jahren hielt er sich nach einem schlechten LSD-Trip für Jesus! Und dann der jähe Absturz, Unterkunft in einem ärmlichen Hotelzimmer in der Provinz, in dem er seine siegreiche Rückkehr auf die Bühne vorbereitete, seine verpfuschten Comeback-Versuche, die immer anrüchigeren Manager. Und so weiter.

Eigentlich hatte ich nichts anderes getan, als mit dieser Erzählung anzufangen. Es war Cioran, der nichts von dieser eigentümlichen Welt kannte und mich immer wieder darauf zurückbrachte. Ich erinnere mich, mich mehrmals geweigert zu haben: Schließlich war ich nicht gekommen, um ihm die Geschichte eines *loser* zu erzählen, auf einem vom Denken so weit entfernten Gebiet wie dem des Showbusiness, sondern um zu erfahren, wie er sich zu seinem eigenen Werk äußerte! Von dieser Ablenkung sichtlich entzückt, wollte er nicht lokker lassen und forderte immer mehr Einzelheiten von mir. »Sie haben recht, sich für solche Persönlichkeiten zu interessieren«, sagte er schließlich, »es sind lebendige Lektionen in Philosophie. Ich selbst habe im Umgang mit diesen Gescheiterten mehr über das Dasein gelernt als in irgendeinem ernsthaften Buch über Moral ...«

»Mit Schriftstellern, die nichts zu sagen haben, keine eigene Welt besitzen, spricht man nur über Literatur. Mit ihm nur ganz selten, im Grunde fast nie«: dieses Lob – denn es ist selbstverständlich eines –, das Cioran in seiner Beckett gewidmeten »Übung in Bewunderung«[9] diesem spendet, könnte man auf ihn selbst beziehen. Ebenso wie Beckett war es Cioran zuwider, sein Werk zu kommentieren. Er zitierte sich selbst nie, wie so viele sogenannte »Autoren« es tun. Niemals hörte man ihn sagen: »*meine* Bücher«, »in *meinem* Essay«

oder »wie *ich* in jenem Jahr *geschrieben habe*«.[10] Und jemand, der nicht gewußt hätte, mit wem er sich unterhält, hätte es keinesfalls aus seinem Munde erfahren. Cioran äußerte sich stets so, als wäre er einfach ein gewisser Cioran, ein begnadeter Plauderer – und nur *nebenbei* ein Schriftsteller und Denker.

Ebensowenig bemühte er sich, als »Philosoph« zu reden – im akademischen Sinn, meine ich. Er lehnte abstrakte Begriffe nicht ab, suchte aber auch nicht danach. Er griff nur dann auf sie zurück, wenn sie sich als unentbehrlich erwiesen. Denn ihn interessierte das Leben, nicht die Begriffe, mochten es auch die treffendsten sein. So machte er sich viele Gedanken, und das ohne jede Überheblichkeit, um die Unannehmlichkeiten seiner Gesprächspartner, um ihre Geldsorgen, ihre Arbeit, ihre Projekte, ja sogar um ihre Liebesbeziehungen. Und es kam nicht selten vor, daß er vor oder nach einem geistigen Gespräch auf ganz konkrete, ja nüchterne, alltägliche Sorgen zu sprechen kam. Als in Ciorans Haus noch kein Fahrstuhl eingebaut war und man die enge Wendeltreppe, die zu seiner Wohnung führte, hinaufsteigen mußte, erklärte er seinen Besuchern gern, wie man die sechs Stockwerke bewältigen müsse, ohne außer Atem zu geraten, und zwar müsse man streng darauf achten – er machte die Haltung vor –, die Körperachse stets senkrecht über den Stufen halten ...

Wie Nietzsche war Cioran besessen von gesunder Ernährung. Wie jener hatte auch Cioran seine Arzneimittel, seine Tees, seine Sammlung von Kräutertees für jede Beschwerde: Appetitlosigkeit, Gereiztheit, zu hohen oder zu niedrigen Blutdruck, fürs Einschlafen – und seine Diätkost. Ich erinnere mich sogar an ein Abendessen bei ihm, das zweifellos eines der besten und bestverdaulichen war, das ich jemals zu mir genommen habe. Es bestand aus Gurkensalat mit Sahne, gebackenem Fisch und gedämpften Kartoffeln, einer Käseplatte, Obst – das Ganze begleitet von einem hervorragenden leichten Wein. Der Wert, den er auf gutes Essen legte, beruhte keineswegs auf Snobismus oder Affektiertheit. Die Philosophie kam in seinen Augen vor allem einer Lebenshygiene gleich, er war der Ansicht, daß sie auch die Fragen betraf, die man gemeinhin als »nebensächlich« bezeichnet und aus seinem Gesichtsfeld ausblendet. Kurzum, ebenso wie das Gespräch war die Ernährung Teil einer Haltung, einer Kunst: Es war beinahe die Fortsetzung seines Denkens mit anderen Mitteln.

Obwohl er gelegentlich über seinen »walachischen« Akzent klagte, dessen er sich nie hatte entledigen können – tatsächlich hatte er wie viele Rumänen einfach Schwierigkeiten damit, das *R* auszusprechen, es nicht zu rollen wie in seiner Muttersprache –, drückte sich Cioran mündlich ebenso vollendet aus wie in seinen Schriften. Nicht, daß er sich zum Stil gezwungen hätte; bei ihm gab es nicht die geringste Künstelei. Ich glaube sogar, daß er gleich allen wahren Stilisten das Wort »Literatur« verachtete. Sein Denken prägte einfach unausgesetzt die einzig treffenden Worte, seine Gedanken zu übersetzen, stieß immer zum Wesentlichen vor, über die Erkenntnis und sogar über den Stil hinaus – was das echte Wissen, das *Wahre*, ausmacht.

Als ich mich eines Tages darüber wunderte, daß er in seinen Büchern nie über Céline gesprochen hatte, äußerte er folgenden druckreifen Satz: »Als ich den Roman *Voyage au bout de la nuit* (*Reise ans Ende der Nacht*) zum ersten Mal aufgeschlagen habe, wußte ich, ohne ihn gelesen zu haben, sofort, daß es das Werk eines Schlaflosen war, das heißt eines Menschen, der sich nicht von der Welt erholen kann und der sie niemals wie diejenigen, die schlafen, mit ausgeruhten Augen ansehen kann.« Über Sartre, dem er während der Okkupation im ersten Stock des Café de Flore begegnete, den er aber niemals ansprach, faßte er ein anderes Mal seine Meinung in folgender äußerst scharfen, vernichtenden und gleichzeitig zutiefst menschlichen, zutreffenden Definition zusammen: »Ein kleiner Napoleon des Denkens. Er glaubte, die Welt mit seinen Begriffen zu beherrschen. Doch die Welt ging ihren Weg, ohne sich um ihn zu kümmern. Gleichwohl empfinde ich viel

Sympathie für ihn – und sei es wegen des großartigen Scheiterns seiner Machtträume ...«

Selbst wenn er über Literatur oder Philosophie sprach, es war stets etwas anderes, etwas Persönlicheres, aber auch Umfassenderes, allgemein Menschliches, was ihn fesselte. Der »Fall« Nietzsche beschäftigte ihn unendlich viel mehr als dessen Untersuchungen über die Wahrheit und die Werte. Dessen gescheiterte Leidenschaft zu Lou Andreas-Salomé schien ihm in philosophischer Hinsicht fast ebenso wichtig wie *Menschliches, Allzumenschliches*. Aus allem suchte er nicht die Moral herauszulesen, sondern eine Lehre, die in die Richtung dessen wies, was für ihn das höchste, letzte Ziel des Denkens darstellte: zu leben wissen, lernen zu existieren. Als ich eines Tages mit ihm über Wittgenstein sprach, gestand er mir, daß dessen Philosophie ihn kaum berührte. Ich glaube sogar, daß Wittgensteins Philosophie ihn trotz der großen Übereinstimmungen, die zwischen dem Denken der beiden bestanden, langweilte und daß er ihn nur auf eine zerstreute Art und Weise gelesen hat. Wittgensteins Leben schien ihm dagegen ein wahres Meisterwerk, und er verglich es mit dem der von ihm bewunderten großen Mystiker. Als ich ihm erzählte – was er offenbar nicht wußte –, wie der Verfasser des *Tractatus logico-philosophicus* in dem niederösterreichischen Dorf, in das er als Volksschullehrer für die Armen[11] gekommen war, ein »Wunder« vollbracht hatte, äußerte er folgenden Kommentar, der seine ganze Denkhaltung zum Ausdruck bringt: »Statt Ihre Zeit mit dem Schreiben von Artikeln zu vergeuden«, sagte er mir, »täten Sie besser daran, sich an eine Lebensbeschreibung Wittgensteins zu machen, so, wie man früher die ›Heiligenviten‹ verfaßte: Das wäre unterhaltender und sehr viel philosophischer obendrein ...«

So war Cioran: das genaue Gegenteil eines Schulmeisters oder eines Meisterdenkers – ein Mensch gewordener Denker, bei dem jede Geste, jede Bemerkung ein Versuch war, seine Stellung in der Welt zu finden. Er war ein Philosoph im reinsten, im griechischen Sinn des Wortes, auf halbem Weg zwischen

Diogenes, was die Schärfe des Blickes, und Sokrates, was die Subtilität angeht.
Die Krankheit sollte freilich diese ewige geistige Jugendlichkeit untergraben. Ich wage zu behaupten, daß ich eines Tages eine Vorahnung davon hatte – es dürfte Anfang 1990 gewesen sein –, als ich ihm am Telefon von Mario Praz erzählte, dessen wundervolles Buch *Goût néoclassique*[12] ich gerade las, und ihn in scherzhaftem Ton aufforderte, dessen Namen so lange wie möglich nicht auszusprechen. Eine absurde Legende besagte nämlich, daß der bedeutende italienische Gelehrte, zweifellos einer der raffiniertesten Schöngeister des 20. Jahrhunderts, mit dem Teufel im Bunde stand; und daß diesen »Unbenennbaren« zu nennen den Verwegenen, der es trotzdem wagte, den seltsamsten »Strafen« aussetzte wie einem Beinbruch, einer Überschwemmung oder einem Brand des eigenen Hauses oder gar Schlimmerem. »Wie können gerade Sie, der Sie sonst so klar sehen, derartige Albernheiten verbreiten?« wetterte Cioran. Ich konnte noch so sehr stammeln, daß ich selbstverständlich gescherzt hatte, Cioran geriet in Wut. Ich hörte, wie die Wörter »Quatsch«, »Blödsinn«, »dummes Zeug« im Hörer aneinanderstießen, wobei er jede Silbe einzeln betonte, um ihnen noch mehr Nachdruck zu verleihen.
Cioran hatte seinen Humor verloren! Ich machte einen Rückzieher und beschloß, nur mit äußerster Behutsamkeit mit ihm zu telefonieren und die formalen Vorsichtsmaßregeln zu vermehren. Und nach und nach hörte ich mit dem Telefonieren ganz auf. Als ein erstaunlicher Zufall dazu geführt hatte, daß der von der Alzheimer-Krankheit Heimgesuchte in einem Krankenhaus lag, das sich gegenüber der Zeitungsredaktion befand, in der ich arbeitete, weigerte ich mich, über die Straße zu gehen, um ihn zu besuchen: Ich wollte nicht Zeuge des geistigen Verfalls eines Mannes sein, dessen Humor und was er »Leichtigkeit« nannte – wofür er ein lebendes Beispiel abgab – ich noch immer im Gedächtnis bewahre.
Hinzu kam, ich muß es zugeben, meinerseits die Wirkung eines Charakterzuges. Cioran fiel es nicht leicht zu bewun-

dern. Er hat selbst mehr als einmal gesagt, daß er, wenn er sich anschickte, jemanden zu loben, den er mochte, nicht umhin konnte, *auch* Fehler bei ihm zu finden: daß bei ihm unmerklich jedes Lob in einen Verriß umschlug. Zweifellos habe ich mit ihm etwas gemein, was tiefer wurzelt als bloß »Widerspruchsgeist« und vielmehr von dem Willen herrührt, sich die eigene Freiheit des Urteils zu bewahren, trotz der Achtung, die man einem anderen entgegenbringen mag – von einem Willen, sich vor jeglicher Verehrung zu hüten, woher sie auch kommen mag.

Die Legende, die ihn umgab – die Schlaflosigkeit, der Kult der heiligen Frauen, die Liebe zum Fahrrad, der Luxembourg, ich übergehe den Rest ... – das störte mich. Ich war etwas verblüfft angesichts seiner Leidenschaft für die Gedichte der Kaiserin Sissi von Österreich-Ungarn. Darin erblickte ich beinahe die unabsichtliche Veranschaulichung einiger seiner grimmigsten Bemerkungen, wie etwa wenn er in den *Syllogismen der Bitterkeit* schreibt, daß man sich, je mehr man auf den kritischen Abstand in der Liebe bedacht ist, desto wahrscheinlicher angesichts einer Trennung wie ein »Dummchen« aufführt.[13] Diese Ablehnung schien mir im übrigen um so berechtigter, als sie, meine ich, um der »gute Sache« willen erfolgte. In der Tat hatte ich nicht nur den Eindruck, daß es sich dabei um Gemeinplätze handelte, sondern daß diese der Lektüre, wenn nicht sogar dem *Wortlaut* seines Werks schadeten. Und ich war drauf und dran, ihn selbst dafür verantwortlich zu machen.

Der Mann, der mit soviel Beharrlichkeit alle Ehrungen ausschlug, hatte seine kleinen Schwächen: Er liebte es, geliebt zu werden. Das ist gewiß nur allzu menschlich. Doch dies brachte ihn dazu, um sich her die Entfaltung einer falsch verstandenen Bewunderung, eine Stimmung der Heiligenverehrung zuzulassen, was seiner Botschaft, so wie ich sie auffaßte, radikal widersprach; diese Botschaft sprach von geistiger Unabhängigkeit, Frechheit, ja dem Hochmut einer bestimmten Einsamkeit. Kurz, ich hatte bei ihm mitunter das Gefühl einer geheimen Schwäche, der gleichen, die er bei Nietzsche anprangerte, über dessen Schwächen eines »kleinen Professors« er sich mit Recht lustig machte, eines Professors, der über die menschlichen Fehler nörgelt und für ein »heldisches« Dasein eintritt, während er sich mit unscheinbaren Jüngern umgibt, die ihn einerseits vor den Unannehmlichkeiten der Welt schützen, ihn aber andererseits von jeder wahren menschlichen Erfahrung abschneiden; und diese Schwäche Ciorans wollte ich nun nicht mehr verstehen, nicht mehr entschuldigen. Nicht, daß ich nun »cioranscher« als Cioran werden wollte. Ich bedauerte jedoch die Tatsache, daß er durch ein solches Verhalten zum Zerrbild seiner selbst, daß er, nach dem berühmten Ausspruch Nietzsches, ein bißchen zum »Schauspieler« seines Ideals wurde.[14]

Wenn ich es recht bedenke, so glaube ich, daß er ganz einfach ein Alter erreicht hatte, da man dem, was die anderen über einen sagen oder denken mögen, keine große Beachtung mehr schenkt. Er hatte lange gelebt, beinahe ohne daß sich irgend jemand um ihn gekümmert hätte. Er hatte sich den Strömungen eines Zeitalters, das durch die Macht der Ideologien gekennzeichnet war, widersetzt, er war, wenn nicht einer der ersten, zum mindesten einer der Beharrlichsten, welche die verhängnisvollen Folgen des Optimismus in der Politik anprangerten – und das hatte ihn ins Abseits gedrängt. Er empfing mithin den späten Ruhm mit einer gewissen Freude; was spielte es da noch für eine Rolle, daß dieser Ruhm weitgehend auf einem Mißverständnis beruhte! Schließlich gilt hier, wie Wilde gesagt hat, ein geschichtliches, menschliches Gesetz. Die Zeit würde schon alles wieder in Ordnung bringen.

Doch leider hat die Zeit diese Gnade vorläufig nicht walten lassen. Nach seinem Tod hat ein schrecklicher Verdacht sein Werk und sein Leben erfaßt und einen bleibenden Schatten darauf geworfen: Ich meine die berüchtigten hitlerfreundlichen und judenfeindlichen »Äußerungen« seiner Jugend. Wenn ich hier das Wort »Verdacht« gebrauche, so geschieht es übrigens nicht, um die Tatsache dieses Irrtums in Zweifel zu ziehen. Cioran hat leider in den dreißiger Jahren mehrere Aufsätze und ein Buch geschrieben, *Schimbarea la faţă a României* (Die Verklärung Rumäniens), in denen einige Stellen regelrecht niederschmetternd sind. Er glaubte damals – er glaubte es mindestens bis zum Anfang der vierziger Jahre – an eine »Revolution von rechts«, an einen Faschismus,[15] der seine Heimat aus ihrer historischen Erstarrung »herausreißen« sollte. Doch Tatsache ist, daß zu diesem unleugbaren Sachverhalt alles mögliche gesagt, verkündet oder angedeutet wurde, ohne daß die Kritiker ihrer beruflichen Sorgfaltspflicht nachgekommen wären, die Gründe und Hintergründe dieser Entscheidung auszuleuchten und den jungen Cioran in den Zusammenhang seiner Zeit zu stellen. Bei einigen – oft denselben, die ihn bei Lebzeiten ebenso maßlos lobten – klingt das so, als stünde man hier vor einem rumänischen Céline oder Drieu la Rochelle, wenn nicht gar vor einem siebenbürgischen Drumont![16]

Wahr ist aber auch, daß Cioran nichts getan hat, um etwaigen Mißverständnissen vorzubeugen. Man möchte fast glauben, daß er sie herausgefordert hat! Dadurch, daß er über diese Geschichte schwieg und ganz allgemein die Zeit seines Lebens, bevor er nach Frankreich kam, herunterspielte, und vor allem dadurch, daß er die anfechtbaren Stellen aus der Neuausgabe von *Schimbarea la faţă*, die 1990 in Bukarest wieder veröffentlicht wurde, entfernte – als würde man die Wirklichkeit auf magische Weise aufheben, indem man die Spuren der Vergangenheit verwischt –, hat er, kann man sagen, selbst dazu beigetragen, Verdacht auf sein Leben und sein Werk zu lenken, wobei er die Karten durcheinanderwarf, die diesen Verdacht nicht hätten zerstreuen, jedoch die Verfehlung seiner Jugend wenigstens auf ihre wahre Bedeutung hätten zurückführen können. Es ist in der Tat schwierig, die Tragweite dieser Verfehlung zu beurteilen, sich deren Realität vor Augen zu führen, wenn man nicht weiß, wer Cioran im Alter von zwanzig Jahren war, woher er kam und in welcher Umgebung er sich entwickelte – wenn man nichts über jenes »Groß-Rumänien« nach 1920 weiß; und es ist erst recht unmöglich, dessen Rolle in der Entwicklung von Ciorans Denken zu verstehen, wenn man dieses Denken, wie er selbst es wollte, von Rumänien völlig ablöst.

Wir sind der Ansicht, daß dieser Irrtum keineswegs nebensächlich, zufällig, unerwartet, sondern vielmehr wesentlich ist, er ist die treibende Kraft seines Nachdenkens, ja sogar *entscheidend* für dessen Verständnis. Hat er sich mit diesem Irrtum auch nie unmittelbar auseinandergesetzt, so tat er zeit seines Lebens doch nichts anderes, als ihn zu umkreisen und seine Schlüsse daraus zu ziehen. Nicht nur ist sein französisches Werk nichts anderes als ein unermüdliches *Um*schreiben, ein Zurechtrücken seines rumänischen Werks *unter dem Gesichtspunkt dieser Verfehlung*; aus einer bestimmten Sicht scheint das französische Werk nichts anderes zu sein als der wohlüberlegter Versuch, *nie wieder irgendeiner Verblendung zu verfallen*, die dem Glauben an eine Religion oder eine Ideologie entspringt. Die philosophische und politische Bedeutung seines Werkes besteht ganz und gar in dieser untergründigen Mißbilligung der eigenen Vergangenheit. Hätte er sonst in so zutreffender Weise die »blutigen Possen« (*farces sanglantes*),[17] als die er die Utopien bezeichnet, anprangern können, und wäre er sonst so weit gegangen, das wahre Denken als eine radikale, wenn auch stets unvollkommene Befreiung von allem Glauben zu verstehen, wenn er den verhängnisvollen Mechanismus nicht am eigenen Leibe, ja fast im Innersten erlebt hätte?

Fest steht, daß Cioran nie ausdrücklich auf diesen Irrtum eingehen, nie den Weg seines Denkens kommentieren wollte – womit er einen endgültigen Strich unter eine vorübergehende Verfehlung gezogen hätte –, so daß sein ganzes Leben und die nachfolgenden Schriften auf die Anstrengung hinausliefen, sich davon zu lösen. Er tat es nicht, und das aus mehreren Gründen. Zunächst weil, wie er so oft gesagt hat, jedes Handeln – und das gilt auch für das Schreiben oder das Denken – ein gewisses Maß an Leichtsinn, an Sich-Einschließen in sich selbst und in seinen Eigensinn voraussetzt. Trotz seiner Klarsichtigkeit hat Cioran vielleicht erst nach und nach erkannt, was in ihm vorging: daß nämlich alles, was er schrieb, nie etwas anderes war als Konsequenz, unauflösbarer Kommentar jenes Fehltritts.

Und zweifellos darf man weder das Gewicht bestimmter Vorurteile unterschätzen, die er in seinem Innersten bis ins hohe Alter hegte; noch den Reflex des Hochmuts, der zwar allzu menschlich, doch in diesem Fall unheilvoll war. Wie er es einem seiner früheren Gefährten der »jungen Generation«[18] in einem Brief erklärt hat, wollte er, wenn er auf seine Vergangenheit zu sprechen kam, nicht den »uneleganten« Eindruck erwecken, als verwerfe er sie und als wolle er sich davon lossagen. Und vielleicht war er in seinem Inneren auch der Ansicht, daß ihn niemand moralisch zu belehren hätte: daß sein französisches Werk und Leben an sich schon Zeugnis von seiner Redlichkeit ablegt.

Beides war jedoch unzureichend. Und weil er die Wichtigkeit der Selbstprüfung unterschätzt hat, geht heute sein Werk durch eine Art Fegefeuer. Nicht, daß es weniger gelesen würde: auch nach seinem Tod wird es weiterhin neu aufgelegt und übersetzt. Aber man hat mitunter den Eindruck, daß die Gegenwart jener Verfehlung sich so weit in den Vordergrund drängt, daß sie den Kern des Werks verdrängt: nämlich den Versuch eines Menschen, sich von sich selbst zu »heilen« und eine harmonische Lebenshaltung und Ethik des Lebens auszuarbeiten. Man liest Cioran als Schriftsteller. Er ist einer, gewiß, einer der größten. Einige werden hinzufügen, daß es jedenfalls besser ist, als ihn bloß zum Verfasser von »Geistreicheleien«, die man bei Abendgesellschaften anführt, abzustempeln. Doch darüber vergißt man, daß er vor allem ein Denker war, und zwar einer der aktuellsten.

Das Ziel dieses Buches besteht also darin, zu einer gerechteren, ausgewogeneren, nuancierteren und zugleich vollständigeren Auffassung Ciorans zu gelangen. Das bedeutet durchaus nicht, daß man versuchen wird, ihn wegen seiner »Jugendirrtümer« zu entschuldigen. Wir sind vielmehr der Ansicht, daß diese ohne Zugeständnisse anzugehen der einzige Weg ist, ihm in seiner Komplexität und Größe gerecht zu werden, ihn aus dem Zustand, wie es der Titel unserer Einführung sagt, eines »großen Unbekannten« zu befreien, über den man alles weiß (das ist so eine Redensart), außer dem, was wirklich wissenswert ist; und, könnte man sagen ... seinem skeptischen Anspruch treu zu bleiben.

Entgegen der von seinen vorgeblichen »Kennern« lange gehegten – und, wie wir sehen werden, irrtümlichen – Ansicht, daß er ein rein französischer Schriftsteller sei, der nichts oder fast nichts geschrieben habe, bevor er sich in Paris niederließ,[19] muß man also auf die rumänischen Jahre zurückgehen. Man darf weder seinem Glanz noch den Schattenseiten ausweichen. Man muß sie direkt angehen, um zu verstehen, wie er, der »Gerechte«, einen derartigen Mißgriff hat begehen können. Wie sehr dieser Fehler sein Denken belastet hat. Worin dieses Denken besteht. Und was davon zu halten ist.

Darin besteht im übrigen das Vorhaben dieses Buches, dessen Inhalt sich in einen einzigen Satz fassen ließe: Die eigentliche *philosophische* Haltung von Ciorans Werk und Leben jenseits der Klischees, die gegenwärtig beide ertränken und verdekken, zu rehabilitieren. Das ist auch der Grund, warum ein Essay über den, der schreiben konnte: »Es ist unglaublich, daß die Aussicht, einen Biographen zu haben, noch keinen darauf verzichten ließ, ein Leben zu haben«,[20] nur auf einem biographischen oder *genealogischen* Umweg eröffnet werden kann – um einen Ausdruck Nietzsches zu gebrauchen, der unser Vorhaben genauer kennzeichnet.

Erster Teil

Genealogie eines Unfaßbaren

Dieses verfluchte, dieses herrliche Paradies der Kindheit . . .

Erst Anfang der neunziger Jahre, kurz vor seinem Tode, als die Zeitschriften begonnen hatten, Auszüge seines Briefwechsels mit seinem Bruder Aurel und mit einigen seiner Freunde, die in Rumänien geblieben waren, zu veröffentlichen,[1] hat man erstaunt festgestellt, daß Cioran nicht nur eine besonders glückliche Kindheit hatte, sondern daß er auch sehr an ihr gehangen hat. Der »*metaphysisch* Heimatlose«,[2] der seit mehr als einem halben Jahrhundert seine Zugehörigkeit zur französischen Sprache – nicht zur alltäglichen Umgangssprache, sondern zu einer Art abstraktem Französisch, das er durch seinen Umgang mit den großen Moralisten und Memoirenschriftstellern des 17. und 18. Jahrhunderts wiedererfunden hatte, das also einer *Vorstellung* dessen, was es hätte sein können, entsprach und nicht der Wirklichkeit – als einzige »Nationalität« für sich anerkannt hatte, hielt sich zeit seines Lebens über das, was in seinem Heimatdorf geschah, auf dem laufenden. Und der Menschenfeind hat sich beinahe Monat für Monat über den Gesundheitszustand seiner Angehörigen, nach den materiellen Schwierigkeiten, mit denen sie zu tun hatten, erkundigt und Anteil an scheinbar so nebensächlichen Fragen wie dem Schicksal des Spielgefährten genommen, den er um 1920 aus den Augen verloren hatte, der Instandsetzung des Holztors seines Geburtshauses oder auch dem Jäten des Unkrauts, das zwischen den aufgegebenen Gräbern des benachbarten Friedhofs wucherte![3]

Diese Verbundenheit mit der Welt seiner ersten Jahre, die so etwas wie seinen »geheimen Garten« dargestellt zu haben scheint, denn er sprach nur in Briefen[4] darüber, brachte ihn bisweilen dazu, während seiner schlaflosen Nächte die genaue Topographie der Orte seiner Kindheit in der Phantasie vollständig wiederherzustellen, an die zurückzukehren er sich dennoch stets versagte, selbst beim Tod seiner Eltern. So versichert Cioran in einigen seiner Briefe an seinen jüngeren Bruder Aurel, daß er die mit spitzen Steinen gepflasterten Gäßchen von Răşinari, dem Dorf seiner Geburt, sehe und unter den Füßen spüre, wie sie von dem Haus der Familie zu der alten orthodoxen Kirche, in der sein Vater den Gottesdienst hielt, hinaufführten, bevor sie sich in ländliche Feldwege verwandelten, die zu den Wäldern und Feldern der Umgegend führten, und daß er das dichte Gestrüpp von Coasta Boacii, dem mit Buchen und Birken bestandenen Hügel, an den es sich anschmiegt, lebhafter wahrnehme als die geradlinigen und strengen Baumreihen des Luxembourg, zwischen denen er Tag für Tag spazierengehe![5]

Andere Male traten die malvenfarbenen, ockergelben, blaßrosa oder -grünen, nach deutscher Art verputzten Fassaden und die harmonische Unordnung der braungelben, vor einem wolkenlosen Himmel vom wappengeschmückten Glockenturm der evangelischen Kirche beherrschten Dächer der mittelalterlichen Häuser dieses Hermannstadt-Sibiu, wo er seine Jugend verlebt hatte, vor seine Augen. Im Geiste nahm er dann den melancholischen Weg entlang den Stadtmauern, die er fast Stein für Stein kannte, verweilte einen Augenblick lang in dem winzigen Garten über der alten »Unterstadt« der Handwerker und einfachen Leute, wo er in seiner Jugend ganze Nachmittage lesend zugebracht hatte. Dann stieg er von dem gotischen Kleinen Ring auf dem Stufengang unter Schwibbögen und Arkaden der Pempfliger Stiegen zum Platz der Goldschmiede oder Fingerlingsplatz wieder hinab, und von dort aus erreichte er, den Wallanlagen ausweichend, das Haus seiner Eltern. Und die Langeweile eines stürmischen Sonntags in Paris ließ die Erinnerung an bestimmte Hermannstädter Spätsommertage in ihm aufsteigen, wenn die Stadt ihr Leben unter einer erdrückenden Sonne auszuhauchen schien, gehüllt in einen dichten Hitzedunst. Gegen Ende seines Lebens kam es übrigens vor, daß er zugab, je näher der Tod heranrücke, desto stärker mache sich die Sehnsucht nach dieser rumänischen Welt in ihm bemerkbar, die er doch während seines Lebens in Frankreich standhaft zu verleugnen gesucht hatte. Und einige seiner Briefe scheinen nahezulegen, daß er sich eine Zeitlang mit der Absicht trug, zurückzukehren, um Răşinari und Hermannstadt[6] incognito zu besuchen – eine Stadt, über die er in einem seiner Gespräche[7] hat sagen können, daß sie für ihn, neben Paris und dem alten barocken Dresden vor den Bombenangriffen der Alliierten von 1945, die schönste der Welt sei.

Es ist ein gängiges Klischee der Biographen, auf den »Kontinent der Kindheit« aufmerksam zu machen. Dennoch trifft dieser Ausdruck im Falle Ciorans. Denn wenn es bei ihm ein »Rosebud«[8] gibt, das zwar nicht alles, aber das Wesentliche erklärt, die Herausbildung seines Charakters und die Grundzüge seines Lebens, dann besteht kein Zweifel darüber, daß man es in seinen allerersten Lebensjahren zu suchen hat.

Emil Cioran (der nie den Vornamen Mihai oder Michel trug, es sei denn ... in den Lexika[9]) wurde am 8. April 1911 in Răşinari geboren, einem Städtchen, in dem Bauern, Holzfäller und Hirten lebten, etwa dreizehn Kilometer südwestlich von Hermannstadt gelegen, an den Ausläufern der siebenbürgischen Alpen, des südlichen Teils des großen Kreisbogens, den die Karpaten beschreiben. Emilian, sein Vater, ein Mann von strenger Haltung und mit sehr ernstem Gesicht, was durch einen kurzen gepflegten Bart noch betont wurde, wirkt auf allen Bildnissen, die von ihm bekannt sind, etwas abwesend, so als wäre seine Autorität unangefochten,[10] er ist der Priester des Dorfes. Dessen Vater, Şerban, hatte vor ihm die Stellung eines Küsters der orthodoxen Gemeinde innegehabt und war für die Führung des Kirchenbuchs verantwortlich gewesen; auch hatte er außer den kircheneigenen die gemeinsamen Güter der Mitglieder zu verwalten und im Notfall für Beistand untereinander zu sorgen. Da er, auch wenn er nicht zur kirchlichen Hierarchie gehörte, zu einem frommen Leben angehalten war, galt Şerban, der Großvater Ciorans, beinahe als ein Geistlicher, er konnte ausgezeichnet lesen und schreiben und spielte damit eine recht wichtige inoffizielle Rolle in Răşinari. Da die große Mehrheit der Dorfbewohner trotz des Bestehens einer römisch-unierten Kirche[11] griechisch-orthodox blieb, nahm er die Stelle eines halbamtlichen Repräsentanten gegenüber der ungarischen Verwaltung ein. Denn ebenso wie der Katholizismus im vorrevolutionären Frankreich den Rahmen für die sozialen Strukturen auf kommunaler Ebene bereitstellte, banden auch die orthodoxe Kirche sowie die ihr angeschlossenen Einrichtungen in Siebenbürgen und in der Bukowina die Bevölkerung rumänischer Abstammung ein, die in den meisten Dörfern die Mehrheit bildete, und vermittelten zwischen dieser und den von Budapest oder Wien eingesetzten Beamten, die in der Regel kein Wort Rumänisch sprechen konnten oder wollten.[12]

Daß sein Sohn Emilian Priester wurde, war im übrigen für Şerban ein Grund zur Zufriedenheit. So wechselte die Aufgabe der Familie von der weltlichen Verantwortung zur höchsten, nämlich der für die Seele – was auch einen recht beachtlichen geistigen Aufstieg bedeutete. Damals, unter einer Fremdherrschaft, die den Rumänen den Zugang zu höheren Ämtern versperrte, bot der orthodoxe Klerus, dessen Mitglieder aus den Teilen der Bevölkerung mit der besten Ausbildung ausgewählt wurden, einige der seltenen Berufsmöglichkeiten, die sich den Gebildeten boten,[13] er stellte die Intelligenz der im wesentlichen ländlichen rumänischen »Minderheit« Siebenbürgens dar. Im übrigen waren viele Pfarrer nur verhältnismäßig »religiös«. So konnte Cioran von seinem Vater sagen, daß sein Glaube, wenn er denn einen hatte, keineswegs auf einer »fanatischen« Einstellung beruhte und daß er das Priesteramt vor allem als »einen Beruf« betrachtete.[14] Bei genauerer Betrachtung und abgesehen von ihren gottesdienstlichen Aufgaben entsprachen die Priester vielmehr den Volksschullehrern im republikanischen Frankreich des ausgehenden 19. Jahrhunderts: Sie waren Träger der Kultur und eines gewissen »Fortschritts« inmitten einer einfachen Umgebung, die mit viel altüberliefertem Aberglauben vorliebnahm. Einige hohe Mitglieder der Geistlichkeit wie der ebenfalls aus Răşinari gebürtige Metropolit Andrei Şaguna spielten eine Rolle ersten Ranges in der nationalen Geschichte der Siebenbürger Rumänen. Groß-Rumänien wurde offiziell mehr als ein Jahr lang, von 1938 bis 1939, von dem Patriarchen Miron Cristea regiert. Und zahlreiche Intellektuelle der zwanziger und dreißiger Jahre, etwa der Dichter und Philosoph Lucian Blaga, kamen wie Cioran aus Popenfamilien. Ohne im strengen Sinn Gelehrter zu sein – später mußte er jedoch theologische Lehrveranstaltungen an der orthodoxen Fakultät in Hermannstadt abhalten, was voraussetzt, daß er über gründliche theologische und philosophische Fachkenntnisse verfügte –, las Emilian vier Sprachen fließend, Rumänisch, Ungarisch, aber auch Deutsch und Kirchenslawisch, die liturgische, kyrillisch geschriebene altslawische Sprache, und besaß eine recht große Bibliothek mit theologischen und weltlichen russischen Werken.

Die Mutter Ciorans, Elvira, geborene Comaniciu, entstammte einem ähnlichen, gesellschaftlich sogar höherstehenden, jedoch nicht geistlichen Umfeld. Sie kam aus Veneţia de Jos, einer Kleinstadt in den Făgăraşer Bergen zwischen Hermannstadt und Kronstadt, und war die Tochter des Kreisnotars Gheorghe Comaniciu, den die Verwaltung in Budapest, die an ihrer Politik der »Magyarisierung«, das heißt der Assimilierung der lokalen Eliten festhielt (dabei wandelte man im allgemeinen auch die Namen lateinischen Ursprungs in ungarisch klingende Familiennamen um), in den Rang eines Barons erhoben hatte. Da beide ungarische Schulen besucht hatten, sprachen die Eltern Ciorans zu Hause übrigens oft diese Sprache untereinander; des Rumänischen bedienten sie sich in ihren täglichen Beziehungen zu den Dorfbewohnern und bei der Erziehung der Kinder.

Auch wenn sich deshalb Cioran bisweilen so etwas wie eine »ungarische Herkunft« zuschrieb,[15] gehören dennoch seine beiden Familien, sowohl die väterliche als auch die mütterliche, ohne jeden Zweifel der rumänischen Bevölkerung Siebenbürgens an. Diese Herkunft wird sowohl von dem ganz und gar lateinischen Klang der beiden Familiennamen als auch von der Tatsache bestätigt, daß der lokalen Geschichtsschreibung zufolge Răşinari, ein fast zu hundert Prozent rumänisches Dorf, das zum ersten Mal in einer Urkunde von 1204 erwähnt wird, von den Hunnen unter Attilas Herrschaft zu Beginn des 5. Jahrhunderts gegründet worden sein soll.[16] Es handelte sich also um ein Gebiet mit einer uralten alteingesessenen Bevölkerung, die nicht wie Hermannstadt, wo Deutsche, Ungarn und Rumänen zusammenlebten, von einer städtischen Vermischung der Bevölkerung geprägt worden war; daher galt es als Bollwerk des rumänischen Nationalbewußtseins in dieser Gegend. Im übrigen machte Ciorans Vater aus seinem Nationalismus keinen Hehl. Die auffallend lateinischen Vornamen seiner drei Kinder – Virginia, genannt »Gica«, die Älteste, geboren 1908, Emil und Aurel, der Jüngste, geboren 1913 – bringen seine Überzeugungen zum Ausdruck. Und deswegen deportierten ihn auch die Ungarn während des Ersten Weltkrieges vorsorglich nach Sopron, dem westlichsten Teil Ungarns an der österreichischen Grenze, wo er bis 1918 interniert war.

Um die Ursprünge Ciorans und das, was er ihnen später verdanken sollte, besser zu verstehen, muß man übrigens auf die äußerst verwickelte und in vielerlei Hinsicht noch immer unklare Geschichte dieser Region kurz eingehen. Sind die katholischen Ungarn tatsächlich die ersten organisierten Besatzer Transsilvaniens gewesen – was etymologisch »das Land jenseits der Wälder« bedeutet –, das vor ihrer Niederlassung in Pannonien Ende des 9. Jahrhunderts ein fast unerschlossenes Gebiet war? Oder haben sie es auf Kosten einer sehr viel älteren dort ansässigen, rumänischsprachigen Bevölkerung annektiert, der Nachfahren der Daker oder »Geten«, wie die Griechen sie im Altertum nannten, und anderer thrakischer Völkerschaften *vor* der römischen Kolonisierung durch Trajan zu Beginn des zweiten nachchristlichen Jahrhunderts?[17] Die Frage wäre leicht zu entscheiden, ja würde sich gar nicht

erst stellen, wäre da nicht diese eigentümliche, kaum zu fassende Seltsamkeit der Geschichte: das Fehlen jeder Spur einer Anwesenheit der Rumänen, diejenigen in Siebenbürgen selbstverständlich mit einbegriffen, in allen schriftlichen Chroniken und anderen Urkunden, die sich bis in die Gegenwart erhalten haben – was die Historiker als »Hiatus« bezeichnen –, während sieben langer Jahrhunderte, vom vierten bis zum zehnten Jahrhundert!
Sollten sich die gründlich romanisierten, ja mit ihren alten Herren längst zusammengewachsenen Vorfahren der heutigen Rumänen mit den römischen Legionen in die Walachei zurückgezogen haben, in eine Tiefebene, die sich zwischen den Südkarpaten und der Donau erstreckt (und in der heute Bukarest liegt), nachdem Aurelian den Befehl zur vollständigen Räumung Dakiens [271/275 n. Chr.] erteilt hatte? Sollten sie mehrere Jahrhunderte dort gelebt haben und mit den slawischen Völkerschaften verschmolzen sein? Und sollten sie von dort aus nach Siebenbürgen zurückgewandert sein, allerdings – und das ist die ungarische These – erst *nachdem* Transsilvanien Anfang des 12. Jahrhunderts endgültig der Stephanskrone zugefallen war? Oder aber sollten sie vielmehr – so die rumänische These – in diesem Zeitraum in Transsilvanien geblieben sein, jedoch im Hinterland, in kleinen autarken ländlichen Gemeinden, die sich vorsichtig in den Bergen versteckten, vor allem den Südkarpaten, aus denen, wie wir gesehen haben, die Familien Cioran und Comaniciu stammten? Sollten sie sich – nachdem sie sich so wirksam gegen die zahllosen Einfälle der Gepiden, der Hunnen, der Awaren, der Bulgaren und anderer wie Petschenegen und Kumanen, die sich dieses klassische Durchzugsgebiet der Reihe nach unterwarfen, geschützt hatten – damit begnügt haben, den Sturm vorbeiziehen zu lassen, um dann, als die Lage durch die Ungarn bereits befriedet war, in die Täler hinabzusteigen? Die Antwort auf diese entscheidenden Fragen – denn sie werfen das heikle Problem nach dem rechtmäßigen »Besitz« dieser Region auf – bleibt wohl für immer im Bereich der Spekula-

tion und ermöglicht es damit sowohl den Rumänen als auch den Ungarn, Transsilvanien geschichtlich für sich zu beanspruchen.[18]

Zur selben Zeit wie die Ungarn werden im 12. Jahrhundert Franken von der Mosel, Menschen aus dem Rheinland und aus Luxemburg sowie Niedersachsen im Auftrag des deutschen Kaisers angesiedelt, um die Ländereien zu bewirtschaften und Handelsniederlassungen zu gründen und um die südöstlichen Grenzen der »Zivilisation« gegen die Barbareneinfälle aus Zentralasien zu verteidigen. So entstanden die Städte Kronstadt, Hermannstadt, Klausenburg und Schäßburg, die ursprünglich Festungsanlagen waren. Seitdem wurde Siebenbürgen – sei es als Kronland des ungarischen Königs, als Vasallenstaat Suleimans des Prächtigen, als halb-unabhängiges Fürstentum, das vorsichtig die Balance zwischen Habsburgern und Osmanen halten mußte, sei es als einfaches österreichisches Erbland – de facto von den Ungarn verwaltet,[19] die die Rumänen als Bürger zweiter Klasse, wenn nicht so behandelten, als gäbe es sie gar nicht.

Abgeschnitten von ihren magyarisierten Eliten, als diese sich dem ungarischen Adel noch nicht vollständig eingegliedert hatten, also ohne Repräsentanten, und eingeschlossen in ihren nur geduldeten orthodoxen Glauben, zu dem sie sich als einzige bekannten (die Ungarn waren katholisch und die Siebenbürger Sachsen evangelisch-lutherisch), mußten die Rumänen tatsächlich mit den niedrigsten Tätigkeiten vorliebnehmen: als leibeigene Bauern oder Hirten. Und obwohl die Rumänen seit Mitte des 18. Jahrhunderts mit sechzig Prozent die Mehrheit bildeten, mußten sie auf die von den Kämpfen um die italienische Einheit ausgelöste Erschütterung des Habsburgerreiches warten, um schließlich 1863, nämlich fünfzehn Jahre nach dem »Völkerfrühling« von 1848 und der darauffolgenden sogenannten »Willkürherrschaft«[20] (ein weiteres Wort für die Verweigerung ihres Daseinsrechts als Nation), das »Recht« auf die eigene Sprache zu erhalten. Allerdings wurde dieses symbolische, jedoch rein äußerliche Zugeständnis, denn die Umsetzung hing vom Wohlwollen der örtlichen Beamten ab, knapp vier Jahre später praktisch aufgehoben, als aufgrund der Verfassung des österreichisch-ungarischen Kaiserreichs die Provinz wieder unter die strenge Herrschaft von Budapest fiel. Denn obwohl die beiden »Häupter« der zweiköpfigen Monarchie an der Verwaltung eines gemeinsamen Staatswesens beteiligt waren, verhielten sie sich gegenüber ihren »Minderheiten« keineswegs gleich: Während die Rumänen aus der Bukowina, die zum Königreich Zisleithanien gehörte, Wien unterstanden und in den Genuß relativer Autonomie kamen, waren die Rumänen in Siebenbürgen, die wie alle Untertanen Transleithaniens von Budapest aus regiert wurden, der alten ungarischen Tradition des Zentralverwaltung und Assimilationspolitik ausgesetzt. Das war eine Politik, die sie gegen Ende des 19. Jahrhunderts um so schwerer ertrugen, als ihre »Vettern« in der Walachei und in der Moldau 1878 ihre vollständige Unabhängigkeit gegenüber den Osmanen und den Russen errungen hatten.

Die Ungarn, die seit sechshundert Jahren mit fortwährendem Aufruhr, mit blutigen Bauernaufständen, regelrecht kriegerischen Auseinandersetzungen, unterbrochen von an den Reichstag in Pest (seit 1873 Budapest) oder den kaiserlichen Hof in Wien gerichteten Bitt- und Denkschriften, zu tun hatten, mußten Teile dieser Last schließlich abwerfen. So kam es, daß die Rumänen 1868 eine Vertretung im ungarischen Parlament erhielten. Man sicherte ihnen den freien Gebrauch ihrer Sprache zu. Schulen und sogar einige Lehrstühle an den Universitäten von Klausenburg und Budapest wurden eingerichtet. Jedoch wurde diesen liberalen Maßnahmen durch die Gepflogenheiten an Ort und Stelle ständig entgegengewirkt. Das Nationalgefühl der Rumänen aus Siebenbürgen erstarkte von Jahr zu Jahr, aber die nationalistischen Parteien waren verboten. Die Anzahl der Beamten rumänischer Abstammung nahm ab. Die Verfahren zur Magyarisierung der Familiennamen wurden vereinfacht, die Übersetzung der Städtenamen beschleunigt: 1897 taufte die Budapester Verwaltung

Klausenburg-Cluj in »Kolozsvár«, Hermannstadt-Sibiu in »Nagy Szeben«, Kronstadt-Braşov in »Brassó« um. Und 1907 schafften die Gesetze des damaligen Kultusministers Albert Graf Apponyi die meisten konfessionellen Schulen der nationalen Minderheiten ab, um sie durch ungarische staatliche Schulen zu ersetzen – was dazu führte, daß der Prozentsatz der Menschen ohne Schulbildung in der rumänischen Bevölkerung wuchs.

Kurz, um die Jahrhundertwende hatte sich am Kern des Problems trotz wiederholter Forderungen der Rumänen und trotz des politischen Einsatzes ihrer Vertreter sowohl in Budapest als auch in Wien, dort vor allem im antiungarischen Umfeld des Großherzogs Franz Ferdinand, eigentlich nichts geändert: 1911, im Geburtsjahr Ciorans, waren die Rumänen noch immer nicht von Budapest als »Nation« gleichberechtigter, freier Menschen anerkannt! Ein »Privileg«, das aber *alle* anderen Bevölkerungsgruppen Siebenbürgens seit dem Mittelalter genossen: die Magyaren selbstverständlich, aber auch die ungarischsprachigen Szekler, die sich im nördlichen Olt-Tal angesiedelt hatten (ein Volksstamm ungeklärter Herkunft: manchen Historikern zufolge »Proto-Ungarn«, die aus dem Stamm der Awaren hervorgegangen sein sollen; andere wiederum halten sie für später magyarisierte Türken), und die Sachsen, die Nachfahren der deutschen Siedler aus dem 12. Jahrhundert.

Das waren die Grundlagen der »Siebenbürgischen Frage«, wie sie in den europäischen Kanzleien hieß, die diese Region des Balkans destabilisierte. Eine fast unlösbare Frage, für die sich schließlich nur eine Kompromißlösung im Ersten Weltkrieg und im Gefolge des Zusammenbruchs des österreichisch-ungarischen Kaiserreichs 1920 durch den Anschluß Siebenbürgens an Groß-Rumänien finden sollte. Übrigens muß darauf hingewiesen werden, daß die siebenbürgischen Rumänen – soweit man es überhaupt beurteilen kann – nicht wirklich von dieser »Lösung« träumten. Anscheinend gaben sie der Gründung eines großen Staatenbundes der ehemaligen österreichisch-ungarischen Nationalitäten den Vorzug, nach Art der Schweiz oder als »Vereinigte Staaten von Mitteleuropa«, mit dem Kaiser in Wien an der Spitze, der so weit entfernt wäre, daß man sich fast unabhängig würde fühlen können.[21] In Wahrheit hatte die Geschichte die Siebenbürger tief in ihren Partikularismen verankert, sie mißtrauten den Walachen aus Bukarest und fürchteten sich fast ebenso vor deren künftiger Hegemonie wie vor der vorhergehenden ungarischen.

Wie dem auch sei, Cioran, das zweite Kind von Emilian und Elvira, erblickt jedenfalls als Untertan des alten österreichischen Kaisers und Apostolischen Königs von Ungarn – er gehörte zur allerletzten Generation von Rumänen, für die das galt – das Licht der Welt. Eine Herkunft, die sich auf sein Leben und seine künftigen Entscheidungen selbstverständlich, wenn auch in sehr mittelbarer Weise, auswirken wird. So hatte der Verfasser einiger der vollendetsten Texte der französischen Literatur ganz im Gegensatz zu dem Sohn eines walachischen Rechtsanwalts und einer Französin, Eugène Ionesco, der zum Teil in Paris aufwuchs, paradoxerweise keine besondere »Berufung«, sich auf französisch auszudrücken. Im Gegenteil: Für diesen Siebenbürger, der, hätte es nicht den Krieg und infolge der Gründung Groß-Rumäniens eine große Welle widersinniger »Rumänisierung« des Unterrichtswesens gegeben, das deutsche Gymnasium von Hermannstadt besucht (das vor 1920 das einzige in der Region war) und den Unterricht auf *deutsch* genossen hätte, wäre die Wahl der deutschen Sprache, die er vollkommen beherrschte, viel logischer gewesen. Er selbst hat übrigens später erklärt, wie unbeholfen, ja »bäurisch«, er als junger Student, der sehr schlecht Französisch sprach, sich 1928 bei seiner Ankunft in Bukarest fühlte, wo er sein Studium in einem französisch geprägten, historisch Frankreich zugewandten Milieu abschließen sollte. Doch vielleicht ist es gerade dieser ursprüngliche »Minderwertigkeitskomplex«,[22] der ihn in der Erinnerung zeit seines Lebens verfolgen sollte, der ihn anspornte, französisch zu schreiben und zu zeigen, daß er es besser konnte als wir Muttersprachler.

Der junge Cioran war also zunächst weit entfernt von dem, was er später werden sollte, ja er war beinahe das genaue Gegenteil davon. Man kann sogar sagen, daß ihn *gar nichts* auf sein künftiges Schicksal als französischer Schriftsteller vorbereitete. Wenn auch sein Herz ihn vermutlich nach Bukarest hinzog, war und blieb seine »Traumhauptstadt«[23] bis Mitte der dreißiger Jahre – wie für die meisten Rumänen in Österreich-Ungarn vor 1920 – doch Wien. Seine Bildung war vor allem deutsch und slawisch. Eine bis heute selten bemerkte Tatsache, die einigen Fehldeutungen oder verfehlten Lesarten zugrunde liegt, ist die, daß Cioran aus einer Geisteswelt stammte, die fast nichts gemein hatte mit derjenigen eines französischen Intellektuellen seiner Generation. Einige Hintergründe, die uns noch heute (1997) nicht vertraut sind, waren jedoch Teil seines täglichen Lebens, gehörten zu seiner halb bewußten, halb unbewußten Weltanschauung. Um nur zwei Beispiele zu nennen, Cioran hatte sich sehr früh eingehend mit der spiritualistischen russischen Philosophie beschäftigt, deren Grundwerke, vor allem diejenigen Solowjows, einen Ehrenplatz in der Bibliothek seines Vaters einnahmen. Und wie alle jungen Menschen aus dem Mitteleuropa jener Zeit erlag er früh der Bannkraft Otto Weiningers, Verfassers des Anstoß erregenden Buchs *Geschlecht und Charakter*,[24] dessen Selbstmord 1903 in Wien – er schoß sich im Alter von dreiundzwanzig Jahren im Sterbehaus Beethovens eine Kugel ins Herz – ihn zum Mythos hatte werden lassen. Man könnte sich sogar fragen, ob nicht bestimmte Vorstellungen, ja Wirklichkeiten wie Tod, Mystik oder Selbstmord aus diesem Grunde mit geistigen und gefühlsmäßigen Bedeutungen für Cioran belegt waren, die sich stark von denen unterscheiden, die wir ihnen heute geläufigerweise beilegen würden. Cioran zu lesen und diese Unterschiede zu vergessen entspricht etwa dem Irrtum, in Wittgenstein nichts anderes als einen englischen Logiker aus Cambridge, einen Erben Russells zu sehen, während er doch *zunächst* ein Wiener war, Lichtenberg nacheiferte, ein Zeitgenosse von Freud, Loos, Musil und Karl Kraus – was alles in einem ganz anderen Licht erscheinen läßt. Auch die orthodoxe Konfession bietet einen wichtigen, ja entscheidenden Zugang zu Ciorans geistiger Herkunft. Ist es denn verwunderlich, daß gerade er, der Pfarrerssohn und Enkel des Verwalters der Gemeinde von Răşinari, der selbstverständlich an den Gottesdiensten teilnahm, nachhaltig davon beeindruckt wurde? Um so mehr als die Orthodoxie damals viel mehr als einen Glauben darstellte, sie war zusammen mit der Sprache das einzige Band der verkannten »rumänischen Nation« Siebenbürgens. Es dürfte für einen empfindsamen Jüngling schwierig gewesen sein, sich nicht von der den orthodoxen Kultstätten eigenen Stimmung des ursprünglichen mystischen Glaubens, die an die Frühzeit des Christentums erinnerte, erfassen zu lassen. Unmöglich, das gespenstische Halbdunkel zu vergessen, das von dem zitternden Licht der Kerzen, vom Gold, Rot und Blau der Ikonostase durchzuckt wurde, über die man sagen konnte, daß sie eine wahrhafte »Weltanschauung in Farben«[25] entfalte – und alles das verklärt durch die vom Baß der Diakone getragenen Chorgesänge, die jenseits des Alltäglichen und seiner Leiden eine beinahe existentielle Vereinigung mit der Gottheit selbst zu besiegeln schienen. Der Ursprung der sehr engen, wenn auch höchst spannungsreichen Beziehung Ciorans zum Glauben und zu seiner Suche nach einer Mystik ohne Gott ist offenkundig in dieser Grunderfahrung seiner Kindheit zu suchen.

Der unglaublich verwirrende Verlauf der geschichtlichen Ereignisse in seiner Heimat und die Jahrhunderte währende Unterwerfung der Rumänen unter eine Vielzahl von Herrschern, die einander ununterbrochen bekämpften, sich gegenseitig täuschten und jedesmal ihren Vasallen die Unabhängigkeit versprachen, eine Unabhängigkeit, die jedoch erst unter dem Druck gewaltsamer Erhebungen durchgesetzt werden konnte – kurz, diese *Lehre in praktischem Zynismus*, welche die Geschichte Siebenbürgens erteilt, hat ihm schließlich den ausgeprägten Skeptizismus und den historischen Relativismus beigebracht, die seine späteren Werke durchdringen. Er selbst wird es mehrmals in seinen Gesprächen sagen: Wie sollte man denn noch Optimismus an den Tag legen und an den »Fortschritt« glauben, wenn man aus einer Welt wie dem Balkan kommt, »wo man die Geschichte nicht gestaltet, sondern nur erlitten hat, wo man also Objekt und nicht Subjekt der Geschichte war«?[26]

Auch ist es nicht einfach, einem Land anzugehören, das es bei der eigenen Geburt noch nicht gab, das man nur mit Mühe und Not fassen kann, dessen Vergangenheit sich im Mythos und in der Hypothese verliert und dessen Gegenwart und Zukunft noch zu erfinden sind! Die zwischen Haß und Liebe, zwischen Zuneigung und Verleumdung schwankende Beziehung zu Rumänien, von der man oft sagt, daß sie ein bestimmender Zug des rumänischen »Volkscharakters« sei, bringt diese Suche, diese echte Identitäts-»Angst« zum Ausdruck. Cioran wird diese höchst komplizierte Beziehung gegen Ende seiner Jugend sogar bis hin zur Verfluchung steigern und als »Feind aus dem Innern«, beinahe als Verräter an seiner Heimat auftreten; und später wird sie ihn in die freiwillige Verbannung und zur Zurückweisung jeder Volkszugehörigkeit, jeder Verankerung in der Endlichkeit einer Landschaft führen. Wie für eine ganze Generation wird die Faszination durch den Radikalismus schließlich ein – leider völlig wirkungsloses und sogar selbstzerstörerisches – Mittel für ihn sein, um dieser geschichtlichen Wirklichkeit, die in Halbheiten versinkt und von den täglichen Feigheiten und Zugeständnissen gelähmt wird, ein erträumtes Schicksal entgegenzusetzen, dem sie nicht zu genügen vermag. Doch wir greifen vor ...

Die ersten Lebensjahre Ciorans sind wie die aller oder fast aller Kinder der Welt durch größte Sorglosigkeit geprägt. Diese Zeit wird er – in der Art eines Leitmotivs kehrt der Ausdruck in seinem Briefwechsel und seinen Gesprächen wieder – als eine Art »irdisches Paradies« in Erinnerung behalten.[27]

Und eines Tages wird er in einem Interview sogar diesen seltsam verdrehten Satz sagen, daß er, »hätte er eine traurige Kindheit gehabt, in seinen Gedanken viel optimistischer gewesen wäre«![28]

Abgesehen von der Angst vor dem ungarischen Gendarmen, dem verhaßten Unterdrücker,[29] obwohl man ihm in Wirklichkeit nur selten begegnete, verlief das Leben des jungen Cioran tatsächlich unter dem Zeichen eines fast uneingeschränkten Freiheitsgefühls. Ein kräftiges Kind, wie es auf den Fotos der Zeit erscheint,[30] am Ort in zweifacher Hinsicht privilegiert, so streift er den ganzen Tag durch die Gassen des Dorfs, spielt an den steilen Ufern des Caselor-Flusses, im Hof des Geburtshauses des nationalistischen Dichters Octavian Goga (damals eine der »Berühmtheiten« Siebenbürgens) oder auch zwischen den Gräbern des Friedhofs, der an den Obstgarten seiner Familie grenzt. Ein Streifzug, der auf den Pfaden, die hinaufführen zum Gipfel des Hügels Coasta Boacii – der in seinen Erinnerungen fast die Bedeutung eines »Zauberbergs« annehmen wird, Zusammenfassung und Sinnbild seiner Kindheit[31] –, gewöhnlich in die Begegnung mit einem jener mit »natürlicher« Weisheit begabten Hirten-Philosophen mündet, über die er später sagen wird, sie hätten ihm mehr beigebracht als die Lektüre der großen Gründer philosophischer Systeme. »Je ›primitiver‹ man ist«, schreibt er 1972 an Aurel, »desto näher ist man einer ursprünglichen Weisheit, die die Zivilisierten verloren haben. Der abendländische Bürger ist ein Schwachsinniger, der nur ans Geld denkt. Ein beliebiger *cioban* [Schafhirt] bei uns hat mehr vom Philosophen als ein Intellektueller hier.«[32]

Wenn in dem letzten Satz etwas Affektiertheit mitschwingt, ja sogar ein gewisser anti-intellektueller Snobismus, so verweist er doch auch deutlich auf eine der Wurzeln der Cioranschen Vorliebe für den Aphorismus und für ein nicht nur existentielles, erlebtes, sondern auch, wie er es nennen wird, »transhistorisches«,[33] allgemeines Denken, das (fast) zu allen Zeiten und an allen Orten gültig ist, weil es dem uralten Schatz menschlicher Welterfahrung entstammt. Der Mann, der in *De l'inconvénient d'être né (Vom Nachteil, geboren zu sein)* behaupten wird, daß die formalen Anforderungen an das Denken »sich seit den Vorsokratikern kaum gewandelt haben«[34], ist selbst das Geschöpf dieser Welt, in der die Sorge um die vergehende Zeit nur Intellektuellen wie etwa seinem Vater bekannt war, nicht aber den Bauern und Hirten, die außerhalb der Geschichte standen und ihr den Rücken kehrten, die aus dem Wechsel der Jahreszeiten, dem Tod eines Tiers, der sich verändernden Farbe der Erde oder aber aus der Flucht der Wolken am Himmel ihre Weisheit schöpften.

Zu diesen »kulturellen« Gegebenheiten kommen familiäre Bedingungen. Während Cioran wenig über seinen Vater gesprochen hat, zu dem er eine recht kühle, ja neutrale Beziehung gehabt zu haben scheint (was damals die Regel war: Der Vater, der in einer anderen Welt lebte als die Kinder, überließ der Mutter die Aufgabe der Erziehung, um ihnen erst wieder Aufmerksamkeit zuzuwenden, wenn sie erwachsen wurden), hat er in seinen Gesprächen und, etwas verhüllt, in einigen seiner Bücher das Bild der Mutter oftmals beschworen. Seiner Ansicht nach war sie kaum religiös, wenn doch, dann eher aus Menschlichkeit als aus echtem Glauben, und schien zu einer ausgeprägten und anhaltenden Schwermut zu neigen. An einer Stelle in *Vom Nachteil, geboren zu sein* glaubt Cioran sogar, die eigene »Unfähigkeit zur Illusion« auf das »Erbe« seiner Familie mütterlicherseits zurückführen zu können,[35] die er übrigens in seinen Briefen an Aurel als »unruhig, angsterfüllt« beschreibt, geprägt von einem Gefühl des Fatalismus, so daß die Mutter ihnen, ihm selbst ebenso wie Schwester und Bruder, dessen »Geschmack und Gift«[36] vererbt habe. Ein Lebensüberdruß, eine »Müdigkeit«,[37] welche die paradiesische Erinnerung an »dieses verfluchte, dieses herrliche Răşinari«[38] zwar nicht beeinträchtigt, jedoch für immer mit einem Anflug von Bitterkeit überzieht.

Zweifellos kann man in der Nebeneinanderstellung dieser letzten zwar nicht gänzlich sich widersprechenden Charakterisierungen, die jedoch zweifelsohne einen problematischen Raum umreißen, einen der Schlüssel zu diesem immerwährenden Schwanken erkennen, zu dieser »Verwirrung der Gefühle«, die Cioran bis zuletzt sowohl angesichts seines Ursprungs und seiner Heimat als auch, allgemeiner, angesichts des Lebens empfunden hat. Răşinari stellt für ihn einen sowohl verfluchten als auch herrlichen Ort dar, und man könnte hinzufügen, verflucht *weil* herrlich, denn dort hat er das größte Glück erfahren, ein vollkommenes, uneingeschränktes, geschichtsloses, fast »unbewegliches« Glück, angesichts dessen alle späteren Freuden nur noch schal und enttäuschend erscheinen konnten. Aber es ist auch ein verfluchter Ort in dem Sinne, daß ihm dort diese Schwierigkeit, zu sein, auferlegt wurde (»Verfolgt werden wir alle von unseren Ursprüngen«,[39] heißt es in dem »Brief an einen fernen Freund« aus *Histoire et Utopie (Geschichte und Utopie)*, die er zeitlebens tragen mußte wie einen Fluch. Dazu gehört insbesondere das »eintönige Schwindelgefühl«, das einen spüren läßt, »wie sich die Zeit vom Sein *ablöst*«, um ihrem eigenen Lauf zu folgen und uns dergestalt unsere unbedingte Fremdheit gegenüber der Welt in der Langeweile zu offenbaren, der Langeweile, deren erste Anzeichen er nach eigenen Worten in Răşinari im Alter von fünf Jahren gespürt haben will![40]

Mit dem Schulbeginn im September 1921 wird Cioran im Alter von zehneinhalb Jahren für immer aus diesem bitteren Paradies vertrieben. Zusammen mit anderen Kindern aus seinem Dorf wird er von seiner Familie in Hermannstadt bei zwei siebenbürgersächsischen alten Jungfern untergebracht, die eine kleine Pension führen, und so besucht er das Gymnasium »Gheorghe Lazăr«, das ehemalige deutsche Gymnasium der Stadt, in dem seit einem Jahr ausschließlich in rumänischer Sprache unterrichtet wird. Mehrmals wird Cioran auf diese wahrhafte »Entreißung« zurückkommen, die jene Episode seines Lebens für ihn bedeutet hat, die, um den Titel eines seiner künftigen Bücher aufzugreifen, einem ersten, aber bereits unheilbaren »Absturz in die Zeit«[41] gleicht. »[...] und als ich jene Welt verlassen mußte«, wird er eines Tages über seine Kindheit in Răşinari sagen,[42] »hatte ich die deutliche Vorahnung, daß für mich etwas Unwiederbringliches zerbrochen wäre«: der kleine »primitive« Dorfbewohner, der bis dahin außerhalb der Zeit gelebt hatte – »Im Grunde genommen«, wird er in demselben Interview hinzufügen, »ist die primitive Welt die einzig wahrhaftige Welt, eine Welt, in der alles möglich ist und nichts aktualisiert wird« –, entdeckt beim Beginn der »ernsten« Studien eine andere Auffassung von der Zeit. Es ist eine zerstückelte und nicht mehr stetig fließende Zeit, ununterbrochen von Aufgaben und Pflichten eingeschränkt, von Erwartungen und Vorwegnahmen beeinträchtigt. Eine Zeit, in der es keine vollkommene, das heißt, keine scheinbar nie endende Glückseligkeit ohne festgelegte Grenzen gibt, sondern vielmehr eine bruchstückhafte Reihe von Augenblikken, von Zeiten, von abgehackten, unvollständigen, kurzlebigen Glückszufällen. Kurz, eine erwachsene und klarsichtige Zeit, aufgerissen von dieser »katastrophischen« Offenbarung: dem Bewußtsein, das in ihm, während es ihn zur Erkenntnis führt, seit jener Zeit Anfälle einer abstrakten, unsagbaren, »metaphysischen« Verzweiflung hervorruft, das unerklärliche Gefühl, daß nichts mehr so sein wird wie früher, daß etwas aufgehört hat, zu dem keinerlei Rückkehr möglich ist, für dessen Verlust es kein wirkliches Heilmittel außer der Sehnsucht gibt.

Gewiß, die Wunde wird sich teilweise schließen, als sein Vater, der zum Rat, zum »Berater der Metropolie« Hermannstadt – gewissermaßen zum Archidiakon, obgleich sich die Hierarchien der orthodoxen und die der katholischen Kirche nur bedingt vergleichen lassen – ernannt wurde, und 1924 mit der ganzen Familie ein großes bürgerliches Haus mit Vorhalle in der Strada Tribunei bezog, ganz in der Nähe der orthodoxen Kathedrale in der Fleischergasse. Doch das Übel, im wesentlichen, ist geschehen. Da wird sich nichts ändern können. Hermannstadt, das schöne mittelalterliche Hermannstadt mit seinen gepflasterten Straßen und seinen alten Wehrtürmen,

wird für Cioran immer mit dieser grundlegenden, ebenso erschreckenden wie mitreißenden Entdeckung der grenzenlosen inneren Einsamkeit der menschlichen Wesen verbunden sein. Einer Einsamkeit, die erklärt, warum er seine Zuflucht im Lesen sucht, wobei seit dem vierzehnten Lebensjahr das Lesen bei ihm das Ausmaß einer regelrechten »Flucht«, einer Art von »Fahnenflucht«[43] vor dem Leben annimmt.
In der Quarta beginnt er, die deutsche Bibliothek der Stadt und die der Siebenbürgischen Gesellschaft für rumänische Literatur und die Kultur des rumänischen Volkes (ASTRA) eifrig zu besuchen, letztere war Mitte des 19. Jahrhunderts [1861] von siebenbürgischen Nationalisten gegründet worden und enthielt eine bedeutende Sammlung von »aufgeklärten« politischen und philosophischen Werken. Dort lernt er das französische 18. Jahrhundert kennen, im wesentlichen Diderot und Rousseau. Auch beginnt er, sich mit dem deutschen Freidenkertum, mit Lichtenberg, Schopenhauer und Nietzsche vertraut zu machen. Er begeistert sich für den großen Nationaldichter Mihail Eminescu, einen der Begründer des »rumänischen Nationalbewußtseins«. Im übrigen wird er sein Leben lang in Paris eine alte gebundene Ausgabe der sämtlichen Werke Eminescus aufbewahren, in der er häufig nachschlägt. Er befaßt sich mit Flaubert und Balzac. Aber vor allem vertieft er sich in die Welt Dostojewskis, insbesondere in dessen Roman *Die Dämonen* [*Die Besessenen*], den er in regelmäßigen Abständen bis zu seinem Tode wiederlesen wird und der einen starken Einfluß ausübt auf seine Auffassung vom Leben und seine Vorstellungen über Mystik und Politik – in seinen Jünglingsjahren wird er sich sogar mit Stawrogin und dessen »dämonischer Langeweile« identifizieren. Zusammen mit Shakespeare, für den er Mitte der dreißiger Jahre in Kronstadt eine glühende Leidenschaft empfindet, wird Dostojewski für ihn, wie er in seinen Gesprächen[44] nicht müde wird zu wiederholen, der größte Autor aller Zeiten sein, ein meisterhafter Romancier, ein Philosophen von Rang und ein beinahe heiliger Mystiker: *der* Schriftsteller schlechthin.

Ebenfalls in Hermannstadt wird Cioran später – in seinen Gesprächen macht er widersprüchliche Zeitangaben: zwischen 1926 und 1927 bzw. 1931[45] – die ersten Krisen dessen erfahren, was er als »das größte Drama seines Daseins« und beinahe als dessen Erklärung darstellen sollte: der Schlaflosigkeit. Obwohl er die Tragweite dieser »Erfahrung« für die Entwicklung seines Denkens, einfach weil es nahelag, offenkundig übertrieben hat, besteht kein Zweifel daran, daß diese Abwesenheit von Unterbrechung, von »Diskontinuität«[46] zwischen den Tagen, wie sie durch die Unfähigkeit zu schlafen verursacht wird, zu den Grundlagen seiner Weltanschauung gehört, die genaugenommen gar nicht »pessimistisch« ist, sondern geprägt von jener Mattigkeit, von jenem Gefühl der »Müdigkeit«, an das er im Zusammenhang mit seiner Mutter erinnerte.

Cioran wird nie an die Geschichte glauben können, im Sinne einer vernünftigen Ausarbeitung eines »Fortschritts« oder im Sinne des schlichten Hervorbrechens des Neuen. Alles ist von jeher, bis auf Nuancen, gleich. Nichts Neues geschieht; die gleichen Ereignisse wiederholen sich in alle Ewigkeit. Mit irgendeinem Glauben oder einer Ideologie, in die sie ihre Taten einhüllen, bleiben die Menschen sich gleich, »gestörte«, gescheiterte Tiere, die, gerade weil sie sich dem Wahn hingeben, sich aus der Ordnung der Natur befreit zu haben, potentiell auch zu deren größten Zerstörern gehören. In den zivilisierten und vermeintlich vernünftigen Formen von Herrschaft, die sich die Menschen schaffen, waltet also seit Anbeginn der Zeit die gleiche Roheit, die gleiche grundlegende Unmenschlichkeit. Die Geschichte ist »eine Schweinerei«,[47] die nirgendwohin führt; und die Politik die Kunst des Betrugs, die lächerliche Maske, die den Untertanen die Leere verbergen soll. Wenn sie diese Betrachtung der Welt nicht geradezu »hervorbrachte«, wie er selbst es mitunter nahelegte, mußte die Schlaflosigkeit diese ernüchterte, *weltmüde* Wahrnehmung doch verschärfen. Was bei ihm die Sehnsucht nach der Welt von Răşinari nur steigert, eine Sehnsucht, die weniger aus dem

Traum von der paradiesischen Ursprünglichkeit im Sinne Rousseaus, sondern vielmehr aus der Trauer über eine unwiederbringlich verlorene Unschuld herrührt, eine Unschuld, die sich nie mehr zurückgewinnen läßt, die *auf tragische Weise unfaßbar* ist: aus dem Gefühl eines unendlichen »Absturzes«, das die Teilhabe an der Welt, fern davon, ihm abzuhelfen, nur noch steigert ...

Doch bevor Cioran diese Lektion endgültig lernt, wird er noch viele andere Beobachtungen, Begegnungen, Leseerfahrungen machen müssen. Er wird sich täuschen, er wird an das Gegenteil glauben müssen, und sei es nur halbwegs und vorübergehend: an ein plötzliches Auftauchen, an eine Verwandlung, an eine »Verklärung« der Geschichte. Er wird sich in die Geschichte und in die Zeit versenken müssen. Sich im Gleichschritt mit der Welt kompromittieren müssen. Deren Leidenschaften, Zweideutigkeiten, Illusionen, deren *Lüge* teilen müssen. In deren Falle gehen müssen. Auch dazu werden die Studienjahre an der Universität Bukarest dienen, auch darauf werden sie ihn vorbereiten. Er beginnt sein Studium, nachdem er – der zwar ein guter Schüler, bei Prüfungen aber befangen war – im September 1928 sein Abitur in der naturwissenschaftlichen und neusprachlichen Abteilung erst im zweiten Anlauf, dann aber als zweiter von achtundneunzig Kandidaten bestanden hat. Er erhält die Zensuren 6 im Fach Naturwissenschaften, 8 in Geschichte und Geographie und 10, die beste Zensur, im Fach Rumänisch.

Bildnis eines Antikonformisten mit Gruppe

Wer ist Emil Cioran, oder wie können wir ihn uns vorstellen, als er Anfang Herbst 1928, also mit siebzehneinhalb Jahren, Hermannstadt verläßt, um sich in Bukarest an der Fakultät für Literatur und Philosophie einzuschreiben? Seine äußere Erscheinung, festgehalten auf einem Foto aus dieser Zeit – möglicherweise am Tag seines Aufbruchs aufgenommen, denn es deutet offensichtlich auf ein großes Ereignis hin[1] –, einem Foto, auf dem man ihn vor einer efeuüberwachsenen Mauer sieht, zweifellos im Garten seines Elternhauses, mit einem Hut in der Hand, ist die eines eher schlanken, nicht übermäßig schlanken jungen Mannes von kräftigem Wuchs, mit einem angenehmen, wenn auch etwas mürrischen Gesicht, das von einem für sein Alter ungewöhnlichen Ernst geprägt ist, in tadelloser Kleidung. Er trägt eine helle Hose und einen schwarzen Zweireiher, geziert mit einem weißen Kavalierstuch und einer Krawatte aus glänzendem Gewebe, die Haare sind gescheitelt und glatt an die Schläfen gekämmt. Er strahlt eine paradoxe Mischung von feierlicher Steifheit und Lässigkeit aus, was auf einem Paßbild aus derselben Zeit[2] ein seltsam schielender Blick, ängstlich und träumerisch zugleich, aus einem spöttischen Gesicht bestätigt.

Kurz, er ist anscheinend nicht jener »aufmüpfige Jüngling«, eine Art Werther der Karpaten, vorzeitiger »Spezialist für das Problem des Todes«, als den er sich selbst, anscheinend nicht ironisch, 1933, an seinem 22. Geburtstag, in einer persönlichen Zwischenbemerkung am Ende eines Kapitels seines ersten Buchs *Pe culmile disperării*[3] beschreiben wird. Ebensowenig ist er diese etwas dostojewskihafte Gestalt mit »blondem, wirr in die Stirn fallendem Haar«, die Mircea Eliade 1932 bei einem seiner Vorträge über Rabindranath Tagore[4] im Publikum, neben einem Studienfreund, dem künftigen Philosophen Constantin Noica, sitzend, auffallen wird. Nüchtern betrachtet, ist Cioran ein typisch mitteleuropäischer Student der zwanziger Jahre aus gutem Hause, der sich anschickt, aus seiner Heimatprovinz in die Hauptstadt seines Landes zu gehen, um sich dort mit Entschlossenheit, aber nicht ohne Angst seinen Weg in der intellektuellen Gesellschaft zu bahnen. Da er, wie er später erzählen wird,[5] während des Unterrichts am Gymnasium alle Folgen der berühmten »Briefe in die Provinz«,[6] die Eliade nach seiner Rückkehr aus Indien jede Woche für die Tageszeitung *Cuvântul* (Das Wort) schrieb, verschlungen hatte, weiß dieser belesene Siebenbürger in der Tat, daß er mit der Universität eine neue Welt, verwickelter und anspruchsvoller als die, in der er bis dahin herangewachsen ist, betritt. Und wie alle ehrgeizigen jungen Männer an der Schwelle des Mannesalters, scheint er den Schwur von Balzacs Rastignac (in den *Illusions perdues, Verlorenen Illusionen*) abgelegt zu haben: sich einen höchst eigenen Platz innerhalb der Gesellschaft seiner Zeit zu erobern.

Ein Jahrzehnt später, vermutlich im Sommer 1937, zeigt übrigens ein anderes Foto, das auf der Calea Victoriei aufgenommen wurde – der eleganten Hauptverkehrsader, die das historische, abendländisch geprägte Zentrum Bukarests von Norden nach Süden durchquert, bevor sie sich im Gewirr der staubigen Gassen des alten, orientalisch anmutenden Viertels verliert –, einen zutiefst verwandelten, beinahe nicht wiederzuerkennenden Cioran.[7] Die Figur ist abgezehrter, aber auch lebendiger, der durchdringende Blick geht von zwei tief in die Augenhöhlen eingesenkten Augen aus, und der etwas verkrampfte Mund dominiert den unteren Teil des Gesichts. Er trägt einen leicht zerknitterten grauen Anzug über einem dunklen Hemd mit hochgeschlossenem Kragen ohne Krawatte, er geht mit großen Schritten, während er sich mit einem kahlköpfigen, lässig gekleideten Hünen mit sarkastischer Haltung unterhält – es ist Petre Ţuţea, ein »Sprech«-Philosoph, ohne Werk, für den er zeitlebens, bis zu dessen Ableben Anfang der neunziger Jahre, eine unverbrüchliche Verbundenheit, ja sogar eine geheime Bewunderung empfindet.[8] Unterdessen war aus dem schüchternen Studenten aus der Provinz Ende der zwanziger Jahre ein anerkannter Intellektueller geworden, er hatte mehrere Bücher veröffentlicht – eines davon, *Schimbarea la faţă a României*, hatte Ärgernis erregt und mußte sogar nachgedruckt werden –, er schrieb in den größten Zeitungen und den angesehensten Zeitschriften der Zeit und war sich, mehr noch als seines Wertes, seiner »Einzigartigkeit« bewußt geworden.

Allein schon diese beiden Aufnahmen fassen im Grunde die ganze Geschichte des geistigen Werdegangs des frühen Cioran zusammen, der Lehrjahre an der Universität, in denen er bereits zu einem sicherlich noch randständigen, aber »vielversprechenden« Schriftsteller geworden war. Eine Geschichte, die eng bezogen ist auf die Geschichte einer ganzen Generation, *»noua generaţie«*, der »neuen Generation«: Eliade (er ist es auch, der diesen Begriff 1927 in einem Artikel für *Cuvântul* prägen sollte[9]), Eugène Ionesco, Noica und andere, im Westen Unbekannte wie Mihail Sebastian, Mircea Vulcănescu, Arşavir Acterian und Mihail Polihroniade[10], die kurz vor dem Ersten Weltkrieg geboren wurden und somit das gefährliche Privileg genossen, mitten in diesem mitreißenden und fragwürdigen Groß-Rumänien, das die Verträge von Saint-Germain und Trianon geschaffen hatten, in ihren Zwanzigern zu sein.

Das Bukarest, das Cioran 1928 entdeckt, hat nicht mehr viel gemein mit jener stillen und abgelegenen Hauptstadt des erst seit 1880 unabhängigen kleinen Königreichs der Walachei und der Moldau.[11] Es ist das Nervenzentrum des größten Staatsgebiets mit der größten Bevölkerung auf dem Balkan. Was die wirre Geschichte dieser Region seit mindestens drei Jahrhunderten bewegt hat, wird durch den Zusammenbruch der österreichisch-ungarischen Monarchie Wirklichkeit: die Wiedervereinigung – über die natürlichen Schranken der Karpaten hinweg – aller rumänischsprechenden Bevölkerungsgruppen der Walachei, der Moldau und Siebenbürgens, aber auch der Bukowina und Bessarabiens (der ehemaligen Sowjetre-

publik und des heutigen Moldawien), eine Wiedervereinigung, die Ausdehnung und Bevölkerungszahl des alten Rumänien mehr als verdoppelt.
Das Ergebnis ist die Entstehung eines zukunftsträchtigen politischen und wirtschaftlichen Gebildes, an dessen Entwicklung die westlichen Mächte, vor allem Frankreich – mindestens am Anfang – außergewöhnlich regen Anteil nahmen. Groß-Rumänien, die maßgebliche Kraft der mit der Entente cordiale verbündeten Kleinen Entente, die aus den neu entstandenen Staaten wie der Tschechoslowakei und Jugoslawien gebildet wurde und als eine Art willkommener Pufferzone angesichts der drohenden Ausweitung der bolschewistischen Revolution nach Westen diente, nimmt einen wichtigen Platz in der neuen politischen Geographie der Region ein. Es ist mehr oder weniger zur führenden Macht berufen. Es ist ein großes Agrarland, eine wahre Kornkammer, wenn seine Hektarerträge auch zu den niedrigsten Europas zählen. Aber es besitzt auch beträchtliche Ressourcen an Holz und bedeutende Erdölvorkommen (die allerdings gegen Ende der dreißiger Jahre die ersten Anzeichen von Erschöpfung zeigen) mit einer neu entstehenden petrochemischen Industrie bei Ploieşti, wozu noch die Metallindustrie und die Minen in Siebenbürgen kommen – was Groß-Rumänien auch zu einem großen Industrieland hätte werden lassen können.
Anscheinend hat Groß-Rumänien auch die Grundlagen für ein stabiles innenpolitisches Leben geschaffen, nachdem 1923 durch königlichen Erlaß eine neue Verfassung in Kraft gesetzt worden war, die eine halbwegs demokratische parlamentarische Regierungsform einführte. Gewiß, der König besitzt noch sehr weitgehende Machtbefugnisse. Er ist es, der den Premierminister ernennt. Und nichts zwingt ihn, es sei denn das Verhältnis der Kräfte, das Wahlergebnis anzuerkennen. Auch ist er es, der die Gesetze bestätigen muß. Aber es gibt fortan ein allgemeines Wahlrecht; und nicht mehr wie im »Regat«, im Alten Königreich, ein Dreiklassenwahlrecht.[12] Kurz, bis auf einige Unsicherheitsfaktoren ist das Rumänien

von 1920 eine junge vielversprechende Nation, die nach einem endlosen Schlaf bereit zu sein scheint, in die Weltgeschichte einzuziehen.
Angeregt durch den Ministerpräsidenten Ion I.C. Brătianu den alten Vorsitzenden (er verstirbt 1927) der Nationalliberalen Partei, Sohn eines der Gründerväter der Unabhängigkeit von Moldau und Walachei [der beiden rumänischen Fürstentümer], deren Entwicklung die unmittelbare Nachkriegszeit beherrscht, betreibt Groß-Rumänien im übrigen entschlossen eine Politik der Modernisierung und Industrialisierung. Verwestlichung ist das Schlagwort der Zeit. Es geht darum, durch die Aufnahme »europäischer« Regierungsformen, etwa der liberalen Demokratie, die Rückständigkeit des Landes schnellstmöglich zu überwinden, um es den entwickelten Nationen des Westens anzugleichen. Man nimmt also reichlich ausländische Technik und Kapital in Anspruch und ist bemüht, die Kontrolle darüber zu behalten. Und man gibt vor, wie in Paris, der maßgeblichen Hauptstadt, zu leben – zumindest in den Kreisen des Adels, der ehemaligen Bojaren, der Großgrundbesitzer, der reichen Bürger und der Angehörigen der freien Berufe in den Städten –, diese bilden die Basis der Partei Brătianus, machen aber nur einen verschwindend geringen Prozentsatz der Bevölkerung aus.
Das Pariser Vorbild gilt vor allem für Bukarest, das sich seit der Vergrößerung des Landes gern als die westlichste Hauptstadt am östlichen Rand Europas betrachtet. Trotz der schwierigen Lage – die Stadt ist der Gefahr verheerender Erdbeben ausgesetzt – und mangelnden Profils setzt sich Bukarest übrigens sehr bald gegen die ältere Universitätsstadt Jassy (Iaşi) in der Moldau und die alte deutsche Stadt Braşov-Kronstadt in Siebenbürgen als geistiges Zentrum Rumäniens durch. Die Staatsführung, die den Westen in wirtschaftlicher und institutioneller Hinsicht nachzuahmen sucht, öffnet den jungen (und neuen) Rumänen großzügig die Tore der Universitäten. So sind es 1928 nach den Zahlen, die Cioran in einem Gespräch angibt,[13] nicht weniger als fünfzigtausend

Studenten, die in Bukarest leben, bei einer Bevölkerung von fünfhunderttausend Einwohnern (achthunderttausend im Jahre 1939)!

Der Eindruck, den Bukarest bei einem ausländischen Besucher hinterläßt, ist der einer jungen und umtriebigen Stadt mitten im Umbruch, mit Überbleibseln von Unterentwicklung und auffallenden Kontrasten, die gerade den Reiz ausmachen. Auf den großen Boulevards, an denen man eindrucksvolle moderne Bauten wie etwa den Sitz der Versicherungsgesellschaft ARO errichtet, kann man häufig prachtvolle Hispano-Suiza-Limousinen an Pferdewagen vorbeifahren sehen ... wenn nicht gar an Ochsenkarren, die geradewegs aus dem Mittelalter zu kommen scheinen. In den Vorstädten drohen notdürftig aus Lehm zusammengeflickte Häuser beim geringsten Platzregen in sich zusammenzustürzen. Abfälle türmen sich auf den Gehsteigen. Aber entlang der Kisseleff-Chaussee, die zum Flugplatz Băneasa führt, wetteifern die herrschaftlichen Stadtpalais miteinander in Eleganz, mit ihren gepflegten romantischen Gartenanlagen und ihren üppig mit Säulen, Freitreppen und Balkonen geschmückten Stuckfassaden. Und während im volkstümlichen Bukarest Lärm herrscht und sich Gerüche verbreiten, die an Istanbul erinnern, und man wie im Istanbuler Galata-Viertel stehend auf der Straße *mititei*, gegrillte, stark gewürzte Hackfleischröllchen, verzehrt, umgibt sich das mondäne Leben in den Salons mit Glanz. Die Damen der Oberschicht bemühen sich, den letzten Pariser Moden zu folgen. An der Bar des Athénée-Palace-Hotels, dessen Eingangshalle ganz in Marmor ausgekleidet ist, genießen die Herren Drinks und blättern in französischen Zeitungen, die am Abend zuvor der Orient-Express gebracht hat. Im Kaffeehaus Capşa, in der Calea Victoriei, trinkt man Kaffee, begleitet von köstlichem Wiener oder orientalischem Feingebäck. Von den Terrassen der Gartenrestaurants dringt in Wellen Zigeunermusik, gemeistert von Orchestern in tadelloser Kleidung. Man könnte glauben, man sei in Paris; allerdings in einem ermatteten balkanischen

Paris, in dem, wie Paul Morand 1935 nicht ohne Witz schreiben wird,[14] das erste einheimische Wort, das der Westler lernt, weil es die immergleiche Antwort auf alle seine Fragen gibt, *»mâine«* ist, das heißt ... »morgen«. Kurz, eine Stimmung von sorglosem Optimismus schwebt über der groß-rumänischen Hauptstadt.

Aber man ändert leider nicht so leicht die Mentalität eines Landes, das noch immer zu achtzig Prozent bäuerlich ist; und das vor allem, wie Cioran 1937 in *Schimbarea la faţă a României* nicht ohne einen gewissen Masochismus bemerken wird, »seit tausend Jahren unter der Herrschaft von Fremden gelebt« und »das Licht nur durch die Finsternis der Ungarn, Türken oder Griechen erblickt« hat.[15] Und sehr bald bekommt dieser herrliche, aber trügerische Dekor Risse.

Kaum hatten die Liberalen die Verhandlungen über die Friedensverträge abgeschlossen, übernimmt General Averescu, im Mai 1920 auf völlig legale Weise an der Spitze der sogenannten Volksliga, die in Wirklichkeit nichts anderes ist als eine demagogische Koalition der Unzufriedenen aller politischen Lager, die Macht![16] Das Zwischenspiel ist glücklicherweise von kurzer Dauer. Und wird in einem gewissen Sinne nützlich sein: Es ist diesem autoritären Populisten zu verdanken, daß die seit 1917 von König Ferdinand I. versprochene gesetzliche Regelung einer dringend nötigen Agrarreform, die wegen des Widerstands der Konservativen unablässig hinausgeschoben wurde, 1921 schließlich verabschiedet wird. Gewiß, damit sind nicht alle Probleme des Landes zu lösen. Das Gesetz bleibt auf halbem Wege stehen, stellt die Bauern nicht wirklich zufrieden, während es die Großgrundbesitzer verärgert. Doch das Allerschlimmste konnte abgewendet werden: Das Schreckgespenst einer bolschewistischen Ansteckung der Landbevölkerung wird gebannt. Was die Volksliga, die inzwischen zur Volkspartei geworden ist, allerdings nicht daran hindert, bei den folgenden Wahlen im März 1922 zusammenzubrechen. Ihr Anteil im Abgeordnetenhaus geht von zweihundertvierundzwanzig Volksvertretern zurück auf zwölf, während die Liberale Partei zur gleichen Zeit sich »explosionsartig« von neun armseligen Sitzen auf zweihundertsiebenundzwanzig steigert.

Die Erklärung für diese seltsamen Wahlergebnisse ist ein offenes Geheimnis. Die enttäuschten Liberalen, die seit dem alten »Regat« die Regierung stellen, haben die Wahlen von 1922 einfach besser »vorbereitet«. Auf dem Lande ist nichts einfacher, als das Wahlverhalten einer kaum lesekundigen Bevölkerung zu beeinflussen: Es genügt, deren Honoratioren mit Versprechungen zu bestechen. So kann man die Wahlurnen verschwinden lassen. Bukarest ist fern ... Die alten klientelorientierten Praktiken und der offene Wahlbetrug werden alle Wahlen der zwanziger und dreißiger Jahre beeinträchtigen. Nur die Wahl 1928, in dem Jahr, in dem Cioran in Bukarest ankommt – die den Vorsitzenden der Nationalen Bauernpartei [Partidul National-Ţărănesc] Iuliu Maniu, zweifellos neben Nicolae Titulescu, dem Außenminister und Delegierten beim Völkerbund, zu jener Zeit der einzige rumänische Politiker von Format, mit fast 78 % der Stimmen an die Macht bringt –, scheint störungsfrei verlaufen zu sein.[17] Wenn man außerdem die unaufhörlichen Streitigkeiten zwischen Einzelpersonen und ganzen Klüngeln, verworrenste Intrigen, die ausgesprochen »byzantinischen« Koalitionen und die um sich greifende Geschäftemacherei berücksichtigt, erhält man ein fast wahrheitsgetreues Bild der großrumänischen »Demokratie« nach 1920, die so etwas ist wie die französische vierte Republik in den schlimmsten Augenblicken ihrer Auflösung, geprägt von unvereinbaren und oft wechselnden Koalitionen im italienischen Stil der siebziger Jahre des letzten Jahrhunderts.

Dies um so mehr, als König Carol II., der 1925 wegen skandalösen Verhaltens (seines offenen Verhältnisses mit der geschiedenen »Jüdin« Elena Lupescu[18]) von Ferdinand I. zugunsten seines Sohnes, des noch unmündigen, von einem Regentschaftsrat umgebenen Kronprinzen Mihai, zur Abdankung gezwungen wurde, es sich seinerseits nicht nehmen läßt, zu intrigieren. Von Paris aus, wohin er geflüchtet war und wo er die damals beliebten Cabarets besucht, bereitet er in Wirklichkeit seine Rückkehr vor, indem er die Parteien zynisch gegeneinander ausspielt. Nachdem er 1930 triumphierend nach Bukarest zurückgekehrt ist, versichert er, er werde sich bessern und sein Eheleben mit der geduldigen Königin Elena wiederaufnehmen, aber nicht nur hält er keine dieser Zusagen ein, sondern es gelingt ihm schließlich vor den Augen seiner alten politischen Verbündeten, vor allem der Bauernpartei, seine persönliche Macht wiederherzustellen und schließlich ein System in Verruf zu bringen, das dieser königlichen Verstärkung wahrlich nicht bedurfte! 1938 wird dieser Bewunderer des »politischen Genies« von Mussolini, der in der Innenpolitik den Parlamentarismus stets verachtet hatte, sich im übrigen keine Mühe mehr geben, den Demokraten zu spielen. Er wird einfach seine eigene Diktatur errichten. Das ist viel einfacher und bequemer ...

Ende der zwanziger Jahre wird auch Rumänien mit den Wirren der Weltwirtschaftskrise konfrontiert. 1931 brechen die internationalen Getreidepreise ein. Die Mehrheit der Bauern ist über Nacht ruiniert. Verständlich, wenn man bedenkt, daß das Land damals 80 % der Weizenernte exportiert und sich für den eigenen Bedarf an den Mais hält, die Grundlage der *mămăliga*, einer Art Polenta, des Nationalgerichts. Da die Krise auch die Rohölpreise fallen läßt, zwingt sie Rumänien dazu, die Produktion drastisch zu drosseln. Das unmittelbare Ergebnis: Die Deviseneinnahmen versiegen. Die Investitionen werden eingefroren, die weitere industrielle Entwicklung wird gebremst. Anfang der dreißiger Jahre ist der rumänische Staat schlicht und einfach bankrott. Er kann seine Beamten nicht mehr bezahlen. Einige Monate zuvor hatte eine Delegation von französischen Finanzsachverständigen, die ins Land gerufen wurde, um eine Art »Wirtschaftsprüfung« vorzunehmen, mit Bestürzung festgestellt, daß der rumänische Staat praktisch kein Rechnungswesen besaß. Eine Regierung nach der anderen hatte sich damit begnügt, sich aus der Staatskasse zu bedienen und die dringend fälligen Zahlungen fortwährend auf *mâine* aufzuschieben!

Groß-Rumänien scheiterte vor allem in »moralischer« Hinsicht. Das Hauptproblem, das die rumänische Geschichte jener Jahre beherrscht und sogar vergiftet, bleibt tatsächlich die »nationale Frage«. Diese Frage ist leicht gestellt; eine Antwort hingegen nicht zu entdecken: Wie kann man nebeneinanderher lebende Bevölkerungsgruppen mit derselben ethnischen Herkunft und derselben Sprache, die aber bis dahin niemals zusammengelebt haben, deren Kulturen sich wegen der unterschiedlichen Einflüsse, denen sie ausgesetzt waren, beträchtlich voneinander unterscheiden, zu einer Nation zusammenschmieden, das heißt zu einer Gemeinschaft, welche dieselben Grundwerte teilt; und das bei einer Zusammensetzung, die – ein zusätzlich erschwerender Umstand – infolge der Verdopplung des Staatsgebietes nicht mehr so rein »rumänisch« wie einst ist?

Eine einzige, zweifellos überbewertete Zahl gibt das Ausmaß dieser letzten – und nicht geringsten – Schwierigkeit an: Während vor dem Ersten Weltkrieg der Anteil der Rumänen 97 % der Bevölkerung des kleinen Königreichs der Moldau und der Walachei ausmachte, beträgt er nach 1920 in Groß-Rumänien nur noch 71 % der Gesamtbevölkerung. Ein Viertel bis zu einem Drittel der Einwohner sind also keine »Rumänen« im engeren Sinn! Zur Basis der einheimischen Bevölkerung, die selber bereits alles andere als einheitlich ist, kommen nicht weniger als 8 % Ungarn, 4 % Deutsche, 3 % Ukrainer, 2 % Russen und ebensoviel Bulgaren, 1 % Türken und Tataren sowie eine starke Minderheit von 4 bis 6 % Juden hinzu; die Juden sind in manchen Städten der Bukowina sogar in der Mehrheit, etwa in Czernowitz (rumänisch Cernăuţi). Außerdem gibt es fünfzigtausend Polen, die entlang der Nordgrenze verstreut leben, eine ähnlich große Anzahl von Serben im Süden, im Banat, und wenigstens anderthalb Millionen Zigeuner, die seit dem 15., wenn nicht bereits seit dem 13. Jahrhundert hier leben!

Nun mußte Rumänien vor der Unterzeichnung der Friedensverträge im November 1919 den sogenannten »Minderheitenvertrag« paraphieren, der den Minderheiten gleiche Rechte wie den Einheimischen, Religionsfreiheit und Schulunterricht in den jeweiligen Muttersprachen gewährleistet. Und die Verfassung von 1923 hat diese Grundsätze feierlich bestätigt. Theoretisch ist das Problem also gelöst. Es besteht nicht mehr. In der Praxis ist es selbstverständlich sehr viel heikler.

Zunächst einmal deshalb, weil es die besiegten Nachbarländer gibt, die die Friedensverträge, wie man sagt, »revidieren« wollen: die davon träumen, die Gebiete, die sie noch immer für sich in Anspruch nehmen, zurückzugewinnen. Das sind im Westen Ungarn, im Süden Bulgarien und im Nordwesten das bedrohliche Rußland der Sowjets, das mitten im Umbruch ist und das wenigstens bis Ende der zwanziger Jahre versucht, seine Revolution zu »exportieren«. Hinter dieser Ideologie der Ausbreitung der Revolution verbirgt sich der alte russisch-slawische Imperialismus. Was die Sowjetunion will, ist einfach die Rückkehr Bessarabiens zum Mutterland. Überhaupt lehnt sie es hartnäckig ab, den Verlust anzuerkennen. Und während die anderen Nationen ihre ehemaligen Staatsangehörigen in Schutz nehmen, sie sogar ermutigen aufzubegehren, verfügt die Sowjetunion seit 1921 über eine Art »innere Kolonne« in Rumänien: die neue internationalistische kommunistische rumänische Partei. Diese wird – symbolisch genug – seit 1924 im übrigen gar nicht mehr von einem Rumänen angeführt, sondern der Reihe nach von einem Ungarn, einem Ukrainer und einem Polen! Angesichts dieser Zustände können die nationalistischen Spannungen, welche die Region seit zehn Jahrhunderten zerreißen, selbstverständlich nur weiter fortdauern und zu neuen Ausbrüchen führen, entweder ganz offen oder versteckt hinter der ideologischen Maske des Antibolschewismus.

Auch muß man mit Unverständnis, Haß, ja sogar mit revanchistischen Gelüsten rechnen, die die zwar unterschiedlichen, aber ununterbrochen einwirkenden Formen der Kolonialisierung und der Fremdherrschaft wie übereinandergeschichtete geologische Ablagerungen bei den Rumänen hinterlassen haben. Der traditionelle Fremdenhaß, von dem Cioran in *Schimbarea la faţă*[19] sogar behauptet, er sei unauflöslich mit dem rumänischen Nationalgefühl verwoben, stelle sogar dessen einzigen »Kitt«, dessen einzige lächerliche Daseinsform dar, ist weit davon entfernt nachzulassen, im Gegenteil, er wächst. Und obwohl sich dieser allgemeine Fremdenhaß unterschiedslos gegen den »Fremden« richtet, kann man mehr und mehr beobachten, wie er sich auf diejenige Minderheit konzentriert, die als die wirtschaftlich mächtigste wahrgenommen wird, zugleich aber die schwächste ist, weil sie weder eine »Nation« außerhalb besitzt, die sie verteidigen könnte, noch eine sichere Heimstatt, in die sie sich zurückziehen könnte: die Juden.

Jahrhundertelang hatten die Juden in Eintracht mit den Rumänen zusammengelebt.[20] Juden lebten übrigens bereits seit den Zeiten der römischen Kolonisierung in der Walachei. Weitere, die Sephardim aus Spanien, siedelten sich im 16. Jahrhundert unter osmanischer Herrschaft dort an. Doch ein Großteil der Juden, vor allem in der Moldau, wanderte erst in jüngerer Zeit ein; es sind Aschkenasim aus dem polnischen Galizien und der angrenzenden russischen Ukraine, die oftmals auf Bitten der moldauischen Fürsten, die eine Mittelschicht von Händlern als Bindeglied zur Landbevölkerung benötigten, ins Land kamen. Obwohl sie Jiddisch sprachen und sich kaum zu assimilieren versuchten, wurden diese Neuankömmlinge zunächst relativ gut aufgenommen: Ohne sie wäre das Wirtschaftsleben ganz einfach nicht möglich gewesen.

Dies wird sich paradoxerweise mit der Befreiungsbewegung 1848 ändern. Wie in vielen anderen mitteleuropäischen Ländern geht das Erstarken des Antisemitismus mit der Entstehung des Nationalismus einher. In der Verfassung des Altreichs von 1866, dem Kern der unabhängigen Moldau und Walachei, hieß es in Artikel 7, daß nur Ausländer »christlichen

Glaubens« rumänische Staatsbürger werden könnten. Vierzehn Jahre lang machten die Westmächte die Anerkennung der rumänischen Unabhängigkeit von der Außerkraftsetzung dieses Artikels abhängig, was die Nationalisten als eine unerträgliche Einmischung von außen empfanden. Sicherlich bestimmten nicht nur edle Gefühle diese Forderung: Dadurch versuchte der Westen auch, den neuen Staat in seinen Einflußbereich zu bringen. Wie dem auch sei, der Antisemitismus entwickelt sich damals zu einem wesentlichen Bestandteil des politischen Lebens in Rumänien. Er durchzieht das ganze Werk Eminescus, des großen Dichters, des Begründers der nationalen Literatur. Es ist, als würde Dante oder in Frankreich das *Rolandslied* zu kultureller oder religiöser Intoleranz aufrufen! Später kommen Neid und Ablehnung aus wirtschaftlichen und gesellschaftlichen Gründen hinzu, wovon – und darin besteht, wenn man es so sagen darf, die Originalität Rumäniens – alle Gesellschaftsschichten erfaßt werden, einschließlich der 80 % Landbevölkerung.

Die Juden, die von der Verfassung von 1923 endlich als vollberechtigte rumänische Staatsangehörige anerkannt wurden, denen jedoch bis dahin das Recht auf Landbesitz verweigert worden war, beherrschen tatsächlich zusammen mit den Griechen und den Armeniern Handel und Finanzen in den Städten. Da sie besser ausgebildet sind als die Rumänen, stellen sie auch den Großteil der freien und intellektuellen Berufe: Sie sind Rechtsanwälte, Ärzte, Apotheker, Schul- und Hochschullehrer, Journalisten. Und obwohl sie nur zwischen 4 und 6 % der Gesamtbevölkerung ausmachen, stellen sie ein Sechstel der an den Universitäten Studierenden. Bis zur Bodenreform von 1921 bewirtschafteten sie, vor allem in der Moldau, als Verwalter oder Pächter die Güter der in Bukarest oder im Ausland lebenden Großgrundbesitzer – was zu einer tiefen Feindseligkeit der Bauern führte. Der große Bauernaufstand von 1907 hat auch Pogrome auf dem Lande und in den Städten im Gefolge. Tausende von Juden wanderten damals in die Vereinigten Staaten, nach Argentinien, Frankreich, England oder Palästina aus. Doch das ändert nichts. Vielmehr verstärkt in den zwanziger Jahren der Antibolschewismus sogar noch den Antisemitismus. Da die Aschkenasim russischer Herkunft traditionell fortschrittlich eingestellt sind und so auch einen Teil der Gründer und der ersten Mitglieder der rumänischen KP bilden, werden in der volkstümlichen Vorstellungswelt »Juden« gern mit Bolschewiken, also mit einer Art »innerem Feind« gleichgesetzt.

In Rumänien gleicht der Antisemitismus, eine vielgestaltige, tief in der Kultur wurzelnde Erscheinung, die durch die internationalen Ereignisse noch verschärft wird, der Hydra: Kaum daß man einen ihrer Köpfe abgeschlagen hat, wächst augenblicklich ein neuer Kopf. Alle Parteien, einschließlich der »linken«, sind davon betroffen. Der Antisemitismus, Nährboden der Demagogie und, wie überall, bevorzugtes Thema der Volksverhetzung, beeinflußt die Aktivitäten der Parteien und das ganze politische Leben des Landes erheblich. Über das Heraufziehen faschistoider Bewegungen und, seit 1937-1938, einer regelrechten antisemitischen Politik von Staats wegen führt er schließlich zu einem völligen Zerfall der politischen Kultur.

Das Scheitern der Demokratie, wirtschaftliche Auflösung, Bankrott des Staatshaushalts, dauerhafte Identitätskrise, Fremdenfeindschaft und antijüdisches Ressentiment: kurz, was sich 1920, in der Begeisterung anläßlich der Unterzeichnung der Friedensverträge, als ein glückliches Ende der Geschichte, ja fast als die Wiederkunft Christi ankündigte – die erste und als endgültig ausgegebene »Zusammenkunft« aller Rumänen seit dem vorrömischen Dakien, das 70 v. Chr. von Burebista »vereinigt« worden war[21] – führt in den dreißiger Jahren unmerklich, aber sicher zum Untergang ...

Wenn wir uns so lange mit der in Westeuropa verhältnismäßig wenig bekannten Geschichte Groß-Rumäniens befaßt haben,[22] so deshalb, weil sie zum Verständnis der Ansichten des rumänischen Cioran unerläßlich ist, ja sogar zum Verständnis einiger, besonders der politischen, Ansichten des französischen Autors Cioran. Sich als Gegner der Demokratie zu bezeichnen in einem System, in dem die Demokratie Tag für Tag verhöhnt wird, grenzt an zynische Possenreißerei, und als Nationalist aufzutreten in einem Land, das fast jeden Augenblick an seiner Existenz zweifelt, kann zugegebenermaßen nichts anderes bedeuten, als würde man heute die Bildung eines autoritären und ethnisch »reinen« Staates in Europa fordern. Das ist ein Gemeinplatz, aber es muß daran erinnert werden, denn die Versuchung – der wir alle mehr oder weniger unbewußt erliegen –, zeitgenössische Begriffe auf die so komplexe, vielschichtige und in mancher Hinsicht den Traditionen und Wertvorstellungen unseres Denkens zutiefst fremde Situation wie die Rumäniens in den zwanziger und dreißiger Jahren anzuwenden, ist groß. Dabei deutet nichts darauf hin, daß diese Begriffe die universelle Gültigkeit haben, die wir ihnen zuweisen. Nicht nur gibt es beinahe unendlich viele Arten, antidemokratisch und nationalistisch zu sein, es kann auch das eine ohne das andere bestehen und umgekehrt; und nicht zwangsläufig muß sich daraus die Zugehörigkeit zu einem scharf umrissenen Lager der »Reaktion« ergeben, das dem des »Fortschritts« entgegengesetzt ist.

Im übrigen spiegeln die damaligen geistigen Auseinandersetzungen genau diesen Zustand wider. In ideologischer Hinsicht durchzieht eine tiefe Kluft, die alles andere als unüberwindlich ist, das Land und spaltet es in zwei Richtungen; eine davon wird allmählich die andere überflügeln, um sich gewissermaßen als das beherrschende Lebensgefühl jener Zeit durchzusetzen. Gegen die europäisch gesinnte Strömung, die auf politischer Ebene von den Liberalen und auf geistiger Ebene von den Literaturzeitschriften *Viaţa Românească* (Das rumänische Leben) und *Sburătorul* (Der fliegende [Geist]) vertreten wird, eine Strömung, die im Namen der Vernunft den »Synchronismus« preist, das heißt die »vollständige Nachahmung« des Westens, in den Künsten die Moderne, gegen diese Strömung sucht ein Teil der Bevölkerung und der Intelligenz Vorbilder für Entwicklung, Organisation und

Selbstdarstellung in der autochthonen, der wirklichen oder erträumten, Vergangenheit Rumäniens.

Gerade die Anleihen aus dem Westen – an erster Stelle die parlamentarische Demokratie, die so schlecht funktioniert –, werden von den »Traditionalisten«[23] angeprangert. Indem sie das patriarchalische Gefüge des Landes zertrümmerten, ohne es durch etwas anderes zu ersetzen, haben diese fremden Einflüsse, so behaupten die Traditionalisten, die politische, gesellschaftliche und vor allem die »moralische und geistige« Krise herbeigeführt, mit der das Land zu kämpfen hat. Die alte Dorfgemeinschaft, in der sich die Konflikte von selbst lösten, und zwar dadurch, daß man sich auf den »gemeinsamen rumänischen Urgrund« berief, der auf ein und derselben Religion beruhte, ist zugunsten einer »anonymen« städtischen Gesellschaft zerstört worden, die aus selbstsüchtigen Individuen besteht und sich mit dem Aufschwung der Industrie durchsetzt. Und die alten geistigen Bande, die das Volk einten, sind zerschlagen und durch materielle und profane, jeder Transzendenz beraubte Mechanismen, die den wirtschaftlichen Liberalismus ausmachen, ersetzt worden. Das Ergebnis: Die Gesellschaft hat ihren gesunden »natürlichen« Zusammenhalt von einst eingebüßt. Das Gefühl der Verbundenheit ist zerbrochen. Statt sich abzuschwächen, haben sich die alten Gegensätze verschärft. Es sind sogar neue Gegensätze aufgetaucht. Der tägliche Kampf um Geld und Macht hat eine »reine« Welt, die bis dahin in Frieden und Eintracht gelebt hatte, korrumpiert. Wirtschaftskrise wie auch nationale Krise sind in den Augen der Traditionalisten durch eine Heraufbeschwörung dieser Vergangenheit, durch eine Rückkehr zu den ursprünglichen, seinsverbundenen Werten des »ewigen Rumänien« und zu dessen beiden Grundpfeilern zu bewältigen: dem Dorf und der Orthodoxie. Kurz, das Land braucht eine »geistige Konterrevolution«, denn nur sie kann ihm Stabilität verleihen und ihm sein eigenes Schicksal zurückgeben.

Man darf sich nicht wundern, wenn man hier beiläufig einige

der wichtigsten Motive der Ablehnung der Aufklärung durch die deutsche Romantik wiedererkennt, etwa die Überlegenheit der *Gemeinschaft* über die *Gesellschaft* oder auch eine »organische« Auffassung von der Nation, die als Ausfluß des Geistes und der Seele eines Volkes und seiner *Kultur* betrachtet wird und nicht als Triumph der großen abstrakten und universalen Prinzipien einer *Zivilisation* wie etwa der französischen. Ebensowenig überrascht es, daß man darin einen starken Widerhall der mythischen *obščina* vernimmt, der ursprünglichen idyllischen, beinahe »präkommunistischen« Dorfgemeinde der russischen slawophilen Denker. Die traditionalistische Strömung war gleichzeitig mit dem und zum Teil als Reaktion auf das Wirken der frankophilen »achtundvierziger« Bojarensöhne entstanden, die den Grundstein für die Unabhängigkeit der Moldau und der Walachei gelegt hatten,[24] und stellt seit der Mitte des 19. Jahrhunderts eine Konstante in der ideologischen Landschaft Rumäniens dar. Man kann sogar sagen, daß die traditionalistische Strömung auch die liberale Partei durchzieht, die in mancher Hinsicht sogar die nationalistischste aller Parteien ist, denn eine ihrer Fraktionen setzt sich für die »Rumänisierung« der Industrie und der natürlichen Ressourcen des Landes ein. Und diese Strömung hat nicht nur aus dem politischen Denken der deutschen Romantik geschöpft, sondern auch aus der spiritualistischen und idealistischen Philosophie, die von Chomjakow ausgegangen war und von Dostojewski, Solowjow, Rosanow und in den zwanziger Jahren von Gegnern der bolschewistischen Revolution wie Berdiajew, Sergej Bulgakow und Leo Schestow vertreten wurde.[25]

Es wäre müßig, alle Lehren, Bewegungen und Ismen aufzuzählen, die in Rumänien seit den Jahren 1860-1870 immer wieder die Notwendigkeit einer Rückkehr zu den Ursprüngen bekräftigten.[26] In der Zwischenweltkriegszeit faßt ein einziges, zur Alltagssprache gehörendes Wort alle diese Bewegungen zusammen: das nationale »Spezifikum«.[27] Mit diesem Neologismus stellen die Traditionalisten das Vorhandensein einer Art »angeborenen rumänischen Volkscharakters« als gegeben hin, auf dessen Grundlage man darangehen könne, Kultur, politische Institutionen und eine typisch autochthone wirtschaftliche und gesellschaftliche Organisation aufzubauen, die von aller »Nachahmung« der aus dem Westen importierten »Formen« frei sind. 1936, einige Monate vor dem Erscheinen von *Schimbarea la faţă*, greift der »personalistische« Philosoph Constantin Rădulescu-Motru den in der zweiten Hälfte des 19. Jahrhunderts geprägten Begriff »Rumänismus« (*românism*) wieder auf, um dieser Forderung Ausdruck zu geben. Sein Buch *Românismul, catehismul unei noi spiritualităţi*, das viel gelesen wird, stellt diese rumänische Eigenart als den »Katechismus einer neuen Geistigkeit« dar, mit der man zu einem vollständigen »Wiederaufbau der wahren nationalen Werte« schreiten könne, die, so versichert er, keineswegs fremdenfeindlich seien.[28]

Wenn sich alle Traditionalisten in großen Zügen über das Ziel einig waren, so stimmten sie jedoch hinsichtlich der Verwirklichung dieses Ziels ganz und gar nicht überein. Während einige Gemäßigte sich im Grunde mit einer »Pause« bei der Verwestlichung des Landes begnügen würden, verfolgen andere mehr »revolutionäre« Absichten. So sehen die *Nationalzaranisten* (Angehörigen der Nationalen Bauernpartei) in der Bauernschaft den Träger und die treibende Kraft einer möglichen politischen, wirtschaftlichen und gesellschaftlichen Ordnung in Rumänien, die zugleich antikapitalistisch und nicht sozialistisch ist. Das ist die These der Linken innerhalb der Bauernpartei, die von dem Ideologen Virgil Madgearu geführt wird, dem künftigen Industrie-, später Finanzminister, der zu ständestaatlichen Lösungen neigen wird. Fast im Widerspruch zu dieser Utopie eines »dritten Weges« deutet der bedeutende nationale Historiker Nicolae Iorga, später Premierminister einer Regierung der nationalen Einheit, den Traditionalismus vor allem in konservativem Sinn. Treue gegenüber dem König, mißtrauischer Nationalismus und Kampf gegen den »Kosmopolitismus«, insbesondere gegen den Einfluß der französischen Sprache und Kultur, die, so meint er, den Rumänen ihre »byzantinische Identität« »geraubt« haben – das sind ihm zufolge die drei Richtungen, die das politische Handeln nehmen muß, die es einzuschlagen gilt. Die Ästheten wiederum sehen im Traditionalismus wesentlich eine kulturelle, ja beinahe »metaphysische« Forderung, die eigentlich keine genaue politische oder wirtschaftliche Organisation vorschreibt, sondern sich in einer bestimmten Art und Weise äußert, auf die rumänische Identität stolz zu sein und Nutzen daraus zu ziehen. Das ist die Ansicht des Siebenbürgers Lucian Blaga, der beteuert, daß es eine spezifisch nationale »Weltanschauung« gebe, die von einer Art »Urlandschaft« ausgehe, die tief in den Vorstellungen des Volkes, ja sogar in der *körperlichen* Wahrnehmung der Welt bei den Rumänen verwurzelt sei: Sanfte wogende Hügel, bedeckt mit Weide, die ein Dorf umrahmen – das gleicht einer Beschreibung des Geburtsdorfes von Cioran, Răşinari. Dieser »mioritische Raum« (*spaţiul mioritic*, von *mioriţa*, dem weiblichen Lämmchen einer Volksballade der Schafhirten) bilde ihm zufolge die unbewußte, aber entscheidende »Matrix« aller autochthonen Verhaltensweisen, der man mithin nicht entrinnen könne, sondern deren man sich vielmehr unablässig vergewissern müsse, denn darin liege der »nationale Genius«. Tatsächlich hat dieser recht dunkle Begriff, der von den Thesen Spenglers in *Der Untergang des Abendlandes*,[29] Bestseller jener Epoche in ganz Mitteleuropa, stark beeinflußt ist, beinahe nur ästhetische Implikationen: So wird der Bildhauer Brâncuşi mehr oder weniger von diesen nationalistischen Ästhetikern vereinnahmt, um zu »beweisen«, daß es außer dem knechtischen Abklatsch westlicher künstlerischer Formen sehr wohl »typisch rumänische« gebe.

Einige religiöse, ja »mystische« Traditionalisten suchen das Heil in einer Rückkehr zu strengster Orthodoxie. So veröffentlicht 1939 der Theologe Dumitru Stăniloae einen langen Aufsatz, der Aufsehen erregt, »Ortodoxie şi latinitate« (Orthodoxie und Latinität), in dem er für eine rumänische Identität eintritt, die auf einer »organischen Einheit« des Volkes und der Ostkirche beruhen soll. Kurzum, dieser Fromme ruft zu nichts geringerem auf als zu einer Theokratie![30] Schließlich gibt es diejenigen, die nicht zögern, noch weiter zu gehen, in Richtung des Mussolinischen Faschismus und, bald, des Hitlerschen Nationalsozialismus. Das ist etwa der Fall von Nichifor Crainic, dem Chefredakteur von *Gândirea* (Das Denken), damals der angesehensten literarischen und intellektuellen Zeitschrift Rumäniens, für die übrigens Blaga und Stăniloae schreiben. Dieser »nonkonformistische«[31] Denker, der mit demselben Elan Kapitalismus, Sozialismus und Kommunismus verwirft, in denen er nichts anderes wahrnimmt als »Verwandlungen« des Rationalismus der italienischen Renaissance, den die Französische Revolution fortgesetzt habe, prangert in Bausch und Bogen die Vernunft, die Reformation, den »jüdischen Geist« und ... den römischen Katholizismus an, denn in seinen Augen seien sie allesamt an der »Verweltlichung« der Gesellschaft schuld. Der ehemalige Seminarist, der die Einsetzung einer »patriarchalischen« Macht auf orthodoxer spiritueller Grundlage predigt, begeistert sich anschließend für den italienischen Faschismus, den er 1935 als »ein Meisterwerk des modernen Staates« begrüßt; und am Ende der dreißiger Jahre wird Crainiczum Verfechter einer »Ethnokratie«, das heißt einer ausschließlich Rumänen vorbehaltenen Machtausübung – angeregt vom Hitlerschen Deutschland.

Kurz, in dieser traditionalistischen Strömung gibt es ein wenig von allem. Die klassischen westlichen Begriffe der Linken und der Rechten stehen quer dazu. Man spricht ebenso von allmählichen Reformen wie von brutaler Revolution, von wirtschaftlicher Entwicklung wie von geistiger Wandlung. Nostalgischer Vergangenheitskult mischt sich mit futuristischen Vorgriffen. Die Ablehnung des Fremden wird bei weitem nicht von jedem mit derselben Heftigkeit propagiert. Und die Befürworter der Erhaltung des Bündnisses mit der Entente sowie die Mitglieder der Bauernpartei stehen mit denen in Verbindung, die sich im Geiste bereits für die künftige Achse Berlin-Rom entschieden haben.

In Wirklichkeit handelt es sich weniger um eine Ideologie im strengen Sinne des Wortes als vielmehr um einen Geisteszustand, der das ganze Land und dessen Intelligenz erfaßt. Die Frage, die gestellt wird, ist im übrigen die, der praktisch alle neuen Nationen, die sich aus einer Jahrhunderte währenden Fremdherrschaft befreien, gegenüberstehen: Wie, auf welchen Grundlagen läßt sich eine unabhängige Identität gründen und aufrechterhalten? Und wenn diese Geisteshaltung offenkundig einige unbestreitbare mögliche Übereinstimmungen mit »den« Faschismen aufweist[32] – so die Ablehnung der Demokratie der »Politikaster«, eine gewisse Fremdenfeindlichkeit, die Berufung auf einen irrationalen, mythischen und beinahe unsagbaren Urgrund des Volkes und die Suche nach einem dritten Weg »weder links noch rechts«[33] –, so fehlt es doch Ende der zwanziger Jahre noch an vielen Voraussetzungen, um eine Angleichung an den Faschismus in die Wege zu leiten. Tatsächlich beschleunigen vor allem internationale Ereignisse – der Aufstieg des Hitlerismus in Deutschland, aber auch die Abkehr von der Neuen Wirtschaftspolitik (NEP: *Novaja Ekonomičeskaja Politika*) und die Abschaffung des Kulakentums in der Sowjetunion – die Entwicklungen im Innern. Nicht alle gehen in dieselbe Richtung. Während sich Crainic Anfang der vierziger Jahre für das unheilvolle Abenteuer des nationalsozialistischen »Neuen Europa« einsetzt, stellen sich Blaga ebenso wie Iorga (vor seiner Ermordung durch die Eiserne Garde Ende 1940) gegen Hitler.

Obwohl sie von derselben oder einer ähnlichen Ideologie geprägt sind, werden einige den Sirenengesängen der Zerstörung und des Schreckens zu widerstehen wissen; einige dagegen werden sich mit Freuden hineinstürzen – die anderen, das heißt die Mehrheit, begnügen sich damit, die ohnmächtigen Zuschauer einer GESCHICHTE abzugeben, an der mitzuschreiben sie jedenfalls nicht aufgefordert wurden. Es war in der Tat nicht leicht, zu einer kleinen Nation zu gehören, die gerade entstanden war und sich wie in einer Zange zwischen den beiden großen Totalitarismen des 20. Jahrhunderts befand, die ihr übrigens nacheinander jeweils ihre »Ordnung« aufzwangen. Eine verhängnisvolle Bürde der Geschichte, die schwer auf dem Verhalten der Rumänen lastet – bis 1989, wenn nicht bis heute ...

Wenn wir uns so lange über die »rumänische Ideologienlandschaft« der 20er und 30er Jahre ausgelassen haben, so deshalb, weil auch sie sich als wesentlich für das Verständnis Ciorans herausstellt. Nicht nur, daß *Schimbarea la faţă a României*, seine verfemte Schrift von 1936, beinahe unverständlich bleibt, wenn man nicht wenigstens in groben Zügen den Inhalt aller dieser Auseinandersetzungen kennt, sondern auch viele seiner späteren Gedanken und Vorlieben leiten sich mehr oder weniger unmittelbar davon ab. So schwingen in dem Thema des »Absturzes in die Zeit«, nach eigenem Bekenntnis eines der wichtigsten seiner französischen Werke,[34] religiöse oder gnostische Anklänge mit, und es stellte für ihn sehr viel mehr dar als eine persönliche Geschichte – das Herausgerissenwerden aus der friedlichen Welt von Răşinari. Angesichts der Zerschlagung der traditionellen Werte, die durch den Einbruch der modernen Welt erfolgte, und der Beschleunigung der Geschichte erlebten mehr oder weniger alle Rumänen im Vorkriegsjahrzehnt das unangenehme Gefühl, aus dem geschichtslosen »Paradies« ihrer Vergangenheit »vertrieben« worden zu sein.

Während der ersten Zeit seines Studiums an der Bukarester Universität – zumindest bis 1931, als er seine Abschlußarbeit in Angriff nimmt – scheint Cioran jedoch nicht allzu sehr an diesen Debatten beteiligt gewesen zu sein. Er war vor allem mit seinen Studien beschäftigt und widmete damals die meiste Zeit dem gründlichen Lesen der Werke Schopenhauers (sein erster Professor, Tudor Vianu, galt als einer der besten Kenner Schopenhauers in Mitteleuropa), Nietzsches, Weiningers, Schestows und des deutschen Philosophen und Essayisten Georg Simmel, dessen »Metaphysik des Lebens« ihn wesentlich prägt, Simmel gehört zu Ciorans bevorzugter Lektüre bis zum Tod und dient ihm wegen seiner stilistischen Qualitäten sogar als schriftstellerisches Vorbild.[35] Kurz, der junge Cioran reift geistig heran. In seiner Antwort auf den »Brief an einen fernen Freund« aus *Historie et Utopie*[36] erinnert sich Noica übrigens noch Ende der sechziger Jahre an ihn als an einen beinahe fanatischen Studenten, dessen »geistesabwesendes Gesicht«, schreibt er, in dem Augenblick, wenn die Klingel die Schließung der Universitätsbibliothek ankündigte, »sich langsam vom Nichts der Bücher löste«, nachdem er sich bisweilen fast zehn Stunden hintereinander in – diesmal ist es Ciorans Ausdruck – »diese dumme deutsche Philosophie« versenkt hatte.

Dieses sehr »Cioransche« Diktum muß man dahingehend verstehen, daß der künftige Autor der *Syllogismes* den Ehrgeiz, ein »Philosoph« (was die Universität als einen solchen bezeichnet) zu werden, noch nicht ganz und gar aufgegeben hatte. Neben persönlicheren Lektüren wie derjenigen Georg Simmels versuchte er beharrlich, die Geheimnisse der großen philosophischen Lehrgebäude von Kant, Hegel, Fichte, Husserl und seit 1932 auch Heidegger[37] zu durchdringen. Obgleich er »Systeme« haßte, wird Cioran sein ganzes Leben lang eine gewisse Achtung vor den großen Begriffsgebäuden empfinden. In einem Brief an seinen Bruder Aurel Ende der siebziger Jahre brachte er sogar das Bedauern zum Ausdruck, nicht mehr »zur Philosophie zurückkehren« zu können, denn diese habe der Literatur gegenüber wenigstens den Vorteil, schreibt er, »den Journalisten und den Hausfrauen nicht zugänglich zu sein«.[38] Er ist ein ausgezeichneter Student in diesem Fach, schließt sein Studium am 23. Juni 1932 mit dem Prädikat *magna cum laude* ab und erhält das Diplom für eine Arbeit über den »Bergsonschen Intuitionismus«.[39]

Trotz dieses freiwilligen Rückzugs auf die »Höhen« der reinen Begrifflichkeit, dürfte die Auseinandersetzung zwischen Moderne und Tradition Cioran dennoch nicht gänzlich unbekannt geblieben sein. Weit davon entfernt, nur die Ideologen zu beschäftigen, gehört diese Auseinandersetzung tatsächlich fast zum Alltag des öffentlichen Lebens und ist selbstverständlich Gesprächsstoff der Studenten, die sich am liebsten im Capşa und im Café Corso treffen. Wie in Frankreich haben die Intellektuellen auch in Rumänien schon immer aktiv an der Politik teilgenommen, haben sie sogar für einen wesentlichen Bestandteil ihrer »Sendung« gehalten. Mit der Verschärfung der Wirtschaftskrise erleben die Studenten, die im Verhältnis zu den Entwicklungsmöglichkeiten des Landes viel zu zahlreich sind und denen also ebenfalls Verelendung droht, mit wachsender Bitterkeit, daß ihre Zukunftsaussichten schwinden. Hier entsteht die Geisteshaltung der »Hooligans«, die Eliade einige Jahre später (1935) in einem Roman beschreibt, in dem sich eine ganze Generation wiedererkennen wird.[40] Kurz, seit dem Ende der zwanziger Jahre befällt ein dauerhaftes Unbehagen die Universitäten. Und einige junge Intellektuelle beginnen auf eigene Faust, die antisemitischen und antiparlamentarischen Schlagworte einer merkwürdigen politisch-mystischen Bewegung mit messianischer Tendenz aufzugreifen, die im Juni 1927 von einem der Ihren, dem achtundzwanzigjährigen Jurastudenten Corneliu Zelea-Codreanu, in Jassy gegründet worden war. Es war die Legion »Erzengel Michael«, die später unter dem martialischen Namen Eiserne Garde bekannt werden sollte.

Auf den Gipfeln der Raserei

Man müßte ein weiteres Buch schreiben, um die unglaubliche Saga von Weihwasser und Blut, zu der die Irrfahrten der »Gardisten« in dem in Auflösung begriffenen Rumänien der Zwischenweltkriegszeit wurden, zu erzählen. Wir begnügen uns hier mit einigen Anhaltspunkten, die uns zu erkennen gestatten, wie diese Verbindung von rasend-schwärmerischer Sekte und von zynischer faschismusartiger Miliz,[1] die an den erlösenden Wert des »Opfers« glaubte, während sie verdeckt Zuwendungen aus den römischen Sonderfonds des Grafen Ciano bezog, eine derartige Bedeutung erlangen konnte, daß sie am Ende der dreißiger Jahre [1937] mit einem Aufstand nur um Haaresbreite die Eroberung der Macht verfehlte.

Die künftige Eiserne Garde war Anfang der zwanziger Jahre nur eine winzige, in Jassy [Iaşi] gegründete antisemitische Splittergruppe, die sich Bund der Christlich-Nationalen Verteidigung (Liga Apărării Naţionale Creştine, LANC) nannte.[2] Hinter dieser hochtrabenden Bezeichnung verbarg sich eine Handvoll Hitzköpfe, die sich um einen der finstersten Ideologen jener Zeit scharten, den senilen Wirtschaftsprofessor Alexandru C. Cuza (1857-1946), ein eifriger Leser und alter Freund von Drumont, der bereits seit mehr als einem halben Jahrhundert über die »Judengefahr« grübelte und sich das Hakenkreuz als persönliches Emblem zugelegt hatte. Das Programm dieser »Liga« war dermaßen dürftig, daß es auf einer Seite eines Flugblatts Platz gehabt hätte: Einführung eines *numerus clausus*, ja sogar *nullus* für die Juden an den Universitäten, deren Ausschließung aus Armee und Verwaltung – man wollte ein Land, besser noch eine Insel (A. C. Cuza gab Madagaskar den Vorzug) für sie finden, wo sie sich sammeln und fernab von Rumänien ihren eigenen Nationalstaat gründen sollten.

Diese Bewegung wäre zweifellos sehr bald im Abfall der Geschichte gelandet, hätte Codreanu nicht zu den Mitgliedern gehört. Denn dieser »Großrumäne« (standesamtlich in Wirklichkeit Zilinschi, halb polnischer, halb deutscher Abstammung[3]) besaß ein unbestreitbares Charisma, das die armselige antisemitische Botschaft Cuzas bei weitem übertraf. Selbst seine erbittertsten Feinde konnten diesem Riesen von über einem Meter neunzig, mit romantischem Antlitz, herrischer Kopfhaltung und gespenstischem Blick eine gewisse Aura nicht absprechen. Codreanu gestand, daß er sich in den Straßenkämpfen gegen die kommunistischen Studenten und Arbeiter sehr viel wohler fühle als bei den Diskussionen in den Salons, und er warf sich in populistischer Sprache zum Verteidiger der »kleinen Leute« auf, insbesondere der Bauern, gegen die »Großen« [Mächtigen], die »Juden-Rumänen« aus Bukarest.

Sein erstes »Glanzstück« hatte seine Landsleute verblüfft: 1923 hatte er sich an der Spitze einer Abordnung von moldauischen Habenichtsen, anscheinend ohne auf Widerstand zu stoßen, gewaltsam Zutritt zum Arbeitszimmer des liberalen Premierministers Brătianu verschafft, um gegen die Rodung des Landes (er war gewissermaßen ein Vorläufer der »Umweltschützer«) aufzubegehren und die Anwendung des berüchtigten *numerus clausus* zu fordern! Einige Monate später hatte man ihn verdächtigt, mit einigen besessenen Studienkameraden – etwa in der Art der französischen Cagoule von 1936 bis 1941[4] – die physische Ausschaltung eines Teils der Politikerkaste Rumäniens zu planen. Er hatte wohl zugegeben, daß dieser Verdacht begründet war, wurde jedoch freigesprochen. Am 25. Oktober 1924 ging er noch weiter und schoß im Gerichtssaal den Polizeipräfekten von Jassy, Manciu, der ihn verfolgt hatte, kaltblütig nieder. Doch drei Wochen später wurde er wieder auf freien Fuß gesetzt, auch diesmal von Geschworenen, die weniger seiner Sache ergeben, als vielmehr von dieser außergewöhnlichen Persönlichkeit eingenommen und erschreckt waren, einer Gestalt, die einige Bauern für eine Reinkarnation der »Heiducken« hielten, der Freischärler der balkanischen Geschichte, dieser nationalistischen Robin Hoods, die im 17. und 18. Jahrhundert gegen die Türken kämpften.

Gott stand also diesem Mann bei – zum mindesten behauptete er es –, der im Gefängnis von dem Erzengel Michael »heimgesucht« wurde, der ihm in Gestalt einer Ikone, die vor seinen Augen lebendig wurde, den Auftrag erteilte, sein Vaterland zu retten, indem er aus dessen Mitte eine Elite von »neuen Menschen« erstehen lassen sollte, die kraft ihres Nationalismus und ihres Glaubens eine »geistige Wiedergeburt« Rumäniens herbeiführen und dem Land wieder den Weg eines »heiligen und ruhmreichen Schicksals« weisen sollten.[5] So entstand gegen den alten A. C. Cuza, der mit dieser Lawine messianischer Verkündigungen völlig überfordert war, die Legion des berühmten Erzengels, die sich in ganz anderem Maße nicht nur einer mystischen Sprache, sondern auch eines revolutionären Tons bediente.

Neben seinen gewohnten judenfeindlichen Schmähreden hebt Codreanu seit 1927 besonders die Orthodoxie und christlichsoziale, mit Anarchismus durchsetzte Ziele hervor. Vollkommen wirr beruft er sich auf die Heilige Schrift, auf Tolstoj und ... auf Gandhi. So verspricht er den Bauern eine gerechtere Verteilung des Bodens, den Arbeitern die Überwindung des »materialistischen« Kapitalismus und dem ganzen Volk nicht mehr und nicht weniger als die vollständige und gerechte Umverteilung des von den Juden und ihren rumänischen »kosmopolitischen Verbündeten« in den Städten unterschlagenen nationalen Vermögens, das, so versichert er, in den Banken »schlummert«! Und er begnügt sich nicht mit Reden. Er selbst legt mit seinen Trupps Hand an. Die maoistischen Theorien des »Bündnisses von Bauern und Intellektuellen« vorwegnehmend, entsendet er seine jungen Legionäre zur Ernte auf die Felder oder zu Bewässerungsprojekten. Und im Frühjahr 1929 sieht man diesen neuartigen Kreuzritter hoch zu Roß, sinnbildhaft auf einem weißen Vollblut, in der traditionellen Volkstracht, den Hut mit Truthahnfedern geschmückt, wie er über die noch verschneiten Wege Bessarabiens zieht, um dem »echten Volk« zu begegnen und ihm »das Evangelium zu verkünden«.[6]

Zu Beginn des Jahres 1930 erfährt die Legion eine einschneidende Wandlung, als Codreanu seinen Blick auf das Italien des Duce richtet und beschließt, ihr eine paramilitärische Bewegung an die Seite zu stellen, die zum Kampf gegen den »gottlosen Kommunismus« bestimmt ist: die Eiserne Garde. Sie ist streng hierarchisch aufgebaut, auf einem Fundament gemeinschaftlicher »Nester«, die je höchstens dreizehn Anhänger aufnehmen – *fasci* also –, und stellt eine Art »Widerstandsarmee« dar, die im Falle einer »bolschewistischen Invasion« im Untergrund kämpfen soll. Ihre Mitglieder tragen Uniformen, ein dunkelgrünes Hemd mit aufgenähtem großem weißem, dem Hakenkreuz gleichendem Kreuz und mit einem kleinen Lederbeutel auf der Brust, der eine Handvoll geweihter Erde der »Mutter Heimat« enthielt!

Diese neue, sehr viel aggressivere Gruppierung, die bald an die Stelle der Legion tritt, stürzt sich richtiggehend in eine Strategie des Terrors mit oft selbstmörderischen politischen Attentaten, die dem rumänischen Volk als »Vorbild« vorgehalten werden sollen. So kommt es nicht selten vor, daß nach einer solchen Aktion – wie etwa 1930, als der Staatssekretär Angelescu, der einen Aufmarsch der Legion in Bessarabien verboten hatte, ermordet wurde – die gardistischen Mörder sich der Polizei ergeben. In der neuen Doktrin des Căpitanul (des »Befehlshabers, Hauptmanns«), wie man Codreanu, dem Sprachgebrauch seiner Anhänger folgend, fortan nennt, stellt das »blutige Opfer« für die Nation einen Weg dar, um deren Auferstehung zu erringen; und der freiwillig akzeptierte Heldentod ist ein Weg, in das legionäre Pantheon einzugehen. Denn die Gardisten weihten ihren »Märtyrern« einen regelrechten Kult, belegten sie mit sagenhaften Namen wie »Rächer«, die »Zehn« oder die »Nicadori« – eine Bezeichnung, die sich an dem Namen der drei Mörder des liberalen Ministers Duca († 1933) orientierte.

Die Eiserne Garde, die verfolgt und mehrfach verboten wurde, entsteht im Laufe der dreißiger Jahre immer wieder unter anderen Bezeichnungen neu. Da sie sich im Staatsapparat, innerhalb bestimmter Parteien und am Anfang selbst in der Umgebung des Königs auf Komplizen stützen kann, wird sie zu einer maßgeblichen Kraft im politischen Leben Rumäniens. Sie zieht arme Bauern in ihren Bann, aber auch Deklassierte, vor allem junge arbeitslose Akademiker, die fast die Hälfte ihrer Mitglieder ausmachen. Und da eine anerkannte kommunistische Partei fehlt (die rumänische KP ist seit 1924 verboten), bietet sie schließlich weiten Teilen der heimatlosen Linken Zuflucht. Eine ihrer zuverlässigsten Hochburgen stellt die Arbeiterschaft der Bukarester Rüstungswerke des Industriellen Nicolae Malaxa dar. Die höchste Bestätigung (und sein größter Triumph) besteht darin, daß der mit überwältigender Mehrheit gewählte Codreanu 1932 in Begleitung von vier Abgeordneten der Garde ins Parlament einzieht.
Auch wenn wir kein einziges Dokument Ciorans aus jener Zeit besitzen, das uns gestatten würde, seine damalige Geisteshaltung zu beschreiben (wir sehen ab von dem, was er vierzig Jahre später in einem Gespräch darüber gesagt hat[7]), läßt alles darauf schließen, daß er bis 1932/1933 gegenüber der Eisernen Garde ziemlich genau so wie die überwältigende Mehrheit der Rumänen empfand: Eine gründliche Verachtung der Ideologie der Garde, die weniger als gefährlich, vielmehr als dumm und nicht im geringsten zukunftsträchtig empfunden wurde, mischte sich mit einer geheimen Anziehung durch die Persönlichkeit des Căpitanul. So tritt Mihail Polihroniade, eines der Mitglieder der »jungen Generation«, der sich mit seinen Freunden von der Zeitschrift *Axa* seit einigen Jahren auf Mussolinis Faschismus berief und später einer der glühendsten Propagandisten der »Gedanken« Codreanus werden sollte, nur unter äußersten Vorbehalten, bedrängt durch den bereits überzeugten Nichifor Crainic, 1932 der Eisernen Garde bei. Bis dahin hielt er sie – und das faßte die Ansicht der Intellektuellen zusammen – für eine

»Bewegung von Verbrechern, angeführt von einem Ignoranten«!
Tatsächlich schwenkt erst nach diesem Zeitpunkt beinahe die ganze junge Intelligenz Rumäniens (anscheinend mit der bemerkenswerten Ausnahme Ionescos zur äußersten Rechten. Verantwortlich dafür sind die Verschlechterung der wirtschaftlichen und politischen Lage im Innern, aber auch, auf internationaler Ebene, der Aufstieg des Nationalsozialismus sowie die furchtbare Hungersnot der ukrainischen Bauern 1932, die durch die Schreckensherrschaft der Sowjets verursacht wurde und zum Tod von vier bis fünf Millionen Menschen geführt haben soll. Schließlich muß man, diesmal auf rein intellektueller Ebene, auch mit dem entscheidenden Einfluß – man könnte sogar sagen: der Bannkraft – rechnen, den damals eine weitere außergewöhnliche Persönlichkeit auf Studenten und Intellektuelle ausübt: der Denker, Publizist und politische Abenteurer Nae Ionescu.
Diesem Professor der Logik und Metaphysik an der Bukarester Universität, der in Deutschland promoviert hat[8] und dessen Lehrveranstaltungen Cioran im Studienjahr 1931/1932 besucht, mangelt es wahrlich nicht an Verführungskraft. Er ist jung: 1890 geboren (oder 1888/89, denn er ließ sein wahres Geburtsdatum im unklaren), also kaum fünfzehn Jahre älter als die meisten seiner Studenten, wodurch er sich von den eher betagten Ordinarien vorteilhaft abhebt. Und er hat Stil. Er ist stets tadellos gekleidet, unter den buschigen Augenbrauen blitzt ein durchdringender, ironischer Blick; in Bukarest scherzt man viel über sein »mephistophelisches« Aussehen. Dieser Dandy, dessen Lebensführung weitgehend ungeklärt ist[9] und der keinen Hehl aus seinen Liebesaffären[10] macht, ist auch ein mächtiger Mann. Als Leitartikler und seit 1927 Chefredakteur von *Cuvântul*, des seinerzeit besten Meinungsblatts, spielt er eine äußerst wichtige Rolle, nicht nur durch seine Artikel. Da er sich für die Inthronisierung von Carol II. eingesetzt hatte, wird er nach dessen Thronbesteigung 1930 eine Zeitlang zu einem der einflußreichsten Ratgeber des Kö-

nigs. Cioran wird ihn in einem Gespräch[11] sogar als den, nach dem König selbst, einflußreichsten Mann im Rumänien jener Jahre bezeichnen. Das scheint etwas übertrieben; doch Ionescu geht überall aus und ein, sowohl bei Hofe als auch bei der Bauernpartei und den Liberalen. Letzten Endes ist er vor allem ein Hochschullehrer mit originellen pädagogischen Ideen, der – was ja nicht schaden kann – sie auch anwendet.

Er ist – in der Nachfolge der Schopenhauerschen Ablehnung der »Universitätsphilosophie«[12] – ein entschiedener Gegner alles Dogmatischen, und seine Verurteilung des »systematischen Geistes« zugunsten eines »offenen und verwegenen« Denkens, das auf dem seinerzeit von dem Verfasser der *Welt als Wille und Vorstellung* gerühmten *Erlebnis* beruht, ist mehr als eine spekulative Schrulle. Sie wirkt sich unmittelbar auf seine Lehrtätigkeit aus. Kaum je, daß sich dieser dandyhafte Sokrates dazu herabläßt, auf den Lehrstoff einzugehen! Jedenfalls weigert er sich mit aller Kraft, *ex cathedra* zu dozieren. Allein schon das Wort »Lehre« wäre eine Beleidigung für ihn! Seine Lehrveranstaltungen wollen freie Gespräche sein, von Seele zu Seele, und er bittet die Studenten, sich die Themen selbst auszusuchen (Cioran schlägt ihm eines Tages vor, daß über ... Engel gesprochen wird[13]), über die er dann ohne Aufzeichnungen aus dem Stegreif spricht, jedoch ohne mit den Thesen identifiziert werden zu wollen.

Besteht das Wesentliche an der Philosophie, wie er gerne wiederholt, nicht gerade in dem Denkanstoß, den sie auslöst? Die Themen, mit denen sich die Philosophie befaßt, haben also nur eine untergeordnete Bedeutung im Vergleich zu den Wandlungen, die sie bei denjenigen, die sich ihr überantworten, herbeiführen kann, ja *muß*. Kurz, die Philosophie ist für ihn gleichbedeutend mit einem »Lebensstil«, dank dem es jedem gelingen muß, »sich eine eigene Persönlichkeit aufzubauen«. Er selbst sei nur »Anreger«. Seine Rolle, die Rolle des Philosophen, beschränke sich darauf, meint er, bei seinen Gesprächspartnern eine »metaphysische Angst« hervorzurufen, die er als das »wahre Denken« definiert, weil nämlich nur sie zu einer tiefen und lebendigen Frage führen kann anstelle der üblichen dogmatischen Antworten. Er schließt seine Vorlesungen übrigens regelmäßig damit ab, daß er seine Zuhörer ermahnt, »das Leben zu erleben«, anstatt es auf abstrakte Formeln zurückzuführen, und »sich den eigenen Weg zu erobern«. Und auch in dieser Hinsicht führt er Neuerungen ein. So überläßt er bei den mündlichen Prüfungen meistens den Studenten die Wahl ihrer Themen. Und wenn sie wirklich nichts über Kant oder Hegel wissen, sollen sie ihm Bericht erstatten über das letzte Buch, das sie gelesen haben, auch wenn es ein Roman sein sollte![14] Wenn die Aufgabe überzeugend gemeistert wird, kann dies sogar die Bestellung eines Artikels für *Cuvântul* zur Folge haben. Denn Ionescu hat ein Gespür für begabte Schüler, die er dann für seine Zeitung arbeiten läßt. So versteht man die glühende Verehrung, die er bei den originellsten, also auch interessantesten unter ihnen auslöst. Er ist so etwas wie der Schutzgeist der sich heranbildenden »jungen Generation«. In einem 1937 erschienenen Artikel wird Cioran so weit gehen zu sagen, daß er »keinen Menschen kennt, der dich so sehr wie Ionescu zwingt, du selbst zu sein«.[15]

Als Denker gehört Nae Ionescu zur traditionalistischen Richtung. Alle Überlegungen dieses Logikers gehen von einer Kritik der Rationalität aus. Er lehnt den Positivismus des 19. Jahrhunderts ab, dessen Ursprung er auf den Cartesianismus zurückführt und dem er vorwirft, die Welt unverständlich gemacht zu haben; im Gegensatz dazu betont er die Bedeutung der »Intuition«. Im Anschluß an die russischen Spiritualisten verkündet er sogar die »endgültige« Überlegenheit des religiösen Glaubens über die Vernunft, wenn es darum geht, die Stellung des Menschen im Kosmos zu bestimmen. Und während er in Anlehnung an Schestow behauptet, daß der Mensch »gesündigt« und sich über die wiederholten Warnungen des Schöpfers hinweggesetzt habe, als er die ERKENNTNIS im Paradies suchte, behauptet er im Gegensatz zu diesem, daß es für den Menschen nur dann ein Heil gibt, wenn er sich erneut vom Wissen löst, um »durch die Erfahrung hindurch wieder eins mit Gott zu werden«, und zwar durch die Erfahrung des Schmerzes und vor allem des Todes, bei der man übrigens nicht genau weiß, ob Ionescu sie physisch oder aber symbolisch auffaßt. Trotz seiner antirationalistischen Äußerungen erkennt er gleichwohl die Notwendigkeit rationalen Denkens an. Wie in den Jahren von 1950 bis 1960 einige marxistische Denker die Existenz einer »kommunistischen«, ja gar einer »proletarischen Logik« behaupten konnten, so sieht er sich auch auf der Suche nach einer »orthodoxen Logik«, mit deren Ausarbeitung er sich zu befassen vorgibt, die aber freilich für immer unvollendet bleibt.

Aus heutiger Sicht mutet übrigens sein Denken nicht nur weniger originell an, als es seinerzeit gewirkt haben mag, sondern sogar recht konventionell und widersprüchlich. In Wahrheit besteht es nur aus einer flüchtigen und kurzlebigen Zusammenstellung bunt zusammengewürfelter Gedanken. So rühren ein Großteil seiner Ethik und seine pädagogischen Vorstellungen von den Thesen der deutschen Lebensphilosophie her, vor allem von der Darmstädter Schule der Weisheit und insbesondere von Hermann Keyserling, der – gegen die Systematiker – bereits ein »polyphones Spiel erlebter Erfahrungen«[16] feierte. Hinzu fügt Nae Ionescu in seinen theoretischen Artikeln aus *Gândirea* ein Quentchen landläufigen Nietzschetums, ein wenig Kierkegaardsche Existenzphilosophie und kräftige Anleihen bei den russischen Spiritualisten. Das kann wohl zu einer Doktrin führen, nicht aber zu einer persönlichen Philosophie.

Kurz, im Gegensatz zu seinem offenen sokratischen Diskurs ist Ionescu als Denker nichts anderes als ein ... banaler Ideologe. Weit davon entfernt, wie er behauptet und wie seine begeisterten Studenten glauben, eine neue Moral zu begründen, bemächtigt er sich lediglich alles dessen, was damals als neu galt, um angeblich metaphysische Positionen zu befestigen, die aber im wesentlichen von seinem Ehrgeiz herrühren, eine maßgebliche Rolle bei der Führung des Landes zu spielen. Der verhängnisvolle Einfluß, den er auf die junge Generation ausübt, entspringt der Zweideutigkeit, die Cioran 1990 in einem seiner letzten Gespräche[17] ausgezeichnet zusammenfaßt: Das Unheil wird deshalb hereinbrechen, weil die jungen Rumänen der dreißiger Jahre einen Mann als moralischen Führer annehmen, der im Grunde nur ein verführerischer »Abenteurer« war, der sich nur für sich selbst einsetzte. Gut beobachtet, wenn auch etwas spät ...

In politischer Hinsicht bekennt sich Ionescu zum Antidemokratismus, aber er tat es auf seine Art. Er lehnt die parlamentarische Regierungsform ab und setzt ihr – auf halbem Weg zwischen einem konservativen Traditionalismus und einem linksextremistischen Revolutionarismus – einen patriarchalischen, vom orthodoxen Christentum zusammengehaltenen Staatsaufbau entgegen, den er mit einem Hauch anarchistisch inspirierter unmittelbarer Demokratie verziert, die aus einer Hierarchie von Bauern-»Räten« (*sfaturi*) – also mehr oder weniger Sowjets – hervorgehen soll. Und er entwickelt eine äußerst voluntaristische, gleichsam »energetische« Theorie des politischen Handelns, das als die Möglichkeit betrachtet wird, beinahe, könnte man sagen, auf Befehl eine neue Wirklichkeit erstehen zu lassen.

Als großer Kenner der jüdischen Mystik (aber zweifellos nicht in dem Maße, wie er glaubt oder es glauben machen will) ist Nae Ionescu alles andere als ein zeternder Antisemit im Stile Cuzas. In den zwanziger Jahren gilt er sogar eher als ein »Freund der Juden«. Zu seinen Bewunderern gehören in der Tat zahlreiche junge Juden, die ihn verehren; und er hält sich etwas zugute darauf, daß die Mitglieder eines zionistischen Kreises der Hauptstadt ihn mehrfach um Vorträge über den Vergleich von jüdischer und orthodoxer Mystik gebeten haben. Zugleich verbreitet er sich mit Vorliebe über den »jüdischen Geist«. So veröffentlicht er 1926 eine lange Reihe von Artikeln, in denen er die »unheilvollen« Folgen der jüdischen Religion – vor allem am Beispiel der »monumentalen Architektur des Spinozismus« – für die »Säkularisierung der Gesellschaft« und den sich daraus ergebenden Transzendenzverlust kritisiert, so weitgehend, daß er sich in seinen Schlußfolgerungen zu der Behauptung versteigt, das abendländische Bewußtsein wäre seit dem 17. Jahrhundert von diesem »fremden und unbekannten Element« »in andere Bahnen gelenkt«, ja sogar »verfälscht« worden.

An dieser Stelle muß aber auch bemerkt werden, daß Ionescu diese Kritik sowohl gegen die jüdische Religion als auch gegen Descartes, gegen die Reformation und die Französische Revolution richtet; und daß seine Kritik frei ist von dem geringsten Angriff auf die Juden als Personen, als Gemeinschaft oder Volk; im Gegenteil, er lobt deren exegetische Tradition. Denn man kann ja – wie etwa Nietzsche – das System »jüdisch-christlicher« Werte ablehnen, ohne daraus antisemitische Schlüsse zu ziehen. Dennoch ist diese Kritik nur einen Schritt von einem bekennenden Antisemitismus entfernt. Und zweifellos kann man Leon Volovici, dem Verfasser des Standardwerks auf diesem Gebiet, *Nationalist Ideology and Antisemitism: The Case of Romanian Intellectuals in the 1930s*,[18] beipflichten, wenn er bemerkt, daß Ionescu, der sich oft von seinen Gefühlen hinreißen läßt, in seinen Artikeln »die Vorzüge der jüdischen Religion unablässig hervorhebt, um deren Gefahren noch besser herausstellen zu können«. Eine verdrehte Logik, die ihn bald zu sehr viel weniger nuancierten Behauptungen führt, die man bei dem Cioran der *Schimbarea la faţă* in verschärfter Gestalt wiederfinden wird.

Zusammenfassend läßt sich sagen, daß alle diese Thesen – insbesondere diejenigen von dem »nötigen Heldentum« und dem »heilbringenden Tod« – sich wie potentielle Rechtfertigungen der politischen Praxis der Gardisten ausnehmen. Diese Übereinstimmung geht geraume Zeit jedoch nicht über einen fast zufälligen Einklang mit dem Zeitgeist hinaus. Unter anderen Umständen wäre es wahrscheinlich dabei geblieben. Aber als um die Jahreswende 1932/1933 der Nationalsozialismus in Deutschland die Oberhand gewinnt, in Rumänien soziale Unruhen einsetzen und sich Ionescu auf persönlicher

Ebene durch die Kamarilla um Elena Lupescu vom Hof ausgeschlossen sieht, kippt die Situation. Zweifellos nähert sich Ionescu damals Codreanu weniger aus wirklicher Überzeugung als vielmehr aus Groll gegen Carol II. Anfang 1933 ergreift er in seinen Leitartikeln für die geistige Revolution Partei, die »über Europa dahinfegt« – eines der Themen aus den Reden des Căpitanul. Nach und nach verlieren seine Thesen die Uneindeutigkeit, die sie kennzeichneten und die sie (verhältnismäßig) harmlos machten, um sich nun in Waffen zu verwandeln im Kampf zwischen der rumänischen Demokratie oder dem, was davon übrig ist, und der wachsenden Macht der Eisernen Garde, die bei den großen Streiks von 1933 eine entscheidende Rolle spielt. Allerdings weiß man bis heute nicht, ob der Professor tatsächlich Mitglied der Garde gewesen ist. In den Augen der Gardisten scheint das indessen von geringer Bedeutung zu sein: In Ionescu haben sie »ihren« Vordenker, den sie mit Leidenschaft lesen und verteidigen.

Eine Bekehrung, die zahlreiche weitere nach sich ziehen wird. Die jungen Intellektuellen, die bis dahin die »Bande Codreanus« verachteten, sehen sie nunmehr mit anderen Augen. Der erste und am stärksten davon betroffen ist Eliade, der übrigens mit Vorlesungsbeginn im September 1933 Universitätsassistent des Meisters wird.[19] Obgleich er es in seinen ausführlichen *Erinnerungen* abstreitet, läßt sich behaupten, daß der künftige bedeutende Religionshistoriker seit jener Zeit für die Eiserne Garde die Rolle eines »Weggenossen« spielt, wie man das in Zeiten des siegreichen Kommunismus nannte, also eines Sympathisanten, der seine publizistische Begabung in den Dienst der Organisation stellt, während er gleichzeitig den Anschein »kritischer Distanz« wahrt. In seinen Artikeln weist auch er auf die Notwendigkeit einer »moralischen Erneuerung« seiner Heimat hin und fordert die Erschaffung eines »neuen Menschen« – das sind Themen, die niemanden über die Art seines Engagements täuschen können. Die jüngeren, Noica (der seit 1931 in Deutschland und anschließend in Paris studiert, aber die ideologischen Auseinandersetzungen in Rumänien genau verfolgt) und Cioran, begnügen sich damit, sich von den neuen Ideen des Professors hinreißen zu lassen, dessen Ideen von Jahr zu Jahr, ja von Monat zu Monat radikaler werden.

So entfacht Ionescu 1934 eine theologische Polemik, die in Wirklichkeit äußerst politisch ist, als er im Vorwort zu dem Roman eines seiner jüdischen Bewunderer aus der jungen Generation, Mihail Sebastian, behaupten wird, daß das Volk Moses', da es den Messias nicht erkannt habe, auf keinerlei Heil hoffen dürfe und zu ewiger Verdammnis verurteilt sei! Eliade wird sich zusammen mit Noica gegen das Wiederaufflammen dieses schlichten christlichen Judenhasses empören; aber Bewunderung und Nachahmung werden seine moralischen Bedenken schließlich besiegen. 1937 stellt er die Artikel seines »Vorbilds« in einem Buch zusammen[20] und würdigt ihn in der Einleitung als den »großen Lehrer seines Volkes«!

Ionescu, der fortan zur Zielscheibe wachsender Feindseligkeit von seiten des Palastes wird (denn die früher königstreue Garde zeigt sich mittlerweile erbarmungslos antimonarchistisch), nimmt in seiner Zeitung immer offener Partei für Codreanu. Erhält der finanziell angeschlagene *Cuvântul* Unterstützung von deutschen Propagandastellen? Nichts berechtigt zu dieser Annahme.[21] Fest steht jedenfalls, daß er nunmehr für eine Neuorientierung der Bündnispolitik zugunsten Berlins eintritt. Und 1938 feiert Ionescu in seiner Tageszeitung Hitlers »Große Deutsche Revolution« (mit den unerläßlichen Großbuchstaben)! Im Herbst 1939 wird er zusammen mit anderen Mitgliedern oder Sympathisanten der Eisernen Garde (unter denen sich eine Zeitlang auch Eliade befand) inhaftiert und macht aus der Haft ein regelrechtes Seminar zur Indoktrinierung. Sechs Monate später wird er aus Gesundheitsgründen entlassen, und Mitte 1940 stirbt er plötzlich an Herzstillstand. Dem Leichenzug in den Straßen von Bukarest schließen sich Tausende an, darunter eine Abordnung von Legionären in Paradeuniform. Er war noch keine fünfzig Jahre alt.

So verschwand der große politische Verderber der jungen Intelligenz Rumäniens zwischen den beiden Weltkriegen. Und so mußte auch sein Einfluß, der nicht nur negativ war – er hatte seinen Studenten immerhin den Geschmack einer gewissen Freiheit vermittelt, und alle sollten sich daran erinnern –, weitgehend schwinden. In seinen »Ideen« (wir setzen den Begriff in Anführungszeichen, denn, wie wir bereits gesehen haben, waren sie kaum seine eigenen) wird man bereits viele Themen des französischen Cioran wiedererkannt haben. Selbst Noica, der zum Kritiker des Ceauşescu-Regimes wird, weigert sich sein Leben lang, sich von Ionescu loszusagen. Und Eliade, der nie ohne Ergriffenheit von ihm sprach, verehrte ihn kultisch bis zu seinem eigenen Tod und widmete ihm Ende der sechziger Jahre in der eindrucksvollen achtbändigen *Encyclopedia of Philosophy*[22] einen kurzen Eintrag, der angesichts Ionescus ausschließlich rumänischer »Berühmtheit«, der geringen Originalität seines Denkens und des Nichtvorhandenseins eines schriftlichen Werkes buchstäblich maßlos erscheint. Selbst nach seinem Tod wirkte Mephistopheles noch verführerisch ...

Den Verfasser von *Pe culmile disperării* (*Auf den Gipfeln der Verzweiflung*)[23] einfach als »exaltierten« Epigonen des »existentialistischen« Professors Nae Ionescu zu betrachten, wie dies der Schriftsteller und Literaturhistoriker George Călinescu in seiner monumentalen *Istoria literaturii române*[24] von 1941 tut, wäre heute eine unhaltbare Fehldeutung. Im Rückblick scheint uns, den Lesern zu Beginn des 21. Jahrhunderts, dieses erste Buch Ciorans, das im angesehenen Verlag der königlichen Stiftung für Literatur und Kunst »Carol II.« gleichzeitig mit Ionescos *Nu* (Nein) und Noicas *Mathesis*[25] erschien, ein unbestreitbarer Teil des Cioranschen Werks.

In dieser Erstlingsschrift, einer Art intimem Tagebuch, das durchzogen ist von radikalem Pessimismus (»Warum ich nicht Selbstmord verübe? Weil mich sowohl das Leben als auch der Tod anwidern«[26]), einem tiefen Skeptizismus und einem Geschichtsrelativismus, der jeden Fortschrittsgedanken leugnet (»Inwiefern bin ich bevorzugt, wenn ich heute lebe statt im alten Ägypten vor viertausend Jahren? [...] Die geschichtlichen Zeitalter stellen geschlossene Lebensformen dar, welche in der Überzeugung ihrer endgültigen Geltung leben, auf daß die Dynamik und die Dialektik des historischen Werdens zu anderen Formen fortschreiten, die aber gleichfalls – wie alles unter der Sonne – unzulänglich und beschränkt sind«[27]), erkennen wir tatsächlich auf Anhieb eine »Stimme«, die uns vertraut geworden ist. Hier findet man auch bereits das, was später eines der wichtigsten »Markenzeichen« des französischen Cioran ausmachen wird: dieses unablässige Hin und Her zwischen mehreren entgegengesetzten Postulaten, die als gleichermaßen wahr dargestellt werden und zwischen denen keine Wahl möglich scheint. Auch macht der Autor von *Pe culmile* aus dieser Uneindeutigkeit die paradoxe Grundlage eines Anspruchs auf Identität: »In mir ist so viel Verwirrung, Benommenheit und Chaos, daß ich nicht weiß, wie eine Menschenseele sie ertragen kann. [...] Ich bin der absolute Widerspruch, der Paroxysmus der Antinomien und die Grenze der Spannungen; in mir ist alles möglich, denn ich bin der Mensch, der im allerhöchsten Augenblick im Angesichte des absoluten Nichts, im endgültigen Todeskampf, im Augenblick des Äußersten lachen wird.«[28] Alles wird, wie diese wenigen Beispiele veranschaulichen, sehr viel radikaler, sehr viel *erregter* als in seinem französischen Werk zum Ausdruck gebracht. Und zwar so, daß man mitunter meint, es mit einem philosophischen, von russischen Nihilisten und italienischen Futuristen heimgesuchten Lautréamont zu tun zu haben. Sogar der Dadaismus ist nicht weit entfernt von dem Rasenden, der ohne Ausrufungszeichen, als verstünde sich das von selbst, verkündet: »Alle Form werde formlos, und ein Chaos verschlinge in einem Weltenwirbel alles, was das Gefüge, den Bestand und die Gestalt dieser Welt ausgemacht hat. Es breche irrsinniges Toben los, betäubendes Gedröhn, Grausen und Gebrause, wonach nur noch ewiges Schweigen und endgültiges Vergessen übrigbleibe.«[29]

In diesem *spektakulär* auf die Spitze getriebenen Buch, das alles dramatisiert und mit einem »dämonischen« Schein umgibt, tauchen sogar hie und da vollkommen konzise Sätze auf, die bereits den aphoristischen Stil des Verfassers der *Syllogismes de l'amertume (Syllogismen der Bitterkeit)* ankündigen. So etwa diese provozierende Sentenz, die man 1949 in *Précis de décomposition (Lehre vom Zerfall)* wiederfinden wird: »*Um die moderne Welt zum Leben wachzurütteln, muß das Lob der Faulheit angestimmt werden*, jener Faulenzerei, die innerliche Gelassenheit und ein allesduldendes Lächeln durchtränken. Ein Müßiggänger hat unendlich viel mehr Sinn für Metaphysik als der Betriebsame.«[30] Und inmitten von langen dunklen Sturzbächen schwerverständlicher Begriffe macht man die persönlichen Bemerkungen aus, die ganze Themenbereiche des künftigen Cioran wie im Keim enthalten. Das ist der Fall bei dem Angriff auf das Prophetentum (»Mir mißfallen Propheten und gleichermaßen blinde Fanatiker, die niemals an ihrem Glauben und an ihrer Mission gezweifelt haben«[31]), der an die Erörterung des *Précis* erinnert (und beinahe ein Entwurf dazu zu sein scheint). Ebenso die Sätze gegen die Weisheit – »Ich hasse die Weisen, weil sie träge, ängstlich und zurückhaltend sind. Unendlich mehr liebe ich die von Leidenschaften beherrschten... Menschen«[32] –, die fast vierzig Jahre später (1973) und beinahe wortwörtlich in *Vom Nachteil, geboren zu sein* wiederkehren werden.[33]

Oft wird von großen Schriftstellern gesagt, daß sie in ihrem Erstlingswerk bereits vollständig enthalten sind. Diese Beobachtung bestätigt sich also auch im Fall des jungen Cioran, der mit dreiundzwanzig Jahren die meisten seiner Themen gefunden hat. Noch wichtiger ist, daß er bereits seit jener Zeit über fast alle seine späteren Geisteshaltungen verfügt, ja zum Teil sogar über seinen Stil. Trotz einer offensichtlichen Nachlässigkeit des Ausdrucks ist *Pe culmile* keineswegs, wie einige Kritiker und Cioran selbst versicherten,[34] unbedacht geschrieben worden. Im Gegenteil, es ist ein in seiner Gattung fast vollkommenes Buch, das es aber im wesentlichen der Heftigkeit seiner Äußerungen überläßt, das Ganze »zusammenzuhalten«. Ein entfesselter Stil, der im übrigen mit der existentiellen und vitalistischen Grundhaltung des Buches völlig übereinstimmt, so daß es Călinescu 1941 zu Recht – der französische Cioran hatte ja noch keine einzige Zeile geschrieben – mit dem Einfluß Nae Ionescus in Zusammenhang bringen konnte.

Trotz dieser originellen und bereits »Cioranschen« Züge suhlt sich *Pe culmile* in einem Schmerz, Heldentum und Irrationalismus verherrlichenden Wortschwall, wie das allerdings zu den weltanschaulichen Moden seiner Zeit gehörte. So kommt das Wort »Erleben« – ein Leitbegriff, wie wir gesehen haben, des Denkens von Ionescu, aber auch der deutschen »Lebensphilosophie« der zwanziger Jahre – fast auf jeder Seite vor, ebenso wie die Wörter »irrational« und »Irrationalismus«, die ausnahmslos positiv besetzt sind. Es wird unablässig von »Wahnsinn« und von »Tod« gesprochen – dieser letztere als höchste Schicksalsprüfung dargestellt, in der sich alles offenbart. Die Begriffe »Chaos«, »chaotisch«, »Dämonismus«, »dämonisch«, »Gefahr«, »Wagnis« und »Angst« kommen hundertfach vor. In den Augen des Verfassers von *Pe culmile* zählt nur, was »groß«, »paroxystisch«, »begnadet«, »subjektiv« ist, was den Abgründen der Seele entsteigt – verglichen damit erscheinen die Hervorbringungen der Vernunft, des Maßes oder des Nachdenkens schäbig, lächerlich, kümmerlich, ohne Zukunft.

Zahllos sind auch die Sätze, die in einem geläufigen Nietzscheanismus die Moral brandmarken, um ihr die »Selbstbehauptung« entgegenzusetzen, ja sogar ein reines, auf seinen Seinsgrund zurückgeführtes Sichbehaupten, das von sich aus neue Werte gründet, so etwa: »Alles, was wirklich moralisch ist, beginnt dort, wo sich die Moral auflöst.«[35] Dort wird »die Verwirklichung der *absoluten Willkür*«[36] begrüßt, ja gefordert, wobei die Betonung der letzten beiden Worte die Bedeutung kenntlich machen soll. Und das geht bis hin zu dieser anti-intellektualistischen Phrase: »Weshalb so viel der Streitfragen, Auseinandersetzungen und Scherereien? [...] Wie

lange noch so viel Philosophie und so viel Denken?«[37] Hier scheint der Cioran von *Pe culmile* von einer eigentlich vitalistischen Weltanschauung gänzlich beherrscht zu sein, die dem Individuum, seinem Willen, seinen Wünschen, seinen Instinkten absoluten Vorrang zuspricht. Und diesem Vitalismus hat er sich rückhaltlos verschrieben, allerdings mit Ausnahme einiger Sätze am Rande, die sein Skeptizismus von Zeit zu Zeit, gleichsam widerwillig, in den Fluß seiner Gedankengänge oder Verkündungen einstreut und die im Widerspruch zum Rest des Buches stehen.
Da seine Artikel, die er seit 1932 in den großen rumänischen Zeitungen der Zeit wie *Calendarul* (Der Kalender), *Floarea de foc* (Die Feuerblüte), *Azi* (Heute), *Vremea* (Die Zeit), *Discobolul* (Der Diskuswerfer) und selbstverständlich *Gândirea* erscheinen läßt, offensichtlich schnell geschrieben und auf unmittelbare Wirkung bedacht waren, zeugen sie sehr viel deutlicher von seinem Festhalten an dieser Vorstellung, die in Deutschland einer der Ecksteine der NS-Ideologie war. So sieht man in einem seiner berühmtesten Texte von damals, der bei Erscheinen in Bukarest viel besprochen wurde, »Prea multă claritate!« (Zuviel Klarheit!), den künftigen (allerdings widersprüchlichen) Bewunderer und Diener der französischen Sprache das »französische Lebensgefühl« heftig angreifen, denn dieses Lebensgefühl »erhellt nichts, strahlt schwach und ihm geht sogar der Reiz des Dämmerlichtes ab«![38] Kurzum, Cioran, der Prototyp des brillanten jungen Intellektuellen der dreißiger Jahre, scheint Gefallen daran zu finden, die »im Schwange stehenden« Themen auf die Spitze zu treiben, ohne sich freilich um die möglichen Folgen zu kümmern.
»*Das Leben, das damals meine Gottheit war*«: so heißt es an der berühmten Stelle des an Noica gerichteten »Briefs an einen fernen Freund« aus *Geschichte und Utopie*,[39] in dem Cioran 1957 auf die philosophischen und politischen Einstellungen seiner Jugend zu sprechen kommt. Auf diese Weise gibt er zu, daß die Ablehnung der Demokratie für ihn keine zufällige »Verirrung« war, sondern tatsächlich die Folge des Glaubens

an eine »Idee«: des Eintretens für eine Ideologie, für das, was er später eine »Utopie« nennen wird. Der lange, zweijährige Aufenthalt in Deutschland mit Hilfe eines Stipendiums der Humboldt-Stiftung von September 1933 bis Juli 1935 wird ihn mit den konkreten, noch nicht ganz vorhersehbaren, politischen Konsequenzen dieser Schwärmerei für die »urgründigen Lebenskräfte«[40] konfrontieren, die er in seinem ersten Buch verherrlichte: mit dem Nationalsozialismus, der, zunächst eine unbedeutende Kraft, innerhalb weniger Monate vor den Augen Ciorans, ausgerechnet *im Namen des Lebens*, eines der mörderischsten »Abenteuer« der Menschheitsgeschichte anzetteln wird.

Im Auge des Zyklons

Über die »deutschen Jahre« Ciorans ist wenig Genaues bekannt. Während er recht häufig auf die antidemokratische Einstellung seiner Jugend zu sprechen kam,[1] hat der Verfasser von *Histoire et Utopie* tatsächlich kein einziges Mal diese entscheidende Periode seines Lebens in seinen Büchern oder in den veröffentlichten Gesprächen zur Sprache gebracht. Wir verfügen gleichwohl über einige sehr aufschlußreiche Dokumente seines zweiundzwanzigmonatigen Aufenthalts in Berlin, München und Dresden: eine Reihe von fünfzehn Artikeln,[2] die Cioran in diesem Zeitraum – vom Verleger wurde er sogar als »unser ständiger Korrespondent in Deutschland« vorgestellt – an die zweimal im Monat erscheinende Zeitschrift *Vremea* sandte. Wenn diese Artikel zwar nur sehr bruchstückhaft über sein konkretes Leben Auskunft geben, so erlauben sie uns doch, die Entwicklung seiner Haltung zum Nationalsozialismus und, davon ausgehend, einige seiner rumänischen Stellungnahmen Ende der dreißiger Jahre zu verstehen.

Als Cioran Mitte September 1933 in Berlin eintrifft, hat sich der Nationalsozialismus als Staatsmacht fast vollständig durchgesetzt. Am 28. Februar des Jahres, kurz nach dem Reichstagsbrand, hebt der »böhmische Gefreite«, der einen Monat zuvor vom alten Feldmarschall Hindenburg zum Reichskanzler ernannt worden war, bis auf weiteres alle verfassungsmäßigen Grundrechte auf, Rede-, Versammlungs- und Pressefreiheit, und leitet die Verfolgung der Kommunisten ein. Am 23. März erhält er vom neuen Parlament eine Vollmacht für vier Jahre und setzt damit auch der Weimarer Republik ein Ende. Im April zerschlägt er den alten föderalistischen Aufbau des Reichs und setzt achtzehn seiner Gauleiter an die Spitze der Länder (»Gesetz der Gleichschaltung der Länder mit dem Reich«). Und im Juli löst er alle politischen Gruppierungen mit Ausnahme seiner Nationalsozialistischen Deutschen Arbeiter-Partei (NSDAP) auf. Dann heißt es für ihn nur noch, im eigenen Lager Ordnung zu schaffen und die antikapitalistischen »Elemente« zu beseitigen, die von einer »zweiten Revolution« träumten, dem bereits sterbenskranken Hindenburg das Amt des Reichspräsidenten zu entreißen und sich selbst zum »Führer des Deutschen Reichs und deutschen Volkes und Oberbefehlshaber der Wehrmacht« (»Führer und Reichskanzler«) auszurufen und sich von seinen neuen Untertanen mit großer Mehrheit wählen zu lassen. Dieses umfassende Programm wird in weniger als einem Jahr verwirklicht.

Knapp neun Monate zuvor deutete aber nichts darauf hin, daß dieser Weg zur totalen Macht für Hitler so leicht sein würde. Bei den Reichstagsneuwahlen vom 6. November 1932 hatte die NSDAP sogar Verluste zu verbuchen, sie verlor zwei Millionen Wähler im Vergleich zu dem Wahlergebnis vom Juli! Und Mussolini hatte drei Jahre gebraucht, um eine sehr viel weniger absolute Autokratie zu errichten! Die Gewalttätigkeit der Unterdrückung, die fortwährende Einschüchterung auf den Straßen durch Röhms Sturmabteilungen (SA) und die machiavellistische Gewandtheit Hitlers im Umgang mit einer gespaltenen politischen Führungsschicht trugen sicherlich zu dieser Zügigkeit bei; aber selbstverständlich auch die breite Zustimmung zur Person des künftigen Diktators und zu dem Machttraum, den er zu verkörpern vorgab, durch das deutsche Volk. Was deren Inhalt auch gewesen sein mag, eine Stimmung »revolutionärer« Inbrunst begleitete tatsächlich die Errichtung des neuen Regimes. Und auch wenn das »charismatischen Wesen«[3] dieser Macht nicht alles erklärt, so doch den schwachen Widerstand, welcher der Gleichschaltung in Deutschland entgegengesetzt wurde. Das »Gesetz zur Gleichschaltung der Länder mit dem Reich« war die erste Phase der Errichtung dieses Dritten Reichs, das in der Vorstellung seines Gründers mindestens tausend Jahre währen sollte.

Mit anderen Worten, Hitler, dem gerissenen Volksverführer, war es, wie vor ihm Mussolini, aber in viel höherem Maße gelungen, die Seele seines Volkes mitzureißen, tief verborgene Gefühle zu wecken, indem er das Bild eines »höheren« Auftrags vorgaukelte, den ihm die Geschichte anvertraut habe und den er, der Führer, auszuführen berufen war. Das ist ein entscheidender Gesichtspunkt, will man den Sinn von Ciorans Artikeln in *Vremea* wirklich verstehen. Denn gerade aus dem Blickwinkel dieses prophetischen Messianismus und seiner Auswirkungen auf das deutsche Volk wird der jugendliche Verfasser von *Pe culmile* – damals war er erst zweiundzwanzig Jahre alt – betrachten, was noch nicht, wenn untergründig auch alles darauf zuläuft, eine Tragödie ist. Das »neue Deutschland« wird für ihn ständig die Rolle eines Negativs (in Wirklichkeit müßte man sagen eines »Positivs«) von Rumänien spielen – was viele seiner »hitlerfreundlichen« Stellungnahmen erklärt.

Der erste Artikel,[4] den Cioran am 19. November 1933 aus Berlin sendet, ist allerdings recht harmlos. Er tritt auf als die Niederschrift eines Gesprächs, das er mit einem jungen Nationalsozialisten vor dem Reichstag geführt haben will. Vielleicht handelt es sich dabei lediglich um einen Kunstgriff. Ob nun dieser Gesprächspartner wirklich oder erfunden ist, Cioran bedient sich seiner, um die Stimmung der nationalen Erregung, die er vorfindet, zu schildern. Der junge, äußerst fanatisierte Nationalsozialist bringt unterschiedslos allen kulturellen Erscheinungen seines Landes Anteilnahme entgegen. Das Barock? Ist eine deutsche Erfindung, verkündet er, die größte aller Zeiten. Musik, Dichtung, Metaphysik? Das sind ausschließlich »germanische« Künste. Die französische Kultur? »Lüge, Tanz an der Oberfläche, Engstirnigkeit auf geistiger Ebene.« Und Rumänien sei nichts weiter als eine französische Schöpfung der Friedensverhandlungen, ohne Wirklichkeit, dem benachbarten Bulgarien weit unterlegen. Beinahe kein eigenes Urteil kommt in diesem »Brief eines Persers aus Berlin«[5] vor, obwohl Cioran selbstverständlich seine eigenen Gefühle, vor allem in bezug auf Rumänien und Frankreich, einfließen läßt...

Abgesehen von diesen kleinen Provokationen bleibt der Tonfall des Artikels recht unpersönlich. Cioran begnügt sich damit, den »geistigen Pangermanismus« seines Unterredners fast wörtlich aufzuzeichnen. Dieser wirkt im Laufe des Gesprächs indessen nicht nur prahlerisch, sondern auch einfältig und unwissend: Er wiederholt unaufhörlich dieselben Schlagworte, ohne die Fragen wirklich aufzunehmen, und kennt weder die Ästhetiker Worringer und Wölfflin noch Spengler, die sein gebildeter Interviewer nennt... Selbst wenn Cioran gelegentlich die nationalistische Schwärmerei des jungen Hitler-Anhängers zu beneiden scheint, verachtet er ihn offen wegen seiner mangelnden Bildung. Kurz, er bleibt, was er ist: ein Student der Philosophie, der zur Fortbildung in eine der (nur noch für kurze Zeit) internationalen Hauptstädte des Geistes gekommen ist.

Der zweite Artikel[6] ist eine Art »Lagebericht« über die zeitgenössische deutsche Philosophie. Cioran stellt zwei seiner Berliner Professoren vor: Nicolai Hartmann und Ludwig Klages. Dem ersten, einem überzeugten Rationalisten und damals einem der bedeutendsten Verfechter einer bestimmten neukantianischen Universitätstradition, wirft er Mangel an Leidenschaft und ein Übermaß an »analytischem Geist« vor, was es ihm unmöglich mache, behauptet er, aus der Philosophie einen »Lebensstil« abzuleiten. Und er stellt ihm Klages gegenüber, dessen »Temperament eines Condottiere« er rühmt, er sei »überschäumend, explosiv, zungenfertig und prophetisch, geheimnisvoll und gelehrt zugleich«. Er stellt ihn dar als »den vollendetsten Menschen von allen, die kennenzulernen [ihm] bis heute vergönnt gewesen« sei, und vergleicht ihn sogar abschließend – was für ihn keine geringe Huldigung ist – mit Nae Ionescu.

Das wäre ein banaler Seminarbericht, wenn die Gegenüberstellung der beiden Persönlichkeiten nicht mehr oder weniger die ganze damalige weltanschauliche Auseinandersetzung zusammenfaßte. Angesichts der Vernunft ergreift Cioran Partei für das Irrationale und den »Heroismus«. So ist im übrigen seine Vorliebe für Klages weit davon entfernt, leidenschaftslos zu sein. Dieser verworrene Denker war Mitglied des »Kreises« um den Dichter Stefan George, aus dem er, heißt es, wegen seines Antisemitismus ausgeschlossen wurde. Sein Werk wird heute mit Ausnahme von drei oder vier Schriften über Charakterkunde und Graphologie kaum noch gelesen, aber zu jener Zeit galt er – und das konnte Cioran nicht unbekannt sein – als einer der Philosophen, die dem NS-Geist am nächsten standen.[7]

Wie bereits der Titel seines umfangreichen, von 1929 bis 1932 in vier Bänden erschienenen Werks *Der Geist als Widersacher der Seele* verkündet, habe die Rationalität, so behauptet Klages, die Urtriebe des Lebens zerstört und, anstatt die Welt zu erklären, diese vielmehr undurchsichtig und unverständlich gemacht. Um dieser Sackgasse zu entkommen, müßten die Menschen den Weg der reinen, unmittelbaren, instinktiven Tat wieder erlernen: das heißt mit kompromißloser Selbstbehauptung an ihren »kosmogonischen Eros«, Titel eines anderen seiner Bücher, anknüpfen. Ein Gedankengang, der selbstverständlich politische Auswirkungen hatte: Man ahnt bereits, daß dieses Aufflammenlassen dunkler Kräfte, wozu Klages aufrief, zwangsläufig zu einem Konflikt mit der besonnen auftretenden Demokratie führen mußte. Man kann sogar sagen, daß diese »philosophische« Reflexion die Dynamik und teilweise sogar die Argumente der nationalsozialistischen Bewegung während der Jahre des Kampfes um die Macht vorwegnahm. In diesem scheinbar abstrakten Artikel findet sich die tiefe Verbundenheit Ciorans mit dem Vitalismus seiner Studienjahre bestätigt, und dieses Festhalten am Vitalismus führt ihn dazu, den Nationalsozialismus zunächst zu befürworten.

Das macht dann ein sehr langer Artikel, der in vieler Hinsicht bemerkenswert ist und den er zu Weihnachten 1933 aus Berlin sendet, sehr viel deutlicher. Diesen Essay über den »französisch-deutschen Dualismus«, der »Deutschland und Frankreich oder die Illusionen des Friedens«[8] betitelt ist, beginnt Cioran mit der allgemeinen Behauptung, daß die *Kulturen* der verschiedenen Völker in ihrem tiefsten Wesen unversöhnlich seien – wie Welten, die für immer voneinander getrennt sind. So verhalte es sich auch mit den beiden großen Imperialismen, die sich Europa teilten, dem deutschen und dem französischen, deren Weltanschauungen auf entgegengesetzten unbewußten Wertesystemen beruhten und die, meint er, außerstande seien, einander zu verstehen. Aus dieser Feststellung leitet Cioran eine Widerlegung der französischen Deutung des Nationalsozialismus ab. Entgegen den französischen Zeitungen, die den Nationalsozialismus als eine Verirrung darstellen, behauptet er vielmehr, daß dieser im Einklang mit dem »Sinn der deutschen Geschichte« stehe. Hitler gebühre sogar das Verdienst, fügt er hinzu, den tiefsten Trieben seiner Landsleute Ausdruck zu verleihen und ihre Wünsche zu artikulieren, die sonst vergeblich geblieben wären. Hitlers Nationalsozialismus stelle in diesem Sinn einen »neuen Lebensstil« dar, der »organische« Verbindungen zur deutschen Seele unterhalte und deren »Mystik« und tragischen Charakter aufnehme, die der französischen »Kultur des Stils« radikal entgegengesetzt seien.

Dieser Artikel, der vor allem eine Analyse ist, ja sogar eine äußerst moderne Analyse, denn sie stimmt mit einigen der jüngsten Thesen über das Wesen des Nationalsozialismus überein, verfällt jedoch stellenweise in Betrachtungen, in denen sich eine offene Faszination für den Hitlerismus zeigt. So etwa folgende, kaum mehrdeutige Behauptung: »Wenn mir etwas bei den Anhängern Hitlers gefällt, so ist es der *Kult des Irrationalen*, die Verherrlichung der Lebenskraft als solcher, das mannhafte Ausgreifen der Kräfte, ohne kritischen Geist, ohne Vorbehalte und ohne Beherrschung.«[9] Obwohl er zwischen den beiden gegensätzlichen Traditionen, der deutschen und der französischen, hin- und hergerissen ist, die er zuweilen in vollendeten Formulierungen auf den Punkt bringt. (»In

Frankreich hat jeder Talent; kaum jemand ist ein Genie. In Deutschland hat niemand Talent; aber das Genie eines einzigen macht das fehlende Talent aller wett«), entscheidet sich Cioran eindeutig für erstere, nicht ohne sich – in der Wendung eines Satzes – vor der »unendlichen Tragödie« zu fürchten, zu der die deutsche Tradition führen könnte.

Der Grund für dieses schwankende Gefühl ist zweifellos in der folgenden Bemerkung zu suchen: »In ihrem Führerkult«, schreibt Cioran, »haben die Deutschen ein Gefühl der Sicherheit gefunden, vergleichbar dem, das die Vorahnung, ja die Gewißheit eines großartigen Schicksals verleiht.« Daß der Bezug zu Rumänien hier unausgesprochen bleibt, macht ihn nicht weniger offensichtlich. Man könnte sogar sagen, daß dieser Artikel den Schlüssel zu Ciorans »Lektüre« des Nationalsozialismus bietet. Was den künftigen Verfasser von *Schimbarea la faţă* umtreibt, ist die Suche nach einer Ideologie der Macht oder nach einer Form der Machtausübung, die seiner Heimat ein Schicksal zurückgeben oder ihr schlicht eines schaffen könnten.

Diese Sorge macht übrigens im April 1934 den Kern einer Schmähschrift von seltener Heftigkeit aus, einer regelrechten, gegen das eigene Land gerichteten Anklageschrift über »Rumänien im Angesicht des Auslands«.[10] Er geißelt die »schändliche Abhängigkeit« Rumäniens von Paris, die es, so versichert er, zu einer »französischen Kolonie« herabwürdigt, und findet schneidende Worte, um die Trägheit und die »untermenschliche Feigheit« seines Vaterlandes anzuprangern. »Unsere Vergangenheit?« fragt er. »Mangel an Freiheit, Mangel an Stolz, Mangel einer Sendung.« Und was ist letzten Endes Rumänien in den Augen der Deutschen? »Ein mit Wäldern bedecktes, primitives Land, das wie in seinen Sagen lebt: wo es modern ist, ist es flatterhaft und oberflächlich; seine Traditionen sind uninteressant und nichtig.« Kurz, dieses Land, das nichts ist, diese Nation, die keine ist, bedürften, so bemerkt er abschließend, einer »vollständigen Erneuerung«. Und daraus ergibt sich auch die »Lösung«: »Da unsere Kultur bloßes Sich-Sehnen ist, da jede Geistigkeit uns versagt ist, sollten wir uns wenigstens«, so beschwört Cioran, »durch einen urtümlichen Ausdruck von Lebenskraft, barbarischen Behauptungsdrang, Machtkult, durch Raserei und heftige Instinkte auszeichnen!« Und er fügt folgende Proklamation eines verschärften Nationalismus hinzu: »Anstatt uns vor allen großen Völkern zu demütigen, täten wir besser daran, Flugzeuge zu bauen, eine Verdoppelung der Bevölkerung und eine Industrialisierung anzustreben, um das Verhängnis abzuwenden, das will, daß die Industrievölker die Agrarvölker verschlingen.«

Um diese heftig begehrte Größe zu erlangen, hat Cioran kein anderes Heilmittel zu bieten: Er verharrt auf der Ebene der Beschwörung, des verschwommenen Aufrufs zu einem »endgültigen und wesentlichen Sprung« kraft einer »notwendigen, wilden Entschlossenheit«. In diesem Artikel erscheint übrigens zum ersten Mal bei ihm jener der orthodoxen Liturgie entnommene Begriff *schimbare la faţă*: »Die Stunde hat geschlagen«, kündigt er in seiner Schlußfolgerung an, »da wir nur noch an ein anderes Rumänien denken können und da unsere Sendung nur die Verklärung (*schimbarea la faţă*) Rumäniens sein kann. Denn wenn wir nicht den Mut zu unserem Dasein haben, hat es für uns keinen Sinn mehr zu leben.« So endet dieser Text, der im Rückblick die eigentliche Keimzelle seines berühmten und umstrittenen Buches zu sein erscheint.

»Es gibt in der heutigen Welt keinen Politiker, der mir sympathischer ist als Hitler«: Mehrere neuere Bücher haben diesen Satz,[11] der den nächsten Artikel Ciorans eröffnet, ausgegraben und abgedruckt. Dieser Bericht aus München, der »Münchner Eindrücke. Hitler im Bewußtsein der Deutschen«[12] überschrieben ist und im übrigen behauptet, daß Hitlers Verdienst darin bestehe, »einer ganzen Nation den kritischen Geist geraubt« zu haben, muß ebenfalls als ein unmittelbarer Mahnruf an Rumänien gelesen werden. Gewiß, der soeben angeführte Satz ist bestürzend. Er erhält jedoch einen anderen Sinn, wenn man ihn in Zusammenhang mit den folgenden Sätzen bringt.

Denn es geht noch immer um die eine Frage, die Cioran hier aufwirft und die die zentrale Problematik von *Schimbarea la faţă* ausmachen wird: Wie soll man Rumänien aus dem geschichtlichen Nichts herausreißen, das durch die Demokratie nur noch erbärmlicher wurde. Er geht so weit, zu fragen, ob, »um zu einer Macht zu werden, die kleinen Nationen anders als mit Hilfe einer Diktatur überhaupt einen Sprung machen können«. Der Hitlerismus bietet also weniger einen Weg, als vielmehr ein Vorbild, um Rumänien aus seiner angeborenen Lethargie, in der es schwelgt, zu reißen. Und zweifelsohne muß man in diesem Sinne auch den allerletzten Satz des Artikels lesen: »Hitler hat eine glühende Leidenschaft in die politischen Kämpfe gebracht und mit messianischem Odem einen ganzen Bereich von Werten dynamisiert, die der demokratische Rationalismus nur schal und seicht gemacht hatte. Wir alle brauchen eine Mystik, denn wir alle haben die angeblichen Wahrheiten satt, aus denen nicht Flammen emporschießen.«

Die Nacht der langen Messer vom 30. Juni 1934, in deren Verlauf Hitler unter anderem die frühere, von Gregor Strasser und der SA vertretene »linke« Opposition beseitigt, veranlaßt Cioran, einen entscheidenden Schritt weiter in seiner Zustimmung zum Führer zu gehen. Der Aufstand der SA? Einfach eine »Revolte der Satten«,[13] versichert er in der Überschrift des Kommentars einen Monat nach dem Ereignis, der die offizielle These von einem »Komplott« gegen das neue Regime kritiklos übernimmt. Diese »Bestien« (*bestii*) in den Tod zu befördern war also nur »göttliche Pflicht«; und der künftige Anarchist fährt mit einem wahren Loblied auf die absolute Macht fort: »Um einer Bewegung zum Sieg zu verhelfen [. . .], hat ein Diktator das Recht, Menschen in den Tod zu schicken, die seinen Aufstieg aus persönlichen, rein selbstsüchtigen und subjektiven Gründen behindern.« Was sind im übrigen einige elende Leben schon wert im Vergleich mit der Größe, deren Verwirklichung sie im Weg stehen – fragt er. Der Humanitarismus sei eine »Illusion«, der Pazifismus sei »politische Masturbation«; und der Gedanke, daß es »Werte an sich« geben könne, schreibt er in einer flammenden Nietzscheschen Sprache, sei ein Widersinn.[14] Macht ist in diesem »epileptischen Augenblick« der europäischen Geschichte alles. Ihr Ziel rechtfertigt alle Taten; nur das Opfer kann einer Bewegung »Ernst« verleihen; und diese Forderung geht über die demokratische Illusion endgültig hinaus: »Nicht jeder Mensch verdient es, frei zu sein. ›Freiheit für alle‹ ist ein Vorurteil und eine Schande. Der libertäre Optimismus hält der geringsten und belanglosesten Offenbarung über das Wesen des Menschen nicht stand.«

Es wäre müßig, die Untersuchung dieser Texte fortzusetzen. Alle wiederholen zwanghaft dieselben Themen bis zum Überdruß. Hinzu kommt, was einen wesentlichen Bestandteil von *Schimbarea la faţă* ausmachen wird, die Flut der Beschimpfungen, die er seinem Geburtsland und dessen Bewohnern ins Gesicht schleudert. Wie in den berühmten *Philosophischen Briefen* Tschaadajews[15] ist das ferne Vaterland auch in diesen Artikeln Gegenstand eines radikalen Hasses, der so weit getrieben wird, daß darin eine tiefe, enttäuschte Liebe nicht zu überhören ist. Im Urteil der Weltgeschichte, verkündet Cioran, hat Rumänien nie ein Schicksal gehabt und wird auch keines haben. Und was die Rumänen anbelangt, was soll man mit diesem »Volk von Durchtriebenen, von Skeptikern und Resignierten« anfangen, mit diesem durch ein Übermaß an Fatalismus »gleichgültigen«, »trägen«, »gemeinen« Volk? Mit diesem Volk, das nicht existiert, ja das zu existieren gar nicht verdient? »Blasiertheit, Zweifel und Enttäuschung«, schreibt Cioran in einem »Der Kult der Macht«[16] überschriebenen Artikel, »sind das Krebsgeschwür unseres Volks. Weder glaubt der Rumäne an etwas blind, noch verneint er etwas fanatisch, sondern er zweifelt systematisch an allem und macht die Geschmeidigkeit zur Tugend. [. . .] Daß Rumänien ein anderes Ethos, ein anderes Lebensverständnis, einen anderen Geist braucht, ist mehr als offensichtlich.«

Will man seinen Aufenthalt in Deutschland zusammenfassen,

ließe sich also behaupten, daß Cioran dort seinen Vitalismus intellektuell bestätigt findet. Angesichts der Demokratie ergreift er nicht so sehr für die Diktatur Partei; sondern eher für eine Art reiner Erhebung, ohne Lehre und ohne wirkliche Perspektive: für eine »Revolte des Nihilismus«,[17] um den Titel des berühmten Buchs von Hermann Rauschning abzuwandeln, eines Nihilismus, der sich gleichsam mit Freuden dem eigenen Taumel hingibt. Die zum Allheilmittel erhobene Tat an sich scheint seiner Ansicht nach fähig, beinahe aus dem Nichts eine neue »natürliche« Ordnung erstehen zu lassen. Und der künftige Skeptiker ist nicht weit davon entfernt, einem »Sinn der Geschichte« anzuhängen, den der Nationalsozialismus verkörpern würde – obwohl er in diesem »fanatischen Wald« der Hitlerschen Massenveranstaltungen, an denen er während seines Aufenthaltes teilgenommen hat, bereits die Keime eines »kollektiven Wahnsinns« ausmacht, den nur eine Buddhismus-Kur, wie er drei Jahre später in einem Artikel in *Vremea*[18] schreiben wird, heilen könnte!

Das Rumänien, das Cioran bei seiner Rückkehr nach Bukarest im Jahre 1935 vorfindet, kann ihn in seinen antidemokratischen Gefühlen nur bestärken. Seit 1931/1932 kämpft das Land mit einer politischen Dauerkrise. Trotz eines Wahlgesetzes, das die Mehrheit der Sitze im Parlament der Partei zuspricht, die mindestens 40 % der Stimmen auf sich vereinigt – ein Gesetz, das die Liberalen verabschieden ließen, um ihre Vormachtstellung aufrechtzuerhalten –, führt keine Wahl zu einer stabilen und dauerhaften Mehrheit. So versucht man es mit Minderheitenregierungen ohne Rückhalt in der Bevölkerung und mit allen möglichen und vorstellbaren Koalitionen. Innerhalb von etwa vier Jahren folgt ein Kabinett dem anderen, zunächst das Kabinett der Nationalen Einheit mit dem Historiker Nicolae Iorga an der Spitze, dann eines der Nationalen Bauernpartei, das bald darauf von dessen Anführern Maniu, Mihalache und Madgearu abgelehnt wurde. Darauf folgt die Rückkehr der Liberalen, dann kommen die

»Jungliberalen«, die mit allen Bonzen der alten Partei gebrochen haben. Und so weiter.[19]

Das Ergebnis läßt sich mühelos ahnen: Die bereits stark in Mißkredit geratene Demokratie zerfällt; die Einheit des Landes ist bedroht; Unruhe greift überall um sich. Im Februar 1933, einige Monate vor der Abreise Ciorans nach Deutschland, mußte die Regierung infolge eines langen Streiks der Bukarester Eisenbahnwerke Griviţa, der fast in einen Aufstand ausgeartet wäre, den Notstand ausrufen; die Kommunisten wurden verfolgt, und die Eiserne Garde, die an der Erhebung teilgenommen hatte, wurde aufgelöst. Doch damit verschärfte sich die Lage weiter. Einige Tage darauf ermordeten die Gardisten am Bahnhof von Sinaia den liberalen Premierminister I. G. Duca, der gerade von einer Audienz beim König kam. Der Kreislauf von Unterdrückung und Terrorismus war in Gang gekommen.

In dieser Auflösungsstimmung erscheint die Eiserne Garde einem Teil der Bevölkerung immer mehr als möglicher Ausweg. Nicht daß sich die Rumänen mehr Illusionen über sie als über die anderen politischen Kräfte machen, aber es sieht so aus, als wollten sie – so groß war die Enttäuschung – alles versuchen. Schließlich kann es nicht noch schlimmer kommen, scheinen sie zu denken. Um sich einen Anschein von Ehrbarkeit zu geben, beschließt Codreanu Anfang 1935, rechtzeitig, eine erweiterte Wahlplattform, *Totul pentru Ţară* (Alles für das Vaterland), ins Leben zu rufen, an deren Spitze er den vertrauenswürdigen alten General Gheorghe Cantacuzino-Grănicerul setzt, Abkömmling einer der größten aristokratischen Familien Rumäniens.[20] Mit 15,58 % der Stimmen[21] und sechsundsechzig Sitzen im Parlament, was die Partei zur drittstärksten politischen Kraft des Landes werden läßt, verfehlt diese Bewegung mit äußerst verschwommenem Programm, die ein geheimes Nichtangriffsabkommen mit der Bauernpartei (Codreanu-Maniu) abgeschlossen hat, bei den Wahlen vom 20. Dezember 1937 die im Verein mit anderen Kräften angestrebte Macht nur knapp. Das Muster der

Machtergreifung Hitlers hätte sich in Rumänien durchaus wiederholen können![22]
Berichten wir noch kurz das Ende der Geschichte, obwohl es, da Cioran sich 1937 zum ersten Mal in Frankreich niedergelassen hat, den Rahmen dieses Buches verläßt. Carol II. setzt sich, wozu die Verfassung ihn berechtigt, über das Wahlergebnis hinweg und beauftragt die antisemitischen Nationalisten Octavian Goga und A. C. Cuza, die gemeinsam weniger als 10 % auf sich vereinigt haben, mit der Regierungsbildung.[23] Um den Gardisten den Wind aus den Segeln zu nehmen, ergreift die neue Regierung besonders niederträchtige Maßnahmen gegen die Juden. So werden sie – und zwar unabhängig davon, seit wann sie in Rumänien ansässig sind – aufgefordert, sich bei der Polizei zu melden, um ihre Identitätspapiere mit einem Vermerk versehen zu lassen, damit man die Unerwünschten dann ausweisen kann. Als Antwort zieht die jüdische Gemeinde alle ihre Einlagen bei den Banken zurück und organisiert einen Boykott der nationalen Produkte. Die Bukarester Börse bricht daraufhin zusammen. Bereits vierzig Tagen nach ihrer Einsetzung sieht sich die Regierung Goga gezwungen zurückzutreten! Und am 19. Februar 1938 ruft Carol II. seine Diktatur aus.
Zunächst wird das Parlament aufgelöst (18.1.1938), dann wird jede politische Tätigkeit untersagt. Eine neue, von Mussolini inspirierte Verfassung ersetzt die alte. Codreanu wird verhaftet und wegen »Hochverrats« zu zehn Jahren Zwangsarbeit verurteilt. Ende November 1938 wird er anläßlich einer Überführung in ein anderes Gefängnis zusammen mit dreizehn anderen Legionären vom Wachpersonal bei einem angeblichen Fluchtversuch getötet. In Wirklichkeit ist es kaltblütiger, staatlich angeordneter Mord: Codreanu und seinen Mitstreitern wurde die Kehle durchgeschnitten, dann schoß man ihnen eine Kugel in den Kopf, um sicherzugehen. Die Rache läßt fast ein Jahr auf sich warten lassen, aber sie ist spektakulär: Am 21. September 1939 wird der ehemalige Innenminister Armand Călinescu am hellichten Tage in einer der verkehrs-

reichsten Bukarester Straßen in seinem Wagen von einem Kommando erschossen. Eine Woche darauf werden seine neun Mörder in einer schauerlichen Inszenierung am Ort des Verbrechens hingerichtet. Nichts hält das Land mehr davon ab, in alltäglichem Terror zu versinken. Die Demokratie war bereits tot. Und Groß-Rumänien wird in weniger als zwei Jahren verschwunden sein.

Obwohl seine Artikel in *Vremea* ihm den Ruf eines politischen Publizisten eingebracht haben, bleibt Cioran angesichts dieses Desasters äußerst zurückhaltend. Dieser Künder der aufsehenerregenden Tat zieht sichtlich das Grübeln im stillen Kämmerlein vor. Während Mircea Eliade noch drei Tage vor der Wahl von 1937 in der Zeitschrift der Gardisten *Buna Vestire* (Die Verkündigung) zu erklären sucht, »warum er an den Sieg der Legionärsbewegung glaube«,[24] und Constantin Noica sich um 1938 der Eisernen Garde annähert (er wird ihr telefonisch, von Paris aus, nach Codreanus Tod, für den er den König persönlich verantwortlich macht, ganz offiziell beitreten), setzt sich Cioran nie anders als auf geistiger Ebene ein. Wobei vermerkt werden muß, daß es 1935 noch einen anderen, sehr einfachen Grund für dieses Schweigen gibt: Er leistet seinen Militärdienst bei der Artillerie ab. Anschließend nimmt er die Stelle eines Lehrers am Andrei Şaguna-Gymnasium in Braşov-Kronstadt an, der einzige unselbständige Brotberuf, wird er sich später brüsten, den er in seinem Leben je ausgeübt hat.[25]

Und er schreibt. 1936 kommt *Cartea amăgirilor* (*Das Buch der Täuschungen*)[26] heraus, in dem er zu einer mehr philosophischen Betrachtungsweise zurückkehrt. Fast nichts von der Außenwelt sickert anscheinend in dieses abstrakte Buch, das jenseits der »gewöhnlichen Relativität des Lebens«[27] angesiedelt ist und das der Musik und der Suche nach dem Absoluten den Vorrang gibt. Tatsächlich weiß Cioran während seiner rumänischen Schaffenszeit stets zu unterscheiden zwischen dem Engagement in der Gegenwart und dem metaphysischen Denken – aus dem auch *Lacrimi şi sfinţi* (*Von Tränen und von*

Heiligen) im zweiten Halbjahr 1937 wie auch *Amurgul gândurilor* (*Gedankendämmerung*) 1940 hervorgehen. *Cartea amăgirilor*, das die Kehrseite dieses »zu Flammen, barbarischen Aufschwüngen und Ausbrüchen«[28] fähigen Menschen beschwören will, als welcher der »geschichtliche« Cioran damals sich sieht, wirkt dennoch wie von einer heftigen Raserei erfaßt. Darin wird das Leiden als ein Kennzeichen des Daseins dargestellt; die Zerstörung als Schöpfungsgrund gerühmt; und das Bewußtsein zugunsten einer »inneren Orgie«,[29] eines »grenzenlosen und überschwenglichen Rausches« verworfen. Und die Lebensregel, die darin zum Ausdruck kommt: *»Sei jeden Augenblick am Rande deines Wesens«*,[30] veranlaßt ihren Urheber zu einem Lob auf die »Irrationalität des Lebens«[31] gegen den Geist – hier erkennt man den Einfluß von Klages – und bringt ihn dazu, eine Flut paroxystischer Aufforderungen zum »Wahnsinn«, »unserer einzigen Weisheit«,[32] auszustoßen. Im zweiten Halbjahr 1936 vollendet Cioran schließlich *Schimbarea la faţă a României*, die beim Vremea-Verlag erscheint und deren erste Auflage in weniger als sechs Monaten vergriffen ist.

Die Frage, die er in diesem Pamphlet aufwirft, kennen wir bereits, ebenso seine Antwort: Um das historische Verhängnis außer Kraft zu setzen, das Rumänien an ein mittelmäßiges Schicksal kettet, um es herauszureißen aus dem, was er im ersten Kapitel »die Tragödie der kleinen Kulturen« nennt, ist eine Erhebung der Volksseele vonnöten. Dieses Glaubensbekenntnis ist der eigentliche Ausgangspunkt des Buches. »Die rumänische Demokratie«, schreibt Cioran auf Seite 46, »hat nicht einmal ein bürgerliches Bewußtsein geschaffen. Mit Plattheiten und mit leeren Abstraktionen kann man ein Volk nicht begeistern. Rumänien braucht einen Überschwang, der an Fanatismus grenzt. Ein fanatisches Rumänien ist ein verklärtes Rumänien. Die Fanatisierung Rumäniens ist die Verklärung (*transfigurarea*) Rumäniens.« Und etwas weiter behauptet er: *»Ich kann nur ein rasendes Rumänien lieben.«*[33] Der Rest des Pamphlets ist nichts als die unermüdliche Veranschaulichung dieser einen Behauptung. Obwohl *Schimbarea la faţă* aufgrund ihres flammenden »Rumänismus« in Zusammenhang mit etwas steht, was wir in weiterem Sinn als die traditionalistische Bewegung bezeichnet haben, unterscheiden das Buch jedoch viele Ansichten. So distanziert sich Cioran heftig von dem Standpunkt der »Dörfler«, was den höheren Wert des Bauerntums angeht. Den Intellektuellen, die die Schönheit des rumänischen Dorfes rühmen, hält er sogar ein fast futuristisches Lob der Stadt entgegen: »Die Begeisterung für das Dorf ist von jeher die Eigenart unserer Intellektuellen, ihre dumme Eigenart. Denn hätten sie auch nur den geringsten politischen Verstand gehabt, so hätten sie begriffen, daß das Dorf überhaupt keine dynamische Funktion darstellt, sondern für Rumäniens Erstarken geradezu ein Hindernis ist. Das Dorf ist der Unterbau und die biologische Grundlage einer Nation; es ist jedoch nicht deren Träger, nicht deren treibende Kraft. Ein Jahr im Leben einer modernen Stadt ist erfüllter und rühriger als hundert Jahre im Leben eines Dorfes. Und dies nicht nur wegen der großen Bevölkerungszahl, sondern auch wegen der Lebensweise der Stadt, die ihren Rhythmus aus ihrem inneren Wesen heraus beschleunigt. Die Stadt und die Industrialisierung müssen zwei Zwangsvorstellungen eines im Aufstieg begriffenen Volkes sein.«[34]

Höchster Frevel, Cioran greift auch noch die orthodoxe Kirche an. Und mit welchen Worten! Was er ihr vorwirft, ist deren »Mangel an Intoleranz«, an »leidenschaftlicher Religiosität« und infolgedessen die »Abstumpfung«, die sie im Bewußtsein der Nation ausgelöst habe. Cioran liebt nur die rasenden Religionen, die grausamen Religionen; und diese ist es nicht. Sie sei, sagt er, eine »Erstarrung«, eine »schwarze Woge«, die Rumänien das Licht verberge und es von einer großartigen Bestimmung abgeschnitten habe, sie sei ein »organisierter Reaktionarismus«, kurz eine »düstere Trauer um unser rumänisches nationales Elend«. »Ich stürbe vor Traurigkeit, wenn in Rumänien – durch eine Verirrung des Schicksals – in

Zukunft die byzantinische Kultur wiederbelebt würde. Ein einziger Schrei der Französischen Revolution ist für uns ein unermeßlich stärkerer Ansporn als unsere ganze byzantinische Geistigkeit zusammengenommen. Denn wenn wir nichts von den unmäßigen Aufschwüngen der großen Nationen lernen, bleibt uns nichts anderes, als unsere Seele im rauchgeschwärzten Gemäuer unserer Kirchen zu begraben und schluchzend zu Füßen jener schwachsinnigen Heiligen, die diesem Volk während der ganzen Zeit seiner öden Vergangenheit die Langeweile vertrieben haben, einzugehen.«[35] Ein Satz, der – versteht sich – Fromme wie Traditionalisten empören mußte.

Auf politischer Ebene ist Cioran nicht weniger ketzerisch. Wenn der Wille zur Größe, zu dem er aufruft, seine »natürliche« Veranschaulichung in Hitlers Nationalsozialismus der Jahre 1933-1935 zu finden scheint, so kann sich dieser Wille für Cioran doch ebensogut mit einem gewissermaßen »rechtverstandenen« Bolschewismus abfinden. So strotzt *Schimbarea la faţă* von Äußerungen der Bewunderung für Lenin und die russische Revolution, wobei letztere in einer für seine Landsleute anstößigen Weise dargestellt wird als »eine beispiellose Barbarei« und »einzigartiger ethischer Triumph« zugleich, und zwar, schreibt Cioran, wegen »ihrer unbedingten Durchsetzung der sozialen Gerechtigkeit«.[36] »Rumänien«, gesteht er überdies, »hat unermeßlich viel von Rußland zu lernen. Ich habe den Eindruck, wenn ich mich nicht wenigstens etwas mit der russischen Revolution und dem russischen Nihilismus des vergangenen Jahrhunderts beschäftigt hätte, wäre ich allen Sünden eines von [Léon] Daudet und [Charles] Maurras geprägten Nationalismus zum Opfer gefallen.«[37]

Nicht, daß der damalige Cioran, wie einige vorgeschlagen haben,[38] einer Art von »rotem Faschismus« oder von »braunem Bolschewismus« in der Art des seinerzeitigen Nationalbolschewismus von Ernst Niekisch oder auch dieser »Roten und Braunen«, die vor einigen Jahren in Rußland aufgetreten sind, zuzuordnen wäre. Wir haben im übrigen gesehen, mit welcher

Härte er den von Gregor Strasser und der SA vertretenen »revolutionären« Widerstand gegen Hitler behandelte. Die Wahrheit ist viel einfacher: Cioran ist damals nichts anderes als ein reiner Radikaler. Wie er übrigens 1937 in einem Artikel in *Vremea* sehr deutlich schreibt, ist er ein Anhänger der Bewegung um der Bewegung willen: »Jede Revolution ist heroisch, wobei ich darunter die ganze Spannweite des Heroismus verstehe, der mit Brutalität beginnt und im Opfer endet.«[39] Das einzige, was ihm am Herzen liegt, ist, an einem heroischen Abenteuer teilzunehmen, was immer dessen theoretische Formulierung sei und, könnte man hinzufügen, was immer dessen Ende, gerade und *vor allem* ein tragisches, sein möge. Der Kult der Kraft um der Kraft willen führt ihn unweigerlich dazu, alle Ideologien zu bejahen, die den Zugang zur Macht gestatten, bewegt ihn sogar, einen reinen Herrschaftswillen, einen Imperialismus zu fordern, so daß man sich fragen kann, ob er im Italien der zwanziger Jahre nicht ein Anhänger Mussolinis, im Rußland von 1917 nicht ein Bolschewist oder im Argentinien der fünfziger Jahre Peronist gewesen sein könnte, ohne daß dies in seinen Augen die geringste Bedeutung hätte. Der politische Standort dieses All-Verwünschers, der donnert, wettert, ausschließt, sich aufregt, sich gegen alles auflehnt, gegen die anderen und gegen sich selbst, bleibt unauffindbar, *leer* und rührt von einer Art äußerstem, auf die Spitze getriebenem Nietzscheanismus her: »Damit ein Volk sich den Weg in der Welt bahnt«, verkündet er in *Schimbarea la faţă*, »sind alle Mittel gerechtfertigt. Terror, Mord, Bestialität und Heimtücke sind nur im Niedergang kleinlich und unmoralisch, wenn durch sie eine Inhaltsleere verteidigt wird; wenn sie jedoch den Aufstieg eines Volkes fördern, sind es Tugenden. Alle Triumphe sind moralisch.«[40] Nur muß man über ein Volk verfügen, das fähig ist, diese Triumphe zu erringen. Wie in seinen Artikeln aus Deutschland behauptet der Verfasser von *Schimbarea la faţă* aber mit äußerster Heftigkeit, daß es sich mit Rumänien nicht so verhält. »Ich träume von einem Rumänien mit dem Schicksal

Frankreichs und der Bevölkerungsgröße Chinas«,[41] gibt er kund. Aber zugleich gibt er alle Gründe an, die an der möglichen Verwirklichung dieser Utopie zweifeln lassen. Cioran wird nicht müde, den »Mangel an Messianismus«, ja sogar die »dramatische Minderwertigkeit« seiner Landsleute im Vergleich zu anderen Völkern, ja schlimmer noch, im Vergleich zu deren sogenannten »Minderheiten« zu geißeln. Ihr Fremdenhaß ist ihm zufolge die symbolische und wirkungslose Rache ihrer geschichtlichen Bedeutungslosigkeit: »Unser Fremdenhaß«, erklärt er, »ist auch auf die Tatsache zurückzuführen, daß zwischen den Minderheiten und uns eine geschichtlich begründete Ungleichheit besteht. Wenn wir eine bereits entwickelte Nation wären, würde unser Kampf mit ihnen weniger dramatische Züge annehmen.«[42] Und er führt das genauer aus, indem er diesen Schlüsselsatz hervorhebt: »*Wenn wir alle Fremden ausstoßen würden, wäre das Problem Rumäniens nicht weniger schwerwiegend*. Dann würde es erst beginnen. Daß die Fremden auf ein totes Gleis geschoben werden müssen, versteht sich von selbst; aber darin kann nicht der Hauptauftrag des Nationalismus liegen, denn die zu sehr auf die Fremden starrenden Augen hören auf, die eigenen Wirklichkeiten, unser wesentliches Elend zu sehen.«[43]

Eine Überlegung, die auch für die Juden gilt. Darin wurzelt der Antisemitismus von *Schimbarea la faţă*. In diesem Buch stehen zutiefst gegensätzliche Aussagen zu dieser Frage unmittelbar nebeneinander. So rühmt Cioran die Juden als das »intelligenteste, begabteste und dreisteste Volk«[44] der Welt; doch gleichzeitig geißelt er ihre »materialistische Sicht«, ihren »Vampirismus« sowie »die Dunkelheiten des Ghettos mit seinen ekelhaften Traurigkeiten und abstoßenden Ironien«.[45] Sein ganzer Diskurs betont die »Einzigartigkeit« des Juden, der, behauptet Cioran, »nicht unser *Artgenosse*, unser Nächster ist«, dem »man sich nicht *menschlich* nähern kann, denn der Jude ist zuerst *Jude* und danach *Mensch*«.[46] Und der jüdischen Religion wirft er vor, daß sie »die Seele nicht höher schwingen läßt«, denn sie habe »zuviel Welt in den Himmel und zuviel Himmel in die Welt« verlegt.[47]

Als einziges Volk, das »sich nicht an die *Landschaft* gebunden fühlt«, ohne jegliche »kosmische Sensibilität«, zurückgezogen in seine »transzendenzlose« Religion, die ihm als Nation dient, sind die Juden, fährt Cioran fort, überall zu Gegnern der Bewegungen nationaler Bewußtwerdung geworden. Die »Todfeinde jedes anderen Nationalismus« als ihres eigenen werden daher in kritischen historischen Momenten sogar, versichert er ohne genauere Begründung, unweigerlich zu »Verrätern«.[48] »Die Juden haben sich in unserem Land jedem Versuch eines nationalen und politischen Erstarkens widersetzt. Darin ist der Grund für den militanten Antisemitismus, nicht für den sentimentalischen Antisemitismus, zu suchen. Sie haben Rumänien stets kritisiert, aber sie haben jeden Versuch der Erstarkung, außer einer ihnen genehmen Demokratie, für reaktionär, für barbarisch usw. gehalten. [...] Ich kritisiere insbesondere die rumänische Judenheit nach dem Krieg. Hat sie sich nicht jedem Versuch zur Erneuerung Rumäniens widersetzt? Aus einigen Schwachsinnigen und Korrumpierten (*viciaţi*), denen es gelungen ist, eine Demokratie in Verruf zu bringen, die selbst korrupt war, haben die Juden ein Instrument ihrer Herrschaft gemacht und damit ein ganzes Land unentschuldbar beleidigt. [...] Was wir alle ein für allemal begreifen müssen: Die Juden haben keinerlei Interesse daran, in einem erstarkten und selbstbewußten Rumänien zu leben.«[49]

Aus dieser unerbittlichen Feststellung zieht Cioran gleichwohl keineswegs den Schluß, daß das Problem Rumäniens ohne die Juden augenblicklich verschwinden würde. Im Gegenteil, er behauptet mit Nachdruck, daß Antisemitismus ebenso wie Fremdenhaß nichts als reaktives Verhalten seien, das die eigentlichen Fragen, denen seine Heimat gegenüberstehe, verschleiere. So schreibt er: »Die jüdische Invasion in den letzten Jahrzehnten der rumänischen Gestaltwerdung hat den Antisemitismus zum wesentlichen Zug unseres Nationalismus werden lassen. Diese – anderswo unbegreifliche – Tatsache hat bei uns eine Berechtigung, die dennoch nicht übertrieben werden darf. Wenn Rumänien keinen einzigen Juden gehabt hätte, hätte es dann ein weniger elendiges Dasein? Und zwar weil seine historische Entwicklungsstufe (das einzige, was zählt) höher gewesen wäre? Daß es weniger Korruption gäbe, liegt auf der Hand, doch von da bis hin zur Geschichte ist ein weiter Weg. Höchstens haben die Juden die feierliche Stunde Rumäniens *verzögert;* sie sind auf keinen Fall die Ursache unseres Elends, unseres Elends seit eh und je. Ein Nationalismus, der das nicht sieht, ist falsch und viel zu einseitig, um Bestand zu haben. [. . .] Ein gesunder Volkskörper bewährt sich stets im Kampf gegen die Juden, vor allem dann, wenn diese durch ihre Zahl und ihre Unverschämtheit ein Volk überrennen. Nur daß der Antisemitismus weder die nationalen noch die gesellschaftlichen Probleme eines Volkes löst. Er stellt nur eine Tat der *Reinigung* dar und nichts weiter. Die zum Wesenskern jenes Volkes gehörenden Laster bleiben unverändert.«[50]

Und einige Seiten weiter folgende seltsame, scharfe Kontraste aufweisende Ausführung: »Wie sollten denn wir armseliges Volk das unbezwingbarste ethnische Phänomen der Geschichte assimilieren? Wie soll denn ein Volk, das auf Siege über die glanzvollsten Völker der Geschichte zurückblicken kann, von einem Volk assimiliert werden, das das Licht nur durch die Finsternis der Ungarn, Türken oder Griechen gesehen hat? Die jüdische Lebenskraft ist dermaßen aggressiv und der Wille, alles an sich zu reißen, dermaßen beharrlich, daß unsere Toleranz gegenüber diesem arbeitsamen und ausbeuterischen Volk unseren sicheren Bankrott bedeuten würde. [. . .] Was weiß das rumänische Volk schon im Vergleich mit dem jüdischen? Was vermag denn ein erdgebundenes Volk im Vergleich mit dem verstandesmäßigsten? Ich bin überzeugt davon, daß die Juden, wenn wir ihnen uneingeschränkte Freiheit gäben, binnen weniger als einem Jahr sogar den Namen des Landes ändern würden. Letzten Endes müssen wir voll Schwermut zugeben, daß der Antisemitismus das höchste Lob ist, das den Juden gezollt wird.«[51]

Wenn wir hier so ausführlich Cioran das Wort erteilt haben, so geschah dies nicht aus Bequemlichkeit. Nur ein vollständiger Passus aus *Schimbarea la faţă* kann die äußerst gewundene Logik widerspiegeln. Ebenso wie sich die Abwertung Rumäniens bei Cioran stets mit leidenschaftlicher Liebe mischt, so streitet seine Bewunderung für die Juden ununterbrochen mit dem Haß, und dieser schlägt in eine Verherrlichung des jüdischen Genius um, verkehrt sich dann erneut in Ablehnung und so weiter. So wechseln sich die Bewertungen des »jüdischen Problems« andauernd ab, bisweilen sogar innerhalb eines Satzes, in dem sich philo- und antisemitische Argumente berühren und gegenseitig in einer unendlichen Wirbelbewegung verstärken. Eine ambivalente »Logik«, die sich bereits Nae Ionescu zu eigen gemacht hatte und die Cioran in *Schimbarea la faţă* strapaziert, bis sie fast explodiert.

So verhält es sich etwa mit dem Abschnitt über die »natürliche Heiligkeit« der Juden, der eine Erörterung über deren »nichtmenschlichen« Charakter abschließt und in dem ein Nachhall des berühmten Aphorismus Nietzsches aus der *Morgenröthe*, »Vom Volke Israel«,[52] mitschwingt: »Diese Rasse, deren inneres Feuer sich von Haß speist«, schreibt damals Cioran, »hat einmalige, unerhörte Beispiele von Liebe erzeugt. Wer die chassidische Mystik und das Leben einiger der ihr angehörenden Rabbiner kennt, kann nicht umhin, erschüttert zu sein angesichts einiger Beispiele der Liebe, die den Gesetzen des Lebens trotzen, die in ihrer Seltenheit nichtmenschlich sind und die oft das Christentum weit hinter sich lassen. Nur bei einem verdammten Volk können derartige Fälle auftreten, die nur den Sinn großer Entsühnungen haben können. Die Heiligkeit hat bei den Juden rein nationalen Charakter; sie muß, zum Ausgleich, ein Volk vor der Verderbnis retten.«[53]

Nun ist hinreichend bekannt, daß dem antisemitischen Diskurs derartige Widersprüche vertraut sind, und zwar so sehr, daß man sich fragen könnte, ob dieser Mechanismus der ständigen Überbewertung und Unterbewertung der Juden nicht dessen Kern ausmacht. Es genügt, die monumentale *Histoire de l'Antisémitisme* von Léon Poliakov[54] durchzusehen, um sich dies vor Augen zu führen. Auch in den Schriften des großen »enttäuschten« Romantikers Alfred de Vigny standen die gegensätzlichsten Behauptungen in bezug auf die Juden nebeneinander. Der Wirtschaftswissenschaftler Werner Sombart vermehrte die Warnungen vor den Juden, die er als den Deutschen »überlegen« darstellte.[55] Und Wagner, der anscheinend »Zweifel« hinsichtlich seiner rein »arischen« Vorfahren hegte, umgab sich mit jüdischen Musikern, zu denen er äußerst komplizierte Beziehungen unterhielt, gleichzeitig von Achtung, ja heimlichem Einvernehmen, und Verachtung geprägt. Erinnern wir in demselben Zusammenhang schließlich an die Bemerkung Hitlers, die Rauschning in seinen *Gesprächen mit Hitler* überliefert hat: »Es kann nicht zwei auserwählte Völker geben«.[56] Damit ist unausgesprochen gemeint: Wenn das deutsche Volk das neue Gottesvolk ist, muß es vorher das alte auserwählte Volk zerstören. So ist auch die sonderbare Logik der *Schimbarea la față*: Das jüdische Volk muß gerade wegen seiner eigentlichen und unbedingten Überlegenheit über das rumänische Volk »auf ein totes Gleis geschoben werden«. Und so sieht auch die Gedankenführung eines aufgrund seiner »dauernd wechselnden Beweisführung«[57] wahnwitzigen Buches aus, eines Buches, das Nae Ionescu, wenn nicht sogar Cioran, seinerzeit gelesen haben dürfte, Léon Bloys *Le salut par les juifs*.[58]

Deshalb dürfte es schwierig sein, den Cioran von 1936 kurzerhand dem Lager eines rein kämpferischen Antisemitismus zuzuordnen. Der Satz Hitlers (von dem übrigens gar nicht feststeht, ob er ihn wirklich ausgesprochen hat[59]) erscheint vor allem als prägnante Formulierung eines brutalen Realismus. Ohne in die Debatte der Historiker eintreten zu wollen – die Vernichtung der Juden scheint für Hitler ein als solches offen angestrebtes Ziel seiner Politik schon vor *Mein Kampf* gewesen zu sein.[60] Wegen ihrer radikalen Mehrdeutigkeit dürfte es schwierig sein, die Raserei Ciorans mit diesem kalten und berechnenden Willen in Verbindung zu bringen. Der Eindruck, den *Schimbarea la faţă* hinterläßt, wäre also vielmehr der eines äußerst heftigen inneren Konfliktes zwischen den hartnäckigen, tief in Ciorans Innern wurzelnden Vorurteilen – die auch die seines Landes waren, was seine rasenden Machtträume noch verschärfte – einerseits und dem, was ihm sein Verstand trotz allem einflüsterte, andererseits, nämlich daß es sich dabei nur um Dummheiten handelt, denen bereits die geringste historische Überlegung widerspricht. Es ist, als befände man sich in Gegenwart eines gespaltenen Wesens, ja zuweilen eines Schizophrenen.

Kurz, wir wollen damit sagen, daß der Antisemitismus Ciorans in *Schimbarea la faţă* weniger (um nicht zu sagen: überhaupt nicht) auf einen Haß ethnischen Ursprungs als vielmehr auf eine tiefe kulturelle Verblendung zurückzuführen ist. Der künftige »große Klarsichtige« war damals von den Obskurantismen seiner Zeit[61] beherrscht, die ununterbrochen seine entgegengesetzten persönlichen Einstellungen »befallen«, sie bekämpfen und oft schlichtweg leugnen! Das scheint auch die Einschätzung eines in dieser Hinsicht kaum verdächtigen Beobachters zu sein: Leon Volovici in seinem Buch *Nationalist Ideology and Antisemitism. The Case of Romanian Intellectuals in the 1930s* weigert sich, den Antisemitismus Ciorans den traditionellen Angriffen zuzuordnen, die danach trachten, »den jüdischen Geist zu entlarven«. Bei der Untersuchung der ganzen jungen Generation ist er differenzierter im »Fall« Cioran als bei Noica und vor allem bei Eliade verfahren. Er beschließt seine Analyse von *Schimbarea la faţă* mit folgender Definition, von der sich zum mindesten behaupten läßt, daß sie eine Entwicklung in die entgegengesetzte Richtung nicht ausschließt: Der Antisemitismus Ciorans, schreibt er, stellt sich als »bitteres Loblied auf einen Gegner (*a bitter eulogy to an adversary*) dar, den er wegen seiner außerordentlichen Vorzüge und seiner außergewöhnlichen Macht verabscheut«.[62]

Diese Bemerkung mindert selbstverständlich nicht die Verwerflichkeit einiger Sätze von *Schimbarea la faţă*.[63] Doch sie eröffnet deren Autor die Möglichkeit einer Richtigstellung, einer Wiedergutmachung. Das wird lange dauern, langsam und recht widersprüchlich vonstatten gehen. 1940 betritt Cioran sogar – das hatte er bis dahin nicht getan – die politische Arena. Am 28. November, als die Eiserne Garde, die an der Regierung des »Nationallegionären Staates« des Marschall-Conducător Antonescu beteiligt ist (bevor sie erbarmungslos ausgeschaltet wird), ihre ehemaligen Gegner in den Gefängnissen ermordet und in den Straßen gegen die Juden wütet, hört man Cioran, der für einige Monate nach Bukarest zurückgekehrt ist, im rumänischen Rundfunk ein Loblied auf Codreanu, den toten Căpitanul, anstimmen. In dieser Radiosendung wird er behaupten, daß Codreanu »einem Volk von Sklaven Ehre eingeflößt; [...] einer rückgratlosen Herde Stolz beigebracht; [...] dem rumänischen Menschen ein Gesicht gegeben« habe![64] Damit Cioran sich wirklich wandelt, muß er viel mehr tun, als wieder an den Humanitarismus anzuknüpfen, den seine Artikel aus Deutschland verurteilten. Er muß mit seiner ganzen Vergangenheit brechen. Er muß den Schwärmer und den Agitator in sich opfern. Er muß mit Hilfe einer fremden Sprache ein anderer, ein »neuer« Mensch werden. Cioran – ein französischer Schriftsteller –, ein beinahe unbeschriebenes Blatt, auf dem er ein anderes Schicksal, *sein* Schicksal schreiben wird – und nicht das Schicksal, das ihm seine Herkunft »vermacht« hat. Von diesem Abenteuer, diesem Kampf mit sich selbst, den man in seinem Fall als »zweite Geburt« bezeichnen könnte, wollen wir nun erzählen.

Die zweite Geburt Ciorans

Cioran hat in seinen Büchern und Gesprächen[1] oft und bisweilen sehr ausführlich über die Umstände berichtet, unter welchen er die endgültige Entscheidung traf, sich auf französisch ausdrücken. Es war im Sommer 1947. In den Ferien »vergnügte« er sich in einem kleinen Dorf in der Nähe von Dieppe (»nur zur Übung«,[2] fügte er in einem Interview hinzu) damit, die Gedichte Mallarmés ins Rumänische zu übersetzen. Damals erfaßte ihn der »Widersinn dieses Unterfangens«:[3] Weshalb überhaupt Mallarmé in eine Sprache übersetzen, die niemand oder fast niemand kennt? Und wenn er dazu fähig ist, warum sollte er nicht *unmittelbar* auf französisch schreiben? Eine folgenschwere Entscheidung. Cioran wird später von einer »schweren Prüfung«, einer »Qual«, ja sogar von einem »Fluch« sprechen.[4] Im Gegensatz zur naiven Vorstellung einiger war der Übergang vom Rumänischen zum Französischen für ihn alles andere als eine reine Formsache: Als er wieder in Paris war, machte er sich an die Überarbeitung des *Précis de décomposition*,[5] von dem er offenbar im Vorjahr eine Rohfassung unter dem Titel »Exercices négatifs«[6] geschrieben hatte, die er nicht weniger als viermal überarbeiten sollte.

Seit sieben Jahren – sogar seit zehn, wenn man seinen ersten vorläufigen Aufenthalt in Paris im Rahmen seiner Studien berücksichtigt – lebte er bereits in Frankreich. 1937 war er mit einem Stipendium des Institut Français in Bukarest nach Paris gekommen, um seine philosophische Doktorarbeit über den »Bergsonschen Intuitionismus« vorzubereiten. So kündigte er in der Darstellung seines Forschungsvorhabens[7] in einer überaus akademischen Sprache die Richtung seiner Untersuchung an: »die Gedanken Bergsons zur Intuition« mit »der erkenntnistheoretischen Funktion der Ekstase bei den Mystikern« und mit »dem Transzendenten im intuitiven Erkenntnisakt zu verknüpfen« – es ging ihm darum, »den tieferen Sinn der geistigen Verwandtschaft zwischen Plotin, Meister Eckhart und Bergson zu untersuchen«. Und nicht ohne einigen Opportunismus – aber schließlich ist man bei dieser Art von Übung gleichsam dazu verpflichtet – führte er die »höchste intellektuelle Befriedigung [*sic*]« an, die die Möglichkeit für ihn darstellen würde, in Paris die Vorlesungen der Kenner des Bergsonschen Werkes zu besuchen wie etwa die des Nachfolgers von Bergson am Lehrstuhl für Philosophie des Collège de France Édouard Le Roy, dem Studium der Mystik bei Fachleuten wie Henri Delacroix oder auch der Religionsgeschichte etwa bei Jean Baruzi nachzugehen, dem Verfasser einer monumentalen Abhandlung über Johannes vom Kreuz, die heute noch als maßgeblich gilt.[8] Cioran hatte sich also einen äußerst umfassenden Studienplan zurechtgelegt und dafür ein Stipendium von tausend Francs monatlich über die Dauer von drei Jahren erhalten, mit der Auflage, bei Beginn jedes Studienjahres zwei Empfehlungsschreiben seiner Professoren vorzulegen.

Anstatt sich dieser intensiven geistigen Tätigkeit hinzugeben, die er in seinem Exposé vorgegaukelt hatte, begnügt er sich von 1937 bis 1940 einfach damit, sich ein schönes Leben zu machen. Er wohnt im Hôtel Marignan, einem kleinen Haus in der Rue du Sommerard, also ganz in der Nähe des Collège de France, besucht aber nur gelegentlich die Vorlesungen von Édouard Le Roy. Und Jean Baruzi begegnete er anscheinend nur ein einziges Mal im Luxembourg, um ihm eines der beiden Empfehlungsschreiben abzunötigen, die er nach Bukarest schicken mußte![9] Auf Paris und die Lebensweise seiner Bewohner ist er wesentlich neugieriger als auf die letzten Feinheiten der Bergson-Forschung. Wie er später humorvoll erzählen wird, gerät er mächtig ins Staunen über die Entdekkung der entscheidenden Bedeutung, die in Frankreich die Kochkunst genießt. Wenn er allmorgendlich zur Rezeption seines Hotels hinabsteigt, um zu telefonieren, beobachtet er mehrmals, wie die Hotelbesitzerin mit ihren Kindern die Speisefolge des Tages bespricht, als würde es sich um einen

»Schlachtplan« handeln: »In Rumänien«, erläutert er, »habe ich mich immer wie ein Tier ernährt [...], ohne darauf zu achten, was Essen eigentlich bedeutet. In Paris habe ich verstanden, daß Essen ein Ritual ist, ein Kulturakt, beinahe ein philosophisches Bekenntnis.«[10]

Wenn sich Cioran für das politische Leben in Frankreich interessiert, dann eigentlich nur insofern, als es ihn in seinen antidemokratischen Optionen für Rumänien zu bestärken scheint: Er ist stark beeindruckt von Jacques Doriot,[11] und so rühmt er in einem Brief an Eliade die »Führerfähigkeiten« des Gründers des PPF, der fähig sei, eine echte »nationale Revolution« in Gang zu setzen, die die Demokratie in die Luft »sprengen« würde.[12] Die jungen französischen Nationalisten findet er hingegen zaghaft, zaudernd, altmodisch, reaktionär.[13] Kurzum, politisch bleibt er ganz auf dem Standpunkt von *Schimbarea la față*.

Cioran war bei zwei miteinander rivalisierenden Jugendherbergsverbänden eingetragen, der eine war katholisch, der andere weltlich und stand der kommunistischen Partei nahe, und machte es sich in dieser Zeit zur Gewohnheit – einer Gewohnheit, an der er bis Anfang der sechziger Jahre festhalten wird –, während der Semesterferien lange Fahrradtouren auf den Landstraßen Frankreichs zu unternehmen – was ihm, seinen eigenen Angaben zufolge,[14] die Verlängerung seines Stipendiums eingetragen haben soll. Im Herbst 1940 kehrte er für einige Monate in das »nationallegionäre« Rumänien des Generals Antonescu zurück, und aufgrund seiner »tiefen« Kenntnis Frankreichs – im übrigen hat er keinen wie auch immer gearteten Fortschritt seiner Dissertation vorzuweisen: Er wird später selber zugeben, daß er nie die geringste Absicht hatte, sie zu schreiben[15] – soll ihm der Leiter des Bukarester Institut Français, der Historiker Alphonse Dupront, entzückt von diesem unerschöpflichen Plauderer über die verborgenen Schönheiten der Landschaften Frankreichs, einen günstigen Bescheid ausgestellt haben, mit dessen Hilfe er sein Stipendium bis 1944 beziehen konnte.

Obwohl wir zur Zeit noch weit davon entfernt sind, die Gründe dieses Aufenthalts in Rumänien im Jahre 1940 in allen Einzelheiten zu verstehen, scheint diese Episode tatsächlich sehr komplex zu sein. Damals fühlte sich Cioran auch zum diplomatischen Dienst hingezogen. Einige behaupten, daß er mit Unterstützung Horia Simas, des Nachfolgers Codreanus, eine Stelle in der Kulturabteilung der rumänischen Botschaft bei der französischen Regierung in Vichy erhalten habe. Aber dies geschah, ohne daß man mit einer raschen Verschlechterung der Beziehungen zwischen Antonescu und den Legionären gerechnet hätte. Selbst wenn nichts darauf hindeutet, daß Cioran an dem Putschversuch der Legionäre in der Nacht vom 20. zum 21. Januar 1941 beteiligt war, so scheint er doch Bukarest fluchtartig verlassen zu haben und nur mit dem, was er am Leibe trug, nach Frankreich abgereist zu sein.[16] Er galt nach seiner Rundfunkansprache, in der er den toten Căpitanul gerühmt hatte,[17] als einer der jungen Intellektuellen an der Spitze der »revolutionären« progardistischen Bewegung und fürchtete vielleicht verhaftet, wenn nicht gar ermordet zu werden.[18] Als er einige Monate später, als die Diktatur Antonescus die Verwaltung wieder in der Hand hatte, die rumänische Botschaft in Vichy verlassen mußte, kam das Stipendium gerade zur rechten Zeit und ersetzte so die Einkünfte seiner sehr heimlichen »diplomatischen Laufbahn« ...[19]

Wie es um diese Ereignisse auch bestellt sein mag, Cioran nimmt, als er im Lauf des Frühjahrs 1941 nach Paris zurückkehrt, sein »unfruchtbares«[20] Stipendiatenleben von vor 1940 wieder auf. Obwohl ein ehemaliger Legionär namens Faust Brădescu 1973 schreiben konnte, daß Cioran während der deutschen Okkupation einer der überspanntesten Sympathisanten der Garde in Paris blieb,[21] hat man vielmehr den Eindruck, daß er sich zu jener Zeit im Gegenteil langsam, aber sicher von der politischen Begeisterung, »dieser Form von Raserei«,[22] die ihn dazu geführt hat, *Schimbarea la față* zu schreiben, zu lösen beginnt. Wie für viele andere französische Intellektuelle seiner Generation entspricht auch für ihn diese sonderbare Periode einer Zeit des Bohèmelebens. Er läßt sich gehen, versucht weder ernsthaft, sich ins Französische zu vertiefen, noch, seinen Studienkollegen aus der Umgebung zu begegnen. Obwohl man ihn oft im ersten Stock des Café de Flore herumhängen sieht – »um sich aufzuwärmen«,[23] meint er später ironisch –, kommt er, aus Schüchternheit wie ganz einfach aus tiefem Desinteresse, doch nie mit Sartre ins Gespräch.

Wie die meisten im Exil Lebenden scheint sich auch sein Dasein im wesentlichen in Exilantenkreisen abzuspielen – überwiegend rumänischen oder osteuropäischen. Mit Benjamin Fondane, den er sehr regelmäßig in seiner Wohnung, 6, rue Rollin,[24] bis zu dessen Deportation nach Drancy und 1944 nach Birkenau besucht, unterhält er sich öfter über Schestow, und zwar auf rumänisch, als über Baudelaire und französische Literatur. Mit dem stolzen und regelrecht paranoiden Adamov, mit dem ihn, nicht ohne Unterbrechungen, eine schwierige Freundschaft verbindet, spricht er deutsch und russisch und nur gelegentlich französisch. Fast jeden Nachmittag geht er in die Bibliothek der rumänischen orthodoxen Kirche, um in geheizten Räumen Eminescu wiederzulesen oder in den frisch aus Bukarest eingetroffenen Zeitungen und Zeitschriften zu blättern. Und als sich Eliade nach der Befreiung in Paris niederläßt, besorgt ihm Cioran ein Hotelzimmer, und sie treffen sich zum Tee bei der Dichterin Hélène Văcărescu, die ihnen, zwischen geistreichen Bemerkungen über Barrès oder Proust, Anekdoten über die rumänische Königsfamilie und die Gräfin Anna de Noailles erzählt; oder sie essen zu Mittag in Begleitung des aus Rumänien stammenden Philosophen Stéphane Lupasco.[25]

Doch Cioran tut noch mehr: Zwischen 1940 und 1944 arbeitet er an der Niederschrift seines sechsten (und letzten) Buchs in seiner Muttersprache, *Îndreptar pătimaş* (*Leidenschaftlicher Leitfaden*), dessen Manuskript er ein halbes Jahrhundert in einer Schublade aufbewahren wird.[26] Und zu Beginn des Studienjahrs 1941/1942 hält er es für unerläßlich, sich als »Gasthörer« bei den Vorlesungen für das Staatsexamen im Fach Anglistik an der Sorbonne einzuschreiben. Er hatte gerade eine junge Anglistikstudentin kennengelernt, die auch dazu beitragen wird, daß er seine »heroischen« historischen Träume der dreißiger Jahre vergißt oder sie wenigstens erheblich relativiert ...

Seine große Entscheidung im Jahre 1947 scheint nicht nur sehr zögernd, sondern vor allem auch ohne Vorbereitung, gewissermaßen *ohne Vorsatz* erfolgt zu sein – als würde sie sich aus einem anderen, viel früheren und unendlich viel prosaischeren Entschluß ergeben: nämlich dem, vor allem wegen der Annehmlichkeiten des täglichen Lebens[27] in Frankreich zu bleiben. Cioran gab in späten Jahren zu, daß er sich ebensogut in England hätte niederlassen können, wenn er den Zauber Londons »rechtzeitig« entdeckt hätte, oder auch in Spanien, das ihn in seinen Bann schlug und in dem er gern geboren wäre, denn dieses Land entspreche viel besser seinem »vulkanischen« Temperament.[28] Und aus seinen Gesprächen weiß man,[29] daß er erst nach Fertigstellung einer ersten Fassung des *Précis*, die aufgrund ihres fragwürdigen Französisch wohl nicht druckfähig war, begann, die Literatur des 18. Jahrhunderts wirklich aufmerksam zu lesen, insbesondere die Briefe der Marquise du Deffand und der Julie de Lespinasse sowie die *Memoiren* von Madame de Staal de Launay (1684-1750), der Kammerzofe der Duchesse du Maine.[30]

Er sucht selbstverständlich nach Stilvorbildern. Daß er zu diesem Zweck als zweitrangig geltende Schriftsteller in Betracht gezogen hat, spricht wenn nicht geradezu von Hochmut, so doch bereits von der Klarsicht des »Autors«. Cioran scheint recht genau gewußt zu haben, was er im *Précis* sagen wollte, nicht aber *wie* er es auf französisch sagen sollte; und bei seiner Suche hätte ihn eine zu große Vertrautheit mit den Werken Voltaires, Rousseaus oder irgendeines anderen Essayisten oder Romanciers ersten Ranges in verhängnisvoller Weise dazu verleitet, sich ihre Gedanken zu eigen zu machen und unwillkürlich ihre Eigenart, ja sogar ihre sprachlichen Schrullen nachzuahmen. »Wenn man ein Land kennenlernen will, so soll man mit seinen zweitrangigen Schriftstellern Umgang pflegen, die allein dessen wahre Natur wiedergeben. Die andern prangern die Nichtswürdigkeit ihrer Landsleute an oder sie verklären sie: sie wollen und können nicht mit ihnen auf der gleichen Ebene bleiben. Es sind verdächtige Zeugen«, wird er 1973 in *De l'inconvénient d'être né* behaupten.[31] Ein Aphorismus, der rückblickend die Richtung seiner Bemühungen anzeigt, als er parallel zur Abfassung des *Précis* die »reine und blutleere«[32] Prosa der Madame du Deffand und ihrer Kolleginnen des 18. Jahrhunderts in sich aufnimmt. Denn mit der Seele einer Sprache geht es wie mit der eines Landes: Sie gibt sich in spontanen oder Gelegenheitsschriften wie Erinnerungen und intimen Tagebüchern leichter kund als in ehrgeizigen und höchst persönlichen Werken, in den »großen literarischen Maschinen«.

Beim Lesen dieser zweitrangigen Schriftsteller geht es dem Cioran von 1947 also darum, sich an eine gewisse semantische und grammatikalische Reinheit des Französischen zu halten und dessen *Regeln* zu verinnerlichen. Abgesehen von diesen praktischen Zielen versucht er auch, dessen grundlegende Merkmale, dessen Mechanik zu verstehen: das heißt, sich dessen Geist gefügig zu machen, und zwar unabhängig davon, was dieser oder jener erstrangige Autor für seine eigenen Zwecke daraus gemacht hat. Mit anderen Worten, damals versucht er, sich eine solide »Grundlage« in der fremden, soeben angenommenen Sprache zu schaffen, von der aus auch er darangehen kann, seine Persönlichkeit zum Ausdruck zu bringen.

Über diesen »Geist der französischen Sprache«, zu deren elegantesten Deutern im 20. Jahrhundert er gehört, bemerkt Cioran übrigens sehr treffend, daß er vor allem – ein wenig wie die französische Auffassung vom Essen[33] – auf der »bewußten«[34] Natur des Schreibaktes beruhe. Als würde das, worin sich der französische Schriftsteller von seinen ausländischen Kollegen unterscheidet, darin bestehen, daß er sich

unablässig beim Schreiben zusieht, sich beim Schreibvorgang als Schreibenden *erkennt*.[35] Zwischen seine Absichten und deren Niederschrift auf dem weißen Blatt Papier schaltet sich unablässig eine Formblende ein: die Sprache, die fast ein Eigenleben führt, die sich selbst genug ist, wenn sie nicht überhaupt an die Stelle der Welt tritt, die sie beschreibt.[36] Daher der »heilige«,[37] der Fetischcharakter der Sprache in Frankreich. So macht man sich nur in Frankreich, bemerkt Cioran nicht ohne einige Übertreibung,[38] Gedanken darüber, ob ein Buch »gut oder schlecht geschrieben« ist, denn hier überschreitet die Sprache den Status eines einfachen und bequemen Vehikels, das dem Gedanken oder der Empfindung zur Verfügung steht, um sich zu einer Wesenheit an sich aufzuwerfen, deren Schönheit man beinahe unabhängig vom vermittelten Inhalt schätzt. Ein sprachlicher Schnitzer kann in Frankreich eine Karriere ruinieren; eine »hinkende Metapher« kann ein ganzes Werk *von Grund aus* entwerten.[39] Und in einem Gespräch wird er eine ironische Bemerkung über die Tatsache machen, daß während des Krieges von 1914 der *Bulletin français des armées* ein Drittel seines Umfangs, zwischen zwei Berichten über die laufenden Offensiven, der Grammatik widmete, wo darauf hingewiesen wurde, daß ehedem als falsch geltende Wendungen wie »malgré que« nunmehr gestattet seien![40]
Es steht außer Zweifel, daß die Feststellung über den Vorrang der Form in der französischen Literatur – und das gilt insbesondere für die des 18. Jahrhunderts – die erste große Lehre war, die Cioran 1947 aus der endgültigen Annahme der französischen Sprache gezogen hat. Seine rumänischen Bücher – was manchmal aufgrund der Übersetzungen schwer zu beurteilen ist, denn bei dieser Gelegenheit hat er sie stark überarbeitet und einige, wie etwa *Lacrimi şi sfinţi (Von Tränen und von Heiligen)*, sogar fast um die Hälfte gekürzt –, seine ersten Bücher zeugen tatsächlich von einer ganz anderen ästhetischen Haltung. Wie wir bereits bei *Pe culmile disperării* gesehen haben, ergab sich der Ausdruck mehr oder weniger von selbst. Kaum ein Bemühen um Schönheit wirkte dem »spon-

tanen« Charakter entgegen. Da die Aussage den wahren, wenn nicht gar den *einzigen* Gegenstand des Schreibens bildete, mußte sie im äußersten Falle auf jede Arbeit am Ausdruck verzichten können. Die Echtheit des ersten Entwurfs durfte nicht durch stilistische Bemühungen beeinträchtigt werden. Die Aufrichtigkeit, nicht die Vollkommenheit war der höchste Wert.

In Wirklichkeit handelte es sich dabei weniger um eine persönliche Einstellung, sondern um eine sehr verbreitete Haltung, die damals von allen Autoren der jungen Generation in Rumänien geteilt wurde. Die jungen rebellischen Intellektuellen der zwanziger und dreißiger Jahre bezeichnen die Sprachästheten als »kallophil« – als Liebhaber der Schönheit um der Schönheit (griechisch *kállos*, Schönheit, von *kalós*, schön) willen, aber auch des Wortes um des Wortes willen, fast wie eines rein kalligraphischen Zeichens – und erblickten in der Sorge um den Stil nichts als Affektiertheit, »dekadenten« Manierismus und »kosmopolitischen« Geschmack. Die Ablehnung jeder formalen Bestrebung war deshalb für sie Teil eines rechtmäßigen Kampfes gegen die fremden (an erster Stelle französischen) Einflüsse, welche die nationale Literatur geknebelt und sie von ihrem Auftrag, der echten rumänischen Seele Ausdruck zu verleihen, abgelenkt hätten.

Cioran wird also ebendiesen »natürlichen« Charakter, *diese naturalistische Auffassung des Schreibens* zunächst widerrufen, als er das Französische annimmt – was sich zwangsläufig auch auf seine ursprünglichen Gedanken auswirkt. Es ist in der Tat schwierig, einen streng vitalistischen Standpunkt aufrechtzuerhalten – und seiner war, wie wir bereits gesehen haben, extrem –, wenn man sich gleichzeitig bemüht, auf der Ebene des Stils, den Wahrheitswert eines der größten Kunstwerke zu feiern! Eine um so radikalere Wende, als der Autor des *Précis* aus einer Sprachwelt kam, die der französischen in vieler Hinsicht völlig entgegengesetzt war.

Das Rumänische, eine unendlich viel »gelenkere« Sprache, weil sie der »Strenge völlig entbehrt«[41] – Cioran wird in *His-*

toire et Utopie hinzufügen: eine Sprache von »prachtvoller Schlamperei«[42] – ist auch und *vor allem*, wenigstens in seiner heutigen literarischen Form, eine sehr viel jüngere Erscheinung als das Französische. Es reicht kaum mehr als ein Jahrhundert zurück. Vor dieser Zeit war es nur ein Nebeneinander von bäuerlichen Mundarten, das kaum Einheit und noch weniger festgelegte Identität besaß. Kurz, das Rumänische (wenn man dessen ursprüngliche Form überhaupt so nennen darf) befand sich damals auf der Stufe des Französischen vor der Renaissance. Man schrieb es nicht nur mit kyrillischen Buchstaben, was bewirkte, daß dessen lateinische Morphologie verhüllt und teilweise außer Kraft gesetzt wurde, sondern mehr noch, unter dem Einfluß der slawischen Invasionen, der mächtigen bulgarischen Reiche und der orthodoxen Kirche, die sich des Altslawischen als Kirchensprache bediente, wurde es seit dem 7., 8. und 9. Jahrhundert tiefgehend »slawisiert«. Wenn es seinem allgemeinen Aufbau nach ohne jeden Zweifel zum romanischen Sprachstamm gehört (manche seiner Redewendungen sind dem Sardischen ähnlich; und einige Sprachwissenschaftler behaupten – was andere wiederum bestreiten –, daß es im Rumänischen unmöglich sei, einen einzigen Satz zu konstruieren, ohne auf ursprünglich lateinische Formen zurückzugreifen), so galt dies bis in eine späte Zeit hinein nicht für dessen Wortschatz. Das monumentale, von Alexandre de Cihac herausgegebene *Dictionnaire d'étymologie daco-romane* von 1870-1879 klassifizierte noch im »semantischen Vorrat« des Rumänischen zwei Fünftel der Wörter als slawischen Ursprungs gegen lediglich ein Fünftel lateinischen Ursprungs – der Rest setzte sich aus Archaismen zusammen, die aus dem »balkanischen Grundbestand« hervorgegangen waren und auch im Albanischen und Dalmatischen vorkamen, einem Bestand, der von den vorrömischen thrakischen und dakischen Kulturen herrührte und selbstverständlich auch aus Hinterlassenschaften der verschiedenen Fremdherrschaften stammte: der türkischen, neugriechischen und, in Siebenbürgen, der Heimat Ciorans, deutschen und ungarischen![43]

Um nun eine sprachliche Identität zu schaffen, die den Willen zur Einheit und Unabhängigkeit der Rumänen sowie die Öffnung ihrer künftigen Nation hin zur modernen Welt widerspiegeln sollte, hatten es Gelehrte, Schriftsteller und Sprachforscher seit der zweiten Hälfte des 19. Jahrhunderts unternommen, das Rumänische allmählich zu »re-latinisieren«. Und diese Bewegung setzte sich bis zum Anfang des 20. Jahrhunderts fort. So wurden Tausende von französischen Wörtern in die Sprache importiert, indem sie einfach »rumänisiert« wurden durch typische Endungen auf *-a, -ie, -ţie, -ate* oder *-iu* (beispielsweise *accepta* für »accepter«, *consideraţie* für »considération«, *realitate* als Anverwandlung von »réalité«, *omagiu* für »hommage« usw.) – was es dann ermöglichte, die entsprechenden Wörter nichtlateinischen Ursprungs zu entfernen. Da sie dem jahrhundertealten Sprachgebrauch zuwiderlief, hatte diese große, von den Behörden unterstützte sprachpolitische Reform den grundsätzlichen Mischcharakter des Rumänischen nur abgeschwächt, ohne ihn völlig aufheben zu können. So sind viele Wörter heute noch »doppelt« (parallel zu einem Wort lateinischer oder französischer Herkunft gibt es ein gleichbedeutendes slawischen oder anderen Ursprungs) – was in dieser Sprache, wie Cioran bemerkt, viele »suggestive Ungenauigkeiten«[44] entstehen läßt, mit denen man spielen kann, in schroffem Gegensatz zur semantischen Strenge des Französischen.

Diese Geschichte, die noch lebendig war, als er seine ersten Bücher schrieb – er gehörte schließlich erst zur dritten Generation von Schriftstellern, die man strenggenommen als »rumänisch« bezeichnen kann –, hat den ursprünglichen Stil Ciorans und seine Auffassung von der Sprache geprägt. Man verhält sich zu einer »wilden« Sprache,[45] die »den Geruch von Frische und Fäulnis«, das »Gemisch von Sonne und Kuhmist«[46] ihrer bäuerlichen Ursprünge verströmt, die *noch im Entstehen begriffen ist*, wie dem Rumänischen nicht wie zu einer alten »stehengebliebenen«[47] Sprache wie dem Französischen mit »allen diesen durchdachten und immer wieder durchdachten Wörtern, die bis zur Unwirklichkeit verfeinert, verdünnt, in das Joch der genauen Nuance gespannt wurden, ausdruckslos, weil sie schon alles ausgedrückt haben, erschreckend in ihrer Präzision, mit Müdigkeit und Scham beladen, diskret noch in den Bereichen des Vulgären«.[48] Die Beziehung zur Sprache ist im ersten Fall zwangsläufig geschmeidiger, die Achtung vor ihr geringer; und die daraus sich ergebende Freiheit für den Schreibender größer. Man kann auf rumänisch schreiben – und konnte es in den dreißiger Jahren noch um so mehr –, ohne sich auf eine von anderen errichtete lähmende Norm des »guten Schreibens« zu beziehen. Man kann sich den Satzbau und in einem gewissen Maße auch die Wortbedeutung selbst zurechtlegen: man erfindet gleichsam seine eigene Fassung.

So schreckte Cioran – ebensowenig wie Eliade zu jener Zeit[49] – in seinen ersten Büchern vor (beinahe) keiner Wiederholung zurück. Wenn das Wort, an das man spontan denkt, sich dazu eignet, das auszudrücken, was man sagen will, weshalb sich dann noch darum bemühen, nach einem Synonym zu suchen, das überdies nie wirklich sinngenau ist, und dies nur, um eine formale Wiederholung zu vermeiden? Die Wortstellung im Satz schien ihm ebenfalls recht gleichgültig zu sein. Haben die Deklinationen denn nicht die Aufgabe, die Beziehungen der Abhängigkeit, der Bestimmung und der Zuordnung der Worte aufzuzeigen? Und die Interpunktion hatte vor allem die Funktion, die Absichten hervorzuheben – daher die Unmenge an Ausrufungszeichen in manchen seiner Jugendwerke[50] –, sie dient weniger dem Verständnis des Textes und schon gar nicht dazu, in seiner Prosa eine nach Harmonie strebende »Musik« entstehen zu lassen. Der Stilist, der 1952 in den *Syllogismes* behauptet, daß er von einer Welt träume, »wo man für ein Komma sterben könnte«,[51] war damals von dieser Stilstrenge weit entfernt: Er schrieb mit großer Spontaneität, fast wie es gerade kam, und meistens ohne das Geschriebene durchzulesen.[52] Gepackt von der Kraft seiner Behauptungen, erlag er noch nicht der wahren Zwangsvorstellung vom Satzrhythmus, die man später sogar in den kürzesten seiner Aphorismen finden wird und die ihn nicht nur die Wahl der Wörter, sondern auch deren Anordnung lange abwägen und mit außergewöhnlicher Gewandtheit zwischen bejahenden, fragenden und verneinenden Formen, natürlichen oder umgestellten Konstruktionen, durch Semikolon verbundenen Betrachtungen oder aber zwischen kurzen schneidenden Sätzen, herausfordernden Ausdrücken und allein stehenden Schlüsselwörtern wechseln läßt.

In seinen ersten Büchern sieht man auch, wie reichlich er von der Möglichkeit Gebrauch macht, die das Rumänische wie das Deutsche bieten, Verben und Adjektive in Substantive umzuwandeln. So schüttet der junge Autor von *Pe culmile* stellenweise Unmengen von Neuschöpfungen aus, die er für die jeweilige Gelegenheit gerade geprägt hat, weil er sie zweifellos für »aussagekräftiger« hält als die bereits bestehenden – was gelegentlich auf Kosten des Verständnisses geht.

Die rumänische Sprache, die weniger »kodiert« ist als das Französische, geschmeidiger und empfänglicher für persönliche Eingriffe – mit einem Wort: »poetischer« im expressionistischen Sinn des Wortes –, schmiegte sich einer gewissen Denkart, der des frühen Cioran, vollkommen an, und davon zeugen seine damaligen Schriften. Wegen seiner großzügigen Unschärfe läßt sich behaupten, daß sich das Rumänische als Werkzeug anbot, ja daß es für höchst »subjektive«, selbstbezogene, romantische, an Raserei grenzende Betrachtungen die Sprache *schlechthin* war, Betrachtungen, die eine gewisse Dunkelheit des Ausdrucks nicht immer zu vermeiden suchten, sondern sogar Gefallen daran fanden, denn das zeugte, mehr oder weniger, von »Tiefsinn«.[53] Anders ausgedrückt: Als spontanes Ausdrucksmittel eines verwegenen Denkens, das sich in gewisser Weise als die dringliche prophetische Offenbarung einer »verborgenen Wahrheit« über die Welt verstand, nahm sich die poetische Erfassung eines jenseits der Vernunft und der Worte angesiedelten Unsagbaren recht viele Freiheiten heraus gegenüber der Forderung nach Strenge und Klarheit.

Fast genügt es, diese Bemerkungen umzukehren, um die Grundzüge der Wandlung zu erkennen, welche der Sprachwechsel zum Französischen 1947 bei Cioran hervorruft. Seitdem wird Cioran tatsächlich »objektiver«, weil auch selbstkritischer sein. Er wird weniger an seinen eigenen früheren Gedanken festhalten, ihnen weniger *anhaften*, und beginnen, sich von seinen Affekten zu lösen. Er wird genauer und strenger, gleichsam »gezähmter«, geht seitdem nur selten über seine wohlüberlegte Sicht der Dinge hinaus – es sei denn, und das wird eines der wesentlichen Bestandteile seines späteren Stils, indirekt, durch Provokation und Paradoxon. Er würgt seinen ursprünglichen Lyrismus erbarmungslos ab, verzichtet auf den Reiz »des Unbestimmten und des Hochtrabenden«,[54] um sich zu den Vorzügen der Klarheit zu bekennen – und überläßt es der *Nuance*, dieses Element des Geheimnisses, das er einst zügellos vermittels »Poesie« und Wortschöpfungen zum Ausdruck brachte, in eine äußerst gebändigte, ja kalte Schreibweise einzubetten. Er wird die ihm eigene Neigung zur Romantik zurücknehmen und sich nicht mehr wie früher bis hin an die Grenzen der Sprache wagen, sondern sich des *Stils* als eines Mittels bedienen, um *trotzdem* Rechenschaft von seinen unüberwindlichen Mehrdeutigkeiten abzulegen. Und das Französische, »die geeignetste Sprache, auf die feine Art, uneindeutigen Gefühlen Ausdruck zu verleihen«,[55] eignet sich aufgrund seines abstrakten Charakters und seiner ausgeprägten Polysemie vortrefflich zu dieser neuen Leichtigkeit. Schließlich bricht er mit seiner ehemaligen bekennerischen Heftigkeit, die ihn dazu geführt hatte, »endgültige«, zumeist unbesonnene Behauptungen auszustoßen; künftig wird er allen seinen Äußerungen Witz und Ironie beigesellen, die den Wahrheitsanspruch auf hinterhältige Weise relativieren und *unterhöhlen*.

Das Französische verstärkt seinen Skeptizismus, der bereits in seinem »rumänischen Ich« zum Vorschein kam, jedoch ununterbrochen von seinen vitalistischen Ansichten im Zaum gehalten, geradezu erstickt wurde, und gestattet Cioran auf die-

se Weise, *sich selbst näherzukommen*, seinem wahren Wesen oder wenigstens einer seiner Möglichkeiten, die seiner Natur entsprechen, zum Durchbruch zu verhelfen. Es ist also weniger ein einschneidender Wandel, den der Sprachwechsel 1947 bei ihm bewirkt, als vielmehr eine Reihe von fortschreitenden Veränderungen, ein Wieder-ins-Gleichgewicht-Kommen seiner Persönlichkeit – aber von der Art, daß er wirklich zu einem *Anderen* wird, so sehr, daß er sich später ironisch über seine »rumänische Vorgeschichte«[56] äußert, und gleichzeitig zu dem, was er von Anfang an war, *wirklich er selbst*, dessen Entwicklung die Umstände seiner Geburt und der Geist seiner Zeit beeinträchtigt hatten.
Es ist im übrigen möglich, diesen komplexen dialektischen Vorgang der (Wieder)geburt zu verfolgen, indem man einige Stellen des rumänischen und des französischen Werks von Cioran vergleicht. So findet man beispielsweise[57] in *Lacrimi şi sfinţi* von 1937 diese Reihe von abgerissenen Aufzeichnungen: »Hiob: Kosmisches Klagen und Trauerweiden ... Offene Wunden der Natur und der Seele ... Und das menschliche Herz – offene Wunde Gottes.«[58] 1952, fünfzehn Jahre später tritt der Gedanke wieder in den *Syllogismes de l'amertume* auf, unter einem völlig neuen Blickwinkel, als handelte es sich nun für Cioran darum, die Lehre aus einer instinktiven Reaktion zu ziehen, von der er sich längst gelöst hat, und so gibt er dem ersten Glied des Gegensatzes den Vorzug: »Wohl oder übel entscheidet sich jeder Denker am Anfang seiner Laufbahn für die Dialektik oder für die Trauerweiden.«[59] Die Betonung auf dem Leiden in der ersten Fassung, offenkundig unter dem Einfluß eines starken (oder eines als solches ausgegebenen) Gefühls geschrieben, wird in der zweiten Bemerkung (wegen ihres allgemeinen Charakters sowie des ironischen Gebrauchs des Wortes »Laufbahn« in bezug auf einen Denker) zugunsten einer doppelt von Skepsis geprägten Wortwahl aufgegeben: Zunächst durch die Einführung von »wohl oder übel« (*malgré lui*), was darauf hindeutet, daß es für den Denker (gemeint ist selbstverständlich: für alle) keine

Alternative zur angegebenen Möglichkeit gibt; sodann durch die Tatsache, daß in Wirklichkeit keine der dargestellten Haltungen einen Ausweg bietet, denn weder die vernünftige Weisheit (die »Dialektik«) noch das wahnsinnige Aufbegehren gegen das Schicksal (die »Trauerweiden« des Hiob) befriedigen, es sei denn als Notlösung. Mit anderen Worten, ein aufwühlendes Gefühl wird 1952 durch einen höhnischen Zwiespalt, einen der für Cioran kennzeichnendsten zwischen Skylla und Charybdis, ersetzt.

An einer anderen Stelle, in *Amurgul gândurilor* von 1940, entdeckt man dieses schöne Aperçu, obwohl es zugegebenermaßen an der Grenze des Verständlichen steht, über den Autor des *Hamlet*: »Es gibt so viel Verbrechen und Dichtung bei Shakespeare, daß seine Dramen von einer rasenden Rose ersonnen zu sein scheinen.«[60] Beträchtlich verfeinert, taucht das Bild zwölf Jahre später in den *Syllogismes* auf, in dieser Form, sparsam wie eine Angabe für Kreuzworträtsel: »Shakespeare: Stelldichein von Rose und Axt ...«[61] Dieser Aphorismus, zurückgeführt auf seinen einfachsten Ausdruck, ist viel klarer und dennoch suggestiver, rätselhafter und tiefsinniger als der ursprüngliche Satz – als hätte die sorgfältige Wahl der Wörter (das nichtssagende und gleichzeitig Lust wie Drama verheißende »Stelldichein« und der Kontrast Rose/Axt) die Poesie (im Sinne der »poetischen Erkenntnis«) wiederhergestellt, die durch das Aufgeben der dunklen »rasenden Rose« verlorenging.

Die Beispiele für diese Wandlungen in Ciorans Werk lassen sich mühelos vermehren.[62] Alle gehören in ein und denselben Zusammenhang, der gekennzeichnet ist durch einen immer größer werdenden Abstand zur Empfindung, ein Mehr an Klarsicht, das wiederum von dem Mehrdeutigen aufgewogen wird, das galliger Humor und stilistische Eleganz erneut hineintragen. So auch in diesem Satz aus *Lacrimi* (*Von Tränen*), in dem es heißt: »Ich suche nach dem, was *ist*. Meine Suche ist gegenstandslos. Gehen wir zum Jüngsten Gericht mit einer Blume im Knopfloch!«[63] Als der Satz in den *Précis* wiederaufgenommen wird, verwandelt er sich in ein regelrechtes Bekenntnis zum Dandytum: »Mit einer Blume im Knopfloch dem Ende der Geschichte zusteuern: dies ist die einzige würdige Haltung im Ablauf der Zeit«, was diese ergänzende ironische Bemerkung noch bestärkt: »Wie schade, daß es kein Jüngstes Gericht gibt, daß man nicht die Gelegenheit hat, Gott und die Welt in die Schranken zu fordern!« Wenn diese beiden Sätze im Grunde dieselbe Bedeutung haben (bis auf die Tatsache, daß im zweiten das »Ich« verschwunden ist: das Bekenntnis ist dem »unpersönlichen« Kommentar gewichen), fügt Cioran 1949 jedoch außer einem Element von radikalem Unglauben (denn das »Jüngste Gericht« gibt es nicht mehr und es wird sogar mit dem auf unmerklich gotteslästerliche Weise unbestimmten Artikel »ein« versehen) eine Art *blasierten* Bedauerns hinzu, durch dessen Sieb die »romantische Herausforderung«[64] von 1937 nur noch einen winzigen Schuß vornehmer Verzweiflung à la Wilde sickern läßt.

Was hier bei Cioran sichtbar wird, ist das grundlegende Merkmal, das sich jeder Schriftsteller, der »Autor« werden will, erobern muß: der persönliche »Ton«. Daher ist es übrigens nicht verwunderlich, daß in einem seiner letzten Gespräche,[65] das er 1993 führte, Cioran so ausführlich (fast drei Seiten lang) auf diesen Vorzug einging, den, sagte er, manche hätten, manche nicht, den man nicht erklären, sondern nur »erfühlen« könne und auf den weder der Wille noch das Können Einfluß hätten, denn er drücke ein »Unterirdisches« des Textes aus, lege den »Ursprung« der geäußerten Gefühle oder Gedanken frei. Also etwas »Geheimnisvolles«, das dem Leser, fügt er hinzu, dennoch unmittelbar auffalle, ein Werk bis auf die kleinste Einzelheit durchtränke und den winzigen, aber unüberwindlichen, *unbedingten* Unterschied ausmache zwischen einem »glänzenden« Roman oder Gedicht und etwas, was mehr, *anders* als das ist, weil es beim Schriftsteller an die Geheimnisse rühre oder Geheimnisse andeute, die tief in seiner Persönlichkeit, in seiner *Seele* wurzelten und gleichzeitig ganz und gar individuell und universal seien – was Proust in seinem *Contre Sainte-Beuve* sein »Tiefen-Ich« (*moi profond*)[66] genannt habe. Dies hat sich seit 1947 tatsächlich in ihm herausgebildet: in seinem Kampf, seinem »Nahkampf« mit »dieser Mischung von Zwangsjacke und Salon«,[67] die das Französische für ihn darstellt, ist es seine einzigartige, unter vielen herauszuhörende und ganz und gar unverwechselbare »Stimme«, wie Cioran sie mit Hilfe vieler Wörterbücher, Korrekturen, Streichungen, unermüdlichen Umschreibens und unter ungeheurem Kaffee- und Zigarettenkonsum geprägt hat.

»Wer seine Sprache verleugnet und eine andere annimmt, verändert seine Identität, ja sogar seine Enttäuschungen. Als heroischer Verräter bricht er mit seinen Erinnerungen und bis zu einem gewissen Grade mit sich selbst«, kann man in *La tentation d'exister* lesen.[68] Das ist für Cioran eine Art, zuzugeben, daß die große Wende von 1947 nicht nur auf eine stilistische Entwicklung beschränkt gewesen ist, sondern eine tiefgreifende Umwälzung seiner Gedanken nach sich gezogen hat. Doch ehe der Sprachwechsel sein tiefstes Wesen »ansteckt«, werden noch Jahre vergehen . . .

Im vorigen Kapitel haben wir ausführlich Bericht erstattet über das, was man wohl mit allen Vorbehalten, die wir dort geäußert haben, den Antisemitismus seiner Jugend nennen muß. Es ist besonders aufschlußreich, die Auszüge aus *Schimbarea la faţă*, die wir anführten, dem Kapitel[69] aus *La tentation d'exister* von 1956 gegenüberzustellen, einem Kapitel, das in einem völlig anderen Licht die Untersuchung der »jüdischen Frage« wiederaufgreift. In diesen etwa vierzig Seiten langen und »Un peuple de solitaires« (»Ein Volk von Einzelgängern«) überschriebenen Ausführungen, die anscheinend als Antwort auf Sartres berühmte *Réflexions sur la question juive*[70] gedacht waren, geht Cioran auf die »tragische Dimension« dieser »Legion von Einzigartigen« ein. Als Heimatlose »durch Nötigung«, dann »aus freien Stücken«, die aus ihrem Entwurzeltsein eine »Metaphysik« gemacht haben, die sich niemandem, nur ihrem despotischen und streitsüchtigen Gott unterwerfen, haben sich die Juden, schreibt Cioran, ununterbrochen dem Haß der innerhalb eigener Landesgrenzen schlafenden Nationen ausgesetzt gesehen. Weit entfernt, darüber zu klagen, haben die Juden aus diesem nie nachlassenden Konflikt vielmehr einen zusätzlichen Grund, dazusein, gemacht. Und aus all dem folgt eine Bekundung des Respekts, ja der Bewunderung und Liebe zu diesem Volk mit »genialem«, »unvergleichlichem Schicksal«, mit ebenso durchschlagenden Erfolgen wie Niederlagen, das der Menschheit eine universale Lehre des »Beharrens im Dasein« erteilt. Cioran geht im Verlauf seiner Ausführungen sogar soweit, folgende Frage zu stellen, die wie selbstverständlich in ihre Antwort übergeht: Und wenn »der Mensch ein *in der Entwicklung steckengebliebener* [Hervorhebung von Cioran] Jude [wäre]«?

Eine auffallendere Wiedergutmachung läßt sich schwerlich vorstellen. Um so mehr als sie mit einem Reuebekenntnis des Verfassers einhergeht, der zugibt, er habe den Juden nicht immer »Gerechtigkeit widerfahren« lassen und sei eine Zeitlang sogar darauf verfallen, sie »mit der ganzen Wut einer Haßliebe« zu verabscheuen, nachdem er sie mit zwanzig Jahren so sehr geliebt habe, daß er »bedauerte, keiner der Ihrigen zu sein«. Gewiß, zwischen *Schimbarea la față* und diesem Text hat es die Shoah gegeben und vor allem die allmähliche Aufdeckung ihres Ausmaßes. Und manche könnten der Ansicht sein, daß diese Neubesinnung, deren Aufrichtigkeit keinesfalls *a priori* in Frage gestellt werden darf, trotzdem etwas spät erfolgt sei. Immerhin: Die »Jugendsünde« wird hier tatsächlich abgebüßt und darüber hinaus ohne sichtbare Mehrdeutigkeiten. Und ist das nicht letzten Endes das Wesentliche?

Indessen müssen wir näher auf diese »Bekehrung« eingehen. Wenn man die beiden Texte eingehender betrachtet, fallen tatsächlich ebensosehr deren Unterschiede ... wie deren Ähnlichkeiten auf. Greift man einige Ausdrücke aus dem Essay »Un peuple de solitaires« (»Ein Volk von Einzelgängern«) heraus und setzt sie wieder zusammen – unterzieht man sie also einer *bewußten* Manipulation –, wäre es sogar denkbar, aus diesem Kapitel, im übrigen einem Text von untadeliger Haltung, ein Pamphlet von seltener antisemitischer Niederträchtigkeit anzufertigen. Was sagt denn Cioran in seinen Überlegungen? Daß die Juden »besser und *schlimmer als wir*« sind, »*habgierig* und freigebig«, sich »zugleich *unterhalb* und oberhalb von uns befinden, auf einem Niveau, das niemals gleich dem unseren ist«, ein »*Wirbel von Verworfenheit* und Transzendenz«, daß sie sich »*in alle Bereiche des Handels* und des Wissens *einschlichen*«, daß sie »*jener Schlange gleichen*«, die sie zu einem Symbol gemacht haben, »*bitter und unersättlich*«, weil sie »*von einem Hunger nach Macht, nach Herrschaft* und Ruhm *ergriffen*«, daß sie »zwiespältig«, »*dem Gold* ebenso wie dem Himmel *verfallen*« seien«, die Kabbala zu den Zeiten vertieften, als sie »*vom Wucher lebten*«, »*sie haben die Kraft* eines Ferments und *eines Virus*«, daß sie »sich für alle Sachen einzusetzen und *diese zu verraten*« wüßten, daß sie »*einen Hauch von Dämonie*« verbreiteten, einen »*beunruhigenden Glanz*« erzeugten, wie »*Auserwählte ohne Gnade*« [im Original kursiv] usw.[71]

Unnötig, diese müßige Aufzählung von jahrhundertealten Gemeinplätzen, Rohstoff aller antisemitischen Diskurse, fortzusetzen. Was wir andeuten wollen ist, daß das, was die Grundlage des sehr eigentümlichen Antisemitismus des jungen Cioran war – nämlich diese gewundene, abwechselnd, wenn nicht gar *zugleich* philo- und antisemitische Logik, die sich der Argumente zugunsten der Juden bedient, um die Urteile gegen sie besser zu stützen und umgekehrt –, hier immer noch und zwar reichlich vorhanden ist.

Der einzige, aber gewichtige Unterschied: Cioran stellt diese Feststellungen in »Un peuple de solitaires« fortan in den Dienst radikal entgegengesetzter Ziele. Es ist nicht so, daß er versucht hätte, einen unveränderten Antisemitismus zu verschleiern – in diesem Falle wäre Schweigen viel wirksamer gewesen – oder ihn in einer, wie man heute sagt, »politisch korrekten« Fassung geschickt wiederzuverwerten. Am wahrscheinlichsten ist, daß er damals seine Einstellung ändert –

eine Wendung, die in den Jahren 1942-1944 stattfindet, durch den Schock der Deportation Fondanes, gegen die er zusammen mit Lupaşcu [Stéphane Lupasco] vergebens vorzugehen sucht, noch beschleunigt wird und die mehrere Briefe, die er in dieser Zeit an seine Familie schreibt, zu bestätigen scheinen[72] –; doch dies vermag ihn trotzdem nicht von den kulturellen und gefühlsmäßigen Prägungen zu befreien, die ihn dazu geführt haben, die antisemitischen Seiten von *Schimbarea la faţă* zu schreiben. Als ob ein »neuer Cioran« tatsächlich erstanden wäre, der aber nur die Hälfte seiner alten Identität hinter sich gelassen hätte.

Der »alte« oder vielmehr der »junge Mensch« mit seinen Schwerfälligkeiten, seinen Vorurteilen und seinen blinden Flecken ist 1956 in dem Fünfundvierzigjährigen noch immer nicht ganz tot! Bewußt, doch nur halbbewußt, versucht er in dieser weit vorgeschrittenen Phase seines Lebens noch immer, auf dem Weg der Klarsicht voranzuschreiten, den ihm 1947 die Annahme der französischen Sprache gewiesen hat; doch er befindet sich noch auf halbem Wege. Gewiß, gewaltige Wandlungen haben bereits in ihm stattgefunden. Mit dem Rückgriff auf den Aphorismus, auf die *aphoristische Denkweise* hat er mit einer bestimmten ideologischen Ausrichtung des Denkens gebrochen. Die eindeutigen Behauptungen von früher hat er bereits durch eine Reflexion ersetzt, die mehr und mehr ohne Schlußfolgerung auskommt, die sich, da sie an eine sichere und einzige Wahrheit nicht mehr glaubt, hinfort weigert, mit Antworten aufzuwarten. Kurz, da er zum Teil von der Gewißheit abgefallen ist, befindet er sich auf dem Wege der Entideologisierung. In vier Jahren wird er *Histoire et Utopie (Geschichte und Utopie)* schreiben und einsehen, daß ein seines Namens würdiges Denken genau das Gegenteil dessen darstellt, woran er in seiner Jugend geglaubt hatte. Und eines Tages wird er dieses Denken geradezu als eine fortwährende, niemals endende, stets zu wiederholende Übung der »Entfaszinierung« betrachten: als die »Anti-Utopie« schlechthin. Doch diese Entwicklung, die ihn in den Rang eines Moralisten

erheben wird, nimmt noch viel Zeit – *die Arbeit eines ganzen Lebens* – in Anspruch, bis sie zur Vollendung gelangt.
Wir haben dieses Kapitel »Die zweite Geburt Ciorans« genannt. Ein zutreffender Ausdruck, wenn man bedenkt, daß es sich nur um einen *(Neu)anfang* handelt: um einen Neubeginn, nicht um ein Ende. Die zukünftige Geschichte dieses Mannes, der sich als »Mensch ohne Biographie«[73] bezeichnen wird, ist in Wirklichkeit nichts anderes als ein langsamer, sehr langsamer Weg zu sich selbst. Eine innere Irrfahrt, die erst spät zu einem Gleichgewicht finden wird, vielleicht nicht vor der Schwelle zum neunten Lebensjahrzehnt – was er selbst zugeben wird, als er, nachdem er seinen rumänischen Vornamen Emil aufgegeben hatte, nach und nach auch die Initialen E. M., die er sich beigelegt hatte, in Vergessenheit geraten ließ; um sich, so wie man von »Chamfort«, »Voltaire« oder »Nietzsche« spricht, nur noch »Cioran« nennen zu lassen.

zerheben wird, [illegible]

Lebens – [illegible]

Wir haben diese [illegible]

nannt. Ein [illegible]

sich nur [illegible]

nicht um ein [illegible]

der sich als [illegible]

in Wirklichkeit [illegible] es als ein langer [illegible]

mer Weg, zu sich selbst [illegible] innere [illegible]

einem Gleichnis [illegible] wird [illegible]

Schwelle zum [illegible] – was [illegible]

ben wird, als er, [illegible] rumänis[illegible]

Emil [illegible]

E. M. [illegible] Vergess[illegible]

um sich, so [illegible] »Voltaire [illegible]

schen« spricht [illegible] Cioran [illegible] zu lass[illegible]

Zweiter Teil

Die Lehre von der Ernüchterung

Philosophie der Trümmer

»Es gibt nichts Ärgerlicheres als diese Werke, die darauf aus sind, die verwickelten Gedanken eines Geistes zu vereinheitlichen, der alles ins Auge gefaßt hat, nur kein System. Wozu soll es gut sein, etwa bei Nietzsche einen Anschein von Zusammenhang zu finden, unter dem Vorwand, sein Denken kreise um ein zentrales Motiv? Nietzsche ist eine Summe vielfältiger Haltungen, und es hieße ihn erniedrigen, wollte man ihm einen Willen zur Ordnung unterstellen, ein Streben nach Einheit. In seinen Launen befangen, hat er deren Wandlungen verzeichnet. Seine Philosophie ist eine Meditation über seine sprunghaften Einfälle, und die Gelehrten haben unrecht, wenn sie Konstanten herausklauben wollen, die sie verweigert.« Es ist nicht leicht – um nicht zu sagen, es ist fehl am Platze –, nach diesem Auszug aus *La tentation d'exister*,[1] in dem Cioran unter dem Vorwand, sich mit Nietzsche zu beschäftigen, selbstverständlich nichts anderes als sein eigenes »theoretisches Selbstbildnis« entwirft, noch regelrecht von einer »Philosophie« bei ihm sprechen zu wollen! Gewiß, es gibt mehrere, wenn nicht gar unendlich viele Arten des Philosophierens – einige würde sagen, ebenso viele wie Philosophen. Und Cioran spricht Nietzsche (und damit auch sich selbst) diese Fähigkeit nicht ausdrücklich ab; doch indem er Nietzsches Philosophie derart einschränkend charakterisiert (seine Gedanken seien unauflöslich »verwickelt« trotz des »Anscheins von Zusammenhang«, den man unter dem Vorwand darin finden möge, daß sie um ein »Motiv«, nicht einmal um ein zentrales Thema »kreisten« usw.), daß im Hinblick auf die Philosophie die Frage berechtigt erscheint, was denn von ihr übrigbleiben kann, wenn sie bloß eine sich jeder Einheit entziehende, impressionistische »Meditation über die eigenen sprunghaften Einfälle« ist – das heißt nur eine Neigung, über dieses und jenes völlig ungeordnet nachzudenken.

Nun besteht das Vorhaben des Hauptteils, den wir beginnen, genau *im Gegenteil*: Wir wollen nämlich zeigen, daß es trotz des bruchstückhaften, dezentrierten, absichtlich »sterilen« Eindrucks bei Cioran ein wenn auch nicht systematisches, so doch in seiner steten Unbeständigkeit zusammenhängendes, (in seiner stetigen Unbeständigkeit) beständiges Denken mit einem (oder mehreren) Schwerpunkt(en) gibt, das zu etwas hinstrebt, was die Geometer Fluchtpunkt nennen. Daß also trotz allem aus dieser »Folge unvereinbarer Aussagen«,[2] die sein Werk ausmachen, eine Sicht der Dinge und eine Art, zu sein, hervorgehen, die zu einer größeren Verständlichkeit der Welt sowie einer oder mehreren praktischen Lebensregeln zu führen vermögen – das heißt das, was die Griechen mit Recht Philosophie nannten und was der Verfasser von *La tentation d'exister* via Nietzsche für sich selbst von vornherein zurückweist. Schon aus geringerem Anlaß wäre man entmutigt ...
Um so mehr, als die offenkundige, radikale Unmöglichkeit sofort auffällt, Cioran einer der »drei oder vier Verhaltensweisen gegenüber der Welt« gänzlich zuzuordnen – und den etwa ebenso vielen »Sterbensweisen«,[3] die aus Griechenland, Indien oder China überliefert sind[4] und auf die er als »unzeitgemäßer« Nietzscheaner das Denken gern beschränken würde. – Da alles andere, das heißt die Systeme der abendländischen Philosophie, in seinen Augen nichts als »bloße Wortwucherungen«,[5] »gleißende Tautologien«, aber »ohne jede metaphysische Tragweite«,[6] vergebliche Definitionsversuche, kurz ein veränderlicher »Dekor des Wissens« ist: »Unsere Wahrheiten sind nicht mehr wert als die unserer Vorfahren. Wir haben ihre Mythen und Symbole durch Begriffe ersetzt und halten uns nun für ›fortgeschritten‹; diese Mythen und Symbole bringen jedoch kaum weniger zum Ausdruck als unsere Begriffe. Der Baum des Lebens, die Schlange, Eva, das Paradies – sie bedeuten ebensoviel wie: Leben, Erkenntnis, Versuchung, Unbewußtheit. [...] Das Wissen – soweit es Tiefe hat – verändert sich nie: nur sein Dekor wechselt.«[7]
In der Tat, ein seltsamer Skeptiker, »Götzendiener des Zwei-

fels«,[8] wenn man ihm Glauben schenkt, der ohne Unterlaß die verlorene Macht der Illusion bedauert oder, prosaischer ausgedrückt, den Bankrott dieser »fixen Ideen«,[9] »Dogmen«,[10] »großen Vorurteile«,[11] der »zwangsläufig unsinnigen Konventionen«[12] und anderer »großartiger Laster«,[13] auf denen die herausragenden Hochkulturen und großen Religionen gegründet waren – wodurch er deren unseligen Verfall erklärt –, und für den »alles, was zählt, *außerhalb* des Zweifels getan wurde«![14] Ein paradoxer, beunruhigender Zyniker, der ein Loblied auf den »Himmelshund«[15] Diogenes und auf dessen Anarchie in Worten und Taten anstimmt, wobei er in der Freiheit ein zerstörerisches, ja sogar »tödliches«[16] »Virus« sieht, denn sie löste die rohe Kraft der Völker auf – einer, der zur »Verteidigung der Korruption«[17] schreitet, das allmähliche Verschwinden der Tyrannen beklagt – »Eine Welt ohne Tyrannen«, behauptet er in *Histoire et Utopie*, »wäre ebenso langweilig wie ein Zoologischer Garten ohne Hyänen«[18] – und der vollkommen »folgerichtig« schließlich Nero, Caligula und Torquemada rühmt! Nicht weniger überraschend ein Stoiker, Bewunderer von Marc Aurel, dem Philosophen-Kaiser, der an den Abenden nach den Schlachten seine desillusionierten Betrachtungen aufzeichnet, der vom Quietismus träumt (»Wennn es diesem gelungen wäre, sich zu verbreiten, sich der Welt zu bemächtigen, dann wäre der Mensch *zu seinem Ziele gekommen*, oder doch beinahe«[19]), der aber gleichzeitig die »Gefahren der Weisheit«[20] anprangert und der seine Leidenschaften nicht zügeln kann – ja nicht will, wie er in *De l'inconvénient d'être né* bekennt: »Ich werde die Weisen nicht mehr lesen. Sie haben mir zu viel Schaden zugefügt. Ich hätte meinen Instinkten nachgeben, meine Torheit entfalten sollen. Ich habe genau das Entgegengesetzte getan, ich habe die Maske der Vernunft angelegt; die Maske hat schließlich mein Gesicht ersetzt und alles übrige in Besitz genommen!«[21] Endlich ein unechter Buddhist, »besessen von dem Loslassen, der Reinheit, dem Nirvāna«,[22] der sich aber »zur Leere nicht zwingen« will, so sehr hält ihn »diese auf Behexung beruhende Geißel, die den Seinsdrang ausmacht«[23], davon ab, auf ewig »unbefreit«[24] von seinem Ich, und der in seinem letzten Buch *Aveux et Anathèmes* vor dieser echten antibuddhistischen Ungeheuerlichkeit in Gestalt einer Schlußfolgerung nicht zurückschreckt: »Sobald ich aus dem Ich trete, schlafe *ich* ein!«[25]

Tatsächlich müßte man den ganzen Cioran zitieren, um diese nicht einzuordnende und eigentlich unhaltbare Position zu belegen, die im selben Zug – wenn nicht gar *innerhalb desselben Satzes* – den Anspruch der erhellendsten Klarsicht *und* die Notwendigkeit der finstersten Illusion behauptet, die Suche nach der Weisheit *und* die Bejahung der niedrigsten Triebe, den mystischen Aufschwung zur Heiligkeit *und* das Festhalten am atheistischsten Materialismus, das Mißtrauen gegenüber jeder Veränderung und erst recht jedem Fortschritt *und* die romantische Unausweichlichkeit der Revolte! Als ob fortwährend und bei jeder Gelegenheit ein Bejaher und ein Verneiner in ihm wohnten, der Ideologe und der Protestierende, der Prozessierende und sein Richter in einem ewig sich widersprechenden Monolog, in einem endlosen Dialog mit sich selbst, zwischen den Teilen seiner gespaltenen Persönlichkeit.

Eine »Meditation über die eigenen sprunghaften Einfälle«, eine »Summe vielfältiger Haltungen« – sind das nicht treffliche Beschreibungen seiner eigenen Denkart? Wie Susan Sontag in *Styles of Radical Will*[26] bemerkt, unterscheidet sich der aphoristische Stil Ciorans tatsächlich von dem »objektiven Typ«, den die französischen Moralisten im 17. und 18. Jahrhundert oder auch Baltasar Gracián pflegten, und zwar insofern, als er für Cioran »weniger ein Realitätsprinzip als ein Prinzip des Wissens« darstelle: »daß es das Schicksal jeglicher profunden Vorstellung ist, rasch durch eine andere Vorstellung überholt zu werden, die implizit von ihr selbst erzeugt worden ist«. So läuft Denken für ihn darauf hinaus, die »Sackgassen« des Denkens zu erkunden: das heißt die Eckpfeiler zu erfassen, über die ein »spekulativer Geist« stolpert, »der sich

nur hinausbewegt, um durch die Komplexität seiner eigenen Haltung gehemmt zu werden und sich selbst Abbruch zu tun«. Aus diesem endlosen »Selbst-Kannibalismus« eines Geistes, der sich andauernd »selbst verschlingt«, geht genau das Gegenteil eines abstrakten Nachdenkens, vielmehr ein rückhaltlos persönliches »Bekenntnis«, ja ein »Exorzismus« hervor, in dem die Idee einer »objektiven«, endgültigen Wahrheit, *der* Wahrheit, da sie an sich dort nichts zu suchen hat, übrigbleibt als der einzig wahrnehmbare Ausdruck des unvermeidlichen, unaufhörlichen Schwankens, das in jenem Geist einerseits die Aufstellung einer Behauptung, *jeder beliebigen Behauptung*, und andererseits alle Einschränkungen, mit denen der praktizierte Zweifel deren Gültigkeit belegt, hervorruft. In Ciorans Gesichtskreis gibt es also keine Philosophie im positiven oder einheitlichen Sinn dieses Begriffes und erst recht kein System; wohl aber eine »Summe vielfältiger Haltungen«, die notwendigerweise einander widersprechen, unstet sind, weil sie die sich wandelnden Zustände einer Seele widerspiegeln, die von mehreren entgegengesetzten Postulaten in die Zange genommen wird auf ihrer Suche nach einem vorübergehenden Gleichgewicht – nach Ciorans kleingeschriebener, flüchtiger Wahrheit, der, was allein für ihn zählt, Wahrheit des Augenblicks.
Dies hat Cioran nicht nur unaufhörlich in seinen Schriften veranschaulicht, sondern er hat sich sogar mehrfach bemüht, und zwar bereits in seinen ersten Büchern, es in Begriffe zu fassen; er ging sogar soweit, seine Ablehnung der etablierten Philosophie damit zu rechtfertigen. So kann man im *Précis de décomposition* von 1949 einen besonders heftigen »Abschied von der Philosophie«[27] lesen, worin dieser wegen ihres Mangels an Ergriffenheit und ihres unpersönlichen Charakters, ja der »Entpersönlichung«, die sie sowohl bei ihrem Urheber als auch beim Leser bewirke, jeder Nutzen und jede Fruchtbarkeit abgesprochen werden: »Meine Abkehr von der Philosophie geschah in dem Augenblick«, bekennt Cioran, »da ich die Unmöglichkeit erkannte, bei Kant auch nur die geringste

menschliche Schwäche, auch nur den leisesten Hauch wahrer Trauer zu entdecken. Weder bei Kant noch bei irgendeinem andern Philosophen entdeckte ich sie. [. . .] Das Leben fast aller Philosophen ist *gut* ausgegangen: darin liegt das stärkste Argument gegen die Philosophie.«

Dem setzt er einige Kapitel weiter ein Lob in Gestalt eines Selbstbildnisses des »Gelegenheitsdenkers«[28] entgegen, der, gerade weil er weder darauf erpicht ist, einen Zusammenhang *a priori* zu suchen, noch einem *Denkwillen* huldigt, diese Bezeichnung gewissermaßen doppelt verdient. Zunächst weil er die unangebrachte »Verfachlichung« der philosophischen Sprache ablehnt; zweitens und vor allem weil er die »Professionalisierung« verschmäht, nämlich, daß die Denkpflicht auch dann weiterbesteht, wenn keine persönliche Notwendigkeit, keine Dringlichkeit mehr vorliegt: »Derjenige, der nur denkt, *wenn er will*«, fährt Cioran in einer Weise fort, die an Schopenhauers »Über die Universitäts-Philosophie« erinnert, »hat uns nichts zu sagen: Da er über, oder vielmehr *neben* seinem Gedanken steht, ist er für diesen nicht *verantwortlich*, braucht er kaum für ihn einzustehen, gewinnt oder verliert er nichts, wenn er sich in einen Kampf wagt, in dem er nicht sein eigener Gegner ist. Es kostet ihn nichts, an die WAHRHEIT zu glauben.«[29] Was letztlich dazu führt, daß Cioran seine eigene Haltung als die eines »existentiellen«, »tragischen« Denkers, als eines Nietzscheschen *Privatdenkers*,[30] ja als eines »Anti-Philosophen« definiert,[31] dessen Wahrheiten lediglich *»die Trugschlüsse [s]einer Begeisterung oder [s]einer Traurigkeit«*, »Wahrheiten des Temperaments«[32] sind, die ihn ganz und gar in Anspruch nehmen, eins mit ihm sind, sowohl in bezug auf die Freuden als auch und insbesondere auf die Leiden: »Alles, was ich mir zusammengedacht habe, läuft auf zu Allgemeinheiten herabgewürdigtes Unbehagen hinaus.«[33] Dazu verurteilt, *»nur sich selbst zu beobachten* wie Sieche und Dichter«,[34] würde der Denker mithin nichts anderes sein als der Chronist und Memoirenschreiber seiner Seele, als ein bloßer »Sekretär seiner Empfindungen«?[35] Cioran wagt sogar, noch weiterzugehen, indem er den Widerspruch, ja den *bewußten Widerstreit mit sich selbst* zum einzig Wissenswerten an einer Persönlichkeit und mithin auch an einer Denkart erklärt. »Innerer Reichtum geht aus inneren Konflikten hervor, die man in sich selbst *hegt und pflegt*«,[36] bemerkt er an einer Stelle des *Précis*. Und anderswo fügt er hinzu: »Nur durch das Unvereinbare in seinem Innern, durch die Spannung zwischen seinen verschiedenen Regungen und durch den Zwiespalt zwischen seinen Ansichten und seinen Neigungen vermag ein Geist uns zu fesseln. [. . .] Ein Pessimist, der nicht trunken, ein Hoffnungsverkünder, der nicht bitter ist, verdient bloß Verachtung. Unserer Gefolgschaft würdig ist nur derjenige, der keine Rücksicht nimmt auf seine Vergangenheit, auf Schicklichkeit, Logik oder Ansehen. [. . .] Verkünder seines Hin- und Herschwankens, belastet er sich nicht mehr mit seinem idealen Selbst; sein Temperament ist seine einzige Lehre, seine jeweilige Laune, sein einziges Wissen.«[37] Und diesem Menschen gebricht es weiß Gott nicht an Unvereinbarkeiten, Spannungen, Zwiespältigkeiten, diesem Menschen, der sich nacheinander versteht als »einen Gehäuteten, der sich zum Theoretiker der Loslösung aufwirft, einen Veitstänzer, der den Skeptiker spielt«,[38] »einen Schwärmer im Widerstreit mit seiner Schwärmerei, einen Wahnkranken, der *nach Objektivität strebt*«,[39] »Verneiner, der nach irgendeinem katastrophalen *Ja* dürstet«,[40] »Pessimist«, »ein Opfer des Lebens-›Sinns‹«[41] usw. – als würde er in einem Wörterbuch der Antonyme blättern!

Immerzu und systematisch »wider sich selbst zu denken«,[42] »*sich* zu unterhöhlen«[43] bedeutet für ihn sehr viel mehr als ein Ideal oder als eine Methode des Denkens: Es ist die einzig wahre, strenge und, könnte man sagen, naturgemäße Art nachzudenken. Umgekehrt verraten die Systeme, da sie stets von einem *a priori* gefaßten Willen zum Zusammenhang, von Bequemlichkeit, ja Konformismus zeugen, bei dem vereidigten Philosophen einen radikalen Mangel an Echtheit, an geistiger Unabhängigkeit, an »Wahrhaftigkeit«. »Wenn jemand einen Essay schreibt«, führt Cioran aus, »geht er von bestimmten vorangehenden Behauptungen aus und bleibt ihr *Gefangener*. Eine gewisse Vorstellung von Redlichkeit zwingt ihn, sie bis zuletzt zu achten, sich nicht zu widersprechen; beim Weiterschreiben bietet ihm der Text jedoch weitere Versuchungen, denen er widerstehen muß, denn sie führen ihn von dem vorgezeichneten Weg ab. [...] So kommt es, daß man der Falschheit und dem Mangel an Wahrhaftigkeit verfällt, während man doch redlich sein will. [...] Hält man hingegen Fragmente fest, so kann man an ein und demselben Tag etwas sagen und auch das Gegenteil davon. Warum? Weil jedes Fragment aus einem verschiedenen *Erlebnis* hervorgegangen ist und weil alle diese verschiedenen Erlebnisse wahr sind. [...] Ein fragmentarisches Denken spiegelt alle Aspekte Ihres Erlebens, ein systematisches Denken spiegelt nur einen einzigen Aspekt wider, und zwar den *kontrollierten* und eben dadurch verarmten.«[44]

Cioran bleibt den Lehren seiner Jugend treu – denjenigen Nae Ionescus über den höchsten Wert des »Erlebens« – und leitet daraus eine schroffe, endgültige Ablehnung der Systeme ab, die, wie Wittgenstein sagen würde, als illusorische »Begriffsromane« (Cioran sagt: als »kleine, unwahrscheinliche Welt[en]«[45]), als auf nie bewiesenen, ja an sich *unbeweisbaren* Postulaten errichtete Kathedralen aus Sand betrachtet werden. Während das bruchstückhafte, mit der Empfindung eng verbundene Denken nicht lügen kann und folglich auch das einzig wahre, das einzig freie, das einzig wirklich »redliche« Denken ist. So schließt sich der Kreis: Wenn sich der Verfasser der *Syllogismes* an das sprunghafte Fragment hält, wenn er es ablehnt, sich zur Philosophie »herabzulassen«, so geschieht dies einfach, weil es nicht anders geht, denn »über das Weltall *diskutiert* man nicht [fügen wir hinzu: Es ist ein vergebliches und nihilistisches Unterfangen, das nur in dem kleinlichen Gehirn von ›an der Tat Gescheiterten‹ und ›Ressentiment-Menschen‹ aufkeimen kann]; man *verleiht ihm Ausdruck*. Und die Philosophie bringt es nicht zum Ausdruck.«[46]

Man könnte sich also damit begnügen – was die vorherrschende und bis heute einzige Deutung auch tut –, in Cioran lediglich einen der »Generalisten des Denkens« (im Gegensatz zum Philosophen, der spezialisierter und »objektiver« ist) zu sehen, der sich an Schriftsteller wendet (»Die Philosophen schreiben für die Professoren; die Denker für die Schriftsteller«, erfährt man in *Écartèlement*[47]), wie etwa Montaigne oder in jüngerer Zeit Valéry. Äußerstenfalls könnte man ihn als eine Art »Überskeptiker«, »Skeptiker in Potenz« einordnen, der das Ergebnis seines Zweifels unaufhörlich durch das Sieb seines Skeptizismus preßt und sich dabei end- und ziellos überbietet, das heißt ein reiner »Widerspruchsgeist«. Und das wäre alles, was über seine Philosophie bzw. deren Abwesenheit zu sagen ist ... Statt der letzteren gebe es bei ihm lediglich eine Art des Denkens des labyrinthischen Ichs, des abstrakten intimen Tagebuchs, das man wie Rousseaus *Rêveries du promeneur solitaire* (1782), Xavier de Maistres *Voyage autour de ma chambre* (1794) oder auch Senancours *Oberman* (1804) lesen muß als Ausdruck einer »*Kultur* der Langeweile«,[48] wobei man sich von den rein literarischen Vorzügen, den Beschreibungen der »Seelenlandschaften« mitreißen lasse, ohne mehr als nötig darauf einzugehen.
Ist dem aber wirklich so? Denn dieses Denken, das, wie Susan Sontag mit Recht schreibt, einen »Denkvorgang« (*thinking*)[49] nachzeichnet, enthält nicht nur zahlreiche Konstanten – besteht nicht einer der Vorwürfe, die man ihm gemeinhin macht, gerade darin, daß er sich stets wiederhole? –, sondern entwirft vielleicht auch, und zwar in Ermangelung eines Systems oder eines Systementwurfs, einen philosophischen »Weg«, in der Art, wie der Buddhismus, den Cioran so oft heranzieht, von einem »Weg der Erleuchtung« spricht.
Beginnen wir mit der Bemerkung, daß es in Ciorans Denken unterhalb von dessen anscheinender Instabilität wenn nicht ein »zentrales Motiv«, so doch mindestens ein gestaltendes Prinzip gibt, in bezug auf welches alle seine Widersprüche einander erhellen, sich aufeinander beziehen können, aus dem

sie überhaupt erst hervorgehen. Ob es um sein politisches Denken geht, auf halbem Weg zwischen konservativ-elitärem Pessimismus und aufrührerisch-populistischem Anarchismus, oder aber um seine Haltung zu Gott, hin- und hergerissen zwischen Achtung vor dem Göttlichen und mystischem Aufschwung einerseits und Atheismus, ja dem Willen zur Gotteslästerung andererseits, durch alle seine Haltungen geht ein Riß: der Kampf – oder vielmehr das *Wortgefecht*, denn beide werden als gleich notwendig vorausgesetzt – zwischen Klarsicht und Glauben oder, philosophisch gesprochen, des Skeptizismus gegen einen seit seinen ersten rumänischen Büchern niemals ausdrücklich widerrufenen Vitalismus.

Aus diesem Zerrissensein, diesem »Gevierteilt«sein, das bezeichnenderweise zum Titel eines seiner Spätwerke wird, entsteht im Grunde mehr oder weniger Ciorans ganzes Denken. So die immer wieder bis zum Überdruß behaupteten Gegensätze – zwischen Selbsterkenntnis und Tat, Klarsicht und Lebenskraft, Zweifel und Schaffen auf individueller Ebene oder aber, im Reich der Geschichte, zwischen Grausamkeit und Verfall, Toleranz und Schwäche, Leichtsinn (ja Torheit) und Größe (sogar dem Erhabenen) –, die ja nur Abwandlungen sind, Umsetzungen eines und desselben zentralen Gegensatzes zwischen Klarsicht und Glauben auf verschiedenen Ebenen und anhand unterschiedlicher Maßstäbe. So auch die Untersuchung der Ideologien, in *Histoire et Utopie*, wo sich deren Ablehnung unentwirrbar mit der Sehnsucht nach ihrer unumschränkten Herrschaft verbindet. »*Wir haben nur die Wahl zwischen unerträglichen Wahrheiten und heilsamen Schwindeleien*«: dieser Satz aus *Écartèlement*[50] könnte sogar über dem Gesamtwerk seines Verfassers stehen, so treffend faßt er das seiltänzerische Grundgefüge seines Denkens wie auch dessen Ursprung zusammen.

Ciorans Welt ist also keineswegs bloß »sprunghaft«, nicht einmal im eigentlichen Sinn mehrdeutig; sondern vielmehr unterliegt sie einem durchgängigen *ontologischen* Ungewißheitsprinzip. Ihre Instabilität rührt von ihren Fundamenten her, nicht von ihrer Logik, die vielmehr äußerst streng und einheitlich ist. Um eine musikalische Metapher zu gebrauchen: Es handelt sich nicht um eine atonale Welt wie etwa die *Lulu* von Alban Berg. Wie bei einigen Stücken von Schumann – einem seiner Lieblingskomponisten – beruht Ciorans Denken wohl auf einem Akkord, aber einem, wie man das nennt, nicht aufgelösten. Obwohl es davon träumt oder vorgibt, davon zu träumen, endet dieses Denken niemals mit einer Harmonie. Es bleibt immer offen, ohne eindeutige Schlußfolgerung, gleichsam in der Schwebe, ausgehöhlt von der Uneindeutigkeit, der es entspringt. Keine Versöhnung ist letztlich möglich zwischen den beiden Gliedern, den beiden *Polen*, zwischen denen es unausgesetzt hin und her schwingt. Bei diesem Denken gibt es auch nicht eine »Überwindung« oder eine höhere Synthese, wie es zum Beispiel bei Nietzsche das Ziel (oder besser: die Losung) der »Umkehrung« oder der »Umwertung« aller Werte sein kann.

Wenn der Verfasser »auf den Gipfeln der Verzweiflung« in seiner Jugend *wirklich* geglaubt hat, daß der Vitalismus für den Grundkonflikt, den er in sich spürte, eine endgültige Lösung bieten könnte, so ist dies nicht mehr oder immer weniger der Fall, seit er die Sprache und damit auch zum Teil seine »Identität« gewechselt hat. Zwar quält ihn die *Versuchung* des Vitalismus weiterhin, sie reicht bis in seine letzten Schriften hinein (»Den Dingen Rechnung tragen zu wollen«, ist in *Aveux et Anathèmes* zu lesen, »zeugt von einer beunruhigenden seelischen Störung. *Lebendig* heißt *parteiisch*: Die Objektivität, ein sich spät entwickelndes Phänomen, ein alarmierendes Symptom, ist der Auftakt einer Kapitulation«[51]), aber ihr Widerhall nimmt ab, getrübt, unterhöhlt von einem immer umfassender werdenden Skeptizismus, entmannt durch die Klarsicht und durch das, was man die »Lehren des Daseins« nennt. Kurz, wenn noch Vitalismus bei ihm zu finden ist, wirkt sich dieser nicht mehr positiv aus. Er gehört zu dem plötzlichen »Zornesanfall«, der über eine bereits feststehende »Resignation«[52] stolpert.

Histoire et Utopie von 1960 stellt in diesem Zusammenhang den großen Wendepunkt bei Cioran dar. Die in diesem Buch geübte gnadenlose Kritik an den Utopien, der Utopie als Prinzip, die wie alle Abstraktionen als der Wirklichkeit überlegen definiert wird, hat ihn zwangsläufig dazu geführt, mit den letzten Rückständen von Idealismus, die sich bei ihm fanden, zu brechen. Von nun an werden seine Gedanken, wie es die Überschrift eines Kapitels von *Le Mauvais Démiurge* verkündet, »erwürgte Gedanken«[53] sein, denn da sie ihre Schranke fortwährend in ihrem Gegensatz finden, schneiden sie ihm den Weg zu seinen vitalistischen Affekten ab.

Das bedeutet jedoch nicht, daß jede Vorstellung von Wahrheit aus seiner Welt verbannt ist, sondern daß man hinfort die Wahrheit weder an sich noch so, wie sie sich darstellt, aussprechen kann. Lediglich die äußeren Grenzen ihrer Geltung können aufgezeigt werden. Wenn Cioran in *De l'inconvénient d'être né* etwa schreibt: »Hellsicht ist das einzige Laster, das frei macht – frei *in einer Wüste*«,[54] wird im Grunde deutlich, daß er der Klarsicht, wenn er sie kritisiert, wenn er sie sogar als Laster bezeichnet, desungeachtet den Vorzug geben muß. Es wäre also unsinnig, diesen Satz als ein Lob des Obskurantismus zu deuten. Trotzdem weigert sich Cioran, die Lösung, für die er sich entschieden hat, deutlich auszusprechen. Er legt gleichzeitig das Für und das Wider dar, läßt seine Entscheidung und dann auch noch die Deutung, die der Leser daraus ziehen mag, in der Schwebe. Im Gegensatz zu den klassischen Skeptikern entscheidet sich Cioran also nicht für das gänzlich Unentscheidbare. Sein Nachdenken führt ihn nicht zur *epochē*, zur Urteilsenthaltung, die nach Sextus Empiricus insofern das letzte moralische Ziel alles Zweifelns darstellt, als sie zur *ataraxía* führt, welche »Seelenruhe in den auf dogmatischem Glauben beruhenden Dingen und maßvolles Leiden in den aufgezwungenen«, nämlich Weisheit bewirken soll.[55] Er äußert eine Wahrheit, doch er differenziert sie, trübt sie, indem er sie als persönlich und relativ darstellt.

Der Aphorismus bringt diese Haltung am besten zum Ausdruck. Welche andere literarische Form könnte diese widersprüchliche Gedankenbewegung widerspiegeln, die jederzeit die Wahrheit, die sie aufstellt, zerstört, aufhebt, aber ohne sie auszulöschen – indem sie deren Gegenwart und Wirksamkeit aufrechterhält? Gleichzeitig behauptend und fragend, allgemeingültig und subjektiv, erscheint der Aphorismus als ein ideales Ausdrucksmittel, ja *das einzig mögliche* für ein Denken, das wie dasjenige Ciorans unaufhörlich die eigenen Grenzen erkundet, mit dem Akt des Denkens verschmilzt, mit dessen Bewegung zusammenfällt, *nichts als* der Ausdruck der eigenen Denkbewegung ist. Dadurch, daß er durch seine Knappheit ans Schweigen grenzt, jedoch ohne sich ganz dafür zu entscheiden (»Soll ich Ihnen sagen, was ich eigentlich denke? Jedes Wort ist ein Wort zuviel. Dennoch geht es darum, zu schreiben: schreiben wir also . . ., führen wir einander an der Nase herum«[56]), ein letzter, dem Nichts der absoluten Ungewißheit entrissener Gedankengang, drückt der Aphorismus in diesem Sinne, um den berühmten Satz Wittgensteins[57] abzuwandeln, nur das aus, wovon man sprechen kann, weil es gewiß ist – alles übrige, das, worüber man schweigen muß, weil es ungewiß ist, steht nicht mehr in der Verantwortung des Verfassers, sondern gehört zur Entscheidung des Lesers, zu dessen persönlicher Lesart des Textes.

»Ein Aphorismus, rechtschaffen geprägt und ausgegossen, ist damit, daß er abgelesen ist, noch nicht ›entziffert‹; vielmehr hat nun erst dessen A u s l e g u n g zu beginnen, zu der es einer Kunst der Auslegung bedarf«, schreibt Nietzsche in der Vorrede zur *Genealogie der Moral.*[58] Genau dasselbe gilt von den Aphorismen Ciorans: deren Sinn geht über den Buchstaben dessen, was sie aufzeigen, hinaus; ihre Lehre besteht in der *Wirkung*[59] oder in der Sturzflut von Wirkungen, die sie beim Leser auslösen können. In seinen Gesprächen hat Cioran im übrigen ausführlich dargelegt, daß die Eigenart der »Formel« darin bestehe, sich auf die Äußerung eines Denkergebnisses zu beschränken, ohne den Denkvorgang zu enthüllen, und somit voraussetze, daß der Leser sich die Mühe macht, auf eigene Rechnung und *auf seine eigene Weise* diesen von der Empfindung zur Idee führenden Gedankengang nachzuvollziehen und seine Schlüsse daraus zu ziehen: »Ich lasse alles weg und gebe dann die Conclusion, wie beim Gericht, wo es zum Schluß heißt: zum Tode verurteilt. Aber nicht die Entwicklung des Gedankens, es ist nur das Resultat.«[60]

So begnügt sich der Aphorismus (das Wort kommt vom griechischen *aphorismós*, »Abgrenzung, Unterscheidung, Lehrsatz« oder »Bestimmung«, das aus *apó-*, »ab-«, und *horízein*, »begrenzen«, zusammengesetzt ist) damit, eine Wahrheit anzudeuten, jedoch ohne sie eindeutig festzuhalten, er zieht nur die Grenzen, in denen sie steht. Der Aphorismus ist ein Denken, das die Behauptung widerlegt oder das vielmehr behauptet, indem es sich weigert, für seine Behauptung einzustehen: ein Denken, das einen kritischen Blick auf sich selbst wirft, das einen Zweifel über seinen Status auslöst. Er verkündet also keine Wahrheit; er »überflügelt«[61] sie lediglich, wie Karl Kraus sagte, er macht nur ihren Ort aus, ohne sie aus ihrer ursprünglichen Mehrdeutigkeit herauszulösen, vielmehr bewahrt er ihre ganze Ladung, ihr ganzes Potential an Selbstwidersprüchlichkeit. Kurz, bei Cioran überträgt der Aphorismus nicht nur getreu eine Denkart und, noch davor, eine *Empfindungsweise*, die beide frei sind, weil sie den Prinzipien der Kohärenz und der Widerspruchslosigkeit der Systeme nicht unterworfen sind, sondern man kann auch sagen, daß der Aphorismus – als Ergebnis – wie die Gestalt dessen, was er verkündet, auftritt: Er veranschaulicht die Tatsache, daß sich jeder auf die Suche nach seiner eigenen Wahrheit begeben muß – denn jedes Denken, das von draußen kommt, kann mir auf dieser Ebene nur eine bescheidene Anleitung zur Betrachtung geben, niemals aber eine Gewähr.

So läuft der Rückgriff auf den Aphorismus, auf die aphoristische Form des Denkens bei Cioran auf einen ethischen Akt hinaus – wegen der Emanzipation, die er sowohl ihm, dem Autor, wie auch dem Leser ermöglicht. Es ist auch ein *philosophischer* Akt wegen der Übereinstimmung, der gegenseiti-

gen Durchdringung, die zwischen der übermittelten Botschaft und der Art und Weise, wie er sie zum Ausdruck bringt, stattfindet: wegen der Tatsache, daß er *sein freies Denken selber als erster anwendet*. Es ist schließlich ein *ästhetischer* Akt, weil er Rechenschaft vom Geheimnis der Welt ablegt, ohne es mit Gewalt zu lüften, ohne es zu zerstören – das heißt, um die bereits gebrauchten Worte zu verwenden, weil er das Weltall *zum Ausdruck bringt*, anstatt es sinnlos zu diskutieren ...
Freilich folgen die Aphorismen Ciorans nicht allesamt demselben Muster. Sie sind mehr oder weniger frei, mehr oder weniger festgelegt. Als Meister der kurzen Form – so auch in seinen mehr architektonisch aufgebauten Ausführungen wie *La tentation d'exister*, *Histoire et Utopie* und *La chute dans le temps*, die aus lauter Fragmentketten bestehen – bedient sich der Verfasser der *Syllogismes* aller möglichen Spielarten. Man könnte diese vielfältigen Formen sogar mit Hilfe von Begriffen bezeichnen, welche die Wörterbücher häufig als reine Synonyme nachweisen, mit denen aber die Rhetorik lauter stilistische Figuren unterscheidet.
So wird der Aphorismus bei Cioran *Maxime, Sentenz* oder *Sprichwort*, wenn er in der Art von La Rochefoucauld oder Gracián die hinter ihrem heuchlerischen Schein versteckte Wahrheit einer menschlichen oder gesellschaftlichen Verhaltensweise entlarvt wie etwa in folgendem Aphorismus: »Edle Gesten sind immer verdächtig. Stets bedauert man, sie getan zu haben. An ihnen ist etwas Falsches, Theatralisches, eine Pose. Es ist allerdings wahr, daß man die schändlichen Gesten fast ebenso bedauert.«[62] Wenn der behandelte Gegenstand allgemeinerer Art ist, weniger ichbezogen, wird man von *Beobachtung* oder *Betrachtung* sprechen wie in: »Im Umgang mit den Franzosen lernt man, *auf nette Weise* unglücklich zu sein.«[63] Das wird man *Pointe* nennen, denn, indem der Aphorismus sich des Paradoxons oder der Provokation bedient, versucht er Zweifel in eine landläufig geltende Vorstellung einzuschleusen und somit der Wirklichkeit eine andere Deutung zu entlocken. So etwa mit dem Satz: »Wenn es jemanden

gibt, der Bach alles verdankt, dann ist es gewiß Gott« oder auch bei: »Wozu soll man Platon lesen, wenn ein Saxophon uns ebensogut eine andere Welt ahnen lassen kann?«[64] Indem er den Leser durch die Verwirrung, in die er ihn stürzt, dazu führt, sich seiner übernommenen und nie in Frage gestellten Vorstellungen und sonstigen Vorurteile zu entledigen und seinen Blick auf die Welt zu verändern, erfüllt der Aphorismus – wie etwa bei Lichtenberg oder Karl Kraus – eine regelrecht *maieutische*, »sokratische« Funktion.

Aber der Aphorismus kann bei Cioran auch reines *Wetterleuchten* oder, nach dem Wort Baudelaires, ein *Aufflackern* sein, wenn er ein Rätsel aufgibt, dessen Lösung jenseits der Vernunft, ja jenseits der Sprache liegt. Dies ist der Fall bei: »Leben heißt Boden verlieren«[65] oder auch: »Dasein ist ein Plagiat«,[66] Sätzen, die auf unendlich viele Arten verstanden werden können, jedoch einen sehr genauen Sinn haben, allerdings in einem unbewußten Bereich des Geistes, sub- oder suprarational. Ebenso wie bei Blake, Hölderlin, Rilke oder Kafka tritt der Aphorismus dann bei Cioran wie das Instrument einer *poetischen Erkenntnis* auf und führt auf anderen Wegen als denen der hypothetisch-deduktiven Schlußfolgerung zur Wahrheit, nämlich mittels Intuition oder einer fast übersinnlichen Offenbarung. Schließlich kann der Aphorismus zum einfachen *Fragment* werden, zur *Bemerkung* oder zum *Brosamen*, zum schwebenden Geistesblitz wie bei Joubert (etwa: »Es gibt keine *falsche* Empfindung«[67]) oder zum *Spruch*, zu einem *an sich selbst gerichteten Epigramm*, zum kurzgefaßten Bekenntnis – in der Art bestimmter Sätze Montaignes und, in einer neueren Spielart, von Cocteaus *La difficulté d'être (Die Schwierigkeit zu sein)* – wie in dieser Klage: »Glücklicher Hiob, du warst nicht genötigt, dein Wehgeschrei zu kommentieren!«[68]

Allerdings kommt dieser Gebrauch der kurzen Form bei Cioran nur selten vor, in Reinform nie – der Großteil seiner Aphorismen kombiniert zwei oder mehrere dieser Spielarten. Was sie nichtsdestoweniger einander annähert und ihnen Einheit verleiht, ist der Umstand, daß sie allesamt in ein instabiles Universum eingebettet sind, in ein schwankendes Ganzes ohne Auflösung. Auch in sich selbst geschlossen, verhältnismäßig eindeutig, wenn sie aus der Gattung der Maximen hervorgehen, bleiben die Aphorismen Ciorans *relativ* – der Irrtum derer, die sie als »Bonmots« zitieren, besteht darin, daß sie Wahrheiten daraus machen, während sie nach der berühmten Definition von Karl Kraus[69] wahlweise bzw. gleichzeitig »halbe Wahrheiten« sind oder »anderthalbe«. Sie bieten nur Annäherungen an die Wahrheit, denn sie sind Wahrheiten, die jederzeit durch andere Wahrheiten, durch ihr Gegenteil, durch die Erfahrung und – wegen der Ironie, die unablässig den Sinn verdreht – sogar *durch sich selbst in Frage gestellt* werden. Aber diese Annäherung entspricht auch einer »höheren« Wahrheit, insofern sie das Unabwendbare, die wahre Verwirrung der Dinge, wie sie sich uns darstellen, genauestens einfängt.

Das Denken Ciorans ist also nicht ein Denken *vermittels* Fragmenten oder *vermittels* Aphorismen; sondern, wie Maurice Blanchot in bezug auf Nietzsche bemerkt, ein *fragmentarisches* oder *aphoristisches* Denken.[70] Wenn es in diesem Denken sehr wohl einen zentralen Konflikt gibt, um den sich alles ordnet, so gibt es dagegen keine vorausgesetzte Gesamtheit, kein latentes System, ob bewußt oder nicht, aus dem alle seine Teile hervorgingen und das sie alle erklären könnte – und so besteht die Aufgabe der Analyse darin, diese zugrunde liegende Einheit zu rekonstruieren, die dessen »wahren« Sinn ergäbe. Ganz im Gegensatz zu einer bereits ausgearbeiteten Philosophie, die auf Postulaten gründet, die sie lediglich in einem tautologischen Vorgang entwickeln müßte – so funktionieren die Systeme –, unterschieden auch von einem Denken, das sich in lauter »Miniaturen« seiner selbst zersplittert, ist Ciorans Philosophie eine Philosophie *in Bewegung*. Da sie ihren Sinn nicht von vornherein besitzt, sucht sie ununterbrochen nach ihm, strebt ihn an, ausschließlich, aber ohne ihn jemals zu erreichen.

Der Sinn dieses eigentlich *experimentellen* Denkens, das sich gleichsam vor unseren Augen in einer Folge von Versuchen und Irrtümern entfaltet, könnte also nicht aus einem oder mehreren seiner Bestandteile hervorgehen, die man einzeln betrachten und von denen man annehmen würde, daß sie den Sinngehalt mehr als andere ausdrückten, sondern durchaus aus dem Gesamtzusammenhang der Bestandteile, einschließlich deren Dissonanzen. Weit entfernt, Schwachpunkte darzustellen, bilden diese Widersprüche tatsächlich den *Kern* seines Denkens. Denn nur aus ihrer Vergleichung, aus der Gegenüberstellung dieser Unstimmigkeiten entsteht ihre Bedeutung. So versteht man nichts von Ciorans »Mystik« oder versteht eben nur das, was man davon verstehen will: man verzerrt, entstellt sie – wenn man die scharfen atheistischen Sätze »vergißt«, die sie dauernd unterhöhlen. Das führt dazu, daß bei ihm der Mystik nicht die Bedeutung eines Zustands zukommt, sondern allein die eines Aufschwungs; und daß es die *Geschichte dieses unvollendeten Aufschwungs* ist, dessen »Aufsteigen« und Abebben, was hier das Denken Ciorans ausmacht. Dasselbe gilt von seiner politischen Theorie. Die Position Ciorans ist nicht *entweder* Reaktion *oder* Revolution und ebensowenig *weder* das eine *noch* das andere; sondern sie besteht aus einer täglichen Justierung, die wiederum von den speziellen Situationen abhängt, in denen sie erfolgt, zwischen zwei entgegengesetzten Postulaten, deren Synthese, *denn eine Synthese ist dies durchaus*, nur in einer Verhaltensweise, einer Lebenshaltung zustande kommen kann. Also eine zweifache Paradoxie: Dieser durch und durch fragmentarische Denker kann nur *in seiner Gesamtheit* gelesen werden; trotz des »endgültigen« Charakters seiner Aphorismen, je für sich genommen, bleibt die Bedeutung ihres Zusammenhangs zum Teil für immer *offen*.
Der Grund dafür liegt darin, daß das, was bei Cioran letztlich zählt, der *Weg* seines Denkens und die Lehre ist, die dieser Weg dem Leser vermitteln kann. Wenn er also in *De l'inconvénient d'être né* behauptet: »Was ich mit sechzig weiß, wußte

ich ebenso gut mit zwanzig. Vierzig Jahre einer langen, entbehrlichen Überprüfungsarbeit ...«,[71] so darf man ihm selbstverständlich nicht aufs Wort glauben. Der Satz ist wahr und falsch zugleich. Er ist in dem Sinne wahr, als es stets derselbe *tiefgehende Bruch* ist, dem er sich seit seinen ersten Büchern stellt, den er erkundet. Aber er ist auch falsch, denn wenn sein Denken noch immer schwankt, so geschieht dies innerhalb von Grenzen, die sich unaufhörlich ändern, die sich mit der Zeit geändert und alte Gewißheiten, ehemalige Versuchungen wenn nicht vereitelt, so doch angenagt haben. Was Ciorans Denken entwirft, ist ganz einfach eine sich entwickelnde, dogmenfreie *Lebenskunst*, eine Art, sich mit der Welt und mit sich selbst abzufinden, das zu erfüllen, was Cesare Pavese das »Handwerk des Lebens« nannte: eine Ethik.

Als jemand, der die Sackgassen eines auf der Suche nach Wahrheit und Wissen beruhenden Denkens anprangert, der von der Vergeblichkeit nicht etwa der Philosophie, sondern *einer bestimmten Art des Philosophierens* überzeugt ist, ist also Cioran mitnichten der »Denker des Nichts«, zu dem ihn einige haben machen wollen. Ebenso wie Nietzsche und Wittgenstein ist er vielmehr der Denker *eines Jenseits der Philosophie*, der dazu aufruft, eine Kunst der Betrachtung jenseits der falschen Gewißheiten auf deren Trümmern (wieder)aufzubauen: »Erst dann fangen wir wirklich an zu leben«, schreibt er im *Précis*, »wenn wir am Ende der Philosophie angelangt sind und auf ihren Trümmern stehen, erst dann, wenn wir eingesehen haben, wie furchtbar nichtig sie ist und daß es nichts frommte, zu ihr Zuflucht zu nehmen, da sie keinerlei Beistand zu gewähren vermag.«[72]

Daher die grundlegende Bedeutung der Musik für Cioran. Sie ist etwas völlig anderes bei ihm als das Hingezogensein zu einer »angenehmen« oder gefühlsmäßigen Form – eine wahrhaft *metaphysische* Leidenschaft. Wie für Kierkegaard,[73] der in Mozarts *Don Giovanni* den einzig vollständigen Ausdruck der »sinnlichen Genialität«, das heißt der Verführung in ihrer Idealität erblickte, ist die Musik für Cioran der einzige Ort, an dem man diese unteilbare Wahrheit der Welt sagen kann, wo sich die Gegensätze auflösen, um das einzig Wahre auszudrücken, das heißt *das Leben*, das die »beispiellosen Manipulatoren«[74] des Wirklichen, Philosophen wie *Kant*, Hegel oder Heidegger, ablehnen.

In einem seiner Gespräche erinnert Cioran an den Satz des Logikers Rudolf Carnap: »Metaphysiker sind Musiker ohne musikalische Fähigkeit.«[75] Eine Definition, die gewissermaßen sein Programm umreißt: Seine Aufgabe besteht darin, einen Weg zu finden, sich die Welt vorzustellen, einen Weg, der deren Zweideutigkeiten, deren tragischen Charakter, aber auch deren Herrlichkeit möglichst getreu wiedergibt – anders ausgedrückt: er wird versuchen, der Musik der Welt mit Worten näherzukommen. Dies bringt ihn dazu, den Grund zu legen für eine Haltung, ja geradezu eine Moral der »Leichtigkeit«, die auf Ironie, auf der beabsichtigten Nichtigkeit und einer gewissen Hinnahme – denn er durchschaut die Lage – der gesellschaftlichen Lüge beruht – was wir im dritten Teil des Buchs als »Stilprinzip« bezeichnen werden. Doch bevor wir uns dieser Ethik widmen, müssen wir auf seine politische Position, seine Mystik und seinen vorgeblichen »Nihilismus« zu sprechen kommen: Wir wollen zeigen, wie sich diese Lebenskunst konkret von gewissen Versuchungen und Gewichten befreit, sich durch die Diagnose von Sackgassen herausgebildet, sich von Ablehnung und Widerstand gegen Dogmen und, zuallererst, gegen sich selbst genährt hat: von einer beständigen Ausübung der, einem Willen zur *Ketzerei*.

Politik der ewigen Ketzerei

Ein hartnäckiges Vorurteil zählt Cioran fast umstandslos zu den Reaktionären. Man lobt, unzeitgemäß und herausfordernd, Joseph de Maistre, den großen Ideologen der Gegenrevolution und Verfasser der *Considérations sur la France*[1], nicht ungestraft wegen seiner »Ungeheuerlichkeiten«, seiner »Trancen« und seiner »Leidenschaft, die er im Dienst unhaltbarer Behauptungen entfaltet hat«.[2] Es gibt Formen der Faszination, die, obgleich sie kritisch, ja sogar ablehnend auftreten, dennoch als Bekenntnisse verrechnet werden müssen. Wie könnte es im übrigen anders sein, wenn es sich so verhält, wie Cioran selbst in einem Satz seines *Essai sur la pensée réactionnaire*[3] bemerkt, daß man wohl kaum ein Laster schildern kann, ohne es zunächst »in sich selbst gefunden« zu haben – daß jedes gelungene Bildnis sich zunächst wie ein Selbstbildnis ausnimmt?

Im übrigen hat Cioran nie einen Hehl aus seiner geringen Begeisterung, einer Begeisterung *in Ermangelung eines Besseren*, gemacht, die er für die liberalen Republiken, diese »Paradiese der Schwäche«,[4] bestehend »aus Kraftvergeudung, Beschaulichkeit und Verweichlichung«[5], in denen die Temperamente »verkümmern«,[6] empfand. Er stellt sie dar als Triumph der »amorphen Massen, ohne Idole und Ideale, gefährlich frei von Fanatismus«,[7] und es wäre eine Beschönigung zu sagen, daß er keine wirklich positiven Gründe angeführt hat, sich für sie zu begeistern. Sein Bekenntnis zum Liberalismus war denn auch mehr Resignation als echte Zustimmung. Er hat es mehrfach deutlich ausgesprochen: Wenn er mit der Zeit zu einem »*unbelehrbaren* Liberalen«[8] geworden war, so vor allem aus Schwäche, Mattigkeit, ja aus »Altersschwäche«[9] – was auf das Bekenntnis hinauslief, daß der Liberalismus seinen tiefverwurzelten Neigungen zuwiderlief und daß er sich in seinem Innersten zu den starken Mächten, die ihn in seiner

Jugend fasziniert hatten, weiterhin hingezogen fühlte. Dem fügte er eine weitere, besser begründete Einschränkung hinzu. Die liberalen Herrschaftsformen schienen ihm grundsätzlich instabil, wenn nicht sogar zum Scheitern verurteilt zu sein, weil sie von der Wiederkehr einer Despotie bedroht werden, die ihnen die »Verantwortung für ihr Schicksal«[10], diese unerträgliche Bürde, abzunehmen vermag. Nicht nur ging die Demokratie in seinen Augen von einer geschwächten, im Sterben liegenden Kraft aus, sondern sie war ebendeshalb dazu berufen, verhängnisvollerweise einer künftigen Tyrannei den Boden zu bereiten.

Aus diesem Hin und Her hat Cioran eine ganze »Theorie der Dekadenz« entwickelt, die sein Gesamtwerk durchzieht und Toleranz mit Verweichlichung und Intoleranz, ja Grausamkeit mit Kraft in Verbindung bringt, was Cioran recht oft dazu führte, wie sein Vorbild de Maistre das Unhaltbare zu verteidigen: sich, wie die Überschrift eines Kapitels aus *Histoire et Utopie* verkündet, in die »Schule der Tyrannen«[11] zu begeben, um deren vergangene Taten zu rühmen und deren Verschwinden fast offen zu bedauern. Wenn man ihm Glauben schenkt, so beruhte alles das aber nicht auf einer »reaktionären« Gesinnung, sondern ging »weit darüber hinaus«: »Der Schriftsteller Henri Thomas sagte mir einmal: ›Sie sind gegen alles, was seit 1920 passiert ist‹, und ich antwortete: ›Nein, seit Adam!‹« . . .[12]

Seinem radikalen historischen Pessimismus treu, verharrte Cioran angesichts der totalitären Abgeschlossenheit, in der sein Heimatland versank, in einem verachtenden Schweigen. Nicht, daß das Schicksal seines ehemaligen Vaterlandes ihm gleichgültig gewesen wäre; es berührte ihn zutiefst. Die Inhaftierung von Aurel im Jahre 1948 wegen eines »bewaffneten Komplotts gegen das Regime« erschütterte ihn so sehr, daß er sich augenblicklich, gegen alle Vernunft, mehr oder weniger dafür »verantwortlich« fühlte; und man versteht, daß er danach alle aufsehenerregenden Erklärungen vermied, um das Schicksal seines Bruders nicht zu verschlimmern. Aber selbst lange nach diesen Ereignissen hat er nie an dem, zugegebenermaßen sehr späten und gebremsten, politischen Kampf gegen Ceauşescu teilgenommen. Er war genau das Gegenteil eines »engagierten« Intellektuellen, und von ihm ist nicht die geringste eindeutige Verurteilung der kommunistischen Tyrannei in Rumänien bekannt. Als er im Dezember 1989 das »demokratische« Regime, das nach dem Sturz des Tyrannen entstanden war, unterstützen sollte, tat er es mit Leidenschaft, doch ohne Illusion.[13] Da er der Geschichte jeden Sinn abstritt (»Die Geschichte nimmt einen *Lauf*, aber sie hat keinen *Sinn*«[14]), so kann man sagen, ohne seinen Gedanken Gewalt anzutun, daß diese Umwälzung, auch wenn sie dazu beitrug, seinen Landsleuten eine gewisse verlorengegangene Würde zurückzugeben, für ihn doch nichts mehr als einen Zwischenfall darstellte: auch diesmal nur ein einfacher »Wechsel des Dekors«. Obwohl die Geschichte ihm bis in die jüngste Zeit zum Teil recht gegeben hat – auch wenn es besser war, mit einem verspäteten Nacheiferer Gorbatschows wie Iliescu zu tun zu haben als mit einem rasenden stalinistischen Ubu –, hätte man doch von einer moralischen Autorität, wie er sie verkörperte, gern mehr gehört.

Die Ausgrabung seiner Artikel aus Deutschland und die Aufdeckung des Inhalts der Kapitel, die er aus *Schimbarea la faţă* entfernen ließ, lassen das Bild noch düsterer erscheinen. Wer einst Hitler für »die Leidenschaft, die er der Politik eingeflößt hat«, rühmen konnte (eine Formulierung, nebenbei, die der über de Maistre recht nahekommt), der scheint *a priori* verdächtig zu *bleiben*. Um so mehr, als sich Cioran, wie wir wissen, geweigert hat, die Stellungnahmen seiner Jugendjahre zu verurteilen. Wenn er es getan hat, so nur andeutungsweise. Er begnügte sich damit, zu bemerken, daß er bei dieser Geschichte an sich selbst erfahren habe, »was es bedeutet, ohne eine Spur von Überzeugung mitgerissen zu werden«[15] – eine Schwärmerei für eine dieser »philosophischen Modeströmungen«, die sich, so erfahren wir an anderer Stelle, »so wenig widerlegen läßt wie eine Sauce«[16] –, man hat sogar behaupten können, daß er sich in Sachen Reue auf entlastende Allgemeinheiten, ja auf unschickliche Ausflüchte beschränkt habe. Andere wiederum glaubten, in seinem Spätwerk Stellen ausmachen zu können, in denen ein Nachhall seiner vergangenen politischen Positionen oder wenigstens ihres Geistes zu vernehmen war. So veröffentlichte er 1972 in *La Nouvelle Revue Française* einen Essay über die »Sinnlosigkeit von Revolutionen«.[17] Und in *Aveux et Anathèmes* findet sich dieser Satz, der wie ein Mißbilligung jeder Revolte klingt, der Revolte als solcher, was immer ihr Gegenstand, ob rechtmäßig oder nicht, vom Spartakusaufstand über die Rebellion der Matrosen von Kronstadt bis hin zu den nationalen Befreiungsbewegungen der 50er und 60er Jahre: »Je mehr man gelitten hat, um so weniger Ansprüche erhebt man. Protestieren ist ein Zeichen dafür, daß man durch keine Hölle gegangen ist.«[18] Cioran ließe sich, ohne zu übertreiben, zum Theoretiker eines fast vollständigen politischen Immobilismus machen, und aus seinem Werk könnte man eine kleine Blütenlese zusammenstellen, etwas wie ein »Brevier der neuen Reaktion«, dessen Eckstein die berühmte Maxime aus *De l'inconvénient d'être né* bilden würde: »Der ›aufgeklärte Despotismus‹: das einzige Regime, das jenen Geist verführen könnte, der, völlig ernüchtert, außerstande ist, Komplize der Revolutionen zu sein, da er nicht einmal Komplize der Geschichte ist.«[19]

Ja, doch in Wirklichkeit – und damit taucht die Frage, die man bereits gelöst wähnte, von neuem auf – könnte man auch umgekehrt verfahren und in Cioran den Künder eines Ultra-Anarchismus an der Grenze zur Asozialität sehen. Der Mann, der geschrieben hat: »Solange noch ein einziger Gott *steht*, ist die Aufgabe des Menschen nicht erfüllt«,[20] kann nicht, darüber wird man sich ohne weiteres einigen, kurzerhand einem reaktionären Denken zugeordnet werden, selbst einem »erneuerten« nicht. Daß Cioran darüber hinaus dafür gesorgt hat, daß diese Maxime oben auf der letzten Seite seines letzten Buches erschien, allerdings vor zwei Betrachtungen in Gestalt von abschließenden Äußerungen über den universalen Un-

Sinn der Dinge, wird, wie wir bereits in unserer Einführung andeuteten, nicht als zufällig gelten dürfen. Der Stilist, der über die Setzung eines Kommas in einem Satz stundenlang nachdachte, hatte auch hier seine Wirkung berechnet, als würde diese Losung für eine schwarze Fahne die letzte Wahrheit für ihn darstellen, die *Wahrheit als letztes Mittel* (wenn man den Widersinn des Daseins einmal beiseite läßt), wohin ihn sein Leben ebenso wie sein Denken geführt hatten.

Dieses Denken ist weit davon entfernt, die Unterwerfung unter eine Tradition zu rühmen, die als unüberwindbares Absolutum gesetzt wird. Endet seine »Lobrede« auf de Maistre nicht mit einem Aufruf zur »Dringlichkeit eines Plädoyers für die Ketzerei«,[21] das heißt das Gegenteil jeglichen Konservatismus? Gibt es eine radikalere Anprangerung des Despotismus als diese Sentenz aus *Histoire et Utopie*: »Alle Menschen sind mehr oder weniger neidisch; die Politiker sind es in absolutem Maße. Politiker kann man erst dann werden, wenn man niemanden neben oder gar über sich erträgt«?[22] Kann man einen Mann zu den Chauvinisten zählen, der auf seinen Status als Heimatloser pocht, als ob es sich um einen unveräußerlichen Teil seiner Identität, ja fast seiner physischen Integrität, gehandelt hätte? Und wie sollte man in demjenigen, der in einem an Stirner gemahnenden Ton verkündet: »Jede Form des Besitzes [...] entwürdigt, macht gemein, schmeichelt dem Ungeheuer, das in jedem von uns schlummert. Über etwas verfügen, und sei es nur ein Besen, irgend etwas als *sein* Hab und Gut betrachten, heißt an der allgemeinen Würdelosigkeit teilhaben«,[23] einen verbissenen Verteidiger überkommener Rechte sehen?

Weil er 1960, auf dem Höhepunkt des Sartreschen Engagements, die Utopie, dieses »Groteske *in Rosa*« angriff, das durch eine beinahe unabwendbare Perversion der Dinge in sein Gegenteil, in ein »monströses Zauberstück«[24], umschlägt, kann man sogar behaupten, daß Cioran die Entlarvung des totalitären Charakters der »Ideologien«, etwas, das von den sogenannten »neuen Philosophen« von 1977 im Anschluß an Solschenizyns späte Enthüllungen über den sowjetischen Gulag mit gewaltigem Medienaufwand betrieben wurde, *um beinahe zwanzig Jahre* und unvergleichlich viel tiefsinniger vorweggenommen hat. Die Feststellung war freilich nicht neu. Ohne auf Victor Serge, Anton Ciliga (*The Russian Enigma*, London 1940) und *Darkness at Noon* (New York 1940, dt. *Sonnenfinsternis*, Zürich 1946) von Arthur Koestler zurückzugreifen – zwei der grundlegenden Werke über die Analyse des Totalitarismus waren zur Zeit von *Histoire et Utopie* bereits veröffentlicht worden, auch wenn sie in Frankreich erst in den siebziger Jahren entdeckt wurden: *The Origins of Totalitarianism* von Hannah Arendt[25] stammt aus dem Jahr 1951; während *L'opium des intellectuels* von Raymond Aron[26] seit 1955 den »Götzendienst der Geschichte« im Kommunismus in Frage stellte, der es, im Namen einer strahlenden Zukunft, erlaubte, das »nicht zu Rechtfertigende« der Gegenwart »zu rechtfertigen«, und in seinen Schlußfolgerungen gebot: »Wenn aber die Toleranz nur aus dem Zweifel geboren wird, dann lehre man den Zweifel an Vorbildern und Utopien, man lehre, die Propheten des Heils und die Verkünder von Katastrophen in ihre Schranken zu weisen.« Indessen gebührt Cioran das Verdienst, diese Kritik als einer der ersten begrifflich gefaßt zu haben, während Hannah Arendt und Raymond Aron sich an eine soziologische und politische Analyse hielten.

Die konformistischen Linksintellektuellen, die damals die Verbrechen von Stalins Erben guten Gewissens deckten, weil die Geschichte »auf ihrer Seite« war und weil ihre »weltweite« Vorherrschaft Teil jenes »unüberschreitbaren Wissenshorizontes« war, den der Marxismus darstellte, waren Cioran nicht gerade dankbar dafür, daß er dieses Problem vertiefen wollte. Wie damals Jean Duvignaud in der Zeitschrift *Preuves*[27] schrieb, sahen sie in diesem Außenseiter nur einen »Untergangsdichter der Geschichte«, der sich wohl mit Stil, jedoch schematisch an die »toten Ideen des 19. Jahrhunderts« klammerte und von den »wirklichen Veränderungen, die sich vor seinen Augen vollzogen«, nichts verstand!

Gleichzeitig aristokratisch und die Massen verachtend einerseits (»›Und das Volk?‹ wird man sagen. Der Denker oder Geschichtsschreiber, der dieses Wort ohne Ironie gebraucht, disqualifiziert sich selbst. Das ›Volk‹ – man weiß nur allzu gut, was ihm bestimmt ist: die Ereignisse zu erleiden und die Launen der Regierenden, indem es sich für Pläne hergibt, die es verkrüppeln und bedrücken. [. . .] Nationen und Reiche bilden sich aufgrund seiner Gefälligkeit gegenüber der schweren Unbill, deren Gegenstand es ist. [. . .] So wie es ist, stellt es eine Einladung zur Despotie dar«[28]) und rebellisch, populistisch-anarchistisch andererseits: ein grundlegendes Paradoxon durchzieht die politische Position Ciorans. Müßte man sich also damit abfinden, ihn notgedrungen einen »Anarchisten von rechts« zu nennen und ihn in jene Truppe nach Schwefel riechender Nichteinzuordnender wie Céline, Hamsun oder Blondin aufzunehmen, wie folgender Satz aus *De l'inconvénient d'être né* nahelegt, dem die Genannten offenbar zugestimmt haben könnten, obgleich der Satz wegen seines sozialen Aspekts über den rein oppositionellen Charakter hinausgeht: »Man soll sich unter allen Umständen auf die Seite der Unterdrückten schlagen, auch wenn sie im Unrecht sind, ohne jedoch aus den Augen zu verlieren, daß sie aus demselben Lehm geknetet sind wie ihre Unterdrükker«?[29] Das hieße denn doch, sich mit Hilfe eines einzigen, unhaltbaren Wortes aus der Affäre zu ziehen, was an ein Eingeständnis völliger Ratlosigkeit grenzt.

Der radikale Entlarver der Utopie verdient unserer Ansicht nach Besseres – *eine Analyse* – als diesen verbalen Taschenspielertrick. Auch wenn es nicht frei von Inkonsequenzen ist – *wenn es bisweilen eine gewisse Inkonsequenz offen für sich in Anspruch nimmt* –, so beschränkt sich sein politisches Denken doch nicht auf eine Reihe verstreut und widersprüchlich formulierter *Affekte*. Alles andere als rein reaktiv, besitzt es seine strenge und schrittweise sich entfaltende Logik. Und wenn es auch keine Regierungsform besonders empfehlen würde – der Satz über den aufgeklärten Despotismus, den wir soeben angeführt haben, muß tatsächlich, wie wir noch sehen werden, eher wie eine Versuchung oder Provokation gelesen werden, beinahe wie eine Art »Denken hart an der Grenze« denn als Stellungnahme im strengen Sinn –, stellt es doch Verhaltensnormen auf, die sich zwar auf den Bereich des einzelnen beschränken, jedoch einen Begriff von der politischen Macht entwickeln, allerdings aus dem Blickwinkel derer, die sie erleiden: richtiggehend eine *politische Theorie des Subjekts*. Daß diese Theorie fast ein Drittel seines Werks ausmacht und daß er sich der Mühe unterzogen hat, sie in wesentlichen Zügen auszugestalten, ist im übrigen ein Beweis für Ciorans Willen, in diesem Bereich mehr zu leisten, als nur veränderliche »Einstellungen« miteinander zu vergleichen.

Um diese Theorie »entfalten« zu können, muß man auf ihre Voraussetzungen und ihren Anreger zurückkommen: Dostojewski. In Frankreich ist es üblich, in dem Verfasser der *Dämonen* nichts anderes zu sehen als einen großen Romanschriftsteller oder äußerstenfalls einen genialen Psychologen der Abgründe der menschlichen Seele. In Rußland hingegen – und bei Cioran darf man die Bedeutung der orthodoxen Kultur und seine Kenntnis Schestows und Berdiajews nie vergessen – ist Dostojewski für alle Denker ganz eindeutig auch Metaphysiker; und, abgeleitet von seinem Menschenbild, gibt es bei Dostojewski einen entwickelten Begriff des Politischen, den man übrigens ebenfalls häufig als »reaktionär« bezeichnet hat.

Wie Dostojewski geht auch Cioran von einer höchst realistischen, zynischen, schonungslosen, beinahe *nackten* Auffassung der politischen Gesellschaft aus. Die Bestandsaufnahme beider Denker greift wieder auf, was bereits Estienne de La Boëtie im 16. Jahrhundert in seinem noch immer aktuellen *Discours de la servitude volontaire* (1548)[30] geschrieben hat: nämlich daß alle Macht zunächst und vor allem durch ihre *freie* Hinnahme seitens ihrer Untertanen entsteht, daß es sie außerhalb deren gar nicht gibt. Mehr als die Waffen, als die Gewalt der »Scharen zu Pferd« und der »Truppen zu Fuß«,[31]

ist das, was die Macht festigt und ihr Straflosigkeit verleiht, die Verbindung, die *Verschwörung* zweier verschränkter, *unverzichtbarer* Wünsche, die einander stützen. Für La Boëtie ist keine dauerhafte Tyrannei möglich ohne den Willen eines Gebieters, zu herrschen, eines Gebieters, »bei dem man niemals gewiß sein kann, daß er gütig ist, denn es steht doch einzig in seiner Macht, böse zu sein, wann er nur will«; aber auch und *vor allem* nicht ohne den gleichzeitigen Wunsch von »Millionen von Menschen«, beherrscht zu werden, »behext und gebannt allein schon durch den Namen eines Einzigen, dessen Macht sie nicht zu fürchten brauchen, weil er ja allein ist, und dessen Vorzüge sie nicht lieben müssen, weil er ihnen gegenüber unmenschlich und grausam ist«.[32]
Dadurch, daß er sich auf diese *Lust des Volkes, sich zu unterwerfen*, »sich die Kehle durchzuschneiden«,[33] wie La Boëtie schreibt, stützt, gleicht jeder Despotismus – und Cioran weitet diese Lehre auf alle politischen Herrschaftsformen aus – einem paradoxen »Gefängnis ohne Wächter«,[34] in dem die Insassen gewissermaßen *aus freien Stücken* zu ihren eigenen Kerkermeistern werden. Und die Macht ist unter ihrem Gepränge und den Zeichen ihrer Stärke, allgemein gesprochen, nichts als *Schein*, der nur die Wirklichkeit besitzt, die wir ihm zugestehen, und von selbst zusammenbricht, sobald man ihn durchschaut. So schreibt Cioran im *Précis*:[35] »Solange die Menschen der Leidenschaft für das Gemeinwesen (*cité*) verfallen bleiben, wird in diesem eine getarnte Menschenfresserei herrschen. [...] Nehmt ihnen den Wunsch, Sklaven oder Tyrannen zu sein: im Nu werdet ihr das Gemeinwesen (*cité*) niederreißen.«
Wenn La Boëtie keinerlei andere Erklärung für dieses jahrtausendealte Rätsel der Politik vorlegte, abgesehen von einem vagen Hinweis auf die »Eigenart des niederen Volkes«,[36] das heißt auf das Wesen der Menschen und deren Neigung, die Hand dessen, der sie unterdrückt, zu küssen, sowie auf die Pyramide der Macht, die von den »Vier oder Fünf, die den Tyrannen an der Macht halten«[37] und Nutzen daraus ziehen,

ausgeht – das heißt, was auch immer er sonst darüber sagt, auf ein repressives Herrschaftssystem –, so steigt Cioran viel tiefer in die Psychologie der Untertanen hinab. Wie Wilhelm Reich in seiner *Rede an den kleinen Mann*[38] schreibt er den Grund für dieses Rätsel dem unerträglichen Leiden, der echten *panischen Angst* zu, die die Aussicht, sich der Ketten zu entledigen, an die sie sich selbst geschmiedet haben, bei den Geknechteten hervorruft. Nicht nur, daß die Menschen, da sie die »Fron, sie selbst zu sein«,[39] schlecht ertragen, mit allen Mitteln versuchen, davon loszukommen; mehr noch als nach Freiheit und Unabhängigkeit sehnen sie sich nach dem Wunderbaren, der »Mythologie«, dem »Roman«,[40] dem *Drama*, und darin streben sie nach Befriedigung in der freiwilligen Unterwerfung. »Ja, die Tyrannei«, bemerkt Cioran in *Histoire et utopie*, »gerade an ihr kann man allmählich Gefallen finden, denn manchmal möchte der Mensch lieber in der Furcht vermodern, als die Angst, er selbst zu sein, auf sich zu nehmen.«[41]

So lautet wohl auch die Lehre aus dem Gleichnis vom Großinquisitor, die Iwan in Dostojewskis *Brüdern Karamasow* Aljoscha erzählt. *»Warum bist Du gekommen, uns zu stören?«* fragt der Großinquisitor den *incognito* auf die Erde zurückgekehrten Christus in der engen Gewölbezelle, in die er ihn werfen ließ, nachdem er ihn auf dem Platz vor der Kathedrale von Sevilla ein Wunder hatte vollbringen sehen. Alle Übel der Welt, die Geschichte und deren Abfolgen blutiger Ereignisse, klagt der alte Kardinal an, kommen vom Geist der Freiheit, in dem der Messias die Religion verkündet hat: »Doch Du wolltest den Menschen nicht der Freiheit berauben«, hält er Christus vor. [...] »Statt Dich der Freiheit der Menschen zu bemächtigen, hast Du sie vermehrt und ihre Qualen auf ewig der menschlichen Seele aufgebürdet. Du wolltest, der Mensch solle in Freiheit lieben, damit er, von Dir bezaubert und gebannt, Dir freiwillig folge. Statt nach dem festen alten Gesetz sollte der Mensch hinfort in der Freiheit des Herzens selber entscheiden, was gut und was böse sei, und nur Dein Vorbild als

Richtschnur vor sich haben – aber hast Du denn nicht daran gedacht, daß er schließlich sogar Dein Vorbild und Deine Wahrheit ablehnen und bestreiten wird, wenn man ihm ein so furchtbares Joch wie die Wahlfreiheit aufbürdet?«[42]
Um ihnen die Welt wieder erträglich zu machen, fährt der Kardinal fort, mußte man also den Menschen *zu ihrem eigenen Wohl* die Freiheit wieder nehmen: einen vernünftigen und freien, aber schmerzhaften Glauben durch eine zwar erniedrigende, aber gleichzeitig beruhigende, besänftigende, *glückliche* Knechtschaft ersetzen. Die Kirche, die die Menschen, ein »schwaches«, »gemeines«, nichtiges und »aufrührerisches« Geschlecht,« *kennt* und sich für deren wirkliches Heil – nicht für ein theoretisches und utopisches – opfert, mußte also das Werk Christi »*berichtigen*« und es nicht mehr auf eine freie Bindung gründen, sondern, im Gegenteil, »auf das *Wunder*, das *Geheimnis*, die *Autorität*«.[43] »Bei uns jedoch werden alle glücklich sein«, schließt der Kardinal, »und weder rebellieren noch einander ausrotten, wie es unter Deiner Freiheit allerorten geschieht. Oh, wir werden sie davon überzeugen, daß sie erst dann frei sein werden, wenn sie zu unseren Gunsten auf ihre Freiheit verzichtet und sich uns unterworfen haben. [...] Nur zu gut werden sie zu schätzen wissen, was es heißt, sich ein für allemal zu unterwerfen! [...] Dann werden wir ihnen das stille, bescheidene Glück schwacher Wesen geben, als die sie erschaffen sind.«[44] So werden *im Namen des menschlichen Glücks* die Scheiterhaufen der heiligen Inquisition gerechtfertigt.
Diese pessimistische oder realistische Anthropologie – jeder mag die Bezeichnung wählen, die ihm geeignet erscheint –, die, versichert Cioran nachdrücklich, nichts anderes ist als die von der Geschichte (die, führt er in einem seiner Gespräche aus, »zu drei Vierteln mit der Geschichte der Tyranneien, der menschlichen Sklaverei«[45] zusammenfällt) erteilte schändliche Lehre, führt ihn zu dem, was man eine echte Politik der »Grausamkeit« nennen könnte in dem Sinne, in dem Artaud diesen Begriff gebrauchte. Indem er sich jedes moralischen

Urteils enthält, kann Cioran allenthalben nur kalt das Wirken dieser gleichsam sadomasochistischen Wechselbeziehung feststellen, die *alle* Mächte, welche es auch sein mögen, in unterschiedlichem Maße und in einer je nach den Umständen gewählten Verkleidung ausnahmslos prägt. So läßt sich erklären, warum sich die Menschen zu Phrasendreschern, Schmierenkomödianten und Volkstribunen hingezogen fühlen, die unbestimmte, aber grandiose Versprechungen machen. So läßt sich auch erklären, daß sie ihre ureigensten Interessen den abenteuerlichsten und potentiell selbstzerstörerischen Ideologien opfern können oder auch daß sie regelmäßig ihren erklärten Feinden mit großer Mehrheit ihre Stimme geben. »Der Träumer als Eroberer«, behauptet der *Précis*, »schlimmeres Mißgeschick kann den Menschen nicht widerfahren; nichtsdestoweniger beeilen sie sich, ihn zu vergöttern, lassen sie sich hinreißen von hirnverbrannten Plänen, verhängnisvollen Idealen, krankhaftem Ehrgeiz. Kein *vernünftiges* Wesen wurde jemals zum Gegenstand eines Kults [...]. Wer starb denn schon für *Gedankenstrenge?* Jede neue Generation errichtet Denkmäler zu Ehren der Henker der ihr voraufgegangenen. [...] *Die Menschheit hat stets nur diejenigen angebetet, die sie ins Verderben stürzten.*«[46] Und Cioran erinnert an dieses Paradoxon, das von Tacitus [*Historiae* I, 4] berichtet und bereits von La Boëtie aufgegriffen wurde: Rom errichtete eine Säule für Caesar, der »die Gesetze und die Freiheit aufgehoben hatte«[47], und mußte um Nero trauern![48] Nicht zu reden von Hitler, der sein Volk *ebenfalls* vernichtet hat und den die Deutschen so sehr verehrt haben, daß sie ihm bis zu seinem selbstmörderischen Abstieg in den Abgrund des Nichts treu folgten.[49]

Mögen es sich die Erfinder von Utopien, diese umgekehrten Moralisten, die in uns nichts als »Uneigennützigkeit, Opfermut, Selbstvergessenheit«[50] erkennen, gesagt sein lassen, daß die Geschichte, »Raserei der Horden und der Einsamen«,[51] ausschließlich ist und *nie etwas anderes sein* wird als die »Geschichte des *Bösen*«.[52] Und gerade weil er die Allgegenwart des Bösen auf Erden, des Bösen, auf das er unablässig stößt, vergessen hat, *vergessen wollte*, mußte der Kommunismus, dieser »*obligatorische* Optimismus«,[53] dieser »sündhafte Optimismus«,[54] um es zu zerschlagen, in die gnadenloseste Tyrannei umschlagen, die sogar die *Seelen* ihrer Untertanen zu beherrschen sucht. »Eine Gesellschaft errichten, in der alle unsere Taten nach einer fürchterlichen Etikette katalogisiert und geregelt werden, in der man mit einer bis zur Anstößigkeit getriebenen Barmherzigkeit sich sogar noch unserer Hintergedanken annimmt, das heißt, die Schrecken der Hölle ins Goldene Zeitalter hinüberzutragen oder mit Hilfe des Teufels eine philanthropische Institution zu schaffen«,[55] schreibt Cioran. So scheitert der prachtvolle Entwurf einer ewigen Freiheit unter der täglichen polizeilichen Überwachung. Das Paradies auf Erden verwandelt sich in eine reglementierte Hölle. Der Traum gebiert das Grauen. *»Indem ich von grenzenloser Freiheit ausgehe, ende ich mit grenzenlosem Despotismus«*: Das berühmte Paradoxon Schigaljows aus den *Dämonen*,[56] das den ein halbes Jahrhundert lang realisierten Kommunismus leider treffend beschreibt, faßt also für Cioran auch das gleichsam »mechanische«[57] Schicksal der Utopien, aller Utopien, der Utopie als Prinzip an sich zusammen: ihr unvermeidliches Entgleisen im Namen der Freiheit, *der Idee der Freiheit*, auf der sie gründet, in unerträglichste Tyrannei.

Doch das ist Cioran noch nicht genug. Da sie den Menschen nicht nehmen, *wie er ist*, sondern so, wie sie ihn sich vorstellen oder wünschen, stellen ohne Ausnahme alle »Ideen«, *alle Anwandlungen der Transzendenz* eine Gefahr in der Politik dar, ob sie nun auf einem kollektiven Projekt oder auf einem »von der Vorsehung ausersehenen Menschen« beruhen. »In jedem Menschen schlummert ein Prophet: erwacht er, so gibt es ein klein wenig mehr des Übels in der Welt . . .«:[58] Jedes Wort, das über den unmittelbaren Gesichtskreis des Einzelnen hinausgeht, stellt eine Bedrohung für das Leben des Gemeinwesens und die Freiheit seiner Mitglieder dar. Die Hölle der Politik ist mit den besten Vorsätzen von »Erlösern« aller Art gepflastert. Und da sich Laster und Interessen stets als »besser verträglich«[59] erweisen als Prinzipien, so folgt daraus, daß eine Gesellschaft, die *wirklich* in Freiheit leben möchte, da sie ja nicht regelmäßig Bartholomäusnächte gegen die herausragenden Menschen veranstalten kann, ihren künftigen Politikern wenigstens, neben Lektionen in Sophistik, Unterricht in Gesang und ... »Korruption«[60] erteilen müßte. In der Tat: »Der Mensch, der regiert und an nichts glaubt«, versichert Cioran, »das wäre ein Vorbild für ein Paradies des Niedergangs, für eine souveräne Lösung des Geschichtsproblems. Die Opportunisten haben den Völkern die Rettung gebracht, die Helden den Ruin.«[61] Indem er diesen Gedankengang bis zur äußersten Grenze verfolgt, setzt der Verfasser von *Histoire et Utopie* schließlich folgerecht die »Nichtigkeit« der Macht mit der Freiheit der Bürger gleich. Die Schwäche oder die Unfähigkeit der Herrschenden ist die Gewähr, ja beinahe die notwendige Bedingung für eine echte Demokratie. Und die Anziehungskraft der Verfallszeiten rührt von der befreienden Unordnung, gegen die zu schwache Gesellschaften nicht mehr anzukämpfen vermögen: »Die Freiheiten gedeihen nur in einem kranken Gesellschaftskörper: Duldsamkeit und Ohnmacht sind Synonyme.«[62]

Hier erreicht man den höchsten oder den niedrigsten Punkt – es ist eine Frage des persönlichen Blickwinkels – der politischen Verneinung bei Cioran: die ihn zu einer Art asozialem »Ultra-Anarchismus« führt, der an *die Ablehnung jeglicher politischen Bindung als solcher* grenzt. Eine freilich unhaltbare Position, die eine praktische Lösung erfordert. Nun versteht man den Sinn seiner Formel vom aufgeklärten Despotismus besser. Im Gegensatz zu einer positiven Entscheidung, zu einem Glauben, drückt diese Formel nur eine Entscheidung der Vernunft aus, die auf nüchterner Feststellung beruht. Denn was immer man auch tun mag, der Mensch wird die Stufe des Despotismus von sich aus niemals überwinden können, ohne ihm über kurz oder lang erneut zu verfallen. Kann man sich also etwas Besseres vorstellen als einen professionellen, »vernünftigen«, weil durch die Philosophie der Toleranz »aufgeklärten« Despoten, von dem von vornherein feststeht, daß er die individuellen Freiheiten nur in dem Maße einschränken wird, wie es für einen reibungslosen Gang der Gesellschaften unbedingt notwendig ist, und daß er, da er selbst korrumpiert genug ist, seinen Untertanen freie Hand lassen wird, es ihm gleichzutun? So gesehen, erscheint der aufgeklärte Despotismus wenn nicht als die »ideale« politische Herrschaftsform – wie sie nach unseren Träumen aussehen *müßte* –, so doch wenigstens als im Konkreten »vollkommen«: so wie sie angesichts der Wirklichkeit der menschlichen Verhaltensweisen, deren Unüberwindbarkeit die Geschichte unablässig veranschaulicht, *in der Tat nur sein kann.* Das war im übrigen auch die Position Dostojewskis, nur trat bei ihm auch ein zwar unbestimmter, aber vernehmlicher Aufruf zur Errichtung einer Theokratie hinzu, was Cioran völlig fern liegt. Der orthodoxe Glaube sollte die Verbindung des Autokraten zu seinem Volk festigen und ihr so etwas wie »moralische Vernünftigkeit« verleihen.

In diesem Zusammenhang könnte man bei Cioran sogar von einer *inneren Realpolitik* sprechen. Wozu, scheint er anzudeuten, sollte man sich hinsichtlich der möglichen Erfindung neuer Regierungsformen etwas vormachen? Da sich alle gleichen und *bestenfalls* auf aufgeklärte Diktaturen hinauslaufen, warum sollte man nicht *einmal* der Wahrheit den Vorzug geben? Entschlossen, alle Illusionen im Namen der Klarsicht zu bekämpfen, kann der große Entzauberer seitdem nicht umhin, eine gewisse Achtung zu empfinden vor den zynischsten, den von »trügerischen Geboten«[63] weitestgehend befreiten Formen der Macht, die sozusagen von sich aus das nötige Werk der Entzauberung leisten. Daher konnten ihm die absolutistischen Staatsformen in einem gewissen Sinn als »befreiend« erscheinen, weil sie bei ihren Untertanen das Bewußtsein von dem von Grund aus feindseligen Wesen ihrer und *aller Formen der Macht* weckten. Und man dürfte seinem Gedankengang kaum Gewalt antun, wenn man behauptete, daß die Tyrannen – denn sie versuchen ja nicht, ihren Machtdurst hinter Formeln zu verbergen oder wie die Erfinder von Utopien über die Gefühle zu herrschen – als »moralischer« nicht nur als die »Erlöser und Propheten«, sondern auch als dieser oder jener »republikanische Monarch« von heute oder aus jüngster Zeit gelten können.

Ciorans Denken nimmt jedoch eine andere Wendung und unterscheidet sich von dem Dostojewskis darin, daß er sich *trotz allem* nicht dazu entscheiden kann, der Suche nach Transzendenz in der Politik allen Wert abzustreiten. Trotz seines Strebens nach Realismus besteht eine Sehnsucht nach Sinn, nach Utopie quälend in ihm fort. Im selben Zug, in dem er deren freiheitstötendes Wesen beschreibt, kann er nicht anders als, *ebenso kraftvoll*, ihre lebensnotwendige Rolle für die Gesellschaft zu betonen. »Wir handeln nur in der Bezauberung durch das Unmögliche, das heißt soviel wie: eine Gesellschaft, die außerstande ist, eine Utopie zu erzeugen und sich ihrem Dienst zu weihen, ist von Sklerose und Ruin bedroht«, kann man in *Histoire et Utopie*[64] lesen, oder auch: »Auf die Dauer wird das Leben ohne Utopie erstickend, für die meisten wenigstens: wenn die Welt nicht versteinern will, braucht sie einen neuen Wahn.«[65]

Daraus folgt, daß bei Cioran mehr zu finden ist als eine »einfache« Entlarvung der Utopien: Der Utopie als Prinzip kommt eine zentrale Rolle in seiner Geschichtsauffassung zu. Ein Gedanke, den Cioran weitläufig von Spengler übernommen hat, ist die Aufeinanderfolge, die die Geschichte in den Kulturen auslöst von Momenten des Glaubens, von »aufsteigenden« Perioden, und Momenten des Zerfalls, Perioden des »Niedergangs«, die dann zum Auftreten neuer »wiederbelebender Barbareien« führen. Dieses Wechselspiel erklärt die Dynamik der Geschichte und bildet die treibende Kraft und den einzigen *Grund* ihres Laufs. So wird etwa die griechische Welt, da sie den Glauben an sich selbst verliert, zur Beute Roms. Weil sie erkannt hatten, daß ihre Gewißheiten nur »Vorurteile« waren, waren die Römer reif für den Siegeszug

des Christentums. Und die nüchterne Untersuchung der christlichen Dogmen hat die Religion zersetzt und auf diese Weise dem russischen Kommunismus wie auch dem nordamerikanischen Materialismus den Weg gebahnt. Die Geschichte ist lediglich das Nacheinander dieser Hegemonien, die sich ihrer selbst bewußt werden und dadurch eine nach der anderen ihr eigenes Grab schaufeln und neuen Reichen Platz machen: »Eine Nation erlangt den Vorrang und bewahrt ihn nur so lange, wie sie unvermeidlich törichte Konventionen annimmt und auf Vorurteile eingeschworen ist, ohne sie als solche zu erkennen. Sobald sie sie beim Namen nennt, ist alles entlarvt, alles bloßgestellt. [. . .] Die Geschichte ist ihrem Wesen nach *dumm* . . . Sie geht weiter, sie schreitet voran, weil eine Nation nach der andern ihre Vorurteile abschüttelt. Wenn sie sich alle gleichzeitig ihrer entledigten, gäbe es bald nichts als eine gesegnete, alles erfassende Zersetzung.«[66]
Allerdings ist nicht sicher, ob Dostojewski nicht auch diese Sehnsucht nach der Utopie empfindet. Wenn das Gleichnis vom Großinquisitor die historische Rache der Institution an der Revolution zum Ausdruck bringt, der realistischen politischen Verwaltung an der großzügigen Utopie, so endet es jedoch mit einer höchst uneindeutigen Schlußfolgerung, klingt mit einem schwebenden Akkord aus, der, wie Peter Sloterdijk in seiner *Kritik der zynischen Vernunft*[67] mit Recht bemerkt, nicht einfach dem Sieg des instrumentalen Zynismus der Mittel über die Zwecke, sondern einer Art stillschweigendem Aufruf zu einem erneuerten Glauben, zu einer erneuerten Utopie die Tür öffnet.
Als der alte Kardinal ihn im Morgengrauen in seinem Verlies aufsucht, um ihn vor das Inquisitionsgericht zu bringen, steht Jesus, der »Störenfried«, auf und küßt ihn wortlos auf den Mund. Entsetzt, aber auch ergriffen von dieser Güte, beschließt der Inquisitor, ihn freizulassen, jedoch nicht bevor er ihm das Versprechen abgenommen hat, »nie wieder zurückzukehren«. Jesus also, der Keim der utopischen Revolte des Christentums, wird nicht wie ein gemeiner Ketzer auf dem

Scheiterhaufen geopfert. Er kann wieder herabsteigen, um die Welt heimzusuchen. Nicht alle Hoffnung ist tot. Die Revolte wurde vorläufig eingedämmt, bleibt aber in den Herzen der Menschen lebendig. Eines Tages wird sie von neuem aufbrechen – eine Aussicht, die der Großinquisitor stillschweigend hinnahm, als er Christus gehen ließ. Und daß er das Bedürfnis verspürt hat, sich vor ihm zu rechtfertigen, scheidet ihn endgültig von den »konkreten« Zynikern in der Politik, die sich damit begnügen, zu *handeln*, ohne irgend jemandem über ihre Beweggründe Rechenschaft zu geben. Hat man übrigens je einen Tyrannen erlebt, der seine Seelenzustände – wenn dieses Wort überhaupt eine Bedeutung für ihn hat – irgend jemandem anvertraut hätte? Anders ausgedrückt, der »abstrakte«[68] politische Zynismus Dostojewskis muß wie derjenige Ciorans *wenigstens ebenso* als pessimistischer Befund über die Unmöglichkeit von Demokratie wie als verschwommene Suche nach einer *wirklich freien* menschlichen Gesellschaftsform gedeutet werden, die nicht nur die Fortsetzung des Despotismus in einer anderen, und sei es aufgeklärten, Verkleidung ist.

Denn die Alternative ist einfach: *Entweder* die Utopie, der politische Glaube, seine »von der Begeisterung verübten Untaten«,[69] seine Verheißungen und deren unvermeidliches Ausarten in »zynische Träume«[70] *oder* diese Gemeinschaften ohne jede Transzendenz, diese »ungestüme[n] Nichts[e]«,[71] enttäuschend wegen ihres »Mangels jeglicher Verheißung«,[72] aus denen die liberalen Gesellschaften bestehen, in denen »wir den anderen ihren Reichtum verzeihen, wenn sie uns dafür ihrerseits den Spielraum lassen, *auf unsere Art* zu verhungern«.[73] Zwischen erhabener Hölle und »trostlosem Paradies«,[74] zwischen dem »bösen Willen« der Utopie und deren Konsequenz, der Diktatur, und dem »kranken Willen«[75], auf den sich die liberalen Gesellschaften stützen, wofür sich entscheiden? Wie diesen Teufelskreis durchbrechen, der unvermeidlich jede klarsichtige politische Haltung umschließt? Müßte man sich denn entschließen, »zwischen den Nuancen des

Schlimmsten zu unterscheiden«?[76] Um schließlich die Demokratie, nach einem Wort Churchills, als »die schlechteste Regierungsform überhaupt – mit Ausnahme aller anderen – « feiern zu können?[77]

Damit findet sich Cioran *letzten Endes* ab, doch er verbindet mit diesem Bekenntnis in Ermangelung eines Besseren eine derart radikale Unzufriedenheit und mithin Revolte, daß dies die Natur seiner Entscheidung zutiefst verändert. Wenn die Demokratie seiner Ansicht nach tatsächlich nicht mehr als irgendeine andere Regierungsform dem Bürger erlauben kann, die Macht, die ihn »verschlingen« wird, zu beeinflussen, so gestattet sie ihm wenigstens, sich heftig darüber zu beklagen und damit durch seine Protesthandlung ein Gegenwicht zur herrschenden Logik zu bilden. Auf der »idealen« Ebene wird der politische Nihilismus Ciorans also von einer konkreten Hoffnung begleitet, die einer regelrechten *Pflicht zum Widerstand* angesichts der Wirklichkeit entspringt. Weit entfernt von einem ziellosen »Widerspruchsgeist« (für alles sein, was dagegen ist, und gegen alles, was dafür ist) wie im Fall des bei Cioran nicht auszumachenden »Anarchismus von rechts«, hat diese ständige Unruhe durchaus ihren eigenen Horizont. Ob Cioran auf Restauration der Utopie drängt, wenn sich diese von kurzsichtiger Verwaltung erstickt, vernichtet sieht, oder ob er sich umgekehrt gegen deren Ansprüche wendet, wenn sie herrscht oder zu herrschen droht – in beiden Fällen zielt der Verfasser von *Histoire et Utopie* auf das Eintreten einer ganz bestimmten Konstellation ab. Keine größere Freiheit als in den vorrevolutionären Situationen, solange die noch nicht institutionalisierte utopische Bewegung ein unbestimmter, also formbarer und freizügiger Protest bleibt; und nie, wie Talleyrand sagte,[78] ist das Leben süßer als in den Übergangszeiten zwischen zwei Gesellschaftsordnungen, wenn Glaubensvorstellungen zerbröckeln, die ein neuer Gott noch nicht hat ersetzen können. Kurz, als Prophet der Gegen-Macht wie Genet, Freund der *Fedayin*, der versicherte, daß er bei einem Sieg der Palästinenser zu deren Gegner würde, will

auch Cioran durch Protest die vollkommenen Bedingungen für die umfassendste Emanzipation des Individuums herstellen, die in den Epochen oder Gesellschaften möglich ist, die aus dem einen oder anderen Grund von einer politischen oder moralischen Autorität nicht ganz und gar »erfaßt« sind.
So könnte man eine ketzerische politische Praxis des Subjekts entwickeln, die *einerseits* die Kraft des Glaubens, ein Zeichen für die Lebendigkeit der Gesellschaften, *und andererseits* die durch den Unglauben bewirkte Mäßigung, ein Zeichen für das Dasein der Einzelnen, miteinander versöhnt. Dadurch daß sie das Gemeinwesen in diesem abweichendes Verhalten fördernden Halbdunkel erhält, aber die krankhafte Wirkung solchen Verhaltens unterbindet, vermag nur diese *Politik der ewigen Ketzerei* eine Politik zu umreißen, die ebenso die Herrschaft des Epos, des Dramas und der Katastrophe wie die des pragmatischen Nichts vereitelt. Mit geläufigeren Begriffen könnte man sagen, daß sich Cioran hier einer Art *hartem Demokratismus* anschließt – ja daß er zum Kern der »demokratischen Idee« vorstößt, die gerade darin besteht, daß sie keinen hat: Sie bleibt für immer ein offenes, transzendenzloses, *leeres* System, das sich jeden Augenblick aus sich selbst heraus erschafft durch die Synthese der auseinanderstrebenden Handlungen der freien Individuen, aus denen es sich zusammensetzt.
Daß eine Gesellschaft immerfort aus dem Nichts auftauchen kann, ohne jemals in einer wiederholbaren Gestalt zu erstarren – wäre das nicht die letzte Utopie – die gewaltigste, die wahnwitzigste aller Utopien? Eine Utopie, die darin bestünde, zu behaupten, daß sich die Subjekte als *Atheisten* verhalten und darüber hinaus Freude dabei empfinden könnten, es zu bleiben? Diese Frage hat sich Cioran selbstverständlich gestellt. Und zweifellos liegt die einzige Antwort, die er darauf gefunden hat, in der Persönlichkeit desjenigen Politikers, der fähig wäre, eine solche Dynamik nicht zu »steuern«, sondern sie einfach nur in Gang zu setzen und sich entfalten zu lassen. Seine immer wiederkehrenden Bemerkungen zur nötigen

»Korruptheit« der Regierenden haben hier selbstverständlich ihren Fluchtpunkt. Jenseits ihres provozierenden Charakters läßt sich darin eine der gründlichsten Beschreibungen dessen ausmachen, was *die einzig annehmbare* Form von Macht wäre: Es wäre die Macht eines Menschen, sagt Cioran, »chimärisch« und »zynisch« zugleich, der weder die Mittel von den Zwecken – was den »gemeinen« Zynismus kennzeichnet – noch, wie der Utopist, die Zwecke von den Mitteln trennen würde, sondern der seine Unreinheit, seine für die Freiheit der Bürger *notwendige und beruhigende Unreinheit*, in den Dienst eines Entwicklungsentwurfs der Gemeinschaft stellt – das heißt: »ein *skrupelloser* Träumer«.[79]

Die Formeln sind bei Cioran oftmals nur die Zusammenfassung endloser Gedankengänge, die aus der Erfahrung, der Analyse der Geschichte oder einer wichtigen Lektüre hervorgehen. Als er diese »archetypischen« Eigenschaften des Politikers darstellte, hatte er zweifelsohne die Lobrede Ortega y Gassets auf Mirabeau im Sinn – einen Essay, den Cioran selbst 1958 in der Aufsatzsammlung *Le Spectateur tenté*[80] veröffentlichte und mit einem Vorwort versah. »Der unmoralischste der großen Männer« war auch der größte – und einzig echte – Politiker der Französischen Revolution, der die einzige dauerhafte und stabile Lösung, die die damalige Lage überhaupt zuließ, erahnte, eine Lösung, die Frankreich übrigens ein Jahrhundert später annehmen sollte: die konstitutionelle Monarchie, erster Schritt hin zu einer echten Demokratie. Hätte Mirabeaus Lösung Gehör gefunden, bemerkt Ortega, hätte Frankreich wertvolle Zeit gewonnen und sich gleichzeitig die Erschütterungen der »Schreckensherrschaft« (1793/1794) und die dramatischen Verstrickungen des napoleonischen Cäsarismus erspart.

Da er sich nicht mit dem beschäftigte, was man tun *sollte*, sondern mit dem, was *einzig möglich* war für eine alte, durch Vorurteile gelähmte Nation, träumte Mirabeau nicht den begeisternden Traum eines Saint-Just oder eines Robespierre. Bereits während der Revolution unterschied er und sah die gegenrevolutionäre Kraft voraus, die in ihr enthalten war und die sich dann durchsetzte, so daß er sich damit begnügte, einen Ausweg zu suchen – einen Kompromiß –, der geeignet sein sollte, das Land ohne Zwischenfälle so weit zu führen wie möglich. Er war ein Realist, aber durchaus kein kurzsichtiger Zyniker. Auch er träumte; aber er ließ seine Träume unablässig durch das Sieb dessen laufen, was er wußte, was er täglich *sah* und was ihm zeigte, warum sie nicht zu verwirklichen waren – es sei denn auf katastrophale Art und Weise. Seine Kompromisse, behauptet Ortega, erschütterten nie den Kern dieser Grundüberzeugung, daß es sich dabei um den einzig vernünftigen Weg handle, der Frankreich offenstehe.

Die moralische Naivität der Menschen, die Macht mit Reinheit in Verbindung bringt, und vor allem das unausrottbare Bedürfnis nach Illusion, nach einer endgültigen und großartigen »Lösung«, einer *Utopie*, führten dazu, daß dieser realistische Vorschlag den Tod des »großen Unreinen« nicht überleben sollte. Seinen unvorsichtigen Erwägungen zogen das Volk und seine Vertreter, ohne zu zögern, das Heldentum des unbeschriebenen Blattes vor, auf dem die »neue Geschichte« geschrieben werden sollte, die aber bald unter dem Blut der zu Tode Gemarterten verschwand. So wurde die einzige Politik aufgegeben, die ebenso die Raserei der reinen jakobinischen Idee wie die Herrschaft der niederträchtigen und ruchlosen Interessen der Thermidoriens und anderer Mitglieder des Directoire nach 1794, die dem Bonapartismus den Boden bereitete, hätte abwenden können. Auch dort siegte der leidenschaftliche und heroische Elan über das vernünftige Leben und damit auch über die individuellen Freiheiten. Einmal mehr rannte die Geschichte singend in ihr Verderben. Die Untertanen errichteten mit Begeisterung die Mauern ihres eigenen Gefängnisses. Das Unglück hat bei den Menschen immer Erfolg, wenn es in der verführerischen Aufmachung des Epos auftritt: »Alles Unheil – Revolutionen, Kriege, Verfolgungen – geht aus einem *Ungefähr* hervor – das auf eine Fahne geschrieben wird.«[81]

Das Geheimnis der Politik, das einzig und allein verhindern kann, daß sich derartige Abenteuer wiederholen, fällt bei Cioran im Grunde mit dem Geheimnis seiner Beziehung zu Gott und zur Religion zusammen: Die Politik muß sich wirklichkeitsnah, *heidnisch* verhalten, wobei sie *die Sehnsucht* nach einem höheren Glauben in sich wachhält; aber nach einem deaktivierten, »gefrorenen«,[82] sozusagen auf sein Prinzip zurückgeführten Glauben. Weit entfernt, die Gegensätze ausschalten oder sich für eine Seite entscheiden zu wollen, ist sie die tägliche, bescheidene, des Weitblicks nicht ermangelnde, geschmeidige und zugleich ehrgeizige Übung, die die Gegensätze versöhnt. Auf halbem Weg zwischen Utopie und verwaltendem Zynismus; zwischen Despotismus, Anarchismus und dem Nichts bleibt also die Möglichkeit eines freien Gemeinwesens, das nicht einfach nur ein Trugbild ist – eine heikle Angelegenheit, die schwer zu verwirklichen, noch schwerer am Leben zu halten ist und an die man sich zweifellos nur unvollkommen annähern kann, die Cioran aber letzten Endes, und man kann dieses eine Mal hinzufügen, *ohne die geringste Mehrdeutigkeit*, bejaht.

Ein Mystiker ohne Absolutes

Es gibt eine verblüffende Übereinstimmung, kaum beachtet, geschweige denn untersucht: Alle Hauptvertreter der modernen Philosophie in der Nachfolge der großen rationalen Systemen – vom »Antichrist« Nietzsche, dem Pastorensohn aus Röcken, bis hin zu Wittgenstein, dem »Schriftgelehrten«, wie ihn die Kameraden im Ersten Weltkrieg nannten, der zeit seines Lebens davon träumte, in einen Orden einzutreten, und eine Zeitlang Gärtner in einem Kloster war, über Kierkegaard, »Bruder Taciturnus«, den promovierten Theologen, der spät in seinem Leben in der Frue Kirke von Kopenhagen predigte (und man könnte die Liste verlängern, wenn man den verwikkelten Fall Batailles in Betracht zieht), mit der bemerkenswerten Ausnahme Schopenhauers (wir lassen den ehemaligen Priesterschüler und Sohn eines Mesners Heidegger aus, weil er unserer Ansicht nach eher ein Wiederaufleben des systematischen Geistes anzeigt – unterhalten enge, wenn nicht gar genealogische Beziehungen zur Religion. Als könnte das Denken nach dem »Tode Gottes« oder wenigstens das aus dem Bankrott der allumfassenden, quasi *theologischen* Welterklärungen hervorgegangene Denken paradoxerweise nur von tief religiösen Geistern, von halbherzig widerrufenden, ja erklärten Theisten ausgehen.

Als Sohn eines Protopopen aus Hermannstadt gehört Cioran nicht nur äußerlich zu dieser Reihe von »Zufällen«. Ob unmittelbar oder verdeckt, die Religion nimmt fast ein Drittel seines Werkes ein, also ebenso viel Raum wie die politische Reflexion und die Lebensphilosophie. Drei seiner Buchtitel beziehen sich ausdrücklich darauf: *Lacrimi şi sfinţi* (*Von Tränen und von Heiligen*) von 1937, *La chute dans le temps* (*Der Absturz in die Zeit*) von 1964 und *Le Mauvais Démiurge* (*Die verfehlte Schöpfung*) von 1969. Der Titel *Exercices d'admiration* von 1986 beruht auf einer leicht zu erkennenden Ab-

wandlung der *Geistlichen Übungen* (*Exercicios espirituales, Exercitia spiritualia*) des Ignatius von Loyola. In *Schimbarea la faţă a României* von 1937 gebraucht er mit dem Ausdruck »*Verklärung* Rumäniens« einen in der Ostkirche wichtigen theologischen Begriff;[1] *La tentation d'exister* (*Dasein als Versuchung*) von 1956 übernimmt einen der Schlüsselbegriffe der Bibel und *Aveux et Anathèmes* von 1987 einen Begriff, der mit dem Kampf der Kirche gegen die Ketzer zusammenhängt.
Der Mann, der in seiner Jugend meinte, daß »der *Geheimschreiber* einer Heiligen zu sein, die höchste einem Sterblichen beschiedene Laufbahn«[2] wäre, hat sein Leben lang »Umgang mit den Mystikern«[3] gepflegt, »fünf Mal«[4] das *Libro de su vida* der Theresiavon Ávila gelesen, die *Noche oscura del alma* und den *Cántico espiritual* des Johannes vom Kreuz sowie die Predigten und Traktate Meister Eckharts in sich aufgesogen, den er in seinen Gesprächen als den »tiefsinnigsten Denker, der im Abendland geboren wurde«,[5] bezeichnete. Diesem Geist, der stets eine »mystische Berufung«[6] in sich verspürte und für den »der Glaube stärker als die Religion an den Grund der Dinge rührt«,[7] ist weder von einer »religiösen Krise«, die er mit fünfundzwanzig erlebte, noch der Erfahrung der Ekstase – er habe »insgesamt« vier«[8] oder »fünf oder sechs«[9] derartige Erfahrungen gemacht, die mit den von großen heiligen Frauen beschriebenen vergleichbar seien – verschont geblieben.
In dem Tagebuch (*Cahiers*), das er von 1957 bis 1972 geführt hat, klingen immer wieder Anrufungen Gottes nach – zwischen Gebet und Gotteslästerung. So zum Beispiel am 7. Juni 1958: »Herr, warum bin ich nicht zum Gebet berufen? Niemand auf der Welt ist Dir näher und ferner. Ein bißchen Gewißheit, ein ganz klein wenig Trost, das ist alles, was ich von dir verlange. Aber Du kannst nicht antworten, Du kannst es nicht ...« Oder am 8. Dezember 1958: »Herr, erbarme dich meiner Unfruchtbarkeit, erschüttere meinen abwesenden Geist, stehe mir bei in dieser äußersten Verlassenheit und Benommenheit.«[10]
Diese inbrünstige, aber diffuse Religiosität, fast »*ohne* Glau-

ben«[11] – wir kommen auf diesen wesentlichen Punkt zurück –, ging bei ihm weit über das Christentum hinaus. Wie Schopenhauer, der auf dem Kaminsims seines Arbeitszimmers neben der Büste Kants und einem Bildnis Goethes eine kleine tibetische Buddhastatue aufbewahrte, fand sich Cioran zeitlebens von der indischen Philosophie »gefesselt«,[12] und zwar so sehr, daß er eine Zeitlang glaubte, sich der Elite von »Erleuchteten« angeschlossen zu haben – ein »Buddha« geworden zu sein! Als eifriger Leser der *Upaniṣaden*, Nāgārjunas, Candrakīrtis und Śāntidevas, der drei größten Denker – »der scharfsinnigsten, die man sich nur vorstellen kann«[13] – der Madhyamaka-Schule des späten Buddhismus, sowie des Klassikers von Rudolf Otto über die *West-östliche Mystik*[14] gehört er zu den wenigen im 20. Jahrhundert, die vortrefflich verstanden, was diese beiden mystischen Traditionen miteinander verbindet – insbesondere die großen Übereinstimmungen zwischen dem Nirvāṇa, der »Leere« als Ganzheit und Seinsfülle, die der Buddha durch Versenkung und innere Askese lehrt, und der Gottheit, dem mit Ruhe und allumfassender Harmonie erfüllten »Nichts«, woran Eckharts *abegescheidenheit* (Abgeschiedenheit) grenzt oder woraus sie vielmehr besteht. Und man könnte, wozu er seine Interpreten und Briefpartner oft aufforderte,[15] sein ganzes Denken, sowohl seine Auffassung von Welt und Geschichte als auch seine politische Haltung und seine Lebensmoral, mit der Gnosis in Verbindung bringen: Man könnte sein ganzes Werk als *eine einzige Abwandlung* der gnostischen Eschatologie, Kosmogonie und Christologie deuten. Der vielgestaltigen Strömung der Gnosis, die, mehr als eine Irrlehre und erst recht mehr als ein vorübergehendes Schisma, eine echte, *neben dem Christentum herlaufende geistige Tradition* darstellt,[16] entlehnt dieser »durch die Berührung mit dem Westen milder gewordene Bogomile«[17] tatsächlich nicht nur seine tragische Weltanschauung und das Gefühl der Auflehnung gegen das Schicksal, sondern auch den Wortschatz und, so gut wie *unverändert*, den Mythos der Weltschöpfung.

Wie bei den großen alexandrinischen Meistern der Gnosis Valentinos und Basileides ist auch für Cioran das Weltall aus dem Zusammenwirken von zwei gegensätzlichen »Prinzipien«, von Schatten und Licht, hervorgegangen.[18] Ein »Dualismus«, der auch ein Ditheismus ist und der von zwei widerstreitenden Mächten verkörpert wird, die beide für unsere Entstehung verantwortlich sind: einerseits von einem »bösen« Gott, dem Urheber unserer irdischen Schalen, unserer Sinnen-Hülle, unserer Leiber und unserer Triebe, dem Herrn dieser Welt, und andererseits einem »guten« Gott, der unsere Seelen erschaffen und einen Funken des göttlichen Feuers in sie hineingelegt hat, ein Teilchen der höheren geistigen Welt, der Überwelt oder des »Plērōma«, über die er mit seinen Engeln herrscht, fernab von dieser Welt der Finsternis, in die wir unrettbar »geworfen« sind.
»Nicht umsonst kommen wir aus den Händen eines unglücklichen und bösen Gottes, eines verfluchten Gottes«,[19] schreibt der Verfasser von *Le Mauvais Démiurge.* Obgleich unser Geist noch undeutlich den Ruf des Himmels vernimmt, ist unser Dasein seit unserer Geburt »an seiner Quelle verdorben«.[20] Die Erschaffung der Welt ist »ein *Fehler*«,[21] denn die geringste unserer Taten ist aufgrund dieser Tatsache unfehlbar »vom Bösen besudelt«.[22] Und unsere Geschichte, die Geschichte des Menschen, beschränkt sich auf die Geschichte einer gewissermaßen ontologischen Verbannung, auf einen schwindelerregenden Absturz aus einem strahlenden Paradies der Bewußtlosigkeit, einem unstofflichen und unwandelbaren Paradies, in die Abgründe einer zeitverhafteten und vor Qualen verfinsterten, aus Tränen und Blut gewobenen eigentlich wahnwitzigen Welt. Von Gott verlassen, dieser teuflischen Schöpfung fremd, büßen wir unsere Strafe unter den Augen des Bösen ab, ohne Rast und Ruh durchgeschüttelt, »gevierteilt« in dem Kampf, den der gute und der böse Gott, Gut und Böse, in uns austragen.
Da für Cioran diese beiden Prinzipien unversöhnlich bleiben, zählt er zu denjenigen, die die gnostische Tradition »absolute

Dualisten« nennt. Für diese, zu denen etwa die Katharer gehören, können Gut oder Böse nicht den endgültigen Sieg erringen (während für bestimmte »gemäßigte« Gnostiker das Gute auf Erden *trotzdem* obsiegt), die ursprünglich zerrissene Welt kann weder ihre verlorene Einheit und noch weniger die verlorene Harmonie zurückgewinnen. Als Erzeugnis dieser verfehlten Schöpfung ist die gefallene Menschheit dazu verdammt, bis an das Ende der Zeiten auf Erden umherzuirren, ohne die geringste Hoffnung auf Vergebung.
Im Gegensatz zu dem, was das christliche Dogma lehrt, kann es für die Gnostiker keinerlei Heil in der Zeit geben, das durch unseren guten Lebenswandel auf Erden erworben werden könnte, und noch viel weniger eine automatische Vergebung der mit unserer Stellung als Menschen in der Welt gegebenen Sünden. Verdammt sind wir mit der Geburt, verdammt bleiben wir bis zum Ende – wobei die einzige Möglichkeit, die uns gewährt bleibt, darin besteht, daß wir uns innerlich auf die eine denkbare Befreiung vorbereiten: den Tod, wenn unsere unreinen Leiber endlich unsere bis dahin gefangenen Seelen entkommen lassen und diese aus eigener Kraft, eine nach der anderen, zur höheren Welt zurückkehren, deren Abglanz sie nur waren. Also kein Jüngstes Gericht im Gnostizismus, ebensowenig eine durch Beichte erwirkte Vergebung, sondern eine einzige letzte individuelle Befreiung im Tode kraft der Offenbarung unseres zum Teil göttlichen Ursprungs. Der Gnostiker ist ein Eingeweihter, ein Seher, der *weiß* – etymologischer Ursprung des Wortes –, was die anderen nicht wissen. Da er durch diese Erkenntnis sein Heil erlangt, ist er also auch ein »Auserwählter«, der in unmittelbarer Beziehung zu Gott steht, jenseits aller Zugeständnisse an die diesseitige Welt, die dazu verdammt ist, den Un-Sinn einer unbeständigen, ins Böse getauchten Geschichte zu erleiden.
Daher rührt bei den Gnostikern ein radikaler Atheismus in bezug auf das gegenwärtige Dasein, der mit einer übersteigerten inneren Religiosität verknüpft ist, die sich *unmittelbar* einem höchsten Gott zuwendet; daher eine tiefe Schicksalser-

gebenheit und die Hoffnung, ja die Gewißheit, eines endgültigen »Heraustretens aus der Geschichte«. Daher auch das Hinnehmen des Lebens bei den Gnostikern, denn es hat, da es ja nur aus der Erwartung der letzten Befreiung besteht, im Grunde keinerlei Bedeutung, und gleichzeitig eine Praxis der radikalen Weltflucht, die sie dazu führt, alle zeitlichen Erscheinungsformen der Welt in Bausch und Bogen abzulehnen. Für diese »Anarchisten Gottes« hat das Gesetz, da es nicht vom guten Gott gegeben ist, weder Geltung noch Wirklichkeit; und alles, was irgendwie von der materiellen Welt ausgeht, muß, da es mit dem Dämon gemeinsame Sache macht, bekämpft oder doch mit größtem Argwohn betrachtet werden. Dasselbe gilt für die düstere »Posse«, welche die Geschichte darstellt, für die menschengeschaffenen Institutionen wie Armee, Staat und selbstverständlich die Kirche, ebenso für deren Sakramente: Taufe, Kommunion und Ehe, einige Gnostiker lehnen sogar die Zeugung ab. Da das Leben nichts als ein Übergang ist, das Vorzimmer des befreienden Todes, hat nichts Sinn, ausgenommen die heilbringende Erkenntnis der verborgenen Wahrheit über unseren Ursprung. Dieser gesteigerte Pessimismus, den Cioran dadurch aufs Äußerste treibt, daß er jegliche Möglichkeit einer letzten Befreiung verwirft, so daß er, wie Sylvie Jaudeau in ihrem Essay *Cioran ou le dernier homme*[23] schreibt, als »Gnostiker ohne Heil« auftritt, gibt den Hauptschlüssel zum Denken, zum Werk und, allgemeiner, zur Geisteshaltung Ciorans, ja, er scheint die einzige Weltauffassung oder Weltanschauung zu sein, welche die Widersprüche der Welt zu erklären und zu vereinigen vermag. So gesehen erscheint sein Wille zur Blasphemie – »*Gottesmörder* genannt zu werden«, schreibt er noch 1987 in *Aveux et Anathèmes*,[24] »ist die schmeichelhafteste Beleidigung, die man an einen Einzelnen oder an ein Volk richten kann« – ebensosehr das Kennzeichen, das ihn grundsätzlich vom Christentum trennt, wie das Symptom zu sein, das ihn dennoch tief damit verbindet. Da jede Verneinung eine verschleierte Bejahung ist, denn sie bejaht das Vorhandensein dessen, was man verneint, könnte Cioran auch als ein unerschütterlicher, aber *umgekehrter* Deist angesehen werden, der zwischen zwei gegensätzlichen, jedoch auch auf einer bestimmten Ebene gleichwertigen Postulaten schwankt, einem in bezug auf Gott, dem anderen in bezug auf dessen Antithese, Satan. Was ihm selbstverständlich nicht entgangen ist: »Je verwegener die Paradoxe über Gott sind«, schreibt er in *Des larmes et des saints*, »um so treffender drücken sie sein Wesen aus. Die Beschimpfungen kommen näher an Ihn heran als die Theologie oder die philosophische Meditation.«[25]

Die Darstellung der »religiösen Haltung« Ciorans könnte im Grunde hier enden. Man hätte ihr einen vollkommenen Zusammenhang verliehen, einen Zusammenhang, wie er jedem »banalen«, ketzerischen Verhalten, könnte man sagen, zu eigen ist, wie es das gegeben hat und wahrscheinlich immer geben wird, hin und her gerissen zwischen dem Verstoß gegen das Dogma und dessen Annahme, Achtung, ja Liebe. Verfolgt man den Gedanken bis an seine äußerste Grenze, so könnte man diesen »Mystiker im Zustand eines Wilden«[26] sogar zu einer Art Ur-Christen der Katakomben machen, der in einer magischen Religiosität etwas von der ursprünglichen Glut des christlichen Glaubens wiederfindet aus der Zeit, als die aus dem Ärgernis, welches das Schauspiel der unvollkommenen Schöpfung erregte, entstandene Bestürzung das Bild eines gleichzeitig unendlich guten und unermeßlich grausamen, eines tröstenden und strafenden Gottes hervorbrachte. Man hätte es also bei Cioran mit nichts anderem als einem Christen vor der Christenheit und deren Organisation als Kirche zu tun, der sich in ein technokratisches 20. Jahrhundert verirrt und aus dem »heroischen« Zeitalter des Glaubens Anbetung und Furcht, ängstliches Erbeben ebenso wie ein gewisses Heidentum bewahrt hätte, entsprungen aus einer unmittelbaren Beziehung zu Gott, und zwar ohne die gesegnete Vermittlung der Priester, ihre beruhigende Verwaltung der Seelen und ihre theologische Rationalität, die auf alles eine Antwort weiß. Eine Deutung, die er im übrigen selbst an einer Stelle von *De l'inconvénient d'être né* bestätigt hat: »Hätte ich am Beginn des Christentums gelebt«, schreibt er, »so fürchte ich, daß ich seiner Verführung erlegen wäre.«[27] Nur fügt er diesem Kommentar wiederum hinzu: »Ich hasse diesen möglichen Weggefährten, diesen Fanatiker. Ich verzeihe mir nicht dieses Mitläufertum von vor zweitausend Jahren ...«

Cioran – selbst auf Umwegen – in den Schoß eines christlichen Glaubens zurückbringen zu wollen hieße, seine antichristlichen Äußerungen, ja sogar den entschiedenen Unglauben, zu dem sein Denken ihn letztlich führt, allzu leichtfertig, *dialektisch*, außer acht zu lassen. Dabei handelt es sich nicht um unsere Deutung oder um eine Neigung, die er verhehlt hätte. In seinen Gesprächen hat er es mehr als einmal offen und eindeutig bekannt: »Ich bin keiner, der gläubig ist. [...] Ich glaube nicht an Gott, ich glaube an gar nichts.«[28] Wie wir im ersten Kapitel dieses Teils bereits bemerkten, ist es also sein religiöser Werdegang – der Aufschwung hin zum Absoluten und dessen Unvermögen, sich zu verwirklichen –, der zählt und in dieser Hinsicht sein »Denken« ausmacht.

Um diese Entwicklung zurückzuverfolgen, halten wir zunächst fest, was das religiöse Gefühl für Cioran nicht ist, *nicht sein kann*. Daß es mit dem Glauben an Gott im strengen Sinn des Wortes eben nicht zu verwechseln ist, erscheint tatsächlich als die wichtigste Grundlage, *der eigentliche Eckstein* seiner Geisteshaltung: »Ich glaube nicht. Ich habe alle Etappen durchlaufen, ohne gläubig zu werden, aber die Gegenwart der Religion in mir ist wirklich«,[29] versichert er in einem seiner Gespräche. »Ich glaube nicht an Gott, doch bin ich nicht unreligiös. Wenn man die Idee der Erbsünde unterdrücken würde, wäre der Mensch ein Rätsel.«[30]

Als »persönliche Behauptung«[31] der Spiritualität dort, wo die bestehenden Religionen nur noch »Institution«[32] sind, kollektive Verwaltung toter Gewißheiten, unterscheidet sich in Ciorans Augen die Mystik also erheblich von dem bloßen Glauben an Gott im Sinne eines Sich-Bekennens zu den herrschenden Dogmen. In vieler Hinsicht stellt sie sogar das genaue Gegenteil dar. Als eine Haltung der fortwährenden Suche, als unermüdliches »senkrechtes Abenteuer«,[33] »inmitten einer unsichtbaren Geographie«,[34] zur Erneuerung der geoffenbarten Wahrheiten, ersetzt sie die Beibehaltung der offensichtlichen Wahrheiten durch jene *»privaten Offenbarungen*, die die Dogmen irre machen und die Kirche in Verlegenheit bringen«.[35] Wenn ihn offenkundig mehrere Bande an die Religion binden, so müssen diese jedoch umgekehrt gedeutet werden. Mystik kann eine Religion gründen, wie dies beim Christentum, vor allem beim östlichen, der Fall war; hingegen kann Religion nur den Ausgangspunkt für mystische Erfahrung abgeben. Da sie auf dem Willen zur Selbstüberwindung, zur unbedingten Transzendierung der menschlichen Natur durch sie selbst in Gestalt einer großartigen »an das Menschengeschlecht gerichteten Herausforderung« beruht,[36] kann alle wahre Mystik im Grunde nur unablässig danach streben, sich von der Religion zu befreien, über sie hinauszugehen, um sich auf die Suche nach neuen *terrae incognitae* zu begeben, die jenseits der armseligen Gewißheiten der Lehre liegen, die von geweihten Priestern heruntergeleiert werden.

Von dieser Feststellung ausgehend, die sich bei allen Religionsphilosophen oder Religionshistorikern findet, vertieft Cioran die Kluft. Er tritt in die Fußstapfen der großen Mystiker und Heiligen, feiert sie als »Verweigerer«,[37] als eine Art Maximalisten, beinahe *Revolutionäre des Glaubens*, die dessen vorsichtige, eigentlich *bürokratische* Verwaltung durch die Kirche und ihre Hierarchie anfechten und radikalisieren. »Eigenwillige, zügellose Naturen«,[38] »unbotmäßig aus innerer Berufung«,[39] die »Gefallen finden an den Extremen der Erniedrigung und der Reinheit, im Taumel zwischen Sümpfen und Himmeln«[40] – Heilige und Mystiker(innen) sind in dieser Sicht viel mehr als bloß Männer (oder Frauen) der Religion. Sie sind Verfechter eines echten, weil *lebendigen* Glaubens, der sich immerfort erneuert, stets in Bewegung ist und demnach absolut im Gegensatz steht zu Priestern und Theologen. »Die Theologie«, schreibt Cioran in *Des larmes et des saints*,

»ist die Verneinung Gottes. Welch widersinnige Vorstellung, nach Argumenten zu suchen, um dessen Sein zu beweisen! All diese Abhandlungen sind keinen einzigen Ausruf der heiligen Theresia wert. [. . .] Das letzte mystische Gestammel ist Gott näher als die *Summa theologica*.«[41]
Daß einige dieser »Ungeheuer«,[42] die »*bebend* mit dem Himmel spielen«,[43] ja sogar die Stirn hatten, »Gott kühn entgegenzutreten«,[44] als Ketzer überführt wurden, kann also weder als eine Verirrung der Geschichte, ein Mißverständnis oder ein Justizirrtum der Inquisitoren gelten noch einfach als Folge einer Reaktion des »Apparats« der weltlichen, mit der Führung der Seelen betrauten Organisation im Gegensatz zu Einzelgängern, die Gott von sich aus preisen und auf deren Dienste verzichten. Cioran deutet dies vielmehr als die Anerkennung des wahren Wesens der Suche großer Mystiker durch die Kirche: des Aufschwungs hin zu einem Jenseits von Gott, wenn nicht gar, wie bei Angelus Silesius, hin zu je »ihrem ureigenen Gott«[45] – eines Weges, der unmittelbar zur Heterodoxie führt.
Wenn Cioran das behauptet, denkt er selbstverständlich an Meister Eckhart, der postum – er starb vor Ende des Inquisitionsverfahrens – unter dem äußerst bezeichnenden Vorwand exkommuniziert wurde, daß er »mehr hatte wissen wollen, als erlaubt war«.[46] Die »Gottheit«, die vermittels der »Abgeschiedenheit«, der »Gelassenheit« gegenüber allem Wollen, auch dem des Glaubens begehrt wird, geht in der Tat radikal über den Gott hinaus, zu dem man in den Kirchen täglich betet. Von dieser besonderen (also begrenzten) Verkörperung, von diesem »Idol« läßt sich sagen, daß die »Gottheit« das vorhergehende Prinzip darstellt – es ist der »Seelengrund«, sagt Eckhart, in dem Gott seinen Ursprung hat. Man muß allerdings sofort hinzufügen, daß es sich dabei für den Erfurter Dominikaner, den »Doktor der heiligen Theologie«, nicht um einen wirklichen Unterschied, um zwei getrennte Wesenheiten handelte, auch nicht um solche, die auseinander hervorgehen, sondern einzig und allein um einen formalen

Unterschied, um *die Manifestation derselben Wesenheit auf zwei verschiedenen Ebenen* – wobei die Verwechslung dieser beiden Vorstellungen selbstverständlich einer richtiggehenden Irrlehre Vorschub leistet.
Da die Gottheit das reine und ganze »Wesen« Gottes darstellt, bevor Er mit den Lebewesen aus Fleisch und Blut, die wir sind, in Beziehung trat, seine platonische »Idee« also, besteht für Eckhart das ganze Erlebnis des Mystikers darin, sich in den Zustand der »Armut«, der Befreiung von jeder Wirklichkeit, jeder materiellen Begrenzung zu versetzen, in dem es ihm gelingt, diesen ungeschiedenen Ursprung zu erreichen, in ihm zu verweilen, nur noch *eins* zu werden mit der Gottheit in der Ekstase. Wenn auch er die Stufe des reines Geistes erreicht und im Begriffe steht, sich, sagt Eckhart, in »Nicht-Geist« zu verwandeln, dann wird der Mystiker völlig eins mit Gott. Indem er fortan in Ihm »ruht« und sich selbst zur eigenen Ursache und zum eigenen Ziel erhebt, wird er in der Seligkeit, in der völligen Selbstabwesenheit zu *Gott selbst*: »*Gott* muß schlechthin *ich* werden und *ich* schlechthin *Gott*, so völlig eins, daß dieses ›Er‹ und dieses ›Ich‹ *ein* ›Ist‹ werden und sind und in dieser ›Seinsheit‹ ewig *ein* Werk wirken«,[47] führt Eckhart in seiner seltsamen dialektischen Sprache aus.
Indem er den Gott des Dogmas zu überwinden sucht, um sich in gewisser Weise »wie mit seinesgleichen«[48] mit der transzendenten Gottheit zu unterhalten, ja sogar den Platz des All-Einen einzunehmen, begeht der Mystiker oder der Heilige in den Augen der Priester und der Theologen die »Sünde des Hochmuts« – bekanntlich ein Anklagepunkt bei allen Gerichtsverfahren wegen falscher Heiligkeit und anderer »teuflischer« Ketzereien. Man kann sogar sagen, daß er damit – und dessen wurde Eckhart von seinen Inquisitoren auch ausdrücklich angeklagt – in eine Art diffusen Poly- oder Pantheismus zu verfallen droht, in dem – da sich ja im äußersten Fall jeder als seinen eigenen Gott verkünden kann – Gott sich potentiell überall befindet, im Inneren aller Lebewesen und in allen ihren Taten.

In dieser völligen Einswerdung mit dem Göttlichen, diesem »Begrabensein des Geistes in der Gottheit«,[49] in dem Einen, wo, wie Eckhart in seinem Traktat *Von abegescheidenheit* schreibt, »der Mensch von Gnaden werden könne, was Gott von Natur ist«,[50] besteht jedenfalls für Cioran wie für alle großen Mystiker und Heiligen der höchste Ertrag – *der einzige, auf den es wirklich ankommt* – der mystischen Erfahrung: die Möglichkeit, eine grenzenlose Freiheit zu erlangen, die derjenigen des Schöpfers gleichkommt. Da er jegliches Streben nach irgendwelchen äußeren Dingen aufgibt, begnügt sich der »vollendete« Mystiker einfach damit, zu sein, in sich selbst zu herrschen in der Art einer reinen Idee, ja, könnte man hinzufügen, eines einfachen Objekts. Wie das buddhistische Nirvāṇa, das durch das Erlöschen alles »Durstes« Aufhören, Abwesenheit des durch die Vergänglichkeit aller Dinge entstehenden *duḥkha*, Leidens des Daseins, und folglich eine ruhige und strahlende »Leere« ist, so kommt auch die Eckhartsche *gelâzenheit*, die Gelassenheit oder Gelöstheit, die das mystische Erlebnis krönt, einem vollkommenen »In-sich-Ruhen« des Geistes gleich, der, schreibt Eckhart, »so unbeweglich stehe gegenüber allem anfallenden Lieb und Leid, Ehren, Schanden und Schmähung, wie ein bleierner Berg unbeweglich ist gegenüber einem schwachen Winde«.[51]

Im Gegensatz zu dem, was oft behauptet wurde, bedeutet *abegescheidenheit* die »lautere Loslösung«[52] (eigentlich müßte man hier von »Nicht-Verhaftetsein, Nicht-Anhaftung« sprechen, denn es handelt sich um beinahe passive Abwesenheit von Bindungen und nicht um eine Abtötung der Sinne, die durch das gewalttätige Mittel der Askese wie bei den Stoikern erreicht wird), also alles andere als Weisheit. Indem sie alle Gegensätze friedlich wieder versöhnt – »so wird sie von Erkennen erkenntnislos und von Liebe liebelos und von Licht finster«[53] –, bewirkt die damit erreichte Gottheit, wie das Nirvāṇa bei dem »Erwachten«, eine Art höchster Beseligung, ein fast selbstgenügsames Erfülltsein, eine grenzenlose ekstatische Wonne. Hier berührt man das, was alle mystischen

Denkweisen Seligkeit nennen oder was gemeinhin als das Absolute bezeichnet wird: »Die Mystik ist der Einbruch des Absoluten in die Geschichte. Ebenso wie die Musik bildet sie den Nimbus jeder Kultur, deren allerletzte Rechtfertigung.«[54]
Gott stellt also für Cioran wie für alle Heiligen und Mystiker auch »die äußerste Grenze dar, zu der der Mensch vorstoßen kann«,[55] die man aber »überwinden«[56] muß, um mit diesem Absoluten, das die Gottheit ist, in Verbindung zu treten. Da Gott nicht in Worte gefaßt, sondern nur in der – naturgemäß unvermittelbaren – ekstatischen Erfahrung erlebt werden kann, wird er gleichzeitig als das »Nichts« (»Ohne Gott ist alles nichts; und Gott? Höchstes Nichts«[57]) und als das, was sich jenseits des Nichts befindet, beschrieben – nämlich als der »Unfaßliche«, der »Ungenannte«, »der positive Ausdruck des Nichts«.[58] Und indem er die Methoden der negativen oder »apophatischen« Theologie wiederaufgreift, kann Cioran behaupten, daß Er derjenige ist, der alles ist, indem Er nicht ist[59] (um auf die Gnosis zurückzukommen, Basileides bestimmte Gott als »nichtseiend«[60]), und das, »was die Offenbarkeit überlebt, daß nichts gedacht zu werden verdient«.[61]
Daher kommt es auch, noch immer nach Cioran, daß es gleichgültig ist (man kann hinzusetzen: Ihm ist gleichgültig), zu wissen, durch welche Mittel man sich Ihm nähert, ob es *vermittels* der Mystik christlichen Ursprungs geschieht oder durch die Vermittlung dieser Religion ohne Gott und Glaube,[62] also dieser *Beinahe-Nicht-Religion*, die der Buddhismus ist, oder durch irgendeine andere vergeistigte Denkweise. Da die Gottheit der letzte Grund Gottes ist, muß sie *auch* derjenige aller wahren geistigen Erfahrungen sein, *welcher Gestalten und Wege sie sich auch bedienen mögen*. Auf dem Gipfel des religiösen Taumels, »auf den Höhen« gibt es also, sagt Cioran, eine »Ähnlichkeit«[63] zwischen allen Mystikern. Ob Johannes vom Kreuz es *nada*, »nichts«, die Ablehnung alles Geschaffenen, Meister Eckhart *Nichts* oder Nāgārjuna es *śūnya*, das »Leere«, oder *śūnyatā*, die »Leerheit«, nennen, das angestrebte Ziel bleibt im Grunde ein und dasselbe, dieser

»theopathische« Zustand der Ekstase, der eine grenzenlose beseligende Freiheit auslöst, jenseits aller Zufälligkeiten der Materie, und die Heiligen einfältig sagen läßt, Gott »wohne« in ihnen, und die heiligen Frauen – sie seien zu »Bräuten« Christi geworden.

Worauf wir hinaus wollen – Cioran war von einer Faszination durch das »Maßlose und Wahnwitzige«[64] der Erlebnisse christlicher Heiliger und Mystiker ausgegangen und gelangte dann unmerklich dahin, daß er das Vorhandensein einer Art von »wesentlicher Religion« voraussetzte, einer Religion jenseits aller bestimmten Religionen, der alle anderen entsprangen. Mit anderen Worten, seine intellektuelle Mystik führt ihn zu einer anthropologischen und synkretistischen Auffassung der Religion prinzipiell, des »religiösen Gefühls« als solchen, worin jede Vorstellung des Glaubens an einen bestimmten Gott, und mithin überhaupt des Glaubens an Gott, sich auflösen, aufheben muß – was ihn in seiner ursprünglichen »Bitterkeit, nicht glauben zu können«, bestärkt.

Dieses unablässige Hinundher Ciorans in bezug auf religiöse Dinge geht aus dem unüberwindlichen, grundlegenden Widerspruch hervor, in den er verstrickt bleibt: aus dem quälenden Kampf, den das Streben zum Absoluten, dem er sich nicht zu entziehen vermag, und die radikale Unmöglichkeit, auch nur »ein wenig« glauben zu können, miteinander führen. Denn das eine ist, die mystische Regung vernunftmäßig zu verstehen; *etwas völlig anderes*, sie fühlbar, sinnlich zu erleben. Ob man es nun »geistigen Aufschwung«, »Wahnsinn« oder, wie Eckhart, »geistige Armut« nennt, es erfordert tatsächlich ein gewisses Maß an Abgeschlossenheit, an Nicht-in-Frage-Stellen, an *Glauben*, wozu Cioran trotz aller seiner Belesenheit und seiner Überlegungen nicht fähig ist. Freilich, er fragt: »Was nützte es mir, gläubig zu sein, da ich ja Meister Eckehart ebenso gut verstehe, wie wenn ich es nicht wäre?«[65] Aber die Antwort auf die selbstgestellte Frage kennt er im voraus: Es würde alles ändern, denn Kenntnis des Glaubens und wahrer, ganzer und rückhaltloser Glaube haben nichts miteinander gemein. Beide schließen einander ebenso zwangsläufig aus wie Klarsicht und Lebenskraft, Selbsterkenntnis und Tat. Den Glauben hat man; äußerstenfalls kann man ihn stärken. Man kann sich aber nicht *dazu zwingen*, und schon gar nicht durch Vernunftgründe. Es bedarf einer Begegnung, göttlichen Eingreifens, einer *Heimsuchung* im eigentlichen Sinne des Wortes. Und trotz der mystischen Augenblicke, die er erfahren hat, ist Cioran diese Heimsuchung offenbar fremd geblieben.

Daß die Mystik in ihrem Grundgedanken zu einem Gegenstand des Nachdenkens, ja der ästhetischen Betrachtung werden kann, deutet bei ihm – und das könnte man auch über Eckhart sagen, der übrigens aus diesem Grunde der größten Ketzerei verdächtigt wurde: des Atheismus – auf einen *kritischen* oder *auffallenden Abstand* hin, der mit dem echten Glauben absolut unvereinbar ist. Ein Unvermögen, das er im übrigen, wenn auch indirekt, in diesem Aphorismus aus *Le Mauvais Démiurge* zugibt, einem Aphorismus, den man wie eine *petitio principii*, eine Selbstermahnung, einen Exorzismus lesen muß, denn Cioran beschreibt in Wirklichkeit genau das Gegenteil seiner eigenen Haltung: »Man muß an Gott und nicht an die Religion denken, an die Ekstase und nicht an die Mystik.« Eine Behauptung, die er durch diese kategorische Bemerkung ergänzt: »Der Unterschied zwischen dem Theoretiker des Glaubens und dem Gläubigen ist ebenso groß wie der zwischen dem Psychiater und dem Irren.«[66]

Als ein »religiöser Geist ohne Religion«,[67] der »sein Leben lang zwischen dem Bedürfnis, zu glauben, und der Unmöglichkeit, zu glauben, geschwankt hat«,[68] der sehr wohl das Denken der Mystiker mitvollzogen und ihre Gesten nachgeahmt hat, dem aber das »Zeug«[69] dazu fehlt, neigt Cioran deshalb endgültig, um seine eigenen Ausdrücke aufzugreifen, zur Seite des Psychiaters auf Kosten derjenigen des Irren. Da er hier zum »Scheitern«[70] verurteilt ist, kann er die mystische Wahrheit nur erahnen, nicht aber, was einzig zählt, *sie erleben*.

Als Mystiker ohne Absolutum[71] ist er demnach auch ein »unvollendeter« Mystiker, der »nicht ans Ziel gelangt ist«.[72] Was wäre denn eigentlich ein Heiliger, der Abstand zu sich selbst gewönne und schließlich über seine Heiligkeit nachdächte? Eine Ekstase, die man einen Augenblick unterbräche, um ihre Wirkungsweise zu untersuchen und zu bewundern? Ein Glaube, von dem man sich lösen könnte, um dessen Freuden und Schönheiten zu schildern? Dreimal *nichts* selbstverständlich. »Wie schade, daß man, um zu Gott zu gelangen, durch den Glauben hindurch muß!«[73] klagt Cioran in den *Syllogismes*. Alles liefe in der Tat hervorragend, der Kreis würde sich von selbst in der großen stillen Fülle der Gottheit oder des Nirvāṇa schließen – und der zum Heiligen oder zum Buddha gewordene Cioran würde niemals schreiben –, wenn ihm gegeben wäre, fortwährend an das Absolute zu glauben. Aber das ist nicht der Fall, da er nur hin und wieder daran glaubt, was darauf hinausläuft, daß er überhaupt nicht daran glaubt.
Der Skeptizismus, die Zweifelsucht sind bereits dagewesen und haben ihre Verheerungen angerichtet, sie haben ihm diese Wahrheit zugeflüstert, die seine Gelüste, sein Verlangen zu glauben nur auflösen und jede Möglichkeit zur Ekstase in ihm zunichte machen kann: Nicht nur ist das Absolute nicht von dieser Welt, während alles dafür spricht, daß es keine andere Welt gibt – selbst wenn es sie gäbe, müßte Cioran immer noch, um sich ihr zu öffnen und in den Genuß ihrer Früchte der Seligkeit zu kommen, fähig sein, seine tiefverwurzelten Neigungen zu überwinden, an die er gefesselt bleibt, die ihn peinigen, ihn unentwegt in Versuchung führen und denen er völlig verfallen ist. Und diese sind nichts als *Einspruch* gegen das, was das Absolute konkret bedeutet: »Du bist besessen von der Loslösung, der Reinheit, dem Nirvāna«, schreibt Cioran und wendet sich damit an sich selbst, »und dennoch ist *einer* in dir, der flüstert: ›Hättest du den Mut, deinen geheimsten Wunsch auszudrücken, so würdest du sagen: Ich wollte, ich hätte alle Laster erfunden.‹«[74]
Damit der Glaube, der stets, wie Schestow in seinen Gesprä-

chen mit Fondane behauptete, einer Selbstverleugnung, einem Tod des Geistes, einer Klausur gleichkommt – »Über die Gottheit bleibt Spekulation erlaubt; in der Gegenwart Gottes hört sie auf. [. . .] Wenn es eine Gottheit gäbe, würde es eine *Tür* geben . . . Aber schreien Sie, klopfen Sie in Richtung Gott: und schon gibt es keine Tür mehr«[75] –, nicht zum Schein herabsinkt und nicht zur Lüge sich selbst und den anderen gegenüber wird, sieht Cioran sich also dazu verurteilt, die Leiter des mystischen Glaubens, die er kraft des Denkens erklommen hatte, demütig Sprosse um Sprosse herunterzusteigen: allen Anspruch auf das Göttliche aufzugeben, ob es nun Gottheit, Nichts oder Nirvāṇa heißt . . .

Das mühsam errichtete Gebäude muß folglich ein für allemal einstürzen. Hinter dem Verehrer der Theresia von Ávila verbarg sich in Wirklichkeit nur ein gewöhnlicher Neugieriger, ein Voyeur, ein Ästhet, der sich wie die französischen Décadents Ende des 19. Jahrhunderts, wie etwa Des Esseintes aus *À rebours* von J.-K. Huysmans oder Hubert d'Entragues aus *Sixtine* von Rémy de Gourmont an der »Perversität« und der »herrlichen Wollust«[76] der großen Heiligen ergötzte, doch ohne das Geheimnis durchdringen zu können. Der Leser des heiligen Johannes vom Kreuz versuchte als »Schmarotzer«[77] aus den poetischen Entdeckungen der Selbsterkunder, die die großen Mystiker sind, die er nie wird erreichen können, Nutzen zu ziehen. Und der sogenannte »Buddhist« war hinter seinen begeisterten Behauptungen nichts als ein armer gepeinigter Abendländer, außerstande, sich auch nur flüchtig seines lächerlich aufgeblähten »Ichs« zu entledigen. Die sehnlich erwartete, durch Jahre angespannten Lesens, durch labyrinthische Betrachtungen und Selbstbesinnung vorbereitete Befreiung endet gar in lächerlicher Heuchelei wie in jener entzückenden kleinen philosophischen Geschichte, in welcher der Aufschwung hin zum Großen Nirvāṇa in der höchst prosaischen Nachmittagsruhe eines Müßiggängers versinkt: »Von grundlegenden Sorgen heimgesucht, hatte ich mich nachmittags aufs Bett gelegt, die ideale Lage, um über das *vollkommene* Nirvāna zu sinnen, in dem es nicht die geringste Spur von einem Ich mehr gibt, das jeder Befreiung, jedem Zustand des Nicht-Denkens im Wege steht. Zunächst das Gefühl seligen Erlöschens, dann seliges Erlöschen ohne Gefühl. Ich glaubte mich an der Schwelle der letzten Stufe; doch ach! es war nur eine Parodie davon, ein Abgleiten in die Betäubung, in den Abgrund der ... Siesta.«[78]

Soll das heißen, dieser ganze Weg sei vergebens zurückgelegt worden? Daß er nichts als lächerliche Verrenkung, verlorene Mühe gewesen wäre? Nicht zwangsläufig. Denn in diesem Streben nach einem unmöglich zu erreichenden und überdies trügerischen Absoluten entsteht Raum für etwas, was es zwar nicht ersetzen und ausfüllen kann, das aber wenigstens die durch dessen Abwesenheit geöffnete Leere einnimmt. Da er nur diesen »Glauben der schwankenden Geister«,[79] worin der Skeptizismus besteht, erfahren kann, wird bei ihm von nun an der Zweifel paradoxerweise zur letzten »Gewißheit« erhoben, also zu einem Beinahe-Absoluten und einer Möglichkeit, eine »Befreiung« zu erringen, »wenn jede andere Form des Heils verdämmert oder mich verwirft«.[80] Außerstande, die Erlösung mittels des religiösen Absoluten zu erwerben, und erst recht nicht durch dessen Jenseits, die Heiligkeit oder den Wahnsinn, bleibt diesem Gescheiterten der Mystik also nichts mehr übrig, als das Absolute in der letzten konkreten Lösung zu suchen, die sich ihm anbietet: die Befreiung in einem *Diesseits* des Absoluten zu suchen – und zwar vermittels einer bis zum Äußersten getriebenen Klarsicht, eines atheistischen Kults der Hellsichtigkeit beinahe *um ihrer selbst willen.*

Indem er das Absolute als Ziel aufgibt oder vielmehr vom Absoluten aufgegeben wird, versucht Cioran also, dessen Abwesenheit, das heißt den Zweifel ... in ein Absolutes umzuwandeln. Das endlose Fragen wird deshalb für ihn zum »mystischen«, es wird seine Art, ein Mystiker zu sein: »Jeder gnadenlose Analytiker, jeder Enthüller des Scheins und um so mehr jeder ›Nihilist‹«, kann man in einer Valéry gewidmeten »Übung der Bewunderung« lesen, »ist nur ein *blockierter*

Mystiker, und zwar ausschließlich deshalb, weil es ihm widerstrebt, seiner Klarsicht einen Inhalt zu geben, sie zum Heil zu wenden, indem er sie mit einem Unterfangen verbindet, das über sie hinausgeht.«[81]

»*Es leuchtet ein, daß Gott eine Lösung war und daß man nie wieder eine ebenso befriedigende finden wird*«:[82] Anstatt sich auf eine transzendente, *endgültige* Wahrheit zu berufen, der die Religion entspricht, wird Cioran partielle, augenblickliche, individuelle Wahrheiten aus den Trümmern, die der Un-Sinn der Welt zurückgelassen hat, geduldig herauslesen. Das eine kann freilich das andere nicht ersetzen. Die Aufgabe ist weniger »rühmlich«; aber sie hat den Vorteil, sich als wirklichkeitsnäher, »wahrer«, »freier« zu erweisen. Es handelt sich um ein menschliches, sehr menschliches Ziel; und nicht um irgendeine wahnwitzige, ideale und möglicherweise auch gefährliche Vorstellung. Der »Strebende« weicht dem »Verstehenden«:[83] vom »Heiligen« kann Cioran nur noch zum »Weisen« zurückfallen.

Allem Anschein zum Trotz ist sein großer transzendenter Umweg nicht vergeblich gewesen. Bei weitem nicht. Denn von der experimentellen Intelligenz, welche die Mystik in ihrem edelsten Sinn ist und die alle Dimensionen der Welt in einer einzigen Bewegung umfaßt, behält er nicht nur eine gewisse Erkenntnis, die seine Gedanken in Gang hält, sondern auch eine Sehnsucht nach, das *Wissen* von einem höheren, unaussprechlichen Sinn der Welt im Gedächtnis, die ihn dazu führt, *sogar* die Errungenschaften des Zweifels zu relativieren. Obgleich unwiderruflich säkularisiert, wird sein religiöses Gefühl also nicht verschwinden. Es wird ihn nicht loslassen, ihn bei der Suche nach absoluter Klarsicht quälen und ihn – um es in einem Widerspruch auszudrücken – zu einem »profanen Mystiker«oder einem »Mystiker der Wirklichkeit« machen. So kann die »Übung der Entzauberung«[84] der Welt, die in seinen Augen den Skeptizismus kennzeichnet, zu Ende geführt werden. Von nun an wird er nie vor irgendeinem »Grund«, welcher Art auch immer, haltmachen außer denjenigen, die das Leben aufgibt. Wer, wenn auch in einer unvollendeten mystischen Erfahrung, vom Taumel des Absoluten gekostet hat, kann nur versuchen, diesen *Rausch* auch in der realistischen Erforschung der Dinge wiederzufinden. Cioran, einem gescheiterten Mystiker, dem die großen religiösen Errungenschaften versagt sind, bleibt also nur noch die Möglichkeit, wenigstens *ein vollendeter Skeptiker* zu werden. Der unmögliche Heilige wird sogar davon träumen können, daß er trotz allem einer wird; aber einer von dieser Welt und nicht von einer anderen, erdachten: ein »bürgerlicher« oder »weltlicher« Heiliger – wie bekanntlich die griechische Definition des Philosophen und Weisen lautete.

Die Wiederverzauberungen eines Entzauberers

Cioran hat wiederholt mit Nachdruck – dergestalt, daß er sie in seinen Gesprächen als »Leerformel«[1] bezeichnete und sogar, gegen alle Wahrscheinlichkeit, behauptete, den Sinn des Begriffs nicht genau zu verstehen – die Kennzeichnung »nihilistisch« zurückgewiesen, womit man sein Denken und seine Haltung fortwährend, geradezu systematisch bedachte. Indem er bemerkte, daß seinem Denken durchaus kein bewußter Wille, »mit mehr oder weniger politischen Hintergedanken«,[2] die Gesellschaft zu zerstören, zugrunde liege und sich also auf eine sehr enge, um nicht zu sagen allzu gängige Definition des Nihilismus berief, war diese Ablehnung selbstverständlich nicht frei von Koketterie. Der Mann, der rastlos und in allen Tonlagen den Un-Sinn der Welt anprangerte und bereits mit zweiundzwanzig Jahren in seinem ersten Buch *Pe culmile disperării* in überschwenglicher Sprache verkündete: »Es gibt keinerlei Argumente für das Leben. Kann einer, der das Äußerste erreicht hat, fortan noch mit Beweisgründen, Ursachen, Wirkungen, moralischen Betrachtungen umgehen? Gewiß nicht. Jenem bleiben nur noch unbegründete Gründe, um zu leben«,[3] spielte ein bißchen mit den Worten. Da er sich sonst, was alle, die ihm nähergekommen sind, bezeugen können, als »das heiterste Wesen, das man sich in Gesellschaft vorstellen kann«,[4] gab und trotz seiner hartnäckigen Schwermut von einer echten »Leidenschaft für das Dasein« beseelt war, stolz darauf, daß das Lesen seiner *Syllogismes de l'amertume* einer seiner libanesischen Freundinnen während der Bombenangriffe auf Beirut wieder Hoffnung machen und eine seiner fernen Bewunderinnen aus Japan vom Selbstmord abbringen konnte,[5] kann man sagen, daß sich damit die Frage nach seinem »Nihilismus« ohne weiteres erledigt.

Ciorans Behauptung, daß der Nihilismus nicht ein Grundzug und erst recht nicht die Zusammenfassung seines Denkens sei, muß indessen ernst genommen werden. Man kann sich auf Pessimismus oder Fatalismus berufen, das, was man den »Sinn des Lebens« nennt, in Frage stellen, ohne dem Dasein Wohltat, Interesse oder Wert abzusprechen. Denn sich mit einer zur *Pflicht* erhobenen Klarsicht der Entlarvung aller Erscheinungsformen der Illusion und des Bösen in der Welt zu widmen ist eine Sache, aber eine ganz andere, daraus eine unwiderrufliche Verurteilung der Welt abzuleiten – gesetzt den Fall, muß sofort angemerkt werden, daß es gelingt, sich vollständig von den Vorurteilen, die man in sich trägt, und anderen Selbsttäuschungen, ob bewußt oder nicht, zu befreien: daß man also *wirklich* klarsichtig wird.

Es handelt sich hier um eine äußerst starke Hypothese, die der konsequente Skeptiker nur in Zweifel ziehen kann. Zu »sagen: ›Alles ist Illusion‹ heißt, der Illusion zu huldigen, ihr ein hohes, ja das höchste Maß an Wirklichkeit zuzugestehen, obgleich man sie vielmehr in Verruf bringen wollte. [...] Eine Fessel ist selbst die Idee, die alle Ideen herabwürdigt.«[6] Hinzu kommt die Schwierigkeit, ja Unmöglichkeit, ohne irgendeinen Glauben zu leben, allen voran denjenigen an eine, trotz allem, gewisse Wirklichkeit des Daseins. Müssen wir uns nicht, um die kleinste Bewegung zu machen, »um überhaupt nur atmen zu können«, ein ganz klein wenig davon überzeugen, daß »die Welt und unsere Begriffe einen Wahrheitskern enthalten«?[7] Ciorans Ablehnung der Bezeichnung »nihilistisch« scheint auf zweierlei, wenn nicht *dreierlei zu zielen*: auf die Frage nach Inhalt und Wesen seines Pessimismus, dann auf die dieser Frage vorausgehenden und sie bedingenden Fragen nach dessen materieller und, könnte man sagen, rein logischer Möglichkeit.

Eben weil man diese »Feinheiten«, die eigentlich gar keine sind, vergessen hat – daß nicht alle Spielarten des Pessimismus denselben Sinn und dieselbe Tragweite haben und daß es sich als schwierig, wenn nicht gar unmöglich erweist, sich die »Gewohnheit des Lebens«[8] abzugewöhnen, kann nicht wirklich als grundlegende philosophische Entdeckung gelten –, darf man hinsichtlich der heutzutage vorherrschenden Lesart Ciorans von Fehldeutung, Klischee sprechen oder doch von Übereilung bei der Einordnung in die grobe Kategorie des »Pessimismus-Nihilismus«, was auf dasselbe hinausläuft. Um so mehr als dieser Begriff wohl einer der relativsten überhaupt ist. Hat man nicht Sartre wegen seiner »Philosophie des Absurden« Nihilismus vorgeworfen, Sartre, der in seinem Essay über den Dichter der *Fleurs du mal*[9] Baudelaire den Prozeß gemacht hat unter dem Vorwand, daß dessen »Wille, das Böse um des Bösen willen zu tun«, von einer reaktionären, also »dekadenten« Haltung gegenüber dem Christentum zeuge? Für irgend jemanden ist man stets ein Nihilist; weit entfernt, eine sachliche und vernünftige Untersuchung zu fördern, wirkt dieser Begriff zumeist wie eine Verweigerung der Auseinandersetzung, wenn nicht sogar wie eine Beleidigung. »Wenn jener alte Philosoph«, berichtet Cioran in *Écartèlement*, »jemanden rasch abfertigen wollte, bezeichnete er ihn als ›Pessimisten‹. Als sagte man ›Lump‹. Für ihn war jeder ein Pessimist, der Widerwillen gegen die Utopie empfand. So bedeckte er jeden Feind des leeren Geschwätzes mit Schmach.«[10] Wenn die Problematik des Nihilismus – selbstverständlich – bei Cioran vorkommt, handelt es sich also um eine *Frage*, nicht um eine Antwort. Und um diese Frage angemessen zu behandeln, muß man zunächst auf die Bedeutung des Begriffs eingehen.

Auf philosophischer Ebene ist es bekanntlich Nietzsche, der Ende des 19. Jahrhunderts dieses Wort zu Ehren gebracht, ihm die Würde eines grundlegenden Begriffes verliehen hat, in dem er die ganze vergangene und sogar die *künftige* Geschichte des Abendlandes zusammenfaßte. Nun ist dieser Begriff bei ihm äußerst schwer zu fassen, denn er ist vielschichtig und mehrdeutig. Er ist zugleich Symptom einer bestimmten Epoche – im wesentlichen des ausgehenden »idealistischen« 19. Jahrhunderts –, ein Merkmal der abendländischen Kultur, eines ganzen moralischen und psychologischen Gefüges und der Weltanschauung, die dieses widerspiegelt. So schwankt der Begriff »Nihilismus« zwischen der Bezeichnung eines gegebenen Systems und derjenigen eines gesellschaftlichen und persönlichen Verhaltens. Aber er bedeutet für Nietzsche auch eine reaktive, *kämpferische* Haltung gegen diese Geisteshaltung. Aus diesem Grund ist der Nihilismus zum Gegenstand unterschiedlicher, ja sogar miteinander unvereinbarer Wertungen geworden, je nachdem ob er zur Festigung einer erreichten Kulturstufe oder vielmehr zu deren Überwindung mittels Verneinung beiträgt. So kann der Verfasser der *Genealogie der Moral* die christliche Religion und Moral als »nihilistisch« geißeln . . ., während er sich in den Aufzeichnungen aus derselben Zeit stolz als einen Nihilisten seit je und »von Grund aus«[11] vorstellt. Der Antichrist wäre seinen Worten nach sogar »der erste vollkommene Nihilist Europas«, weil er »den Nihilismus selbst schon in sich zu Ende gelebt hat, – der ihn *hinter sich, unter sich, außer sich hat* . . .«[12] [unsere Hervorhebung]. Das Wort bezeichnet mithin für Nietzsche zwei widerstreitende Wirklichkeiten: einerseits ein Zusammenwirken von Kräften und einen Geist, die negativ und verachtenswürdig sind und übrigens als »dekadent« bezeichnet werden; andererseits die positive Art und Weise, sie durch eine »Umwandlung«, durch eine radikale »Umwertung« aller Werte, auf denen sie beruhen, zu überwinden, zunichte zu machen.

Der Grund für diese Uneindeutigkeit liegt im Sinngehalt des Begriffes selbst. Nihilistisch ist für Nietzsche jede moralische oder religiöse Haltung, jede Weltanschauung, die – weil sie sich nicht von dem dualistischen Gegensatz von Gut und Böse, so wie diese Begriffe unter anderem vom Christentum verstanden werden, zu befreien vermag, um einen Raum zu betreten, in dem die Begriffe sich umkehren und in ihrem »guten« aristokratischen Sinn wiederhergestellt werden – das *Leben* und seine Instinkte in Verruf bringt. Da sie das »Ressentiment« ihrer Anhänger gegenüber der natürlichen dionysischen Grausamkeit des Daseins zum Ausdruck bringen, können diese Morallehren und Religionen in dem Sinne als nihilistisch bezeichnet werden, daß sie die höheren, bejahenden Werte des Daseins, das »grosse Ja«[13] der Lebenskräfte brandmarken, um sich auf einen asketischen Geist zurückzuziehen, der die schroffe Verneinung des Lebens ist. Das wäre für Nietzsche nicht nur der Fall des Christentums, sondern auch des Buddhismus – obwohl dieser in seinen Aufzeichnungen viel weniger angegriffen wird als in der *Genealogie der Moral* – und auf philosophischer Ebene des Platonismus, und auf politischer Ebene wäre es der Fall von dessen beiden zwar entgegengesetzten, aber auf derselben Grundlage beruhenden Abwandlungen: des Liberalismus und des Sozialismus.

Da der Nihilismus nur *der andere Name des Idealismus* ist, muß man ihn, um ihn zu überwinden, bei seiner Wurzel pakken: der dualistischen Auffassung der Welt, einer Welt der »Erscheinungen«, die von Natur aus »falsch« sind, und einer Welt der »Dinge an sich«, die jenen vorausgehen und überlegen sind, sie erklären und begründen sollen. Nur eine radikale tatkräftige Kritik dieses falschen Scheins der »Ideale« – die dadurch, daß sie eine »Hinterwelt« voraussetzen, die wahrer als die Welt sein soll, das einzige Leben, das uns gegeben worden ist, abwerten – ermöglicht es, die echte »höhere« Moral des Einzelnen, Schöpfers seiner eigenen Werte, wiederherzustellen – eine »moralinfreie« Moral, die sich über die bestehende Moral hinwegsetzt. Von der eingebildeten, *a priori* von den Religionen und Morallehren zusammengeflickten Welt, *wie sie sein sollte*, in die wirkliche Welt, *wie sie ist*, die unseren wirklichen Horizont bildet, wieder herabzusteigen – kurz, die Welt wieder auf die Beine zu stellen –, setzt also zunächst eine »Vernichtung der Welt des Seienden« als »Zwischenperiode des Nihilismus«[14] voraus. Dem »unvollständigen«[15] Nihilismus, der uns umgibt, muß man einen »vollkommenen«[16] Nihilismus entgegensetzen, der fähig ist, aus dem Inneren der gegenwärtigen Dekadenz ein Zeitalter neuer, endlich mit dem Leben versöhnter Werte heraufzuführen. Die Umwertung aller Werte erscheint somit als ein Vorgang, der die alten Werte vernichtet und umkehrt, *indem er sie in sich selbst integriert*. Es ist eine Bewegung, faßt Nietzsche zusammen, »welche [...] jenen vollkommenen Nihilismus ablösen wird; welche ihn aber voraussetzt, logisch und psychologisch, welche schlechterdings nur auf ihn und aus ihm kommen kann. Denn warum ist die Heraufkunft des Nihilismus nunmehr nothwendig? [...] weil der Nihilism die zu Ende gedachte Logik unserer großen Werthe und Ideale ist, – weil wir den Nihilismus erst erleben müssen, um dahinter zu kommen, was eigentlich der Werth dieser ›Werthe‹ war.«[17]

So entfaltet sich die seltsame Logik Nietzsches, die erklärt, daß er sich auf den Nihilismus *im Namen des Kampfes gegen den Nihilismus* berufen kann: Der »aktive« Nihilismus erlaubt es, den »passiven«, uns umgebenden Nihilismus, von dem er seinen Ausgang nehmen muß, zu überwinden, indem er das Wertesystem, auf dem dieser beruht, verändert, ihn also »umwertet«. Weit entfernt, nur einen bedauernswerten Zustand darzustellen, erscheint die Dekadenz fortan auch als »Chance«, denn sie ist eine unerläßliche Vorstufe dieser großen Bewegung zur Befreiung des Einzelnen, die in der Umwertung aller Werte besteht. »Die décadence selbst ist nichts«, erklärt Nietzsche, »was zu bekämpfen wäre: sie ist absolut nothwendig und jeder Zeit und jedem Volk eigen.«[18] Man muß sie einfach zum Äußersten treiben, bis sie sich irgendwie von sich aus umkehrt und ihren Gegensatz hervorbringt, dieses Reich »jenseits von Gut und Böse«, in dem, befreit von der »grossen Verführung zum Nichts«,[19] womit die Moral des Ressentiments sie beschwerte, endlich auf natürliche Weise und uneingeschränkt die Kräfte des Lebens obsiegen.

Die Dinge werden allerdings komplizierter und drohen sogar durcheinanderzugeraten, da es sich, da der Nihilismus von Natur aus einzig, unteilbar ist – die Zerstörung ist vollständig oder gar nicht –, als äußerst schwierig, ja unmöglich erweisen könnte, zwischen seinen »guten« (im Sinne von »positiven«, schöpferischen) Seiten und seinen bösen (»negativen«, tödlichen) Folgen zu trennen. Anders ausgedrückt, der Nihilismus als ein vorläufiges Mittel, um neue Werte zu erringen, um ein neues System der Werte aufzustellen, kann jederzeit zum Selbstzweck werden, wobei er dann nur die zerstörerische Phase dieses Prozesses beibehält. Und wer, aufgrund welcher Kriterien – denn in Ermangelung eines »objektiven« Kriteriums, das anzeigt, daß die Umwertung aller Werte erfolgt ist, unterscheidet diese Phase formal nichts von der nihilistischen, die ihr vorangeht und sie herbeiführt – bestimmt den Augenblick, von dem an man die alten verdorbenen Werte verläßt und ohne Umschweife und endgültig »zu einer Rangordnung der Kräfte, vom Gesichtspunkte der Gesundheit«[20] gelangt? Wo endet also der Nihilismus als »Schwäche«, die »untergrabend, secirend, enttäuschend, schwächend« ist? Und wo beginnt er *a contrario* als »Kraft«, »als Zeichen von Stärke und Selbstbeherrschung, als Entbehrenkönnen von heilenden tröstlichen Illusions-Welten«?[21] Wie soll man unterscheiden zwischen seinen befreienden und seinen negativen Erscheinungsformen? Und, *last but not least*, wer kann gewährleisten, daß die Sakralisierung, das wahrhafte »Vergöttlichen«[22] der Welt, so wie sie ist, die von dieser moralischen Regeneration bewirkt wird, nicht in eine zynische (im gewöhnlichen Sinn des Wortes) Zustimmung zu den schlimmsten Äußerungen der »freien« Instinkte ausartet?

Der bereits von der Krankheit gezeichnete Nietzsche – viele seiner Aufzeichnungen über den Nihilismus wurden wenige Jahre, ja wenige Monate vor seinem Zusammenbruch geschrieben – ist über diese blinden Flecken seines Denkens hinweggegangen. Man kann aber sagen, daß sie auf Schritt und Tritt immer wieder auftreten. Während er sich auf paradoxe Weise *von der Dialektik durch Dialektik zu befreien* versucht, fällt der Antichrist regelmäßig tief in deren logische Netze. Seine heftige Zwiespältigkeit gegenüber der Gestalt des Sokrates, die ihm Ungeheuer, »typischer décadent«[23] und Vorbild für Zarathustra zugleich ist, erscheint immer nur als folgenloses Symptom der unvermeidlichen Widersprüche, die dieser gefährliche Versuch, eine neue Moral auf dem unmoralischen Umsturz der alten Morallehren zu gründen, nach sich zieht. Da er nicht sofort und gleichsam mühelos in eine vom Gut-Böse-Dualismus befreite Welt einzutreten und seine eigene Moral *ex nihilo* hervorzubringen vermag, ist Nietzsche tatsächlich dazu verurteilt, aus einer zwiespältigen Haltung gegenüber alten und neuen Werten heraus geschickt zu lavieren – ohne den Beistand von Normen, die nicht individualistisch und subjektiv wären, so daß man alte und neue Werte auseinanderhalten könnte.

Gewiß, es gibt sehr wohl eine Lösung für das, was nicht nur eine unangenehme, aus einem Übergangsprozeß heraus entstandene Lage ist, sondern eine echte logische und moralische Sackgasse zu sein scheint. Und zwar: jede Erscheinungsform des bis zum Äußersten gesteigerten Lebens im voraus als »positiv« auszugeben – was Nietzsche in einigen seiner Fragmente tut –, sich zum unnachgiebigen und fast kritiklosen Verteidiger der Lebensbejahung, und zwar in jeder erdenklichen Form, aufzuwerfen, wenn diese sich nur als »echt«, »wahr«, befreit von der Last der alten moralischen Konformismen ankündigt. Dann lösen sich die Widersprüche, die wir aufgezeigt haben, auf. Die Umwertung aller Werte läßt eine Welt entstehen, die wirklich mit ihren Grundlagen versöhnt ist – eine Welt, die tatsächlich auf die Füße gestellt ist. Eine vollkommen logische Lösung, die jedoch in der Wirklichkeit noch weniger lösbare Fragen aufwirft. Der wunde Punkt ist der, daß diese Argumentation darauf hinausläuft, daß man es dem Ermessen eines jeden überläßt, die Handlung, die ihm gerade paßt, für »moralisch« (im neuen Sinn) zu erklären oder auch nicht, ohne sich um die Folgen zu kümmern, die das für andere oder für einen selbst nach sich ziehen kann. Unter dem Vorwand eines »Realismus«, der sich eigentlich wie ein Naturalismus ausnimmt, stützt sich diese Konstruktion auf eine möglicherweise harmonische Auffassung von Mensch und Gesellschaft. Sie beruht auf einem echten Trugschluß (*petitio principii*), aufgrund dessen die Umwertung aller Werte, und sei es erst in einer ungewissen Zukunft (»in irgend einer Zukunft«,[24] schreibt Nietzsche), die Errichtung einer stabilen und lebensfähigen Welt ermöglichen soll.

Nun gibt es nichts – und ganz bestimmt nicht die Geschichte mit ihren Erschütterungen –, was zu behaupten gestattet, daß es von selbst dazu kommt. Im übrigen weiß man nur zu gut, wozu ein gewisser Vitalismus hat dienen können: um im Namen der höheren Werte des *Lebens* die Entfesselung der zerstörerischsten Kräfte gegen die Verfechter jeder »Sklavenmoral«, das heißt der Monotheismen und insbesondere des Judaismus, zu rechtfertigen. Ob es sich dabei um eine seiner logischen Konsequenzen oder, im Gegenteil, um Fehlentwicklungen handelt, die Tatsache bleibt jedenfalls unbestreitbar und gibt zu denken: Der Nietzscheanismus, vor allem seine von Elisabeth Förster-Nietzsche ideologisch verzerrte Auffassung vom »Willen zur Macht« und vom »Übermenschen«, war auch so ein »Ideal« (oder könnte als eines gedeutet werden), dessen Auswirkungen sehr viel verheerender ausfielen als die der Ideale, gegen die er sich auflehnte.

Da er in seiner Jugend dem Zauber der Gedanken des »Verzauberers Nietzsche«[25] erlegen war und die Sackgassen des Vitalismus aus nächster Nähe zu sehen bekommen hatte, kann Cioran dieses Scheitern nicht verborgen geblieben sein. Im Gegenteil. Man kann sogar sagen, daß *in gewisser Hinsicht* sein ganzes französisches Werk nichts anderes ist als ein Nachdenken über diese verhängnisvolle Verkehrung der äußersten »Befreiung«, welche die Umwertung aller Werte in reines Grauen darstellen mußte. Jenseits von Gut und Böse, hat die Geschichte, wie Peter Sloterdijk in seiner *Kritik der zynischen Vernunft* richtig bemerkt, bewiesen, gibt es – im Gegensatz zu dem, was Nietzsche hoffte – nirgends »einen strahlend vitalen Amoralismus, sondern ein unendliches Zwielicht und eine fundamentale Ambivalenz«[26]. Also durchaus nicht den Raum blendender Klarheit, in dem, da Zwecke und Mittel völlig zusammenfallen, die höheren unmoralischen Werte des Lebens, die moralisch geworden sind, aus eigener Kraft ohne weiteres siegen müßten, wie der »Dionysos gegen den Gekreuzigten«[27] aus dem *Ecce homo* träumte; sondern eine Art ständigen Helldunkels, eine Dämmerwelt, in der die Begriffe Gut und Böse, weit davon entfernt, »überwunden« worden zu sein, in der größten Verwirrung fortbestehen, einander durchdringen, sogar unentwegt ineinander umschlagen, je nachdem ob sie die Rolle von Mittel oder Zweck spielen (oder man es so deutet), und deshalb zu einem Dasein führen, das im moralischen Sinn buchstäblich unentscheidbar ist und damit die Rechtfertigung jeder Handlungsweise begünstigt. Kurz, anstatt alle moralischen Fragen zugunsten einer »neuen Unschuld« aufzuheben, entspricht die Umwertung der Werte in Wirklichkeit nur der Heraufkunft einer noch problematischeren Welt: eines unstabilen Zeitalters heftigen »moralischen Schlingerns«, wie Sloterdijk das bezeichnet.

Gewiß, das war *in einem bestimmten Sinn* das, worauf Nietzsche mit seiner Umkehrung der alten Rangordnung der Werte zielte: daß die Menschen das unbeständige Wesen der Dinge anerkennen, daß sie sich dem »Widerspruch, Täuschung, Wechsel« hingeben und in »Glück« verwandeln, was vorher den alten Morallehren entsprechend als unerträgliches »Leiden« erlebt wurde.[28] Hinter dem bejahenden Nietzsche, dem potentiellen Ideologen – oder vielmehr ununterscheidbar mit ihm verschmolzen –, der die Umwertung aller Werte als den Sieg eines festen, endgültigen Prinzips auffaßte, einer Art »Ende« der Geschichte, stand also ein anderer Nietzsche, ein *Skeptiker*, der in diesem Bruch nur einen »großen Anfang« sah, die Gelegenheit, eine neue, wirklich freie Ethik zu gründen, die noch von Grund aus zu erfinden war – die sich gar, nach seinen eigenen Worten, »selbst erschaffen« sollte.

So barg der »heroische« Immoralist, dem der Antichrist die Gesetzestafeln gab, mehrere gegensätzliche Virtualitäten in sich. Er bot unterschiedliche Deutungen, je nachdem, ob man ihn auf rein individueller Stufe oder auf der Ebene der Gemeinschaft, in seinen ausschließlich kritischen Teilen oder mit seinen utopischen Entwürfen betrachtete. Wie Cioran es andeutete, indem er in seinen Gesprächen Nietzsches Erfahrung der menschlichen Psychologie in Frage stellte,[29] könnte man noch hinzufügen, daß Nietzsche deshalb einen ganzen Bereich der menschlichen Wirklichkeit unterschätzte, nämlich den *horror vacui*, der die Menschen dazu treibt, sich in die Arme einer beliebigen Macht zu stürzen, die die Entwicklung der Dinge in einer beruhigenden Form erstarren läßt, beinahe unabhängig von deren Inhalt, sofern sie nur eine Ordnung schafft. Er selbst legte den Optimismus, den Idealismus an den Tag, die er bei den anderen anprangerte. Das Verschwinden der alten Wertehierarchien führt infolgedessen nicht von selbst zu einer freieren Welt, sondern viel eher zu einer Welt, die von jener alternativen Hierarchie beherrscht wird, der es gelingt, die Oberhand zu gewinnen. Dann verwandelt sich die Umwertung aller Werte von einer offenen Philosophie, die den geoffenbarten Glauben ablehnt, in eine Doktrin, eine Utopie, die eine rein zynische Macht rechtfertigt, ohne einen anderen Glauben als den an ihren scheinbaren Wert.

Der Verfasser von *Histoire et Utopie* kann von Nietzsches Lehre selbstverständlich nur den ersten, kritischen Teil beibehalten, der, weit entfernt, eine Lösung zu bieten, vielmehr die Aufgabe, seinen Platz im Kosmos zu finden, deutlich erschwert. Wenn man nun, wie Cioran es tut, Nietzsches emanzipatorische Bewegung diesseits der darin enthaltenen Utopie anhält und gleichzeitig die Werte, aus denen sie hervorgeht, widerlegt, bleibt nichts als eine »tragische« Erkenntnis der Welt übrig, eine Erkenntnis, die nicht nur außerstande ist, der Welt eine neue Ordnung zu geben, sondern deren ursprüngliche Unordnung sogar noch vermehrt. Kurz, man verfällt in die heilloseste Ungewißheit: in den größten »Zerfall«. Man hatte eine »Antwort«; nun wird alles wieder zur Frage. Und zwar so sehr, daß sich die Frage aufdrängt, worin denn der

Gewinn einer derartigen »Befreiung« bestehen könne: »Ich unterscheide immer weniger, was gut und was böse ist. Wenn ich einmal gar keine Unterscheidung mehr zwischen dem einen und dem anderen mache, gesetzt den Fall, es gelingt mir eines Tages – welch ein Schritt voran! Wohin?«,[30] fragt sich Cioran in *Écartèlement*.

So ist Cioran, ein reuiger und demnach ebenso *unvollendeter* Nietzscheaner wie Mystiker (wie wir im vorangehenden Kapitel gesehen haben), viel eher »Pessimist« oder »Verneiner« – wie er im übrigen in seinen Gesprächen[31] selbst mehrmals bekräftigt hat – als Nihilist im engeren Sinn. Man kann sich sogar fragen, ob er es nicht von Anfang an war, und der Nietzscheanismus wäre für ihn lediglich eine Art äußeren »Traumes« gewesen, der seiner »angeborenen« Verneinung zur rechten Zeit einen Ausweg, eine »Lösung« bot. »Je mehr ich die Pessimisten lese, um so mehr liebe ich das Leben. Nachdem ich Schopenhauer gelesen habe, führe ich mich wie ein frisch Verlobter auf. Schopenhauer hat recht, wenn er behauptet, das Leben sei nichts als Traum. Aber er begeht einen schweren Denkfehler, wenn er die Illusionen entlarvt, statt sie zu fördern, und glauben macht, es gebe etwas anderes als sie«,[32] bemerkte schon 1937, im Alter von sechsundzwanzig Jahren, der Verfasser von *Lacrimi şi sfinţi*. Darin erkennt man bereits das ganze Programm seines späteren absoluten Pessimismus und zum Teil sogar die Art und Weise, wie er sich damit abfinden wird. Denn der französische Cioran wird nicht nur verkünden, daß das Leben eine Illusion sei, sondern auch, daß es hinter dem Leben und außerhalb seiner nichts gebe – was zu der paradoxen Wirkung führt ... daß er sich mit dem Leben versöhnt.

Genau das ist der Weg, den er einschlagen wird nach seiner allmählichen, langsamen und bis zuletzt widersprüchlichen – denn die Bannkraft wird, wie wir bereits bemerkten, trotz seines Skeptizismus bis in seine letzten Schriften hinein zu spüren sein – Ablehnung der wundersamen Nietzscheschen Utopie, die auf magische Weise die beiden elementaren Pole seines Lebens (alles Lebens?) versöhnt: Klarsicht und das Bedürfnis nach Illusion. Da diese Vorstellung Schicht um Schicht abgetragen wird, schwankt Cioran fortan nur noch zwischen Gegensätzen, die er als gleichwertig hinstellt. Seine Denkweise verliert endgültig jeden festen Bezug, macht den »Wechsel« und den »Widerspruch« zu seiner Welt und läuft demzufolge auf nichts anderes mehr hinaus als auf eine endlose Infragestellung. Und da jede Vorstellung von einem Ziel außer dem, *sich* zu verstehen und hinzunehmen, aus dieser Denkweise verbannt ist, wird das Denken bei ihm zu einer nie abgeschlossenen, immer neu zu beginnenden »Übung der Entzauberung«[33] erhoben: »Alles, was ich gefühlt und gedacht habe, mündet in ein Exerzitium der Antiutopie.«[34] Mit anderen Worten, da seinem Skeptizismus kein Ziel mehr zu Gebote steht und er wirklich *hoffnungslos* wird, bleibt Cioran nichts anderes mehr übrig, als sich der Widerlegung aller Illusion hinzugeben, dann deren Gegen-Illusion, der Illusion, die diese Desillusionierung in sich birgt, endlich der Lüge, die diese zwangsläufig unvollkommene Klarsicht ist, und so weiter *ad vitam aeternam*, ohne jemals einen Punkt zu erreichen, an dem er diesen unaufhaltsamen Vorgang anhalten oder einfach stabilisieren könnte: nichts mehr, als *unermüdlich an der Entzauberung der Welt* zu arbeiten – einer Entzauberung von allem, auch seiner selbst.

Diese Ausübung eines rein kritischen, durchgehend ketzerischen, *kynischen* (im ursprünglichen Sinn des Diogenes[35]) Denkens bleibt selbstverständlich auf lange Sicht nicht ohne Wirkung auf Tragweite und Inhalt seiner ursprünglichen Haltungen. Ebenso wird es sich mit der Bedeutung seines Pessimismus verhalten, der gewissermaßen endlos um sich selbst, um seine Gründe, seine Unvernunft, seine Gegengründe kreist und sich schließlich selbst als solchen vernichtet, sich jeder Substanz entledigt, um in eine Art »langen, abgeklärten Ekel[s]«[36] umzuschlagen. So wird die scharfe Kritik an der Welt bei Cioran allmählich durch eine höchst ernüchterte, doch zugleich beinahe euphorische – weil von aller Angst, von aller moralischen Last befreite – Hinnahme des Daseins ersetzt. Wenn man, im Gegensatz zu Schopenhauer, nicht mehr das geringste Bedauern über den radikalen Sinnmangel des Lebens empfindet und sich nicht der geringsten Illusion über die Anwesenheit eines Etwas außerhalb des Lebens hingibt, einer »Utopie« im etymologischen Wortsinn (die sich in einem »Nirgendwo« der sinnlich erfaßbaren Welt befindet), wie dies *letzten Endes* der Wille zum Leben ist, der diesem immerhin einen Sinn verleiht, wie könnte man den Pessimismus dann noch bis hin zu seinen zerstörerischsten Konsequenzen entwickeln? Da das Nicht-Leben nicht mehr (noch weniger) Bedeutung als das Leben hat (»Alles ist nichts, das Bewußtsein des Nichts mit einbegriffen«[37]), wozu eigentlich und in wessen Namen sollte man dem einen den Vorzug vor dem anderen geben? Und warum sollte man sich unter diesen Umständen nicht zu der einzigen Selbstverständlichkeit bekennen, die uns bleibt – nämlich derjenigen, daß wir leben? In den Augen des folgerichtigen Pessimisten ist es also der erwiesene Un-Sinn des Daseins, der den einzig möglichen Grund, dazusein, liefert: »Die Tatsache, daß das Leben keinen Sinn hat, ist ein Grund, um zu leben. Übrigens der einzige.«[38]

Auf dieser paradoxen, aber zugleich zwingenden Logik, die bereits diejenige Leopardis im *Zibaldone di pensieri* war (»Um das Leben zu genießen«, bemerkte der große italienische Pessimist, »ist ein Zustand der Verzweiflung nötig«[39]), beruht auch Ciorans Haltung gegenüber dem Selbstmord. Da Selbstmord zu begehen bedeutet, an den Tod zu glauben, an *das Ende des Lebens als Lösung*, heißt, sich keine Illusion mehr über die Existenz einer »Lösung« des Un-Sinns des Lebens zu machen, soviel wie: alle Gründe, es zu beenden, augenblicklich in sich aufzuheben. »Wenn man begriffen hat, daß nichts ist, daß die Dinge nicht einmal den Status des Anscheins verdienen, so hat man es nicht mehr nötig, gerettet zu werden, man ist gerettet, und *auf ewig unglücklich*.«[40] Da er die Fessel der Gleichgültigkeit sprengt, kann Cioran, der damit auf einem anderen Weg zu bestimmten Erkenntnissen der zeitgenössischen Psychologie[41] kommt, behaupten, daß der Wunsch, Selbstmord zu begehen, den sichersten Schutz gegen dessen Verwirklichung darstellt: »Der Wunsch zu sterben war meine einzige und alleinige Sorge; ich habe ihm alles geopfert, sogar den Tod.«[42] Und es ist die – weniger reale, denn geistige, abstrakte – Möglichkeit, die der Selbstmord bietet, sich jederzeit vom Dasein zu trennen, was dieses erträglich macht und verhindert, daß man sich wirklich tötet: »Ich lebe nur, weil es in meiner Macht steht, zu sterben, wann es mir belieben wird: ohne die *Idee* des Selbstmordes hätte ich mich schon längst getötet.«[43]

Der diesmal wirklich *vollendete* Pessimismus Ciorans wandelt sich wenn nicht in eine Liebeserklärung an das Leben, dann zum mindesten in eine Haltung, die weder dem Leben noch dem Tod den unbedingten Vorzug gibt, und folglich ... in ein konkretes Hinnehmen des Daseins. In der Tat, »Selbstmord begehen nur die Optimisten, nämlich dann, wenn sie es nicht mehr sein können. Die andern, die keinen Grund zu leben haben, warum sollten sie einen Grund haben zu sterben?«:[44] Wenn man nicht mehr an ein »Anders«, an ein »Neues« oder an ein »Anderswo« glaubt, die der Gegenwart überlegen sind, was anderes bleibt dann übrig, als sich zufriedenzugeben mit dem Hier und Jetzt, das uns zuteil wurde und das uns, auch wenn es nicht faßbarer ist als die vorangehenden Fiktionen, wenigstens die recht greifbare Möglichkeit bietet, uns über den allgemeinen Widersinn zu freuen. »Es gibt keine andere Welt. Es gibt nicht einmal diese Welt«, erklärt Cioran in *Écartèlement.* »Was gibt es dann? Das innere Lächeln, das das offenkundige Nichtsein der einen und der anderen in uns hervorruft.«[45] So wird der nihilistischen Versuchung, aus dem Dasein herauszutreten, für immer widerstanden, sie wird *annihiliert* mit Hilfe eines beliebigen Mittels, des Ideals, der Utopie oder des Selbstmords, zugunsten der Haltung eines von Unsinn belustigten Zuschauers, eines »bis zur Schändlichkeit«[46] Lebensneugierigen.

Zwar zeugt es von einer unerbittlichen Logik, aber dieses

Umschlagen der Nichtswerdung alles Seins in ein Haften an »dieser schönen, verfluchten Welt«[47] läßt sich bei weitem nicht nur mit Hilfe vernünftigen Denkens erklären. Da jede philosophische Position an »Idiosynkrasie« grenzt, wie Cioran im Anschluß an Nietzsche bekräftigt, ist es offensichtlich, daß sich darin auch, ja *vor allem* einer der Grundzüge seines Charakters spiegelt: ein »besessener Lebenstrieb«,[48] eine »Gewöhnung« an das »Laster« des Daseins,[49] die nichts in ihm je auszurotten vermochte und die ergötzlichen Eigenschaften dieses heiteren Un-Sinns verstärken: »Sich des Lebens zu entledigen heißt, sich um das Glück zu bringen, darüber zu spotten«, bemerkt Cioran in seinem letzten Buch *Aveux et Anathèmes*. »Einzig mögliche Antwort an einen, der uns seine Absicht kundtut, damit Schluß zu machen.«[50] Hier, am Ende des Weges, taucht der zügellose, gleichsam frenetische Nihilismus von *Pe culmile disperării* in ein heilbringendes Lachen, das dem Grotesken des universalen Un-Sinns entspringt.

»Wir sind alle am Grund einer Hölle, von der jeder Augenblick ein Wunder ist« [unsere Hervorhebung][51]: Dieser herrliche Satz, der *Le Mauvais Démiurge* beschließt, ist also viel mehr als ein glanzvolles Paradoxon im Stil von Wilde. Er zeichnet vielmehr treulich das Gefühl nach, das der »gänzlich von der Täuschung befreite und darüber *entzückte*«[52] Pessimist angesichts der Welt empfindet, der vollendete Pessimist, zu dem Cioran geworden ist und der er zu bleiben gedenkt (denn es ist ein *niemals endender Kampf*). Wer keine (oder sehr wenige) Illusionen hat, kann auch nicht desillusioniert werden. Weil in seinen Augen die Welt ihren Ernst verloren hat, bietet sie sich ihm fortan in all ihrer Tragik, ihrer Rätselhaftigkeit, aber auch in ihrer Herrlichkeit dar. Und derjenige, für den alles auf immer und ewig grundlos ist, kann nur staunen angesichts des »Wunders«, das dieses Dasein darstellt: angesichts der Tatsache, daß das Absurde trotzdem »umschlägt« und schließlich Gelegenheiten des Glücks, Anlässe zum Staunen oder zum Lachen schafft. So wird die große, durch

schrankenlose Klarsicht bewirkte Entzauberung der Welt von einer Reihe von nebensächlichen, örtlichen, heimlichen, gebrochenen Wiederverzauberungen begleitet, die aber auf lange Sicht tatsächlich einen Daseinsgrund errichten, der sehr viel tragfähiger ist als die alte Illusion. Denn dieser Daseinsgrund gehört nicht mehr zur Welt der Ideale und kann somit nicht mehr wirklich in Frage gestellt werden. Er geht aus der »Arbeit« der Wirklichkeit hervor, die sich naturgemäß der Kritik entzieht. Sie *ist* einfach, und nichts weiter. Dadurch findet Cioran, diesmal aber *konkret*, das letzte ethische Ziel der Nietzscheschen Umwertung der Werte in ihrem philosophischen, nicht ihrem ideologischen Sinn. Eine vollständige Übereinstimmung mit der Welt und dem eigenen Schicksal, ein *amor fati*, wird hier tatsächlich verwirklicht, allerdings nicht im heroischen (und potentiell verheerenden) Sinn einer aristokratischen Emanzipation von den alten dualistischen Werten, sondern in dem unendlich ernüchterten und zugleich *positiven* einer Kunst, den Augenblick zu leben, einer Ethik des Ephemeren.

Bleibt noch die Frage, weshalb Cioran, der endlich an diesem festen (oder eher in seiner Unbeständigkeit festen) Abschluß seines Denkens angelangt war, das Bedürfnis verspürte, unablässig zur Verneinung zurückzukehren. Wenn er einen Sinn der Dinge wiedergefunden hatte, warum verkündete er ihn denn nicht offen? Wäre es denn schändlich, zuzugeben, daß man vom »Nachteil, geboren zu sein«, geheilt ist? Und weshalb beim Fluch verharren? Was hat es denn für einen Sinn, hartnäckig dabeizubleiben, die Welt weiterhin und immer wieder zu verunglimpfen, wenn es doch nur geschieht, um übrigens eine gewiß bescheidene und darüber hinaus von Widerspruch geprägte, aber wirksame Wiederkehr in die Welt durch Witz, Ironie und verweltlichte Mystik herbeizuführen?

Das war übrigens bereits die Frage, die Sartre in bezug auf die Haltung Baudelaires stellte. Wenn das Böse um des Bösen willen zu behaupten darauf hinausläuft, vermittels des stillschweigenden Postulats der Existenz seines Gegenteils, des Guten, die Hegemonie der Moral zu bekräftigen, weshalb dann diese »kindische« Haltung, diese »inkonsequente« Pose? Wäre es für seine Leser und für ihn selbst nicht besser, wenn Baudelaire sein Festhalten am Guten, so wie es das Christentum versteht, unmittelbar bekennte? Das hätte den Vorteil der Klarheit und würde gewissermaßen ein »falsches Problem« ausschließen. Die Antwort, die Georges Bataille auf diese »logische« Bemerkung in seinem dem Sartreschen Essay gewidmeten Kapitel von *La litérature et le mal*[53] gibt, ist bekannt: Nicht nur erlaubt die Bejahung des Guten durch das Böse eine größere Freiheit, sondern das, was auf diesem scheinbar »vergeblichen« Umweg zustande kommt, ist nichts geringeres als die Möglichkeit, von außen, mit Hilfe der Subjektivität, die Welt wiederaufzubauen: eine eigentlich *poetische* Auffassung von ihr zu entwickeln und somit ein Kunstwerk entstehen zu lassen. Weit entfernt, eine sinnlose Verdrehung zu sein, ist diese »Komplikation« ganz einfach das, was ein ästhetisches Ereignis hervorbringt und es Baudelaire damit gestattet, zum Dichter der *Fleurs du mal* zu werden.

Ebenso verhält es sich, selbstverständlich auf einer anderen Ebene, mit Cioran. Zum Positiven auf dem Umweg einer »negativen Theologie« – die wir anhand seines politischen Denkens und seiner »Mystik« veranschaulicht haben – zu gelangen kann in den Augen eines »normalen« Denkers (eines *Ideologen*), dessen Ziel *(Anmaßung)* es ist, »Antworten« auf Fragen zu geben, wohl als Verlust an Zeit und Kraft erscheinen. Diese Sonderbarkeit ist hingegen keine mehr für denjenigen, der – wie Cioran – von dem genau entgegengesetzten Standpunkt ausgeht, nämlich vom Standpunkt der Philosophie im eigentlichen Sinn des Begriffs, demzufolge es auf wesentliche Fragen keine Antworten, sondern lediglich Formen der lokalen und experimentellen Anpassung geben kann: eine lebendige Ethik oder Weisheit. Und ebendas ist es, was Cioran in seinem endlosen Fragen sucht, zu dem nach der Abkehr vom vitalistischen Nihilismus sein Denken wird: eine Lebensregel. Seine Geisteshaltung besteht darin, aus dem *Innern* des Daseins, das keinen Zweck hat, das keinen ihm äußeren Zweck haben kann, ein Mittel entstehen zu lassen, um es zu ordnen, eine praktische Ethik, die auf einer Haltung, einem Stil, einer Schreibweise gründet: was wir in dem Begriff »Stilprinzip« zusammengefaßt haben.

Dritter Teil

Das Stilprinzip

Wie soll man sich in einer zutiefst desillusionierten, stets sich wandelnden Welt zurechtfinden, wenn man aufgrund seiner Klarsicht wenn nicht alle, so doch die meisten seiner Gewißheiten und damit auch seiner Grundlagen verloren hat? So könnte man die Frage zusammenfassen, um die Ciorans Werk kreist, die es durchzieht und ihm letztlich Einheit verleiht: die ihm als Angelpunkt, als Fixpunkt dient – wenn man eine Frage überhaupt so bezeichnen darf . . . Eine Frage, die Cioran sicherlich nie als solche formuliert und die sich ihm erst spät aufgedrängt hat, jedenfalls nicht vor der »zweiten Geburt«, die die 1947 erfolgte Annahme des Französischen für ihn dargestellt hat, die sich aber dann von Buch zu Buch unablässig verstärkte: der Gang, die Bewegung seines Denkens läuft hinaus auf dieses Voranschreiten ins Ungewisse, in den »Zerfall«, was mit der Ablehnung des Nihilismus einhergeht – und eröffnet somit den Zwiespalt, zu wissen, *wie man die notwendige, unvermeidliche Entzauberung der Welt*, die von der befreienden Forderung der Hellsicht in Gang gesetzt wurde, lebt. »Ich kenne letztlich nur zwei große Probleme: Wie man das Leben und wie man sich selbst ertragen kann. Schwierigere Aufgaben gibt es gar nicht. Und endgültige Antworten dazu fehlen. [. . .] Wichtig ist allein, diese unlösbaren Probleme im Auge zu behalten und zu leben wie Epiktet oder Marc Aurel.«[1]

An die Stelle der in seiner Anfangszeit ausgerufenen Wahrheiten tritt bei ihm allmählich eine gleichsam allumfassende Pflicht zum Zweifel, die nur in der Hinnahme des Lebens *trotz allem* an eine Grenze stößt. Nicht, daß *Pe culmile disperării* und die rumänischen Bücher seiner Jugend frei von Skeptizismus wären, aber dieser blieb einerseits noch sehr scholastisch, fast in der Art, könnte man sagen, eines Zugeständnisses an

das, was das Denken *sein muß;* andererseits steht er in keinem Verhältnis zu den in diesen Schriften enthaltenen Aussagen, geschweige denn zu dem Lyrismus, *dem Gewißheitston*, der ihre Verkündung begleitete und der, wie wir gesehen haben, im Vitalismus wurzelte. So begegnet man im Werk Ciorans erst spät, in dem zwischen 1940 und 1944 in Paris, aber auf rumänisch verfaßten *Îndreptar pătimaş* (*Leidenschaftlicher Leitfaden*), besonders scharfen Angriffen gegen den abtötenden Charakter der geoffenbarten Religionen und Morallehren ebenso wie einem überschwenglichen, an Nietzsche gemahnenden Aufruf zu deren Überwindung durch Instinkt und Maßlosigkeit. »Das Christentum ist eine Reaktion wider die Sonne«, kann man in Abschnitt 13 lesen. »Besteht der zwielichtige Zweck jedweder Religion nicht darin, den Menschen vor den Lebensquellen zu bewahren?«[2] Und etwas weiter, unter der Ziffer 23, folgt diese Kriegserklärung: »In ihrem Haß gegen alles, was Adel, Ehre und Leidenschaft ist, haben die Religionen die Seelen mit Feigheit verseucht, ihnen neue Schauder, stürmische Inhalte entrissen. [. . .] Was für ein Unfug, deinem Feind zu vergeben, ihm alle Backen, die ein lächerliches Schamgefühl erfand, zu reichen, damit das kriechende Gewürm um dich her sie bespeit und ohrfeigt, das gnadenlos zu zertreten die Instinkte dich antreiben! Der Mensch ist Mensch in seinen Unduldsamkeiten.«[3] Gegen die »Glaubenslehren der Sterblichen«, die ihm gebieten, »zu verleugnen«,[4] mithin gegen das, was Nietzsche die Ressentiment-Gedanken nannte, erfordert diese Lösung zu jener Zeit für Cioran noch den Rückgriff auf den »irrsinnigen, unendlich engen und unendlich schöpferischen Drang, nur *du selbst* zu sein«:[5] auf eine Anrufung der »äußersten Grenzen des Denkens« gegen die »schale Weisheit«.[6] »Das wahre Leben«, schloß er, »ist nicht in der Gefaßtheit, sondern im Riß.«[7]
Damals stellte das Leben noch immer eine »Gottheit«[8] für ihn dar: Denn es war das Leben als oberstes Prinzip, das Ziel und Maß, das den *Horizont* seiner Gedankengänge bildete. Der Skeptizismus, der kritische Abstand werden bei ihm erst spä-

ter und nach und nach eintreten zugunsten eines stetig wachsenden Abstands zu dieser vitalistischen Utopie und damit, im weiteren Sinne, zu allen anderen Utopien – eine Trennung, die, wie wir gesehen haben, durch den Rückgriff auf das Französische begleitet und gesteigert, *umgesetzt* wurde. Was die »Lösungen« betrifft, die in der Entwicklung oder der Wiederherstellung einer, wenn auch weniger strengen – in Gestalt einer als Mystik ohne Glauben aufgefaßten – religiösen Bindung oder aber im reinen Nihilismus als Leidenschaft der Zerstörung um ihrer selbst willen bestehen, haben wir ebenfalls gesehen, wie deutlich eine nach der anderen aufgegeben wurde zugunsten eines völligen, wenn auch bis zuletzt mehrdeutigen Umschlagens in die Ungewißheit.
In diesem Sinne, wegen seiner geistigen Herkunft und wegen seiner philosophischen Lehre tritt Cioran als *Nach-Nietzscheaner* auf. Nicht nur, daß der »sagenhafte« französische Cioran mit seiner desillusionierten Weltanschauung und seiner übersteigerten, nichts verschonenden Klarsicht aus dem festgestellten Zusammenbruch des »neuen Lebens«,[9] des »großen Mittags«,[10] hervorgegangen ist, den der Antichrist vermittels der Umwertung aller Werte verheißen hatte, sondern wenn die Frage, wie Klarsicht und Leben miteinander zu versöhnen sind, ewig gilt – in gewisser Weise fällt sie mit der ursprünglichen Bedeutung von Philosophie zusammen –, muß festgehalten werden, daß es der Verfasser der *Götzen-Dämmerung* war, der durch seinen Frontalangriff gegen die »Naivetät unsrer Ideale«[11] diese Frage Ende des 19. Jahrhunderts wieder zum Leben erweckt und zeitgemäß gemacht hat. Man kann sich sogar fragen, ob diese Problematik nicht mehr oder weniger die des Denkens im 20. Jahrhundert zusammenfaßt oder doch, ob nicht letzteres den Versuch darstellt, auf diese Problematik zu antworten oder sie zu umgehen. Das war offenkundig der Fall eines gewissen landläufigen »Existentialismus«, der auf den vom Weltkrieg hinterlassenen Trümmern der Glaubenslehren eine individuelle Ethik aufzurichten versucht, die auf dem »reinen Dasein« gründet, aber

auf indirekte Weise verhielt es sich ebenso mit der Widerlegung der Metaphysik durch Wittgenstein und mit seinen späteren Überlegungen zur »Gewißheit«. Indem er sich bemühte, streng zwischen Tatsachen und Meinungen zu trennen und angesichts der Gewißheit dessen, »wovon man sprechen kann«, einen Bereich abzugrenzen, in dem das Unsagbare, »worüber man schweigen muß«,[12] und infolgedessen die individuelle Freiheit herrscht, versuchte auch Wittgenstein, ein pragmatisches und »liberales« Mittel an die Hand zu geben – darauf kommen wir noch zurück –, um sich in einer säkularen Welt, die sich ihrer jahrtausendealten Zaubereien entledigt hat, wirklich zurechtzufinden.

Es gibt in Wirklichkeit nicht unendlich viele Antworten auf diese Grundfrage, die auf nichts geringeres abzielt als auf eine mögliche (Neu)gründung einer wirklich freien Welt nach dem »Tode Gottes«. Die wichtigste Antwort – wobei sich der Nietzscheanismus mit Fug und Recht zugute halten darf, zur Wiederherstellung einer griechischen Vorstellung von der Übung des Denkens beigetragen zu haben – besteht selbstverständlich in der Ausarbeitung einer Weisheit, einer persönlichen und im äußersten Fall unübertragbaren Moral, wobei die Philosophie in ihrer modernen, nacharistotelischen Bedeutung als Schöpfung oder Zusammenstellung von Begriffen nur noch, wie Cioran in einem seiner letzten Gespräche beiläufig bemerkt, »untergehen«[13] kann. Da alle Weisheit auf einer vollkommenen Beherrschung der Leidenschaften beruht, sich als einen gegenüber der Außenwelt beinahe gleichgültigen Zustand des Gleichgewichts versteht, grenzt sie ganz natürlich an Selbstgenügsamkeit und Schweigen. Sie ist eine säkularisierte Transzendenz, die keinen anderen Raum außerhalb ihrer selbst aufschließt. Sie befindet sich jenseits jeder erklärenden oder normativen »Theorie« der Welt; und wenn sie dennoch eine Theorie aufstellt, so kann diese nur als ein vorbereitendes Mittel, zu einer erklärenden oder normativen »Theorie« der Welt zu gelangen, in Betracht gezogen werden, doch dies nur durch einen echten »qualitativen Sprung«, an

dessen Ende sich diese Annäherung in etwas radikal Anderes, geradezu Unermeßliches verwandelt.[14] Die Weisheit, eine Art »ziviler Heiligkeit«, stellt also keinerlei Dogma im üblichen Sinn dieses Begriffes auf. Sie zeichnet, besser *markiert* lediglich einen »Weg« – das »Erkenne dich selbst« des Apollon-Tempels zu Delphi oder das »Werde, was du bist« des Zarathustra –, dessen Notwendigkeit und wesentliche Grundsätze der Weise gewiß lehren kann, den er aber auf gar keinen Fall vorschreiben oder in Gestalt von für alle und jederzeit gültigen Verhaltensnormen geradezu *festlegen* wird. Weisheit, wie Mystik eine persönliche Erfahrung, die zu einem selbstgeschaffenen Zustand führt, kann folglich nur durch *Einfühlung* (*Empathie*) vom Weisen auf den Nichtweisen übergehen und sich als vorbereitende Übung in diesem Vorgang auflösen zugunsten der Annahme einer Haltung, einer Daseinsweise – dessen, was Wittgenstein eine »Art zu leben«[15] nannte.
Cioran lehnt diesen Weg nicht ab. In seinen Gesprächen setzt er vielmehr wiederholt der Philosophie und, allgemeiner, dem Leben die Weisheit als Zweck und Ziel.[16] Und indem er in *Aveux et Anathèmes* bemerkt, daß der Hauptunterschied zwischen dem indischen und dem griechischen Denken in der Tatsache bestehe, daß jenes »nach Befreiung strebt«, während sich dieses, »Pyrrhon, Epikur und einige nicht Einzuordnende ausgenommen«, mit diesem »enttäuschenden« Ziel, das die Suche nach Wahrheit darstellt, zufriedengibt,[17] geht er, um sie zum Äußersten zu führen, noch über die große, aus dem Nietzscheanismus hervorgegangene Strömung hinaus, die in der Rückkehr zu den Alten eine mögliche Antwort auf unsere gegenwärtigen Fragen sieht.
Seine Originalität besteht allerdings darin, daß er gleichzeitig Schwierigkeiten und Wirkungen aufzeigt. Zweifellos ist Cioran der zeitgenössische Denker, der die Sackgassen der Weisheit, den unüberwindlichen Widerstreit, der zwischen ihrer Notwendigkeit und ihrer sowohl materiellen als auch vitalen Unmöglichkeit besteht, am schärfsten erlebt hat. So sehr sich die Weisheit bei ihm als höchstes, allerletztes Ziel des Denkens

darstellt, so sehr wird sie mit äußerster Heftigkeit abgelehnt. So befaßt sich ein ganzes Kapitel von *La chute dans le temps* mit ihren »Gefahren«,[18] worin sie nicht nur der Wirklichkeitsferne geziehen, sondern ihr auch vorgeworfen wird, daß sie jeden Vorstoß zur Tat hemmt. Indem er sich von dem dunklen Reich der Triebe frei machen will, durch Vernunft den Intellekt radikal vom Begehren abzuschneiden versucht – was die stoische Lösung schlechthin ist –, und sei es, indem er die Klarsicht zur Würde eines absoluten Wertes erhebt, bietet der Weise, dieser »*wunschlose* Opportunist«,[19] »der niemals *er selbst* ist«, da er sich unentwegt »beherrscht und bezwingt«,[20] das zugleich beste und schlechteste Heilmittel. Wohl liefert er damit eine Art Antwort auf die Abwesenheit von Anhaltspunkten in der Welt, eine Art, die Angst, die das Nichts einflößt, zu heilen, aber da er die Leidenschaften angreift, die die eigentlichen Wurzeln unseres Daseins und unserer Identität sind, erstickt er das Leben in uns. Wenn also die Weisheit die »unlösbaren Probleme« des Lebens löst, so durch das Leere, indem sie das Dasein bekämpft, zunichte macht: »Unter den Ursachen der Unfruchtbarkeit steht die Weisheit an der Spitze, denn sie strebt danach, uns mit der Welt und mit uns selbst zu versöhnen; sie ist das größte Unheil, das über unseren Ehrgeiz und unsere Begabung hereinbrechen kann, sie *zügelt* sie, das heißt, tötet sie, versetzt unseren Tiefen, unseren Geheimnissen einen Stoß, indem sie diejenigen unserer Qualitäten verfolgt, die glücklicherweise unheimlich sind; sie unterhöhlt uns, überwältigt uns, stellt alle unsere Fehler bloß.«[21]

Als regelrechtes »System von Kapitulationen«,[22] das die Beute des Lebens gegen den Schatten des Nichtlebens eintauscht, als »zur Disziplin erhobene Sackgasse«[23] und, ließe sich hinzufügen, dumme Disziplin der Sackgasse kann die Weisheit also in Ciorans Augen keine praktische Antwort geben. Stellt sie doch einfach einen Grenzpunkt dar, dem man entgegengehen, dem man sich annähern kann, den man jedoch nicht erreichen wird, ja, den zu erreichen man sich hüten muß: *was einfach daher rührt, daß sie auf immer unverwirklichbar bleibt.*

Da die vollkommene Weisheit im Grunde das Loslassen von allem, also auch von sich selbst und mithin den Tod bedeutet, kann die Suche danach nur einen fernen – natürlich unerreichbaren – Horizont des Denkens darstellen; und zu behaupten, ihn erreicht zu haben, kann nur Selbstbetrug sein; ja sogar eine »Fälschung«, eine »Vorspiegelung«, eine »Hochstapelei«, »Betrug«.[24] Mit anderen Worten, die Weisheit ist bestenfalls wirkungslos, schlimmstenfalls trügerisch, denn setzte man sie in die Tat um, so würde sie zum Selbstmord führen und ... kein »Weiser« würde je zurückkehren können, um uns darüber zu berichten und ihre Wohltaten zu beschreiben. Da die Weisheit wie in der geometrischen Theorie der Perspektive nur als eine Art abstrakter Fluchtpunkt wirken kann, in dem alle Linien, allerdings auf rein virtuelle, tendenziell wahre, aber imaginäre Art, zusammenlaufen, wirkt sie wie ein Stern, der uns die Richtung anzeigt, in die wir gehen müssen; aber glücklicherweise außerstande ist, uns zu sich hinzuführen. Nicht nur, daß man Weisheit nicht wirklich erreichen kann – je näher man einem Horizont kommt, desto weiter weicht dieser zurück –, es wäre auch ein zutiefst unsinniges Ziel. Wollte man sie erreichen, so würde man jede Möglichkeit, jede Willensregung, zu handeln, in sich töten. Daraus würde sich eine allgemeine Lähmung unserer Mittel ergeben, ein Unvermögen, das verhängnisvoll wäre, und zwar insbesondere für den Künstler, den Schöpfer künstlicher Welten, für den seine Fehler *lebenswichtig* sind: »Die Befreiung liegt am Gegenpol der Eingebung – ihr sein Leben zu weihen, käme für einen Schriftsteller einer Abdankung gleich, ja sogar einem Selbstmord. Will er schaffen, so folge er seinen guten und seinen bösen Neigungen, vor allem seinen bösen; sobald er sich davon frei macht, entfernt er sich von sich selbst: seine Nöte sind seine Möglichkeiten. [...] Schaffen, ›schöpfen‹ heißt, sich die Hellsicht zu verbieten [...]. Ein Werk ist nur zu verwirklichen, wenn wir blind sind für den äußeren Schein. [...] Fortschritte in der Loslösung zu machen heißt, uns aller Gründe zum Handeln zu berauben; und, da wir uns ja um den

Nutzen unserer Fehler und unserer Laster bringen, in jenen Zustand zu versinken, der *cafard* heißt. [. . .] Alles, was an der Oberfläche der Welt schillert, alles, was man dabei als *interessant* bezeichnet, ist die Frucht von Rausch und Unwissenheit.«[25]

So scheinen eine gewisse Ehrenrettung des sinnlich wahrnehmbaren Irrtums, eine gewisse *Rückkehr der Illusion* unvermeidlich zu sein. Das gilt nicht nur für den Mechanismus der Tat oder des Schaffens, sondern auch, einfacher und tiefer, für deren Seinsmöglichkeit. In der Tat: »Wer immer sich einem Werk widmet, glaubt – ohne sich dessen bewußt zu sein –, daß es die Jahre, die Jahrhunderte, ja die Zeit selbst überdauern wird . . . *Spürte* er, während er sich ihm weiht, daß es vergänglich ist, er würde es auf halbem Weg aufgeben und könnte es nicht vollenden. *Tätigkeit und Täuschung hängen zusammen* [unsere Hervorhebung].«[26]

Im äußersten Fall stellt sich das Problem erst gar nicht: Wenn wir essen, wenn wir sprechen, wenn wir leben, geschieht es nicht gerade deshalb, weil wir eine Reihe grundlegender Fragen dem Zugriff der Klarsicht *bereits* entzogen, weil wir uns über die Weisheit im strengen Sinn hinweggesetzt – weil wir uns *entschieden* haben, Nicht-Weise zu bleiben? »*Leben* bedeutet: glauben und hoffen, lügen und *sich* belügen. [. . .] das Leben ist der *Roman* der Materie«,[27] versichert der *Précis*. Jedwedes Dasein, selbst noch das freieste, das dem Glauben am wenigsten unterworfene, beruht, *einfach weil es ist*, auf einer »immanenten Lüge«,[28] auf »unbewußten Dogmen«[29] – Nietzsche sprach von »Grund-Irrthümern«[30] –; das einzige Merkmal, das diese unerläßlichen Illusionen unterscheidet, hat mit deren mehr oder weniger »fruchtbarem« Wesen zu tun: »Der eine Betrug obsiegt: aus ihm geht eine Religion hervor, eine Doktrin oder ein Mythos – und ein Haufe von Eiferern; ein anderer wieder mißlingt: er ist nichts weiter als ein Hirngespinst, eine Theorie oder ein Blendwerk.«[31]

Da die absolute Wahrheit in der Welt notwendigerweise nicht vorhanden und der Irrtum, im beinahe wertfreien Sinn des

Wortes, an der Wurzel des Daseins ist, gibt es nur Lüge, Illusion – deren Wert sich erst *a posteriori* zeigt und nach ihrem praktischen Ergebnis beurteilen läßt: So stellt sich die zynische, ja »pragmatische« (in dem Sinn, in dem Rorty den Begriff gebraucht[32]) Position dar, die Cioran verficht.
Ebenso wie Nietzsche, der in seinen nachgelassenen Aufzeichnungen die »bunte Betrügerei«[33] des Lebens feierte, bringt es auch Cioran fertig, die Unabwendbarkeit der Rückkehr zu einer gewissen heilbringenden Falschheit – gegen »diese unheilvolle Hellsicht«[34] – anzupreisen oder doch zum mindesten *aus Realismus gutzuheißen.* So kann man in *La tentation d'exister* eine regelrechte Verteidigung und Veranschaulichung der »Notwendigkeit der Lüge« lesen, worin – im Gegensatz zu den »tödlichen Wahrheiten«, die vom »Dämon der Neugier« eingeflößt werden – empfohlen wird, »den Weg des *Wissens,* des *Unerträglichen«* zu verlassen und sich entschlossen »auf die Suche nach [...] jeder tatenfördernden Lüge« zu begeben, um sich »mit dem Leben wieder zu versöhnen«.[35] Gemäß einer Logik der äußersten Überspitzung und Übersteigerung, die sich durch sein ganzes Werk zieht, beschließt Cioran diese Ausführung mit einer Lobrede auf »das Glück, erledigt zu sein«, das Fromme und Geistesgestörte in den Tempeln und den Irrenhäusern zu genießen, und er bedauert, daß nicht auch er wie diese »im Schatten eines Irrtums, im Schutze einer Torheit frohlocken« könne. Wobei der große Klarsichtige so weit geht, den Obskurantismus und die Dummheit als unerläßliche Bedingungen der Lebensfreude sehnsüchtig zu verherrlichen! *»Das Leben ist nur in dem Maße erträglich, als man es mystifiziert«,*[36] faßt er im *Précis* zusammen und hebt diesen Satz hervor. Worauf er folgenden Aphorismus in Gestalt einer wissenschaftlich unwiderlegbaren Wahrheit hinzusetzt: » Falschheit ist eine *biologische* Notwendigkeit.« Ein Gedankengang, der ihn auf gesellschaftlicher Ebene auch behaupten läßt, es sei notwendig, die Verpflichtungen zur Klarsichtigkeit, die Klarsichtigkeit als Dogma abzulehnen zugunsten einer teilweisen Wiedereinführung der mondänen Heuchelei, einer Art

»Pflicht zur Illusion«, die an die Aufforderung der griechischen Skeptiker erinnert, den zeitbedingten Konformismus schlicht und einfach anzunehmen. Da Offenheit, allzu große Offenheit die Auflösung des gesellschaftlichen Lebens bedeute, kann seiner Ansicht nach nur ein bestimmtes Maß von gewollter, *gebilligter* Unaufrichtigkeit dessen Aufrechterhaltung sichern. Und diese Abweichung von der Aufrichtigkeit beruht nicht nur auf einem wohlverstandenen Realismus. Sie sprengt die einfache Regel rein äußerlicher Höflichkeit und nimmt eine ethische Dimension an: »Es heißt, sich eine recht mißbräuchliche Überlegenheit anzumaßen, wenn man einem sagt, was man von ihm und seinem Treiben denkt. Solche Offenheit ist mit Feinfühligkeit nicht vereinbar, nicht einmal mit einer sittlichen Forderung.«[37]

Dennoch handelt es sich für Cioran nicht darum, mit der Pflicht zur Klarsicht, die des Menschen Anspruch auf Freiheit fordert, zu brechen, sondern lediglich darum, ihre Ausübung *gelegentlich*, wenn es sich als nötig erweist, auszusetzen, sie vorübergehend einzuklammern – das, was bereits Nietzsche »zeitweilige Blindheit« nannte, anzuwenden: »Wir haben zeitweilig die Blindheit nöthig und müssen gewisse Glaubensartikel und Irrthümer in uns unberührt lassen – so lange sie uns im Leben e r h a l t e n.«[38] Ein Satz, den der Verfasser der *Syllogismes* hätte schreiben können, denn auch für ihn muß die Bedeutung der persönlichen und gesellschaftlichen Illusionen an deren Auswirkungen auf das Leben und nur daran gemessen werden. So geht der »Götzendiener des Zweifels«[39] radikal auf Abstand zum »orthodoxen« Skeptizismus, wie er im 3. Jahrhundert unserer Zeitrechnung von Sextus Empiricus in seinem *Grundriß der pyrrhonischen Skepsis*[40] systematisch geordnet wurde, und zumal zu dessen paradoxesten Konsequenzen. Da für Sextus Empiricus alles zwangsläufig unterschiedslos, gleichgültig ist, *»nicht eher dieses als jenes«*, kann sich der Zweifel als Lebensweise in der klarsichtigen Prüfung der Dinge, die er vornimmt, nicht selbst ausnehmen. Er muß sich selbst, und zwar an erster Stelle, in den allumfassenden Argwohn, den er vorschreibt, mit einbeziehen, er muß auch sein eigenes »Warum«, seinen Wert in Frage stellen – und so führt er den folgerechten Skeptiker zu einer völligen Urteilsenthaltung, ja zu einer kritiklosen Hinnahme des Scheins, Irrtümer und Illusionen selbstverständlich mit eingeschlossen, *im Namen des Zweifels.*

Cioran lehnt diese Aporie ab, zu der eine strenge, folgerichtige Anwendung des »dogmatischen« Skeptizismus führt, den er sogar als »Niederlage, die in keinem anderen geistigen Abenteuer ihresgleichen hat«,[41] bezeichnet, und setzt ihr eine »launische«, »ketzerische« Praxis des Zweifels entgegen, die ihn nur in Krisen, in Schüben und nicht stetig und unbedingt erträgt und die sich als fähig erweist, so schreibt er, »ihn zu Ende zu denken und die letzten Konsequenzen daraus zu ziehen«.[42] Das heißt, er ersetzt den dogmatischen durch einen gemäßigten Skeptizismus, einen Skeptizismus gleichsam nach Belieben, *der sich selbst in Frage stellt*, der imstande ist, wie man sagt, »den Dingen gerecht zu werden«.

So kommt der alle Exzesse Liebende, der in seiner Jugend »das, was nicht *intensiv* war, als wertlos«[43] empfand, dahin, als Verfechter eines »Maßes« in allem aufzutreten, insbesondere angesichts der Pflicht zur Hellsichtigkeit: »Nichts verabscheue ich so sehr wie den methodischen Zweifel. Ich will wohl zweifeln, aber nur wenn's *mir* recht ist«,[44] ist in *Aveux et Anathèmes* zu lesen. Anders gesagt, die Klarsicht muß ständig im Namen des Lebens gemäßigt werden durch die Kunst, zu wissen, wie weit man sie treiben darf. Sie muß diesseits des Punktes aufhören, wo sie aus einer positiven Kraft in eine zerstörerische, krankhafte, *nihilistische* Macht umschlagen würde. Und wenn die Wahrheit, *seine* Wahrheit zu verkünden eine grundlegende Forderung, ja die Forderung aller Forderungen bleibt, so muß dies mit Geschmeidigkeit und Feingefühl geschehen – was Wittgenstein in seinen *Vermischten Bemerkungen* »Takt« nennt: »Zu dem der Dich nicht mag gut zu sein erfordert nicht nur viel Gutmütigkeit sondern auch viel *Takt.*«[45]

Das ist im übrigen bei Cioran die Grundfunktion der Ironie, dieser »Kunst, innezuhalten«,[46] die für ihn mehr als ein bloßes literarisches Mittel darstellt, sondern die eine *Lebenshaltung* ist, die alle seine Verhaltensweisen durchzieht. Als »verfeinerte, leicht giftige Unverschämtheit« erlaubt es die Ironie, durch die verschiedenen Ebenen, die sie in die Bedeutung einführt, durch ihre *bewußte*, ja wohlüberlegte Mehrdeutigkeit eine Wahrheit auszusprechen, jedoch ohne diese als unüberwindlich darzustellen – indem sie deren relativen und subjektiven Charakter hervorhebt oder vielmehr andeutet. Sie bricht also nicht mit der Klarsicht: Sie beschränkt sich einfach darauf, deren Ausdruck und Auswirkungen hin und wieder abzuschwächen. Sie rundet die Ecken der Wahrheit ab, ohne diese in Frage zu stellen, und zieht aus diesem Doppelverfahren doppelten Nutzen: Sie behauptet klar und deutlich, was sie aussagt, aber unter dem Deckmantel einer Mehrdeutigkeit, eines *Spiels mit dem Sinn*, was eine gewisse Toleranz im Hinblick auf die Illusionen mit sich bringt, gegen die sie sich auflehnt.

Weil sie scharfsinniger ist als das, worüber sie sich lustig macht, weiß die Ironie, daß sie selbst auch nicht gegen jedes Hirngespinst gefeit ist. Ihr spöttischer Hochmut, der oft für Verachtung gehalten wird, ist übrigens nur die Rückseite dieser inneren Demut, des Abstands, den sie sich selber gegenüber empfindet und wahrt. Unter ihrer Überheblichkeit und Schärfe liegt also der Zweifel. Und ihre Misanthropie verbirgt eine Zärtlichkeit gegenüber der Menschheit, die deren Geschmacksverirrungen verzeiht, wenn schon nicht die schlimmsten – diesen gegenüber findet sie vielmehr zu ihrer ursprünglichen Heftigkeit zurück –, so wenigstens die grotesken, die unverhältnismäßigsten: mit einem Wort, die *menschlichsten*, die sie mit einem Lächeln verspottet.

Ihre sprichwörtliche Bosheit wird also auf differenzierte Weise ausgeübt. Die Ironie behandelt nicht alles, was sie als Verstoß gegen Klarsicht oder Vernunft betrachtet, auf die gleiche Weise. Dem Relativen in allem und jedem stets zugetan, mißt sie jene Verstöße vielmehr mit zweierlei Maß, wobei sie sich selbst gegenüber am unnachgiebigsten bleibt – was ihr trotz ihres schlechten Rufs, alles unterschiedslos der Lächerlichkeit preiszugeben, eine ebenso paradoxe wie unleugbare »Moralität« verleiht. Wenn auch sie lügt, und zuweilen tut sie es unverfroren, so geschieht dies (fast) immer mit den »besten« Absichten: um durch den Kontrast die in den Dingen und den Verhaltensweisen verborgene Wahrheit ans Licht zu bringen oder auch um diese Wahrheit auf das Ausmaß einer Lächerlichkeit zurückzuführen, die es hervorzuheben gilt, aber ohne mehr Aufheben als nötig davon zu machen, ohne den Kunstgriff übermäßig zu betonen – indem man alles auf die leichte Schulter nimmt.

So gestattet es die Ironie – als Weise, die Wirklichkeit *wissentlich* zu verzerren –, in Gesellschaft das Unvereinbare zu vereinbaren: die Pflicht zur Wahrheit mit der Notwendigkeit der Täuschung. Als subtile Choreographie des Wahren und Falschen stellt sie sich als vollkommenes Werkzeug des vollendeten, reifen, *gelassenen* Skeptizismus dar, dem sie erlaubt, aus dem Imperativ des Zweifels alle Konsequenzen zu ziehen, ohne in die radikale Sackgasse zu geraten, ohne an ein »beklagenswertes und in gewisser Hinsicht grandioses Ende«[47] zu geraten, wohin eine zu starre, mechanische Anwendung ihrer Grundsätze führen würde.

Eine solche *leichte Lebensart, die sich über die notwendige Falschheit der Welt lustig macht*, beschränkt sich jedoch nicht auf diese bemerkenswerte Rolle eines gesellschaftlichen Hilfsmittels. Sie bewährt sich auch auf einer Ebene, die man im weiteren Sinn als »erkenntnistheoretisch« bezeichnen könnte. Wie bei Nietzsche, der sich gegen den »Mangel an Scham«, ja gegen die »Vergröberung«[48] wendet, von welcher der Wille, um jeden Preis »verstehen« zu wollen, zeugt, so rührt auch bei Cioran dieser Takt von der Achtung vor der ursprünglichen Tiefe und Herrlichkeit der Welt *im Naturzustand* her, von der Freude an ihrem rätselhaften, geheimnisvollen, beinahe *unsagbaren* Wesen: Der Takt zeugt vom Vorhandensein einer anderen, gleichzeitig und untrennbar ästhetischen und ethischen Auffassung von der Erkenntnis bei Cioran – von einem Willen zum wahren, weil *unverfälschten* Wissen über die Dinge und das Leben. »Und was unsere Zukunft betrifft«, schreibt Nietzsche in der Vorrede zur *Fröhlichen Wissenschaft*, »man wird uns schwerlich wieder auf den Pfaden jener ägyptischen Jünglinge finden, welche Nachts Tempel unsicher machen, Bildsäulen umarmen und durchaus Alles, was mit guten Gründen verdeckt gehalten wird, entschleiern, aufdecken, in helles Licht stellen wollen. [...] Wir glauben nicht mehr daran, daß Wahrheit noch Wahrheit bleibt, wenn man ihr die Schleier abzieht; wir haben genug gelebt, um dies zu glauben. Heute gilt es uns als eine Sache der Schicklichkeit, daß man nicht Alles nackt sehn, nicht bei Allem dabei sein, nicht Alles verstehn und ›wissen‹ wolle.«[49] Daran knüpft bei Cioran der Satz aus *Aveux et Anathèmes* an, der die Erkenntnis als die »verbrecherische Indiskretion«[50] schlechthin bezeichnet, oder auch der Aphorismus der *Syllogismes*, der behauptet: »Einen Gedanken zu vertiefen heißt, sich an ihm zu vergreifen: heißt, ihm den Zauber, ja sogar das Leben zu rauben ...«[51]

Im Gegensatz zu der einschränkenden Auffassung, die von unserem vorgeblichen »Wissen« hervorgebracht wird und die dessen Geheimnis und Schönheit entweiht, läßt also die Wiederherstellung der Illusion und des Scheins dadurch, daß sie die Welt *ästhetisch* würdigt, auch und *vor allem* die wahre Wahrheit ahnen. Das läuft – jenseits der notdürftigen Hypothesen, die wir über die Welt aufstellen können und die recht eigentlich nichts anderes tun, als *sie wieder auf uns selbst zurückzuführen* – darauf hinaus, das Vorhandensein eines nicht weiter rückführbaren, unsagbaren Bereichs anzuerkennen, in dem die höhere und einzig wahre Wirklichkeit der Welt zu finden ist, die infolgedessen niemals formal festgestellt, behauptet, sondern ausschließlich, wie in der mystischen Ekstase, empfunden, betrachtet, erlebt werden kann. In gewisser Weise kann man also sagen, daß es vermittels der Mystik oder wenigstens vermittels dessen, *was davon als Elan übrigbleibt*, wenn man den Glauben verworfen hat, geschieht, daß sich bei Cioran auch die Notwendigkeit des Aussetzens der mißbräuchlich als »Wissen« gesetzten Klarsicht – wenn diese in Wirklichkeit nichts als Überwucherung, als tautologischer Spiegel unseres Ichs ist – und der entsprechenden Rückkehr *eines bestimmten Maßes an Illusion* Bahn bricht.

Zweifellos liegt hier der Schlüssel zu der reichlich rätselhaften Bemerkung aus *Écartèlement*: »Was gesagt werden kann, entbehrt der Wirklichkeit. Nur das, was das Wort nicht fassen kann, besteht und zählt«,[52] was die Behauptung desselben Buches bekräftigt und erhellt, wonach das, »was sich nicht in Ausdrücke der Mystik übersetzen läßt, nicht wert ist, erlebt zu werden«:[53] widersteht doch die äußerste Wahrheit der Welt, die in den Augen Ciorans *mystischer Art im weitesten Sinn* ist, jedem Versuch der Theoretisierung und Systematisierung. Zu glauben, man könne sie durch Vernunft erlangen, ist ein gewaltiger Irrtum. Die Vernunft bietet uns bestenfalls praktische Hypothesen, die uns gestatten, auf die Welt einzuwirken; niemals jedoch, zu ihrem wahren Kern vorzustoßen. Sie ermöglicht uns, *nützliche Lügen* herzustellen, die »Wissenschaft«, die »Technik«; keineswegs jedoch, allgemeingültige, unumstößliche Wahrheiten. Worte sind dieser Aufgabe nicht gewachsen. Da sie jeweils nur ein Bruchstück der Wirklichkeit zum Ausdruck bringen, können sie das Wesen der Welt, das ja im Gegenteil eines, unteilbar, untrennbar ist, nicht erfassen – in ihrer Macht steht allenfalls, es zu umreißen und anzudeuten. Da es die *Wahrheit* nie ohne ihre Schleier gibt – sie verflüchtigt sich in dem Maße, in dem man ihr die Schleier abzieht –, kann man sich ihr nur durch Intuition, Gefühl, Erfahrung der Schönheit *annähern*. Deswegen übertrifft die dichterische Erkenntnis stets die rationale Erkenntnis. Ein »Zornesausbruch des Königs Lear oder ein Wortergußß Hamlets«,[54] behauptet der *Précis*, lehren uns mehr als tausend psychologische Analysen. Die großen Künstler sind die wahren Philosophen dieser Welt; die anderen sind lediglich deren Deuter, deren »Schmarotzer«.[55] Nur die Ästhetik als ganzheitliche, elementare, beinahe stumme Art und Weise, die Welt zu erfassen, läßt eine tiefe Erkenntnis der Welt gewinnen, die deren Komplexität, Subtilität und Vielfältigkeit achtet und alle ihre Farben und Reize durch Betrachtung und Poetik hervortreten läßt – das heißt, leider, um den Preis einer gleichsam unüberwindlichen praktischen Nutzlosigkeit.

Der »ethische« Wittgenstein der *Vermischten Bemerkungen* sagte nichts anderes, als er behauptete, »Philosophie dürfte man eigentlich nur *dichten*«,[56] oder, als er in der Nachfolge von Karl Kraus in der Psychoanalyse ein Wissen von sich selbst kritisierte, das nichts beiträgt zur Lösung der neuen ethischen Probleme, die es aufgreift, das heißt eine unfruchtbare Art, »vom Baum der Erkenntnis zu essen«.[57] Da die Wahrheit der Welt, um es mit seinen Begriffen auszudrücken, außerhalb des Bereichs der »Tatsachen«, der Gewißheit liegt (»Der Sinn der Welt muß außerhalb ihr liegen«,[58] heißt es im *Tractatus logico-philosophicus*), da sie also auch für ihn von mystischer Art im weitesten Sinn ist, widersetzt sie sich jedem Zugriff der Vernunft. Die Wörter können aufzeigen, wo sie sich befindet, und sagen, was sie nicht ist; sie können sie nicht ergründen und sagen, was sie ist. Allein die Kunst bietet eine richtige Annäherung an sie (»Die Menschen heute glauben, die Wissenschaftler seien da, sie zu belehren, die Dichter & Musiker etc, sie zu erfreuen. *Daß diese sie etwas zu lehren haben;* kommt ihnen nicht in den Sinn«[59]) – nur ist die Kunst von Natur aus dazu verurteilt, für immer unvollständig zu bleiben. Denn es gibt eine Ebene, zu der wir uns trotz aller unserer Anstrengungen nicht erheben können, diejenige, die alles umfaßt und ihm seinen Sinn verleiht und die die Menschen traditionell Gott nennen. Außerstande, sie zu erreichen – es bestehen sogar die besten Aussichten, daß sich der Ort als leer erweist –, können infolgedessen unsere moralischen Vorstellungen und damit auch die Lebensauffassungen niemals in der Gewißheit gründen: sie beruhen immer auf Meinung; und diese ist beinahe so vielfältig wie die Individuen.

Da sich das »Gute« also nicht streng bestimmen läßt, kann man darüber sagen, was man will, ohne daß dies Bedeutung oder Wirkung hätte: »Es hat keinen Sinn jemandem etwas zu sagen, was er nicht versteht, auch wenn man hinzusetzt, daß er es nicht verstehen kann. (Das geschieht so oft mit einem Menschen, den man liebt.)«[60] Da sie *Lebensentscheidungen* widerspiegelt, bleibt die je persönliche Moral unvergleichbar. Die Lebewesen sind Monaden, die jeweils eine eigene Logik besitzen und nichts lernen können, *was sie nicht bereits wissen*. Da jeder Versuch, in diesem Bereich einzugreifen, auf einen Trugschluß hinausläuft, weil er ja keinerlei Objekt hat, kann es keine »höhere Moral« geben, die sich auf alle anwenden ließe; das einzige, was man *wirklich* tun kann, besteht darin, zu versuchen, die eigene Wahl und die der anderen zu verstehen – wobei sich die Rolle der Philosophie darauf beschränkt, diese Entscheidungen verständlich zu machen, und nur dieses Verstehen mag sie zugunsten der Annahme einer anderen »Lebensweise« verändern. »Die Lösung des Problems, das Du im Leben siehst, ist eine Art zu leben, die das Problemhafte zum Verschwinden bringt. Daß das Leben problematisch ist, heißt, daß Dein Leben nicht in die Form des Lebens paßt. Du mußt dann Dein Leben verändern, & paßt es in die Form, dann verschwindet das Problematische.«[61]

Aus alldem ergibt sich bei Wittgenstein durchaus nicht die skeptische Schlußfolgerung, daß alles unterschiedslos (gut oder schlecht) sei und daß man sich weise auf eine unbedingte Gleichgültigkeit zurückziehen müsse, sondern eine praktische Philosophie, in der die tatsächliche Toleranz gegenüber anderen Lebensentscheidungen nur in der Prüfung der logischen Kohärenz dieser Entscheidungen an ihre Grenze stößt sowie in der Betrachtung der *Harmonie*, die sie sowohl individuell als auch kollektiv hervorzurufen verstehen: in einer Würdigung ihrer Schönheit, ihrer Eleganz. So stellt für Wittgenstein die Ästhetik als eine Art, die Welt pragmatisch zu sehen, wie sie *ist* und nicht wie unsere Ideale es wollen, Wissen und *Lebensmoral* zugleich dar. Daher sind, wie einer der letzten Sätze des *Tractatus* verkündet, Ethik und Ästhetik »Eins«.[62] Denn beide gehören zu demselben Bereich des »Transcendentalen«[63] außerhalb der Gewißheit, erfüllen und bestimmen ihn; und außerdem gehen sie aus einander hervor: Die Ästhetik gestaltet über die Lebensentscheidungen, aus denen sich die individuellen Morallehren herleiten, die Grundlage der Ethik; und umgekehrt ist nur die Ethik imstande, die Ästhetik zu vollenden und ihr Wert zu verleihen.

Angesichts des Problems des *Lebens*, welches das Problem alles Denkens überhaupt ist, entscheidet sich Wittgenstein also letzten Endes für eine erweiterte, im eigentlichen Sinn »liberale« Lebensart, die auf Toleranz und sogar auf Scham beruht (»Spiele nicht mit den Tiefen des Andern!«[64] ermahnt er sich selbst), auf einer bewußt eingesetzten Klarsicht (»Wer zu viel weiß, für den ist es schwer nicht zu lügen«[65]) und – notfalls – auf einer teilweisen Ehrenrettung der Lüge: »Es ist oft nur sehr wenig unangenehmer die Wahrheit zu sagen, als eine Lüge; etwa nur so sehr wie bittern Kaffee zu trinken als süßen; & doch neige ich auch dann stark dazu die Lüge zu sagen.«[66] Er bekennt sich – und zweifellos ist dies der wahre Sinn seiner analytischen Philosophie, wie er selbst vor der Veröffentlichung des *Tractatus* an seinen Bekannten Ludwig von Ficker schreibt[67] – zu einer Lebenskunst, die auf dem beruht, was die Griechen einen »Sinn für das Maß« nannten, der einzigen Möglichkeit, die Entzauberung der Welt mit Anmut zu ertragen.

Wenn auch auf zum Teil unterschiedlichem Wege gelangt Cioran zu demselben Ergebnis. Denn bei ihm steht die Ablehnung der Utopien, der Utopie als Idee im Mittelpunkt – sie prägt sein Denken und, für ihn, selbst *das Denken im allgemeinen*. Ein Pascal »ohne Zuflucht in der Religion«[68] und, könnte man hinzufügen, ein Nietzsche ohne Umwertung der Werte, außerstande (und sich weigernd), die geringste Überzeugung anzunehmen (»Überzeugungen hat nur, wer nichts vertieft hat«[69]) – für ihn bleibt Unschlüssigkeit, eine ewige

Unschlüssigkeit ohne Halt, der grundlegende Wert seines Denkens. Da er somit im Gegensatz zu seinen berühmten Vorläufern keinen »Ausweg aus sich selbst«,[70] keinen Ausweg in irgendeine andere Welt, die sich vermittels einer Wette mit dem Sein Gottes versöhnt hätte, auch nicht in der Behauptung der Möglichkeit einer befreienden Überwindung der alten Morallehren hat finden können, ist er dazu verurteilt, sich ungesichert inmitten eines unbeständigen, weil von allem religiösen, politischen oder moralischen Glauben entleerten Kosmos zu bewegen.
Das heißt, wenn es für Cioran überhaupt ein Prinzip gibt, welches das Dasein zu ordnen vermag, so kann es nur dem Hier und Jetzt des greifbaren Lebens mit seinen Ungewißheiten, Mehrdeutigkeiten, mit seiner Verschwommenheit und seinen ewigen Kompromissen entspringen. Dieses zwangsläufig antidogmatische und antisystematische Prinzip kann nur auf einem flüchtigen, unablässig in Frage gestellten und immer wiederherzustellenden Gleichgewicht entgegengesetzter Postulate beruhen in bezug auf Weisheit und Leidenschaft, den Traum vom Glück und den Geschmack, auf Notwendigkeit, Leiden, Glauben und Ungläubigkeit, Mystik und Realismus, zwischen denen alles echte Dasein heillos hin und her gerissen ist. Da die Utopie für immer verabschiedet wird, bleibt nur die Möglichkeit, eine persönliche, im positiven oder einfach wertfreien Sinn des Begriffes opportunistische Lebenskunst zu begründen, die sich nämlich den jeweiligen Umständen anpaßt, wobei sie den Anforderungen des Gewissens, der Klarsicht, der Aufrichtigkeit und der geistigen Unabhängigkeit *so gut wie irgend möglich* zu genügen sucht.
Damit zeichnet sich bei Cioran innerhalb des Strebens nach Weisheit, welches das allerletzte, obgleich unerreichbare, weil tödliche Ziel alles Denkens bleibt, das ab, was man als einen »Weg des Stils« bezeichnen könnte, der auf Maß, Ironie und der Poetik des Scheins beruht und eine ethische, ästhetische und erkenntnistheoretische Aufgabe zugleich erfüllt – einen Weg, der sich als die einzige mögliche anti-utopische Gesamt-

schau darstellt, die den freigewordenen Platz einnehmen kann –, der aus Lebensgründen, wegen der unmöglichen *Utopie* nicht unbesetzt bleiben kann.

Es ist nicht einfach, etwas so Subtiles und so Flüchtiges wie dieses »Stilprinzip« zu fassen. Da es eine Lebenskunst ist, kann man es für eine Gesellschaft oder für einen geschichtlichen Augenblick nur mit äußerster Vorsicht verallgemeinern, auch darf man es nicht in einen zu feingliedrigen und endgültigen Ausdruck fassen: man muß es also ebenso behandeln wie eine Ideologie oder ein Dogma. Nicht, daß diese Ethik der Kohärenz entbehrte. Ihre Einheitlichkeit ist vielmehr stark ausgeprägt; und ihre Prinzipien weitgehend ebenso streng wie die der bekannten Morallehren. Da sie aber spontan reagiert, kann sie stellenweise widersprüchlich erscheinen, jedoch ohne ihre Geltung und Identität zu verlieren. In Wahrheit wirkt sie weniger als eine »Gesetzestafel« denn als ein ethisches Alphabet, als eine *Partitur*, die ein bestimmtes Maß von Deutungen zuläßt, ja sogar anempfiehlt. Obwohl er fortwährend darauf hinweist und alles, was wir bisher in diesem Buch herausgefunden haben, dies bestätigt, hütet sich Cioran sehr wohl davor, diese Ethik begrifflich auszugestalten. Selbst der Begriff einer »Philosophie des Stils« kommt bei ihm nie vor. Er bleibt der negativen Theologie, die sein ganzes Werk durchzieht, treu und begnügt sich wie Wittgenstein damit, sie zu umreißen, faßt sie aber niemals positiv, von innen. Er steckt in seinen Aphorismen ihren Bereich ab und deutet die Grundzüge an, er bietet den Schlüssel, gibt die Tonart an, aber nicht mehr, und überläßt dem Leser die Aufgabe und die Freiheit, sie zu rekonstruieren.

»Es ist leicht, ›tief‹ zu sein: man braucht sich nur von seinen eigenen Makeln überwältigen zu lassen«,[71] schreibt der Verfasser der *Syllogismes*: Gegen die Suche nach den Abgründen, »die, da sie von Natur aus bodenlos sind, nirgendwohin führen können«,[72] muß man für den Schein, für die Oberfläche der Dinge Partei ergreifen, ohne einem kritiklosen Annehmen, einem Kult des Scheins und der Oberfläche zu verfallen,

was lediglich auf Konformismus und Obskurantismus hinausliefe. Die einzige Lösung hinfort: den Mittelweg einer bewußten, *gewählten* »Oberflächlichkeit« wiederzufinden, verstanden als eine Kunst der Leichtigkeit und der Feinfühligkeit (»Nur die oberflächlichen Geister gehen zartfühlend an eine Idee heran«[73]), gleichzeitig als Gegengift und als Überwindung der Abgründe, auf denen sie ruht, aus denen sie hervorgegangen ist, in die sie aber nicht versinkt. »Es kommt die Stunde, da der Skeptiker, nachdem er alles in Frage gestellt hat, nichts mehr findet, *woran* er zweifeln könnte; dann erst hebt er sein Urteil allen Ernstes auf. Was bleibt ihm noch übrig? Sich zu vergnügen oder dumpf zu werden: das Leichtfertige oder das Tierische«,[74] behauptet Cioran in den *Syllogismes*, wobei er ersterem ausdrücklich den Vorzug gibt.
Wozu er hier aufruft, ist im Grunde nichts anderes als das, was Nietzsche in der Vorrede zur *Fröhlichen Wissenschaft* bei den Griechen pries: nämlich ein Wissen vom Leben, das auf der gleichsam moralischen Notwendigkeit beruht, stets eine Maske der Frivolität aufzusetzen – auf einer Oberflächlichkeit, die also nicht wegen eines Mangels, sondern wegen des *Übermaßes* an Tiefe geübt wird: » Oh diese Griechen! Sie verstanden sich darauf, zu l e b e n: dazu thut Noth, tapfer bei der Oberfläche, der Falte, der Haut stehen zu bleiben, den Schein anzubeten, an Formen, an Töne, an Worte, an den ganzen Olymp des Scheins zu glauben! Diese Griechen«, schließt Nietzsche, »waren oberflächlich – a u s T i e f e !«[75] Ein Programm, das bei Cioran von diesem Aphorismus in Gestalt eines Selbstbildnisses: »Je tiefer sich ein Geist in *Gefahren* begibt, um so mehr verspürt er das Bedürfnis, oberflächlich zu erscheinen, sich den Anschein von Frivolität zu geben und die Mißverständnisse über sich zu vervielfachen«,[76] sowie von folgendem »Ratschlag« veranschaulicht wird, der als eine Ermahnung an sich selbst zu lesen ist und den er im »Brief über einige Sackgassen« aus *La tentation d'exister* erteilt: »Meine Absicht war, Sie vor dem *Ernsthaften* zu warnen, vor dieser Sünde, die nichts sühnt«,[77] schreibt er an seinen imaginären

Briefpartner, der sich »ausdrücken«, seine »Tiefen« literarisch zum Ausdruck bringen will. »Statt dessen«, fährt er fort, »wollte ich Ihnen die Oberflächlichkeit vorschlagen. Nun, – warum sollte man es sich verheimlichen? – die Oberflächlichkeit ist das Schwierigste auf der Welt, ich meine *die bewußte, die erworbene, die gewollte Oberflächlichkeit* [unsere Hervorhebung].«[78]

Während er diese »Lösung des Stils« niemals von innen heraus definiert, ist er, wenn er deren äußere Grenzen umreißt, sehr viel beredter und genauer, was deren geschichtliche Quellen und Hintergründe betrifft. Nicht weniger als Griechenland oder als Nietzsche ist es das französische 18. Jahrhundert, das ihm den Spiegel dieser klarsichtigen, aber maßvollen, eleganten, stilisierten Lebenskunst bietet, nach der er sich sehnt. Wobei man sagen könnte, daß seine lebensnahe Philosophie zur impliziten Ethik – zweifellos einer der größten vom abendländischen Denken versäumten Gelegenheiten, eine freie Moral in einer Welt ohne Gott zu begründen –, die das Freidenkertum einst war, zurückkehrt und sie wieder ans Licht bringt. Kein Wunder also, wenn die Seiten, auf denen er dieses große Zeitalter, »in dem man noch in wundervoller Weise oberflächlich sein konnte«,[79] heraufbeschwört, wie diejenigen von »Kultur und Frivolität« und »Die Moralisten und ihr Geheimnis« aus dem *Précis*,[80] von »Der Stil als Abenteuer« aus *La tentation d'exister*[81] oder von »Der Memoiren-Freund« aus *Écartèlement*[82], zu den tiefsinnigsten und vollkommensten seines Werkes zählen. Der Grund dafür liegt auf der Hand: in dem faszinierten, wenn auch nicht kritiklosen Kommentar zu dieser Gesellschaft oder eher zu diesem Übergangsmoment einer Gesellschaft zwischen zwei Glaubenswelten, einer Gesellschaft, die sich – eine für eine Gemeinschaft seltene, ja gar wunderbare Tatsache, schreibt Cioran – zu dem »einigen auserwählten Verstoßenen vorbehaltenen«[83] Zweifel »aufzuschwingen« verstand und, um diese ebenso begeisternde wie schmerzhafte Leere zu überwinden, den Schein mit Verstand »auf die Ebene eines *Stils*«[84] erhob, legt

Cioran sich selbst, die Bewegung seines Denkens, *sein Antisystem des Denkens*, dar.
Zweifellos verbinden sich die einzelnen und widersprüchlichen Grundzüge seiner Haltung *ausschließlich* in der nostalgischen Preisung dieses »vergangenen«[85] Zeitalters und verweben sich am Ende zu einer Einheit, die ihnen ihren Sinn und ihre Notwendigkeit zurückgibt. Kurz, vor dem Hintergrund dieses unwahrscheinlichen Traums einer Rückkehr in eine ungewisse Zeit, der subtil mit den Fußangeln des flüchtigen Bodens, auf dem er steht, spielt, schwebend über seinen Abgründen, kommt einfach indirekt, auf eine mittelbare und trügerische, aber zugleich äußerst deutliche Art und Weise die positive Seite seiner Philosophie zum Ausdruck: seine – nicht anders als bei Wittgenstein – ebenso ästhetischen wie ethischen Lebensregeln.
So gehorcht der Stil im allgemeinen und insbesondere der Schreibstil bei Cioran ganz und gar nicht einem Bestreben nach Eleganz um der Eleganz willen, nach dem Schönen oder Hübschen um ihrer selbst willen. Beschränkte er sich darauf, so hätte er nicht mehr Bedeutung als ein Ornament, als eine Hülle, als eine dekorative Zugabe. Dieses »Neue« würde einem bloßen »Dekorwechsel« des Alten gleichkommen, einem Aufputz, einer Flucht vor sich selbst. Als Äußerung eines Anspruchs auf Redlichkeit, auf intellektuelle Echtheit, *sofern das Leben und die Wörter überhaupt dazu berechtigen können*, also als Mittel zur Schaffung seiner Identität zeugt der Stil bei ihm vielmehr von einer wahrhaften Askese, von einem nie abgeschlossenen Streben zu sich selbst. Als eine von mystischer Achtung gegenüber dem unergründlichen Geheimnis der Welt geprägte Scham und gleichzeitig als Abwehr gegen den Mangel der Welt an Wirklichkeit, ja deren Ersetzung durch ein sinnenhaftes Scheingebilde, wird der Stil als eine Lösung außerhalb der Ideale aufgefaßt, die es ermöglicht, daß man die Leere, welche die große anti-utopische Ernüchterung hinter sich gelassen hat, in Schönheit erlebt. Kurz, der Stil ist ein Heilmittel gegen das Nichts: »Mit Gewißheiten ist kein

Stil möglich: Die Sorge um trefflichen Ausdruck ist das Vorrecht all jener, die sich nicht in einem Glauben ausruhen können. In Ermangelung eines festen Haltes klammern sie sich an die Worte – an diese Scheinwirklichkeiten; während die andern, die sich auf ihre Überzeugungen verlassen, den äußeren Schein verachten und sich in der Behaglichkeit der Improvisation rekeln.«[86]

Weit entfernt, eine periphere, untergeordnete Rolle zu spielen, eine bloße »Hülle« zu sein, steht der *Stil* im Mittelpunkt von Ciorans Denken. Als greifbares, äußerstes Ziel des Lebens und zugleich als Mittel, dahin zu gelangen, durchzieht er dieses Denken. Er begleitet es durch alle seine Phasen, bis er damit verschmilzt. So gehen bei ihm Schreibweise und Denken, Ästhetik und Ethik, Schönes und Gutes Bindungen ein, die über die eindeutige Beziehung der Übertragung, der Darstellung hinausreichen: Sie sind von Anfang an unauflöslich miteinander verschränkt. Nicht nur, daß das eine nicht ohne das andere geht: nur aus ihrer Verschmelzung kann eine Lebenskunst hervorgehen, der philosophischer Wert zukommt. In der Eleganz seiner Aphorismen und seinem täglichen Verhalten ist es im Grunde *stets dieselbe Haltung gegenüber der Welt*, dieselbe Art, Ordnung in deren natürliche Unordnung zu bringen, die Cioran zu gestalten versucht.

In gewisser Weise könnte man sagen, daß er hier etwas von der überlegenen Wahrheit dieser ganzen Lebensmoral wiederfindet, die das Dandytum für einige mythische Gestalten gewesen ist. Nein, gewiß nicht diese barocke Geziertheit des Aufputzes – übrigens ist ein völliger Widersinn, was unsere heutige Sprache daraus gemacht hat –, sondern jenes selbsternannte geistige Aristokratentum, ja der heldische, eigentlich wahnwitzige Wille, sich durch meisterhafte Beherrschung des Scheins vollständig selbst zu erschaffen, wie es, ausgehend vom Leben Brummells, sowohl Barbey d'Aurevilly in *Du Dandysme et de George Brummell* als auch Baudelaire in seinen Aufzeichnungen *Mon cœur mis à nu* »theoretisch« dargestellt haben.[87] Dargestellt nicht als die egozentrische Behauptung einer hypothetischen, an Exzentrizität grenzenden »Originalität«, sondern als echte, paradoxe praktische Philosophie der »Tiefe der Oberfläche«, als eine Suche nach dem Schönen, oder eher dem Erhabenen, einem das Gute stiftenden Wert und Sturz der erlernten Morallehren – das heißt, um einen Begriff Nietzsches aufzugreifen, als einen Prozeß der Gründung »selbstgeschaffener«[88] Werte.

Das unter diesem Gesichtswinkel betrachtete Dandytum, ein faszinierendes Projekt, stimmt offensichtlich mit Ciorans Ansatz überein. Obgleich das Wort in seinen Schriften seltsamerweise kein einziges Mal vorkommt, läßt sich behaupten, daß alles in ihm zu dieser Haltung zusammenläuft – nur ist er viel zu skeptisch, um nicht den Anteil an Hochstapelei zu bemerken. Ihm liegt der Gedanke sehr fern, daß man sich durch eine sorgfältige Beherrschung des Scheins von seinem armseligen Menschsein lösen könnte, um gleichsam durch Zauber seinem Ideal gleich zu werden. Das ist ein Traum, eine Utopie, die im übrigen stets ein böses Ende genommen hat. Nachdem er in den Londoner Salons geherrscht und den Regenten ausgestochen haben muß, wurde »Beau« Brummell verbannt und starb halb wahnsinnig in einem Altenheim als schuldengeplagter Honorarkonsul einer mittelmäßigen französischen Provinzstadt und Zerrbild eines alten Knackers, der auf seine alten Tage für die jungen geschlechtsreifen Schülerinnen entbrannte. Und Wilde mußte die Schmach eines würdelosen Gerichtsverfahrens über sich ergehen lassen, dem er sich nicht entziehen wollte, sondern das er aus Hochmut anstrebte, das ihn aber von einem glanzvollen, blendende Paradoxe sprühenden Ästheten zu einem banalen, fettleibigen Homosexuellen herabwürdigte. Was Cioran veranlaßte, die Weisheit als Ideal zu widerlegen, veranlaßt ihn also auch, das Dandytum zu verwerfen, jedoch auf eine viel weniger gehässige, beinahe heimlich bewundernde Art. Hie und da gibt es in seinem Werk sogar Sätze, die von Brummell stammen könnten, wenn der sich herabgelassen hätte, über sich selbst nachzudenken, so etwa den großartigen Aphorismus aus *Écar-*

tèlement, der sein ganzes Leben, einschließlich Dekadenz, zusammenzufassen scheint: »Das wahre geistig-sittliche Feingefühl besteht in der Kunst, seine Siege als Niederlagen zu verkleiden«,[89] oder auch dieses lapidare Gebot aus *De l'inconvénient d'être né*, welches das Wappen des großen Dandy hätte zieren können: »Nur eines zählt: lernen, ein Verlierer zu sein.«[90]

Wenn er sich über den Wert des Dandytums als »Lösung« keinerlei Illusionen hingibt, so behält er doch dessen leitende Idee im Sinn, daß es nämlich durch den Willen zur Vollkommenheit jeder Geste, jedes Gedankens, selbst wenn sie nur angedeutet werden, *im kleinsten Erzittern der Seele*, mittels einer endlosen Innenschau möglich ist, diese lebendige Weisheit, die den Namen »Philosophie« trägt, zu entwickeln – wobei der große Unterschied darin besteht, daß dieser Vorgang es in seinen Augen niemals gestattet, ein endgültiges Gleichgewicht zu erreichen, sondern lediglich unvollkommene und potentiell umkehrbare Zustände des Scheingleichgewichts, um die unablässig gekämpft werden muß: daß diese Anstrengung sich um ihrer selbst, nicht um ihres Zieles willen lohnt.

Diesseits und jenseits dieser Utopie einer radikalen Selbstverwandlung, die im Dandytum zum Ausdruck kommt, bleibt also ein Anspruch jedes Augenblicks bestehen, als eine Lebensweise – nicht als ein Ideal, nach dem man sich zu richten hätte –, die nur stellenweise Ordnung in das menschliche Nichts zu bringen und ihm auf lange Sicht einen Zusammenhang zu verleihen vermag: Idealität kann es nur innerhalb eines Satzes geben, und zwar in gewissermaßen latentem Zustand. Deshalb wird die Schreibkunst für Cioran zum *äußersten und einzigen Ort der annähernden Lösung seiner Konflikte*, wo diese Moral des »ungebundenen«,[91] von aller Knechtschaft durch irgendeinen äußeren Glauben befreiten Wesens zum Ausdruck kommen kann, mit der auch er, wie der Dandy, liebäugelt – wobei die Herausforderung darin besteht, daß diese Moral ihren Urheber, in diesem Falle ihn selbst, dazu zwingt, sich stets streng an deren Gebote zu halten.

Das Gefüge seiner Sprache spiegelt diese ethische Rolle der Vermittlung und Verknüpfung zwischen den gegensätzlichen Postulaten, die sein Dasein gestalten. Gleichzeitig trocken und bebend, hochmütig, beinahe körperlos, und dennoch menschlich, sehr menschlich, demütig, tolerant und stellenweise sogar vertraulich; äußerst klarsichtig, schneidend und karg, doch zugleich zu einem gewissen barocken Stil neigend, hingezogen zu einer höheren Dimension, die ganz und gar über die Sprache hinausgeht, ausgehöhlt vom Feuer einer inneren Leidenschaft, die unter der untadeligen Gestaltung schwelt, *Eis und Glut* zugleich, hat Ciorans Sprache mindestens ebenso viel mit derjenigen der Romantiker Mitte des 19. Jahrhunderts wie Nerval und Pétrus Borel (d'Hauterive) gemein, ja sogar mit derjenigen von »Décadents« wie Rémy de Gourmont, Marcel Schwob und Léon Bloy oder auch mit der Ausnahmeerscheinung Lautréamont wie mit der Sprache der Moralisten des ausgehenden 17. und beginnenden 18. Jahrhunderts. Nur daß diese Kategorie der Sprache, die hier im Zusammenhang mit Cioran systematisch angeführt wird, eingegrenzt werden müßte. Der Stil Ciorans ist demjenigen Chamforts, des von der Geschichte enttäuschten vorromantischen revolutionären Nichtadligen, unendlich viel näher als demjenigen La Rochefoucaulds – des seiner Abkunft wohlbewußten Grandseigneurs, der unentwegt die schreckliche aristokratische Furcht verspürt, von der Lüge der Gesellschaft zum Narren gehalten zu werden –, mit dem man ihn so oft und so voreilig verglichen hat. Wie bei Chamfort und den späten Moralisten wie dem sonderbaren La Reynière oder auch etwas später bei dem unzeitgemäßen Joubert umreißt Ciorans Prosa durch das scheinbar vollkommene, aber fortwährend bedrohte Gleichgewicht, das ihr zwischen der Kälte des Ausdrucks und dem Lyrismus der Auflehnung gegen das tägliche Ärgernis der Welt herzustellen gelingt, eine Möglichkeit des Lebens *trotz allem*: Sie bringt die Ethik, die sie andeutet, zum Ausdruck und begründet sie. Von dieser Lebensregel gibt die Prosa die gleichzeitig erste, genaueste und einzige Veranschaulichung: das allerletzte Stück Wirklichkeit, das dem über die Dinge herrschenden Nichts entrissen wird, ist mit einem Wort das, was wir »Stil«, das verwirklichte Stilprinzip genannt haben.

Cioran ist nicht etwa ein »interessanter« Denker *und* ein vortrefflicher Stilist zugleich – wie man ihn bis heute zumeist gelesen hat. Sondern er ist ein wirklicher Denker, *weil* er ein anspruchsvoller Stilist ist, der wieder und wieder versucht, das, was er im Augenblick empfindet, mit äußerster Genauigkeit aufzuzeichnen; und, umgekehrt: ein großer Stilist, einer der vollendetsten der französischen Sprache, *weil* er ein strenger und redlicher Denker ist, stets bestrebt, Lüge und Illusion in sich selbst aufzustöbern und möglichst zu seiner innersten Wahrheit vorzustoßen. Sein Stil *ist* sein Denken und umgekehrt: Sein Denken veranschaulicht seinen Stil. Man könnte – mit etwas Zurückhaltung – sagen, daß Cioran die Gestalt des *Dionysos philosophos*, dieses »Künstler-Philosophen«[92] verkörpert, dessen Ankunft der Nietzsche der nachgelassenen Fragmente herbeisehnte und in dem er den Denker des »tragischen Zeitalters«, ja der »Zukunft« erblickte, das heißt, der Zeit nach dem »Tode Gottes«, nach dem Verschwinden der Morallehren und der Ideale *a priori*: einen *freien Geist*.[93]

Schlußfolgerung

Der lange verschlungene Weg ...

Es gibt keinen vollkommenen Weisen, der diesen Namen *allein* verdient hätte, es wird vielleicht niemals einen geben und hat nie einen gegeben. Den Griechen war das beinahe selbstverständlich: Da reine, allumfassende Weisheit ebenso wie schrankenlose Freiheit einer Art »weltlicher Heiligkeit« gleichkäme, war sie gewissermaßen den seltenen Gründern großer Denkschulen vorbehalten, die regelrecht wie Mythologien wirkten[1] – die meisten Menschen konnten diesen Endpunkt lediglich anstreben, ohne die Hoffnung, ihn auch zu erreichen. Ebensowenig wie sie macht sich Cioran, wie wir gesehen haben, Illusionen über die Möglichkeit, eine endgültige Antwort auf das Problem des Lebens zu finden. Weit entfernt, daraus noch einen Grund der Verzweiflung zu machen, erhebt er dieses Unvermögen vielmehr zu einem Zeichen der Existenz, ja zum Vorrecht unseres In-der-Welt-Seins. In diesem ewig unvollendeten Elan, in diesem Geöffnetsein, das uns auf Schritt und Tritt begleitet – was Clément Rosset Ciorans »Unzufriedenheit« genannt hat[2] –, ergibt sich für ihn die unablässige Frage, die von unserer Eigenschaft als Menschen zeugt: diesem unmöglichen Geschlossensein, das auf paradoxe Weise den Raum unserer möglichen Freiheit aufschließt.

Cioran geht noch viel weiter. Es ist unsere bewußte Weigerung, eins mit der Welt zu werden, unser Anderssein – das wir auf uns genommen haben, auf das wir Anspruch erheben, das wir uns *geschaffen* haben –, das uns, behauptet er, nicht zu Hampelmännern, zu gespenstischen Individuen werden läßt, sondern zu *vollwertigen Wesen*. »Freiheit ist nur für jene das höchste Gut, die der *Wille* beseelt, Ketzer zu sein«,[3] verkündet ein Aphorismus der *Syllogismes*: Nur außerhalb alles Haftens an einer wie auch immer gearteten Überzeugung gibt es einen freien Geist, in der Ausübung einer in jedem Fall und zu jeder Zeit gnadenlosen, »ewig anhaltenden« Klarsicht. Mit diesem Imperativ zu brechen heißt, stets sich irgendeiner Torheit, irgendeinem Dogma, einer Ideologie oder einem Ideal, *einer beliebigen Utopie* hinzugeben, es bedeutet sicherlich, Seelenruhe zu finden, aber gleichzeitig, als Mensch, als Lebender zu verschwinden: den Zustand der Ungeschiedenheit zu erlangen, in dem wir uns selbst aufheben und der Tod bedeutet. Freiheit ist daher gleichbedeutend mit Unbequemlichkeit, mit der Tragik des Lebens und dessen dunklem Fortschreiten, das weder Ende noch Ziel kennt. Freiheit ist ein Vorgang, der sich um seiner selbst willen lohnt und dem dauernde Rückfälle und Rückzüge drohen: ein Kampf ohne Rast und Ruh, der einen beharrlichen Willen erfordert, Spaltung – Widerstand – fortwährend zu stärken, zu erneuern.

Nicht nur, daß das ganze Denken Ciorans dieser *Pflicht zur Ketzerei* Ausdruck gibt, durch sie verständlich wird, mit ihr eins wird, aus ihr gehen auch die großen Entscheidungen seines Lebens, auch die seines Schreibstils, hervor. »Denken wider sich selbst«, wir haben es oft genug gesagt, hat bei ihm mehr als nur den Wert eines Erkenntnismittels, sondern den einer Seinsweise, einer Lebensmoral. Und diese Leidenschaft für das Fragen – man könnte diesen Ausdruck fast in Großbuchstaben setzen, um ihm den mittelalterlichen Sinn einer Art Kreuzigung am Rande des *»Abgrunds der Irrlehre vom Ich«*[4] zurückzugeben – erklärt das gleichsam masochistische Ausharren im Widerspruch, *die wahre Wollust am Selbstwiderspruch*, als eine Unruhe, die niemals nachlassen, vielmehr immer wieder in sich selbst Gründe, sich zu steigern, finden wird und die dem Leser beim ersten Blick in sein Werk ins Auge springt.

Mit diebischer Lust träuft Cioran zeit seines Lebens Säure in seine Wunden, indem er das Leiden am Sein, das Übel und den »Nachteil«, dazusein, nach dem berühmten Wort Meister Eckharts in den Rang des »schnellsten Tiers zur Vollkommenheit«,[5] das heißt zur Erkenntnis, der wahren Erkenntnis selbstverständlich, der Selbsterkenntnis und nicht der bloß technischen Illusion des Wissens, erhebt. Das führt bei ihm zu einer voluntaristischen Ästhetik-Ethik des Unvollendetseins (»Goldene Regel: Ein unvollständiges Bild von sich hinterlassen ...«[6]), deren unterschwellige Gegenwart in allen seinen Schriften nachhallt und die das fehlende Glied dessen bietet, was wir das »Stilprinzip« genannt haben. Da wir zwangsläufig außerstande sind, festen Boden außerhalb des Todes zu gewinnen, und deshalb stets und *bestenfalls* auf »herabgesunkene Formen der Weisheit angewiesen«[7] sind, läuft unser Dasein auf einen endlosen Absturz – ohne Heil und Vergebung – in die Zeit hinaus, in dem es keinerlei Paradies außer dem künstlichen des Satzes, der Kunst, des Stils gibt.

So scheint das »Scheitern«, ein bestimmtes Scheitern, zum Wesen unseres Zeitalters zu gehören. Nicht nur, daß wir es letzten Endes nicht vermeiden können (»Sein Leben lang ohne Verletzungen davonkommen – das könnte geschehen, geschieht aber zweifellos nie«,[8] lautet lakonisch einer der grausamsten Aphorismen aus *Aveux et Anathèmes*) – der bewußte und zum Äußersten geführte Mißerfolg stellt, folgt man Cioran in seinem Zu-Ende-Denken, das einzige uns zu Gebote stehende Mittel dar, Heiligkeit oder deren Ersatz zu erlangen. »Lieber im Rinnstein als auf einem Sockel«,[9] gebietet ein Aphorismus aus *De l'inconvénient*, der an einen Geistesblitz von Wilde in *Lady Windermere's Fan* (1892, *Lady Windermeres Fächer*) erinnert: »Wir sind alle in der Gosse, aber manche von uns blicken nach den Sternen«:[10] Da wir die Sterne nicht erreichen können, bleibt uns nichts anderes übrig, als unsere Stellung als »Ausgestoßene« noch zu verschlimmern, die unsere »einzig wahre Würde«[11] ist, sie zu steigern, da sie uns nutzlos, untauglich für die Welt und jedes Zugeständnis an sie unmöglich macht. Sein Leben willentlich zu verpfuschen wie jene »balkanischen«, vom Fieber der »Zerstörung« beseelten Außenseiter, an die Ciorans Gespräche[12] erinnern, läuft wohl darauf hinaus, »Zugang zur Dichtung zu erlangen – ohne den Beistand der Begabung«,[13] wo Gelingen – sofern das Verb überhaupt einen Sinn hat – stets etwas »Entehrendes«[14] an sich hat, denn es zeugt von einem Mangel an »geistiger Begabung«.[15] Da es unser tragisches Menschsein vergessen macht, uns »um die Qual über unsere Grenzen bringt«, »führt das Gelingen gleich welcher Art zu einer inneren Verarmung«.[16] Nach einer in seinen Werken häufig anzutreffenden Logik, die *gerade durch ihr Übermaß* in Un-Logik umschlägt, geht für Cioran das Scheitern über sich selbst hinaus und führt zum glänzendsten Sieg, und das Unerfülltsein wird zur einzigen Art, das Erhabene zu erreichen.

Diese pessimistische Auffassung ist bei Cioran mit einer Behauptung verbunden, die deren Schärfe abmildert, ja, die es sogar gestattet, langfristig die Überwindung jener Auffassung ins Auge zu fassen: Es handelt sich um die Hypothese, der zufolge der in der Schreibart und im alltäglichen Leben zum Ausdruck kommende Stil auf die Auffassung des Daseins zurückwirkt und ihm einen höheren Sinn verleiht – anders ausgedrückt, um die Möglichkeit, daß die gelegentliche und diskontinuierliche Ethik, die wir aufzustellen vermögen, sich auf lange Sicht in wahre Moral verwandelt. Aber das gilt und kann nur asymptotisch gelten. Wir können uns um die Schönheit in allen Bereichen bemühen. Dies wird vorübergehend unser Nichts auflösen. Wir werden uns unserem Scheitern entreißen, aber nie gänzlich und endgültig: Was wir auch tun mögen, das Gefühl der Unvollendetheit bleibt der Hintergrund, von dem wir uns nur von Zeit zu Zeit und mit Müh und Not zu lösen vermögen.

Man muß unter diesem zweifachen Gesichtswinkel der notwendigen Ketzerei und des unabwendbaren Scheiterns auf die »Frage« nach den politischen Stellungnahmen in Ciorans Jugend und seinen »deutschen« Erklärungen zurückkommen. Nicht, um darin einen Schlüssel zu finden, der sie erklären oder gar rechtfertigen könnte – letzten Endes trennt nur ein Schritt die Ketzerei als Lebensprinzip von der Unvernunft der

Sprache und des Handelns, wenn nicht gar – wie etwa im Falle von Maurice Sachs – von der Leidenschaft des Verrats –, sondern um zu verstehen, wie dieser Irrtum in der Entfaltung seines Denkens entsteht.

Der Fall Ciorans hat nur sehr entfernt Bezug zu dem des Verfassers von *Le Sabbat* (*Le Sabbat. Souvenirs d'une jeunesse orageuse*, Paris 1946; *Mein Leben ist ein Ärgernis*, 1950). Wenn sich Cioran auch einer widersprüchlichen Logik bedient, so hat sie einerseits sein Leben nicht beschädigt und andererseits wurde sie später ausschließlich für untadelige Ziele der persönlichen Befreiung eingesetzt. Dadurch verliert aber die Frage nicht an Bedeutung. Im Gegenteil: Daß einer der zutiefst *redlichen* Männer des ausgehenden 20. Jahrhunderts, das nicht gerade viele aufzuweisen hat, wenn auch nur vorübergehend und unter der Einwirkung eines Jugendwahns, hat geblendet werden können von einer der zerstörerischsten Utopien, die es je gegeben hat, gibt tatsächlich menschlich ein Rätsel auf und berührt auch – und vor allem – Tragweite, Wesen, ja *die Existenz* seines Denkens.

Freilich läßt sich diesem »Jugendirrtum« ein Leben und ein Werk in Frankreich von seltener Haltung entgegensetzen. In einer Zeit, die von der heimtückischsten Korruption geprägt ist, die über die Medien die Geister zu verderben sucht, stellt Cioran mehr als ein Gegenbeispiel dar: Er ist ein Gegengift. Es dürfte schwerfallen, eine Denkart zu finden, die dermaßen frei ist von dem geringsten Zugeständnis an die Mächte und Konformismen der Zeit, die *im Gegensatz zu ihnen steht*, »unzeitgemäß« – davon zeugen seine Ablehnung jeder öffentlichen Ehrung, seine Zurückweisung jeder Regel, die nicht seine eigene ist, und seine völlige Gleichgültigkeit gegenüber jeder Vorstellung von literarischer oder intellektueller »Karriere«.

Das ist schon sehr viel und gibt kaum das Recht, sich in ein Leben und Werk, in deren Mittelpunkt Klarsicht und Redlichkeit standen, einzumischen, um sie wegzupusten wie Strohhalme. Versucht nicht eine besonders schematische These[17] uns davon zu überzeugen, daß Ciorans Werk nichts weiter sei als ein bloßes »Palimpsest«, ein Wiederschreiben immer desselben, das aus einem Bedürfnis nach Anerkennung und nach »Verführung« erfolge – kurz, ein Überschminken, eine große Geste der Unaufrichtigkeit? Der Entlarver der Utopien, mitten in Sartres Hoch-Zeit – Ketzerei, die erklärt, warum man ihn damals weder verstehen noch lesen konnte –, soll nur ein banaler Opportunist gewesen sein! Hätte er nur wie andere den »unübertrefflichen« Charakter des Marxismus, die Große Proletarische Revolution in China oder anderswo gepriesen, bevor er sich zu einem absolut schlappen, verknöcherten und selbstzufriedenen Liberalismus bekannt hätte!

Ein derartiger Angriff ist nicht ernst zu nehmen. Die Frage, die er aufwirft, bleibt aber bestehen. Und wenn wir ihr nicht entgegentreten, könnte sich alles, was wir in diesem Essay über Ciorans Lebenskunst gesagt haben, als, wie man von exorbitanten Klauseln in gewöhnlichen Verträgen sagt, »null und nichtig« erweisen: als leere, inhaltslose Worte. Was hätte ein Denken unter dem Zeichen des Stils, der ästhetischen und moralischen Eleganz denn für einen Sinn, wenn das Leben dessen, der es entwickelt, nicht dessen Veranschaulichung wäre? Ein wenn nicht ganz, so doch annähernd vollkommenes Vorbild zu sein? Bestenfalls wäre es ein geistiges Steckenpferd; schlimmstenfalls Betrug. Allenfalls das Werk eines Schriftstellers; auf keinen Fall das eines Philosophen, geschweige denn eines Weisen.

Sich in diesem Zusammenhang auf Céline oder Pound zu berufen und Abwandlungen des berühmten Wortes von Gide[18] zu improvisieren, um zu dem Schluß zu gelangen, daß, wie es manchmal heißt, gute Literatur nicht mit guten Absichten gemacht wird, daß sie nur von einem verfluchten, uneingestehbaren Teil der Persönlichkeit kommen kann, würde auch nicht weiterführen. Der Stilist Cioran bedarf dieses anti-politisch-korrekten Gemeinplatzes nicht, um »gerettet« zu werden. Die schönsten Seiten seines Werkes wie der »Brief an einen fernen Freund« aus *Histoire et Utopie*[19] oder auch die Scott Fitzgerald oder Beckett gewidmeten »Übungen der Bewunderung«[20] sprechen für sich. Aber die Vollkommenheit der Form kann selbstverständlich nicht den Verdacht beseitigen, der auf dem praktischen Wert des Denkens, das sie befördert, lastet. Zweifellos unterscheidet gerade dies am deutlichsten das Werk eines »fiction«-Autors von dem eines Denkers: die unverbrüchliche Verantwortung dessen, der es versteht, selbst wenn er sich dagegen wehrt, für die anderen zu denken, zieht sich durch seine Schriften und sein Leben und führt dazu, daß jeder Verstoß gegen die eigenen Aussagen sich sofort auf die Stichhaltigkeit seiner Konstruktionen auswirkt. Der Roman *Voyage au bout de la nuit* (1932, *Reise ans Ende der Nacht*) und in einem geringeren Maße die *Cantos* bestehen durch sich selbst, in der Art von Gegen- oder Über-Welten, beinahe als reine Gegenstände mit eigener Logik, außerhalb der menschlichen und geschichtlichen Logik ihrer Schöpfer. Wir können sie also als solche lesen, sie von ihren Verfassern loslösen und äußerstenfalls von deren *menschlichen* Irrtümern absehen. Hingegen ist es *unerläßlich*, das Denken Nietzsches unablässig seinem Lebensgang, dem, was er selbst daraus gemacht hat und was andere daraus gemacht haben, gegenüberzustellen: Das ist nicht nur nötig, um zu verstehen und einfach zu registrieren, was *Die fröhliche Wissenschaft* beispielsweise an »Verheißungen« enthält, was sie zu unserer »Heilung« beitragen und was sie uns über die Lebenskunst beibringen kann, sondern vor allem, um zu entscheiden, was daran die *wahren* Verheißungen, die *erfolgreichen* Heilungen und die *wirkliche* Lebenskunst sind, in die er uns einweihen könnte.

Das will im übrigen heißen, selbst wenn der »Irrtum« derselbe wäre, hätte er in beiden Fällen nicht dieselben Konsequenzen: Bardamu bleibt außerhalb der antisemitischen Pamphlete Célines, trotz ihrer, ja sogar *gegen sie* bestehen; und die Beschwörungskraft der *Cantos* wird gewissermaßen von dem riesenhaften Schatten von Pounds Wahnsinn »gespeist«, der sich über sie legt und sie verschlingt. Aber die »Umwertung aller Werte« wird zum mindesten als Weltanschauung durch den rechtfertigenden Gebrauch, den die Nationalsozialisten davon gemacht haben, widerrufen, *aufgehoben.* Wenn sie noch fortbesteht, so als Frage, als Symptom eines wiederkehrenden unmöglichen Traumes, stets auf dem Sprung, sich in einen Alptraum zu verwandeln: als Gegenstand eines Nachdenkens über unser unausrottbares Bedürfnis nach Utopien und die Art und Weise, es zu überwinden – genau das, was Cioran getan hat –, und nicht etwa als Antwort. Man kann sogar behaupten: Wenn die Beschäftigung mit der Biographie von Philosophen gerechtfertigt ist, wenn eine bestimmte »Geschichte der Lehrmeinungen« über die bloße akademische Akribie hinauszugehen vermag, dann einzig und allein auf dieser Ebene: als eine »praktische Überprüfung« der Stichhaltigkeit dessen, was die Denker vorgebracht haben – vor allem wenn sie, wie Nietzsche oder Cioran, versucht haben, wieder an die ursprüngliche Bestimmung der Philosophie als Lebensweisheit anzuknüpfen, indem sie eine illusorische Fachsprache aufgaben und das Nachdenken um des Nachdenkens willen verwarfen.

Nietzsche hat im übrigen niemals aufgehört, diese Überprüfung für sich selbst einzufordern. Getreu den griechischen Ursprüngen des abendländischen Denkens, galt ihm als *Grundfrage*, zu prüfen, ob die Lehre eines Denkers, wie er in seiner dritten *Unzeitgemässen Betrachtung* »Schopenhauer als Erzieher« darlegt, sich »zuerst, vor seinen Werken«, in seinem »Leben«[21] widerspiegelt. Die Frage nach den Jugendirrtümern Ciorans bestimmt also das Gesamturteil, das wir über sein Denken zu fällen haben.

Zu bemerken, wie man es in einer Rundfunksendung hören konnte, daß diese Geschichte die Frage nach dem Engagement von Intellektuellen in einem wirren Jahrhundert aufwerfe, und darauf zu beharren, besagt fast gar nichts. Diese Binsenwahrheit führt überdies zu einer trügerischen Parallele – der Name Heidegger kommt einem unwillkürlich in den Sinn –, die zum mindesten eine ernsthafte Prüfung erfordert. Trotz einer oberflächlichen Ähnlichkeit unterscheiden sich die beiden Fälle erheblich; und sie in einer Art Fatalismus der Schuld zu vermengen, um dann den einen durch den anderen »zu retten«, scheint das sicherste Mittel, um *weder* den einen *noch* den anderen zu verstehen.

Die Reden und andere »Stellungnahmen« Heideggers in den Jahren 1933/1934 weisen völlig andere Beziehungen zu dem Denken ihres Verfassers auf als die antisemitischen und hitlerfreundlichen Äußerungen des jungen Cioran zu dessen Denken. Wie François Fédier,[22] immerhin einer seiner glühendsten Verteidiger, vor kurzem anerkannte, zeugt der Einsatz Heideggers für das nationalsozialistische Abenteuer von der unleugbaren Nähe einiger Grundmotive seines Denkens (oder eher von dessen *Voraussetzungen*) zu denen der sogenannten »nationalsozialistischen Revolution« und der sozialen und kulturellen Bewegung, die sie begleitete[23] und die deutsche Gesellschaft seit der Mitte der zwanziger Jahre des letzten Jahrhunderts umtrieb. Eine gemeinsame Haltung verband alle diese Erscheinungen miteinander: das, was man in Deutschland zwischen 1918 und 1930 unter der sehr weit gefaßten Bezeichnung »Konservative Revolution« verstand und was sich mehr als Zeitgeist denn als Lehre im engeren Sinn auswirkte.[24] Ob sich nun einige auf das »Abendland« beriefen, andere auf das »Germanentum« oder Heidegger auf das »Griechentum«, ein ähnlicher Wille trieb alle diese Weltanschauungen an: Es ging darum – gegen den, vor allem politischen, »Verfall« der Weimarer Republik –, an einen unüberschreitbaren Gründungsursprung anzuknüpfen, um ihn wiederzubeleben oder dadurch, daß man in einem Bezug auf ihn ein höheres Maß an Bewußtsein und mithin Freiheit erwarb, die Welt besser zu verstehen und auf sie einzuwirken.

Das war der Sinn des Problems der »Eigentlichkeit«, die einen Eckstein von *Sein und Zeit* bildete: Es handelte sich darum, zu dem Punkt zurückzukehren, wo sich die Widersprüche, die wir täglich erleben, in einer Grundeinheit – unserer griechischen Verwurzelung – auflösen, von der allein aus wir entscheiden können zwischen dem richtigen, ja einzig möglichen (weil unsrigen) Handeln und dem, was uns nur zur Falschheit führen kann, weil es außerhalb unserer historischen und kulturellen »Wahrheit« steht. Dieser Prozeß könnte also als im Wortsinne revolutionär bezeichnet werden, weil er sich als eine Bewegung verstand, die »zurück zu« etwas strebte, womit sich ein Kreis schließt. Und diese Geisteshaltung verstand sich, wie Fédier bemerkt, eher als »bewahrend« denn als »konservativ« im üblichen Sinn: Die Rückkehr zu den Ursprüngen, die sie verherrlichte, hatte theoretisch nichts oder nicht viel zu tun mit Vorstellungen von der Verteidigung erworbener Positionen oder dem krampfhaften Festhalten an einer überschätzten Vergangenheit, womit man den Konservatismus traditionell in Verbindung bringt.

Heideggerisch gesprochen, bestand das Ziel darin, zum Zustand unserer Geburt zurückzukehren, was für uns die einzige Möglichkeit sei, unsere wahre Freiheit auszuüben, die höhere Wahrheit unseres »Seienden« wiederzuerlangen. Nach Heidegger besteht die Freiheit in der Tat nicht darin, etwas Beliebiges zu tun oder wollen, sondern eins zu werden mit unserem Wesen, das bestimmt wird als »Seinlassen des Seienden, wie es ist«,[25] als ein »zum Stehen bringen«.[26] Auf diese Weise muß man die Rektoratsrede vom 27. Mai 1933 lesen: Um der deutschen Universität ihren vollwertigen Sinn von *Universitas*, ihre ursprüngliche Macht und ihren »geistigen Auftrag« zurückzugeben, muß man sie ihr »sich selber« zurückgeben, muß man zu dem zurückkehren, dem wir nur *gehorchen* können, weil es unser Wesen ausmacht. Sie, die Universität, zu rehabilitieren oder sie einfach zu erhalten – was ein und dasselbe ist – erfordert also, daß wir uns »in die ferne Verfügung des Anfangs unseres geistig-geschichtlichen Daseins«, das heißt unseres griechischen[27] Anfangs, des »Aufbruchs der griechischen Philosophie«, »fügen«. Denn wir sind dieser griechische Anfang in höchstem Maße, alles rührt von ihm her, auch wir selbst *als Potentialität und Zukunft*, denn nichts Wahres für uns oder ausgehend von uns kann entstehen, das diesem Ursprung nicht treu bliebe.

Der Nationalsozialismus beruht nicht im entferntesten auf einem derart genauen und in seinem *Befund* durchaus vertretbaren Denken wie dem Heideggers. Wie alle demagogischen Doktrinen hatte der Nationalsozialismus fast alles, was seinerzeit in der Luft lag, vereinnahmt, vor allem die Konservative Revolution, nicht jedoch ohne sie zugunsten von Zielen zu verzerren, die sie nicht anstrebte, mit denen sie aber verwechselt werden konnte. Der Nationalsozialismus ging von einer äußerst vereinfachten, vulgären Vorstellung der Konservativen Revolution aus und deutete sie als Bejahung der »germanischen« Überlegenheit, zunächst im nationalistischen, dann im völkischen und schließlich im biologischen Sinn, der bekanntlich zum einzigen, grauenhaften Ziel seiner Politik werden sollte.

Ob Heidegger nun – aufgrund dieser Übereinstimmung – geglaubt hat, sich des »Aufstands der deutschen Seele«,[28] der die Gründung des Dritten Reichs begleitete, bemächtigen zu können, um ihn den eigenen Zwecken nutzbar zu machen – ob er also, wie Fédier behauptet, reagierend auf einen Anstoß, eine Art intellektuelle Unterwanderung unternommen[29] habe – oder ob er vielmehr, wie Rüdiger Safranski in seinem Buch *Ein Meister aus Deutschland. Heidegger und seine Zeit* schreibt, *wirklich* geglaubt hat, hier würde ein »geschichtlicher Wandel« stattfinden, »der vielleicht ein neues Seinsverständnis hervorbringen würde«,[30] ist im Grunde kaum von Belang. Das Ergebnis bleibt auf einer bestimmten Ebene gleich. Es ist *seine Philosophie*, die Heidegger dazu geführt hat, das Hitlerregime zu unterstützen. Ein »Moment der Eigentlichkeit« bereitete sich in seinen Augen in der nationalistischen und sozialen Revolution vor, die mit seinen eigenen Denkansätzen übereinstimmte und seine neue Lesart von Platons Höhlengleichnis aus den Jahren 1931/1932 bestätigte: Dadurch, daß das deutsche Volk das Licht seiner Ursprünge wiedererlangte, schritt es einem »Mehr an Seiendem«[31] entgegen; und was verschlägt es schon, daß diese Erlangung einer »neuen Wirklichkeit« über die zweifelhaften Mahnungen eines Hitler führen mußte. »Auf einen groben Klotz gehöre eben ein grober Keil«, habe Heidegger zu jener Zeit denjenigen entgegnet, die über seine politischen Äußerungen verwundert waren.[32]

Ganz anders sieht der »Fall« Cioran aus. Das Wort »Engagement«, dessen Anwendung bereits auf Heidegger fragwürdig ist – »geheimes Einverständnis« wäre richtiger –, ist, angewendet auf Cioran, geradezu sinnwidrig und verhindert, daß das Eigentümliche seiner Geschichte erfaßt wird. Es fällt schwer, in den dreißiger Jahren bei ihm irgendein Kalkül, eine lang-, mittel- oder kurzfristige Perspektive zu entdecken. Der Gedanke, in eine geschichtliche Entwicklung einzugreifen, lag ihm durchaus fern, geschweige denn der Gedanke, die konkreten Entscheidungen einer neuen Macht beeinflussen zu wollen. Der vor allem individualistische junge Cioran träumte sich weder als alternativen Ideologen noch als einen Platon eines künftigen Staats mit dem Auftrag, sein Volk in einem großen geschichtlichen Wandel zu begleiten. Ohne über eine andere Botschaft als die Flut von Beschimpfungen, die er über sein Volk ausschüttete, zu verfügen, empfand er sich eher als ein Spielverderber, der darauf versessen war, sein Land herauszufordern, es außer sich geraten zu lassen. Um alles Übrige, um die Zukunft kümmerte er sich nicht. Im übrigen behauptete *Schimbarea la faţă a României* mit unerhörter Heftigkeit, daß die Rumänen kein Schicksal hätten und wahrscheinlich auch niemals eins haben würden. Hier haben wir es eher mit dem Werk eines Fluchenden, eines seinem Volk und sich selbst abtrünnig Gewordenen als mit dem eines künftigen *Führers* des Denkens zu tun. Und die Gestikulationen der Eisernen Garde bewirkten nichts: Allerhöchstens dienten sie dazu, den Rumänen eine groteske Maske der »Ehre« aufzusetzen, einer Ehre, als deren Negation der politische Verfall, dem Rumänien damals zum Opfer zu fallen beliebte, erscheinen mußte. Kurz, es war nichts, aber besser als weniger als nichts ...

Es geschah also keineswegs aus innerer Überzeugung, daß

Cioran Ende der dreißiger Jahre in die Fußstapfen der Eisernen Garde trat. Seine tieferen Gedanken – falls er damals überhaupt welche hatte, denn sie blieben außerordentlich wirr und vermischt – gingen nur oberflächlich eine Symbiose mit den Schrullen Codreanus ein. Dieser geborene Ketzer hat aus Widerspruchsgeist und Daseinsdrang, paradoxerweise *aus Antikonformismus*, eine der verlogensten kollektiven Illusionen seines Jahrhunderts geteilt. Eher den lebendigen Schrecken als die Leere: Bei ihm verschränkten sich eine seltsame Neugierde, ein unwiderstehlicher »Drang zum Schlimmsten«[33] mit der rasenden Romantik eines Aufbegehrens gegen alles – und abgerundet wurde das alles durch den elementaren und vitalistischen Nietzscheanismus, der ihm von Nae Ionescu beigebracht, ja *eingeimpft* wurde, und bestärkt durch die Vorurteile seiner Umgebung und seiner Zeit. Sein gewundener Antisemitismus – auf halbem Wege zwischen unmäßiger Liebe und maßlosem Haß –, der unablässig in sein Gegenteil und in die Umkehrung seines Gegenteils umschlägt, läßt sich, wie wir ausführlich dargelegt haben, keiner bekannten Kategorie zuordnen. Ganz anders als der methodische Zerstörungswillen nationalsozialistischer Ideologen ist Ciorans Antisemitismus eher dem undifferenzierten Selbsthaß als dem misanthropischen und feigen – dumm wäre die richtige Bezeichnung – Wüten eines Céline oder auch den irrsinnigen und krankhaften Wahnvorstellungen eines Pound verwandt: Er ist eher auf ein nicht überwundenes Vorurteil, das durch ein sadistisches Verlangen, die Grenze, alle Grenzen zu sprengen, gesteigert wird, als auf eine *Idee* im bewußten und aktiven Sinn zurückzuführen. Das Erstaunlichste ist allerdings, daß nach alldem Cioran nicht etwa als alter Fanatiker endete, der seine »historische Niederlage« endlos wiederkäut, sondern als der Denker der Anti-Utopie schlechthin. Kurz, die Würfel seines Engagements müssen besonders gezinkt gewesen sein, daß er sich derart in sein absolutes Gegenteil hat verwandeln können.

Man täusche sich jedoch nicht über den Sinn des soeben Gesagten. Daß Cioran im vorliegenden Fall unleugbar mehr vom Zeitgeist »beeinflußt« wurde, als daß er auf ihn eingewirkt hätte, rechtfertigt mitnichten das Unerhörte seiner Äußerungen und noch weniger das lang anhaltende Schweigen, das sie umgeben hat. Deshalb haben Ciorans Äußerungen eine ganz andere Rolle gespielt als die Reden und Eingriffe Heideggers für diesen selbst.

Heidegger schwenkt um und verfällt dem Nationalsozialismus, weil dieser oder die breitere und verhältnismäßig unbestimmte, noch nicht zielgerichtete Bewegung, auf die er sich in seinen Anfängen bezog, ihm die Gelegenheit bot – wenigstens hatte er diese Illusion, oder gar Gewißheit –, das zu verwirklichen, woran er glaubte und worin er eine Art unwiderlegbarer Wahrheit erblickte. Sein »Irrtum«,[34] wie er ihn später auf seltsam neutrale Weise selbst bezeichnete, beruht auf Utopie, und der Grund dafür findet sich im Zentrum seines Denkens. Ciorans Irrtum, der gleichfalls utopisch ist, aber in weit geringerem Maße, ergibt sich dagegen hauptsächlich aus dem massiven Einfluß einer Art von Humus, von historischer, soziologischer, intellektueller und psychologischer *Schlacke*, aus der seine Persönlichkeit erwuchs und von der sie sich langsam und mühsam lösen mußte. Nicht nur hat dieser Irrtum also nicht, es sei denn sehr indirekt, an Ciorans Werk teil, es ist vielmehr so, daß sich dieses Werk sogar erst herausbilden und universal werden konnte, indem es sich radikal von jener Schlacke befreite, sie restlos *beseitigte* – ein Vorgang, der sein Leben lang gedauert hat und der ihm zweifellos erst sehr spät bewußt geworden ist.

Selbst das Schweigen Heideggers und das Ciorans unterscheiden sich unserer Ansicht nach voneinander. Heidegger hat sich seit Ende 1934 vom Nationalsozialismus distanziert, weil er ihm anscheinend zu konservativ vorkam[35] – das heißt, lange bevor die »Endlösung« beschlossen und erst recht, bevor sie in die Tat umgesetzt wurde, zu einer Zeit also, als die westlichen Demokratien, die sich von Hitlers Friedensreden täuschen ließen, eher versöhnlich gegenüber dem »Reichskanzler« blieben. Von diesem Augenblick an wird er zwar nicht zu einem Gegner, wohl aber zu einem Intellektuellen, dem man nicht mehr wirklich vertraut. Heidegger hat das geschichtliche Wesen des nationalsozialistischen »Seienden« früh verstanden: daß diesem nämlich nichts anderes als ein zynischer Wille zur Macht zugrunde lag. Und dennoch schweigt er. Zieht sich in sich selbst zurück. Die Wahrheit ist, daß er schon jetzt nicht und nie mehr wird erklären können, was seine Ergebenheitsbekundungen der Jahre 1933/34 verständlich machen würde. Die Angst vor Repression erklärt diese Reaktion nur zum Teil. Denn gerade sie hätte ihn vielleicht zu einer Entscheidung kommen lassen. Doch hinzu kamen Eigensinn und Schwerfälligkeiten; den tieferen Gründen seines Zusammengehens mit dem Nationalsozialismus nachzuspüren hätte für den »Seelenhirten« aus Meßkirch bedeutet, zuzugeben, daß die Grundlagen seines philosophischen Gebäudes – vielleicht auf Dauer – erschüttert waren. Sich zum Schweigen zu entschließen hieß für ihn also nicht nur, zunächst seine Meinungsverschiedenheiten mit den Nationalsozialisten und später seinen »Irrtum« gegenüber den siegreichen Alliierten zu verbergen. Es handelte sich vor allem darum, das Unmögliche zu versuchen: seine Philosophie und sein Leben, das mit dieser innig zusammenhing, vor der *Frage* zu retten, die er sich unbedingt selbst hätte stellen müssen und die nun sein Leben und seine Philosophie bedrohte. Daß er diesen Lebensabschnitt nur in dem berühmten, postum erschienenen *Spiegel*-Gespräch[36] – dessen Veröffentlichung er bis ins kleinste vorbereitet hatte – hat beleuchten können, zeigt nur, wie schwer es ihm gefallen sein muß, den Irrtum offen anzugehen, er tat es lediglich auf Tonband und zu einem Zeitpunkt, als die Besinnung selbstverständlich nichts mehr ändern konnte ...

Das Schweigen Ciorans dagegen, das nur von einigen höchst anspielungsreichen Stellen seines Werks unterbrochen wird, die nur er selbst und die Rumänen seiner Generation verstehen konnten, weist fast auf das Gegenteil hin: darauf daß Cioran die Tragweite seines Irrtums und dessen Zusammenhängen mit seinem im Entstehen begriffenen Werk sehr lange gleichsam unbewußt blieben. Wegen einer Art kultureller Schwerfälligkeit, die von der unfaßbar grausamen Geschichte des Balkans herrührte, hat er das Gewicht seiner vergangenen Worte unterschätzt. Und die Ereignisse haben ihm dabei unbestreitbar geholfen, indem sie das Kartenspiel der Innen- und Außenpolitik nach dem Krieg erneut durcheinanderbrachten. Nach einigen Monaten relativer Freiheit ersetzte seit 1947/1948 ein anderer Staatsterror die faschistoide Diktatur Antonescus. Und dieser Totalitarismus kam zur rechten Zeit, um einige Gelehrte von ihrer fanatischen Vergangenheit reinzuwaschen wie etwa Noica, der später sogar zu dem dissidenten Philosophen schlechthin wurde.

Weil das Grauen der Gegenwart dazu beitrug, das Grauen der Vergangenheit auszublenden, hat das alles dazu geführt, daß die Verfehlung Ciorans in eine andere Zeit abgedrängt wurde. In dieser Verfehlung sah er so etwas wie einen flüchtigen Fehltritt der Jugend, einen vorübergehenden Wahnsinn, ja einen unheimlichen Scherz, der von einer Art »Doppelgänger« gemacht worden war. Über diesen Doppelgänger hat er in dem kürzlich aufgefundenen Text *Mon pays*,[37] der anscheinend auf das Ende der fünfziger Jahre zurückgeht, geschrieben, daß er ihn trotz der unbestreitbaren Ähnlichkeiten mit sich nur als einen »Fremden« betrachten könne. Gewiß, dieses Gefühl war sehr bequem, da es im voraus Enthüllungen herunterspielte, die Cioran befürchtete, denn er wußte wohl, daß sie ihn eines Tages »einholen« würden. Aber sein Eindruck war zweifellos auch aufrichtig: Er beruhte auf einer Art Ahnungslosigkeit in bezug auf die Tragweite seiner damaligen »Verstiegenheiten«,[38] die nicht etwa wie bei Heidegger wesentlichen Anteil an dem Grundgefüge seines Werkes hatten, sondern vielmehr in Gegensatz, um nicht zu sagen in scharfem Kontrast, dazu standen.

Was wir damit sagen wollen, ist nicht, daß Cioran den intellektuellen Irrtum, dem er einst verfallen war, nicht verstanden hat. Das hieße, dem prophetischen Entlarver von *Histoire et Utopie* (1960), dessen Hauptmotive sich im übrigen bereits im *Précis* von 1949 finden, Unrecht zu tun. Die »Berichtigung« beginnt bei ihm sogar sehr früh, seit Mitte der vierziger Jahre. Aber eine Wandlung durchzumachen und sich ihrer bewußt zu werden ist zweierlei; zumal, wenn dieses Bewußtsein *aktiv* wird, so daß es das ganze seelische Gerüst verändert. Man kann ein Problem intellektuell gelöst haben, ohne daß es aufhört, unsere Affekte zu prägen. Übrigens findet sich die Veranschaulichung dieses Vorgangs in dem Kapitel über die »zweite Geburt Ciorans«, wo wir »Ein Volk von Einzelgängern« aus *La tentation d'exister* mit gewissen Stellen aus *Schimbarea la faţă* verglichen haben. In Wirklichkeit hat Cioran vielleicht erst sehr spät erkannt, *in welchem Maße* er, als er jenen »blutigen Wust«,[39] jene »grotesken Possen«, aus denen die Utopien bestehen, anprangerte, sich selber als jungen Mann beschrieb, seine eigene Geschichte, die er immer wieder erzählte. Und erst, als er sich über sein Werk völlig im klaren war, als eine deutliche und endlich beständige, ihn mit dem Dasein versöhnende Lebensmoral zu keimen und sich ihm aufzudrängen begann, erst da ist ihm das Dunkel, aus dem er gekommen war und das sein ganzes Leben bis dahin begleitet hatte, bewußt geworden. Anders ausgedrückt, dieses Dunkel war seit seinen Anfängen nichts anderes als ein sehr langer, äußerst gewundener Weg hin zu einer unvollkommenen, fast unmöglichen Befreiung.

»*Der Philosoph*«, schreibt Wittgenstein in den *Vermischten Bemerkungen*, »*ist der, der in sich viele Krankheiten des Verstandes heilen muß, ehe er zu den Notionen des gesunden Menschenverstandes kommen kann*« [unsere Hervorhebung]:[40] Da er diese skeptische Wahrheit vergessen oder sie in seiner Jugend vielmehr einfach *nicht gekannt hat*, ist Cioran entgleist und hat sie zeit seines Lebens auf eigene Kosten neu lernen müssen. Nicht daß die Philosophie, genauer gesagt, Wittgenstein zufolge zu nichts anderem führte, als zu dem, was alle wissen, erst recht nicht dazu, die in Umlauf befindlichen Gemeinplätze zu übernehmen. Was der Verfasser des *Tractatus* in diesem scheinbar nichtssagenden Satz sagen will, ist, daß die Philosophie durch diesen *Umweg* gekennzeichnet ist, der ihr gestattet, das Vorhandensein eines Guten und eines Bösen trotz allem anzuerkennen, aber mit allen Zwischentönen, die ihr das Denken auf dem Weg dorthin einträgt. Sie löst das Fragen nicht in »gesunden Menschenverstand« auf, was sie übrigens entbehrlich machen würde: Sie gestattet es, auf das Fragen mit Sachkenntnis, auf distanzierte, kritische, aber nicht zerstörerische Art zurückzukommen. Sie wirkt im Grunde wie die unterirdische Arbeit einer höheren menschlichen Vernunft, jenseits dessen, was man selbst in aller Strenge, aber auch mit der größten inneren Freiheit darüber denken kann und muß. Und ebendieser Weg begründet ihren Wert, insofern er dem vorbeugt, was die Irrwege des 20. Jahrhunderts erklärt: der buchstäblich perversen Macht einer mechanistischen Intelligenz – Fanatismus –, die sich nicht mit dem verträgt, dem sich Cioran zu Recht verschrieben hat: einer klarsichtigen, gemäßigten, spöttischen Lebenskunst – einer »fröhlichen Wissenschaft« des In-der-Welt-Seins.

Wenn man diesen Vergleich zwischen Cioran und Wittgenstein anstellt, unterschlägt man, daß letzterer nicht aus einer fernen Provinz des österreichisch-ungarischen Kaiserreichs – die in ihrer Mentalität zu Anfang des 20. Jahrhunderts gleichsam noch im Mittelalter steckengeblieben war – stammte, sondern aus dem aufgeklärten Zentrum dieser Monarchie und noch dazu zur Zeit ihres Zerfalls, als alles oder beinahe alles ausgearbeitet wurde, was, wie man sagt, unsere »Moderne« ausmacht. Und hinzugefügt werden muß, daß Wittgenstein, Sproß einer der größten Familien des Wiener Großbürgertums, die jüdischer Abstammung, aber seit mehreren Generationen zum Protestantismus beziehungsweise Katholizismus übergetreten war, gewissermaßen von Geburt an die Vorstellung von der Relativität der Glaubenslehren mitgegeben war. Während Wittgenstein sich aufgrund seines geistigen Erbes auf der Höhe seiner Zeit und seiner Aufgabe befand, mußte Cioran mehrere Jahrhunderte in einem einzigen Leben nachholen, die Synthese schaffen zwischen dem ursprünglichen Wissen der Schafhirten von Răşinari, die sich nicht um die Wirren der geschichtlichen Welt kümmerten, weil sie in einem fast kosmischen Verhältnis zur Welt standen, dem Wissen des französischen 18. Jahrhunderts mit seiner impliziten Philosophie des Stils und dem Wissen des ausgehenden, nietzscheschen 19. Jahrhunderts nach dem »Tode Gottes« – und selbstverständlich auch die Lehren aus dem 20. Jahrhundert ziehen, dem Jahrhundert der Technik im Dienste der Macht und der Sinnleere der Macht, das heißt des Totalitarismus.

Diese Quadratur des Kreises hat Cioran letzten Endes mit Anmut und Klarheit gelöst. Sein unzeitgemäßes Denken bleibt eines der aktuellsten. Zu wissen, wie man mit dem Zusammenbruch aller Bezugssysteme fertig wird – liegt nicht darin die Grundfrage, mit der wir uns immer noch herumschlagen? Und man kann sagen, daß sich sein Werk, das auf der Ablehnung der Utopie beruht und das wahre Denken geradezu als Gegensatz dazu definiert, als Gegengift nicht nur im Fall Heidegger, sondern auch gegen seine eigene Verirrung erweist: Es stellt eine brauchbare Arznei gegen alle gegenwärtigen und künftigen Schwärmereien bereit. Mißt man sein Werk also am Ergebnis, ist Cioran nichts vorzuwerfen. Und manche werden sagen, daß einzig und allein dies zähle.

Unsere These lautet etwas anders. Daß Cioran sein Ziel erreicht hat, ist freilich wichtig, stellt aber vielleicht letzten Endes nicht das Wesentliche dar. Der Wert seiner Philosophie liegt anderswo: nämlich in dem Weg, der ihn von der finstersten Finsternis zum Licht geführt hat. Gewissermaßen ist es gerade dieser vollendete Werdegang, der seiner »Schuld« die wahre Rolle zuweist.

Die Griechen glaubten – und die christliche Religion hat sich dies zu eigen gemacht[41] –, daß es keinen Weisen geben könne, der nicht im Laufe seines Lebens eine schwere Prüfung hätte bestehen müssen, die ihn über sein beschränktes Menschsein hinaushob. Ciorans Schierlingsbecher bestand – und besteht, postum, noch heute – aus den ärgerlichen rumänischen und »deutschen« Ausführungen seiner Jugend, die alles Wasser des Meeres, wie Lautréamont sagte,[42] nicht wird abwaschen können. Denn Cioran wäre ohne sie vielleicht einfach nicht er selbst geworden. Hat er sich doch im Widerstand *gegen sie* gestaltet. *Aus ihnen* hat er den Kern seines Denkens gewonnen. *Durch sie* hat er die Notwendigkeit einer »therapeutischen« Lebenskunst erkannt – was für ihn das höchste Ziel des Denkens darstellte: geheilt zu werden, *vor allem von sich selbst* ...

Der Fehltritt stellt also die moralische Entwicklung zum Höheren, die sein Leben begleitet hat, die in seinem Leben zum Ausdruck kommt und deren Vorbildlichkeit nicht zu leugnen ist, nicht in Frage. Er nimmt vielmehr daran teil. Und zweifellos wäre der Beweis noch überzeugender gewesen, wenn Cioran seine Verirrung nicht nur *widerwillig* zugegeben hätte. Es war nicht so; und dieses halbe Schweigen schmälert unbestreitbar den Wert seiner Ethik. Gleichzeitig verleiht es seinem Leben aber auch eine Gewichtigkeit, die seine Botschaft verstärkt, indem es zeigt, wie schwierig jede Befreiung ist, niemals abgeschlossen, unablässig noch zu vollenden. Daß auch Cioran stürzen konnte und diesen Sturz zwar nicht verheimlicht hat, ihm aber doch ausgewichen ist, auch das ist eine Lehre, die er uns erteilt. So entspricht sein Scheitern durchaus seinem Triumph. Nur daß dieser Triumph nicht der überlegene und ätherische eines Halbgottes ist, noch weniger der eines Heiligen oder eines Weisen, sondern der bescheidenere und von Tragik geprägte eines einfachen Menschen, dem es inmitten der ihn überfordernden Erschütterungen, gewappnet einzig mit dem Kompaß seiner Klarsicht, dennoch gelang, sich einen nachvollziehbaren und würdigen Weg zu bahnen durch dieses uns als Erbteil zugefallene »abartige Weltall«.[43]

Dank

Dieses Buch hätte nicht entstehen können ohne Hilfe, Ratschläge beziehungsweise freundliche Unterstützung von
Simone Boué,
Sanda Stolojan und Verena von der Heyden-Rynsch,
Aurel Cioran, Yannick Guillou, Georges Liébert, Alain Paruit, Petre Roman, Constantin Tacou [†], Virgil Tănase, Jean-Noël Vuarnet (†) und Stéphane Zagdanski.
Der Verfasser dankt auch Jean-Jacques Brochier und Jean-Louis Hue dafür, daß sie ihm die Gelegenheit gaben, diese Arbeit zu beginnen, indem sie ihm die Herausgabe des Dossiers anvertrauten, das *Le Magazine littéraire* im Dezember 1994 Cioran widmete.

Anmerkungen

1 Emil Cioran, *Amurgul gândurilor*, Sibiu 1940, S. 41, 2. Aufl., București 1991, S. 34; dt. *Gedankendämmerung*. Aus dem Rumänischen übers. und mit einer Nachbemerkung versehen von F. Leopold, Frankfurt am Main 1993, ²1995, S. 40.

Einführung
Ein großer Unbekannter

1 Cioran, *Aveux et Anathèmes*, Paris 1987, S. 146; *Œuvres*, Paris 1995, S. 1724; dt. *Der zersplitterte Fluch*. Aus dem Französischen von V. von der Heyden-Rynsch, Frankfurt am Main 1987, S. 143.

2 Siehe vor allem den knappen Eintrag im *Petit Larousse 1996*, in dem man erfährt, daß »Cioran eine pessimistische Philosophie in Gestalt von Aphorismen entwickelt« habe.

3 Cioran, *Exercices d'admiration*, Paris 1986; dt. zum Teil in *Widersprüchliche Konturen*. Hrsg., aus dem Franz. übers. und mit einem Nachwort versehen von V. von der Heyden-Rynsch, Frankfurt am Main 1986. [Im Gegensatz zur deutschen Ausgabe enthalten die *Exercices d'admiration* auch die längeren Aufsätze *Joseph de Maistre. Essai sur la pensée réactionnaire* (1957) und *Valéry face à ses idoles* (1970), die deutsch in dem Band *Über das reaktionäre Denken* (Frankfurt am Main 1980) zusammengefaßt sind.]

4 [1948 erlassenes Gesetz, das eine Erhöhung der Miete verbietet.]

5 Siehe *Aveux et Anathèmes*, S. 36, *Œuvres*, S. 1660; dt. *Der zersplitterte Fluch*, S. 34 [Hier wird »curiosité d'être« mit »Existenzsucht« wiedergegeben, vgl. unten S. 218, Anm. 46].

6 Siehe insbesondere Cioran, *Entretiens*, Paris 1995, S. 77 [Gillet], 275 [Branka Bogavac Le Comte].

7 »Mais qui est donc Cioran?« [Wer ist Cioran eigentlich?], in: *Paris-Match*, Nr. 2071 vom 2. Juni 1989, S. 4-5.

8 Es handelt sich um das monatlich erscheinende *City Magazine*, in dessen 19. Heft vom Februar 1986 ich ein Portrait Ciorans veröffentlicht hatte, »Cioran. Aristocrate du doute« [Cioran. Aristokrat des Zweifels] (S. 94-96), aus dem die in dieser Einführung angeführten Sätze Ciorans über Céline und Sartre stammen (S. 96 b).

9 *Exercices d'admiration*, »Beckett. Quelques rencontres« [1973], S. 97-108, bes. S. 103, *Œuvres*, S. 1574-1579, bes. S. 1576; dt. *Widersprüchliche Konturen*, S. 7-15, das oben genannte Zitat S. 10.

10 [Vgl. Cioran, *Aveux et Anathèmes*, S. 104, *Œuvres*, S. 1699; dt. *Der zersplitterte Fluch*, S. 104: »*Meine* Bücher, *mein* Werk ... Das Gro-

teske dieser Possessiva ... Alles ist in die Brüche gegangen, seitdem die Literatur aufgehört hat, anonym zu sein. Die Dekadenz geht auf den ersten *Autor* zurück.«]

11 Diese – wahre oder apokryphe – Anekdote wurde von William Warren Bartley III, *Wittgenstein, ein Leben*, München 1983, S. 94-95, erzählt. In dem Dorf Trattenbach in Niederösterreich, in dem er zwischen 1920 und 1926 die Stellung eines Volksschullehrers im Rahmen eines sozialistischen Schulreformprogramms inne hatte, war die Dampfmaschine in der Wollfabrik ausgefallen. Außerstande, die Maschine zu reparieren, schlugen die herbeigerufenen Ingenieure vor, die Maschine nach Wien zurückzuschicken. Wittgenstein, der Ingenieurwissenschaften studiert hatte [S. 12], bot seine Hilfe an. Er »beäugte die Maschine von allen Seiten und ersuchte um die Mithilfe von vier Arbeitern«, die er dann anwies, rhythmisch auf der Maschine herumzuhämmern, und so kam sie wieder in Gang! Das ist das weltliche »Wunder«, das dem Verfasser des *Tractatus* zugeschrieben wird.

12 Mario Praz, *Goût néoclassique*, Neuausgabe: Paris 1989; Originalausgaben: [1]1939, [2]1958, [3]1974; Neuausgabe: *Gusto neoclassico*, Milano 1990.

13 »Je mehr ein Geist sich von allem losgelöst hat, desto mehr läuft er Gefahr, wenn die Liebe ihn trifft, wie ein Ladenmädchen zu reagieren.« (Cioran, *Syllogismes de l'amertume*, Paris 1952, S. 141, Neuausgabe in der Reihe Folio Essais, 1987, S. 118; in: *Œuvres*, S. 796. Fortan abgekürzt: *Syllogismes, Syllogismen*. Dt. *Syllogismen der Bitterkeit*. Aus dem Franz. übers. von K. Leonhard, Frankfurt am Main 1969, S. 90; 2. neu bearb. Aufl. 1980, S. 69.)

14 [F. Nietzsche, *Die fröhliche Wissenschaft*, III. Buch, § 236, *KGW* Bd. V.2, S. 191; *KSA* Bd. 3, S. 513. Vgl. auch: »Ein großer Moralist ist, unter Anderem, nothwendig auch ein großer Schauspieler; seine Gefahr ist, daß seine Verstellung unversehens Natur wird, wie es sein Ideal ist, sein esse und sein operari auf eine göttliche Weise auseinander zu halten«, *Nachgelassene Fragmente*, November 1887-März 1888, 11 [54], *KGW* Bd. VIII.2, S. 268, *KSA* Bd. 13, S. 26, *Der Wille zur Macht, Werke, Nachgelassene Werke*, Leipzig [2]1911, Bd. XV, § 304, S. 367.]

15 Wenn wir hier »ein« Faschismus schreiben, so folgen wir damit unter anderem Pierre Milza, *Les Fascismes*, Paris 1985, Paris 1991, und sind der Ansicht, daß es mehrere »Arten« gegeben hat. Will man sie zu einem einzigen Phänomen verbinden, so wird nicht nur deren Geschichte, sondern auch einige Stellungnahmen oft unverständlich. Siehe auch unser Kapitel »Bildnis eines Antikonformisten mit Gruppe«.

16 [Édouard A. Drumont (1844-1917), französischer Journalist, Schriftsteller und Politiker; antisemitischer Pamphletist (*La France juive. Essai d'histoire contemporaine*, 1886; dt. *Das verjudete Frankreich. Versuch einer Tagesgeschichte*, Bd. I–II, Berlin 1885-1887); Gründer der Zeitschrift *La Libre Parole* (1892).]

17 Cioran, *Précis de décomposition*, Paris 1949, S. 9, Neuausg. in der Reihe Idées, 94, S. 7 (fortan abgekürzt als: *Précis*); *Œuvres*, S. 581; dt. *Lehre vom Zerfall*, Übertragung von Paul Celan, Hamburg 1953, S. 7, 2. Aufl., Stuttgart 1978, S. 7: »blutiges Possenspiel«.

18 »Wie du bin auch ich endgültig und seit langem von den Schwärmereien meiner Jugend abgekommen. [...] Welche Verirrung, wenn man bedenkt! Ein Wind des Wahnsinns hatte über uns geweht. Auch muß ich sagen, daß ich wegen der damaligen Begeisterung viel zu leiden hatte (in seelischer Hinsicht, versteht sich). Man wirft sie mir oft und überall vor. Andererseits bin ich wie du der Ansicht, daß es in diesem Augenblick unelegant wäre, seine Abkehr lauthals hinauszuschreien und den Abtrünnigen zu spielen« (Cioran, Brief an Arşavir Acterian vom 10. September 1974, in: *Correspondance* [noch nicht erschienen; rumänische Übersetzung: *Scrisori către cei de-acasă*. Stabilirea şi transcrierea textelor de G. Liiceanu şi Th. Enescu. Traduceri din franceză de T. Radu. Ediţie, note şi indici de D. C. Mihăilescu, Bucureşti 1995, Nr. 449, S. 216 und Anm. 148, S. 338. Ferner die Briefe an den Bruder Aurel, Nr. 222, 223, S. 114, zu den Hintergründen, den Angriffen ehemaliger Legionäre auf Cioran, siehe auch Claudio Mutti, *Penele Arhanghelului. Intelectualii români şi Garda de Fier (Nae Ionescu, Mircea Eliade, Emil Cioran, Constantin Noica, Vasile Lovinescu)*, Bucureşti 1997, S. 81-93]).

19 Siehe insbesondere das Interview, das Susan Sontag 1979 der Zeitschrift *La Quinzaine littéraire* gewährt hat, in dem die amerikanische Essayistin und Verfasserin des ersten wichtigen Aufsatzes über Cioran [»›Thinking Against Oneself‹: Reflections on Cioran« (1967), in: *Styles of Radical Will*, New York 1967, S. 74-95; dt. »›Wider sich denken‹: Reflexionen über Cioran«, in: *Im Zeichen des Saturn. Essays*, München 1981, S. 17-39], behauptete, daß Cioran »mit neunzehn oder zwanzig Jahren [...] nach Frankreich gekommen war und kein einziges Wort auf rumänisch geschrieben hatte« (»Une américaine à l'écoute de l'Europe«, *La Quinzaine littéraire*, Nr. 306, 16.-31. Juli 1979).

20 *Syllogismes*, S. 24, 2. Aufl. S. 23; *Œuvres*, S. 751; *Syllogismen*, S. 16, 2. Aufl., S. 14-15.

Erster Teil
Geneaologie eines Unfaßbaren

Dieses verfluchte, dieses herrliche Paradies der Kindheit ...

1 Siehe insbesondere den Cioran gewidmeten Band der Literatur- und Kulturzeitschrift *Secolul 20. Revistă des sinteză* [Das 20. Jahrhundert], Nr. 328-330, Bukarest 1991, S. 4-169.

2 *Entretiens*, Gespräch mit Fernando Savater, S. 27.

3 »Versuche du wenigstens dieses alte Haus mit dem kleinen Fenster, das auf die *progadie* [Kirch-, Friedhof] geht, zu retten. (Übrigens welch ein unheimlicher und schauerlicher Anblick! Diese aufgegebenen Gräber, und das Gras, das in diesem kleinen verödeten Friedhof wuchs, noch jetzt bebe ich vor Angst.)« (Cioran, Brief an Bucur Ţincu vom 17. Juni 1972, in: *Secolul 20*, S. 27, und *Scrisori către cei de-acasă*, Nr. 625, S. 318.

4 Siehe *Correspondance, Scrisori către cei de-acasă*, Nr. 436, S. 205, Nr. 439, S. 207, Nr. 498, S. 246, Nr. 525, S. 258, Nr. 627, S. 320, Nr. 631, S. 322, Nr. 634, S. 324.

5 »Ich sehe Coasta Boacii deutlicher vor mir als den Luxembourg-Garten, in dem ich täglich spazieren gehe« (Cioran, Brief an Bucur Ţincu vom 23. Dezember 1980, zitiert von Gabriel Liiceanu, *Itinéraires d'une vie: E. M. Cioran. Suivi de « Les Continents de l'insomnie». Entretien avec E. M. Cioran*, Paris 1995, S. 17, nicht enthalten in *Scrisori către cei de-acasă* [Fotos in: *Secolul 20*, vor S. 25]).

6 Siehe Cioran, Briefwechsel mit Arşavir Acterian, in: *Correspondance* [*Scrisori către cei de-acasă*, Nr. 423-477, S. 196-232].

7 *Entretiens*, S. 286 [Gespräch mit Michael Jakob, *Aussichten des Denkens*, München 1994, S. 10. [Interview vom 7. März 1988; dort nichts über Dresden; über Dresden bei Helga Perz, »›Mein ganzes Leben war vom Tod beherrscht ...‹ Ein Gespräch mit dem Schriftsteller E. M. Cioran«, in: *Süddeutsche Zeitung* Nr. 231, 7./8. Oktober 1978, S. 112, *Entretiens*, S. 33-34, und in dem Brief an Wolf Aichelburg vom 25. Februar 1970: »Ich werde nicht müde zu wiederholen, daß ich nur Paris, Dresden und Hermannstadt wirklich geliebt habe«, *Scrisori către cei de-acasă*, Nr. 484, S. 240, und *12 scrisori de pe culmile disperării, însoţite de 12 scrisori de bătrîneţe şi alte texte*, Cluj 1995, S. 135].

8 [»Rosebud« ist das letzte Wort des Zeitungsmagnaten Charles Foster Kane vor seinem Tod in dem Film *Citizen Cane* (USA 1940/41, von und mit Orson Welles). Ein Reporter wird beauftragt, herauszufinden, was es damit auf sich hat, um so einen Schlüssel zum Verständnis von Kanes Leben zu erhalten. Beim Verbrennen der Hinterlassenschaften Kanes erscheint auf einem Schlitten der Schriftzug »Rosebud«, kurz bevor er von den Flammen verzehrt wird. Mit diesem

Schlitten hatte sich der achtjährige Kane gewehrt, als er von seinem Vormund, einem Bankier, von zu Hause weggeholt wurde. Vgl. *Metzler Film Lexikon* Hrsg. von Michael Töteberg, Stuttgart, Weimar: J. B. Metzler, 1995, S. 121.]

9 Das »M« in »E. M. Cioran« ist im Grunde reine Spielerei: Cioran hatte es 1949 bei der Veröffentlichung des *Précis de décomposition* angenommen, weil es an »E. M.« Forster erinnerte, den er damals gern las.

10 Siehe insbesondere *Secolul 20*, S. 30; G. Liiceanu, und *Œuvres*, S. 280, 281.

11 Die in Mitteleuropa im 16. Jahrhundert, im Zeitalter der Gegenreformation, gegründete unierte Kirche behält die Riten und die Liturgie der Ostkirche bei, während sie sich Rom anschließt und die Autorität des Papstes anerkennt. In Siebenbürgen wurde sie 1698 eingeführt und zu einem der wichtigsten Werkzeuge der aufgeklärten absolutistischen Verwaltung der Habsburger im 18. Jahrhundert. Da die Angehörigen der orthodoxen Kirche, die der Union beitraten, wie es hieß, dieselben Bürgerrechte genießen sollten wie die bereits anerkannten Mitglieder der »drei Nationen«, das heißt der Ungarn, der Szekler und der Sachsen, wandten sich viele Rumänen aus Siebenbürgen der unierten Kirche zu. Doch trotz des Einsatzes ihrer Bischöfe kam die versprochene »rumänische Nation« wegen des Widerstandes der ungarischen Katholiken nie zustande. [»Nation«, *natio*, im Sinn von »Stand«, ein Personenkreis mit bestimmten Rechten, vgl. Völkl, S. 20f., »Der Nationsbegriff in Siebenbürgen«, in: *Kurze Geschichte Siebenbürgens*. Hrsg. von Béla Köpeczi, Budapest 1990, S. 215-220.] Kurz, die Unionsbewegung scheiterte in politischer Hinsicht. Als Joseph II. durch das »Toleranzpatent« von 1781 die eine echte Glaubensfreiheit [Duldung anderer Konfessionen] zusicherte, kehrte ein Großteil der unierten Rumänen zu ihrem orthodoxen Glauben orientalischer Herkunft zurück. So wurde die unierte Kirche zu einer Minderheitenkirche und schwand nach und nach aus Siebenbürgen. Siehe Catherine Durandin, *Histoire des Roumains*, Paris 1995, und Georges Castellan, *Histoire de la Roumanie*, Paris 1984.

12 Siehe C. Durandin, *Histoire des Roumains*.

13 »Mein Vater war Pope – für rumänische Intellektuelle gab es im ungarischen Siebenbürgen kaum andere Berufe« (in: François Bondy, »Der untätigste Mensch in Paris. Besuch bei einem radikalen Pessimisten: E. M. Cioran«, in: *Die Zeit* Nr. 15, 10. April 1970, S. LIT 2 a, wieder abgedruckt in: *Gespräche*, Wien, München, Zürich 1972, S. 111; Cioran, *Entretiens*, S. 9).

14 »Mein Vater [...] war gläubig, ohne jedoch fanatisch zu sein, es war sein Beruf, Priester zu sein« (*Entretiens*, S. 288; F. Bondy, *Gespräche*, S. 111).

15 »Ich bin eine Mischung aus Ungar und Rumäne« (*Entretiens*, Gespräch mit F. Savater, S. 20).

16 Siehe Ion Miclea, *Răşinari*. Editat de revista [hrsg. von der Zeitschrift] *Transilvania*, Sibiu 1983.

17 [Zu den Geten siehe etwa Herodot IV, 93; Strabon VII, 3, 13. Zur Kolonisierung Dakiens vgl. Mircea Babeş, »Siebenbürgen in der Römerzeit zur Frage der Kontinuität und der Romanisierung der Geto-Daker«, in: *Siebenbürgen zur Zeit der Römer und der Völkerwanderung*. Hrsg. von W. Schuller, Köln, Weimar, Wien 1994, S. 117-144.]

18 Hier können wir selbstverständlich eine Debatte, die sich auf Millionen von Seiten niedergeschlagen hat und noch immer Anlaß zu leidenschaftlichen Kontroversen gibt, nur in groben Zügen zusammenfassen. Siehe C. Durandin, *Histoire des Roumains* und G. Castellan, *Histoire de la Roumanie*.

19 Auch hier können wir nur vereinfachen. Die verschiedenen rechtlichen Stellungen Siebenbürgens haben sich selbstverständlich auf die Art der Machtausübung in der Region ausgewirkt. Man kann dennoch die Ansicht vertreten, daß diese Provinz auf regionaler Ebene immer von den Ungarn verwaltet wurde, was auch André und Jean Sellier in ihrem *Atlas des peuples d'Europe centrale*, Paris 1992, S. 130ff., zu bestätigen scheinen.

20 [*Kurze Geschichte Siebenbürgens*. Hrsg. von B. Köpeczi, Budapest 1990, Kap. XI. Das Zeitalter des Neoabsolutismus (1849-1867), S. 521ff., Einführung der Willkürherrschaft, S. 521ff., Die Zurückdrängung der nationalen Bestrebungen der Rumänen, S. 526ff.]

21 Siehe François Fejtő, *Histoire de la destruction de l'Autriche-Hongrie*, Paris 1988 und 1992, Neuausgabe Paris 1993; dt. *Requiem für eine Monarchie. Die Zerschlagung Österreich-Ungarns*, Wien 1991, und das Gespräch Ciorans mit F. Fejtő, in: *Entretiens*, S. 189-205.

22 Siehe *Entretiens*, Gespräch mit Jean-François Duval, S. 44.

23 *Entretiens*, Gespräch mit Fernando Savater, S. 19.

24 Siehe »Weininger. Lettre à Jacques Le Rider« [1982], in: *Exercices d'admiration*, S. 171-173; *Œuvres*, S. 1610-1611; dt. *Widersprüchliche Konturen*, S. 93-95.

25 Der Ausdruck stammt von dem Fürsten Evgenij Nikolaevič Trubeckoj (1863-1920), zitiert bei Alexandre Papadopoulo, *Introduction à la philosophie russe des origines à nos jours*, Paris 1995 [E. N. Trubeckoj, *Tri očerka o russkoj ikone*, Paris 1965, Kap. I; dt. Fürst Eugen N. Trubetzkoy, *Die religiöse Weltanschauung der altrussischen Ikonenmalerei*. Hrsg. u. eingeleitet von N. v. Arseniew. Die Übersetzung besorgte G. v. Arseniew, Paderborn 1927, S. 57-99].

26 Siehe Georg Carpat Focke, »Im Zeitalter der Epigonen. ›Ich verzweifle, also bin ich‹. Ein Gespräch mit dem Philosophen Emil Cioran (I)«, in: *Neuer Weg* (Bukarest) vom 10. April 1992, Kulturbeilage; *Entretiens*, S. 247.

27 »Wenn das Wort ›Paradies‹ einen Sinn hat, dann bezieht es sich auf jenen Abschnitt meines Lebens« (Cioran, Brief an seinen Bruder Au-

rel vom 24. August 1971, zitiert von G. Liiceanu, S. 13 [*Scrisori către cei de-acasă*, Nr. 170, S. 94]). [Vgl. auch Helga Perz, »›Mein ganzes Leben war vom Tod beherrscht ...‹ Ein Gespräch mit dem Schriftsteller E. M. Cioran«, in: *Süddeutsche Zeitung* Nr. 231, 7./8. Oktober 1978, S. 112 a: »Meine Kindheit war das irdische Paradies«].

28 *Entretiens*, S. 33 [Helga Perz, »›Mein ganzes Leben war vom Tod beherrscht ...‹ Ein Gespräch mit dem Schriftsteller E. M. Cioran«, in: *Süddeutsche Zeitung* Nr. 231, 7./8. Oktober 1978, S. 112 a].

29 »Da Du jenseits der Karpaten geboren bist, konntest Du den ungarischen Gendarmen nicht kennenlernen, diesen Schrecken meiner siebenbürgischen Kindheit. [...] er war der Fremde, der Feind; hassen hieß *ihn* hassen.« (in: Cioran, *Histoire et Utopie*, Paris 1960, Neuausgabe in der Reihe Idées, 1977, S. 16; auch in: E. M. Cioran et Constantin Noica, *L'ami lointain. Paris-Bucarest*, Paris 1991, S. 14-15; *Œuvres*, S. 983; dt. *Geschichte und Utopie*. Autoris. Übers. aus dem Franz. von K. Leonhard, Stuttgart 1965, [2]1979, S. 13).

30 Siehe *Secolul 20*, S. 29, und G. Liiceanu.

31 »Ich habe mich überall gelangweilt. Warum habe ich überhaupt Coasta Boacii verlassen?« (Cioran, Brief an seinen Bruder Aurel vom 6. Februar 1979, zitiert bei G. Liiceanu, S. 17 [*Scrisori către cei de-acasă*, Nr. 361, S. 168]).

32 Cioran, Brief an seinen Bruder Aurel vom 6. April 1972, in: *Secolul 20*, S. 28, Anm. 7 [*Scrisori către cei de-acasă*, Nr. 181, S. 98].

33 *Entretiens*, Gespräch mit Sylvie Jaudeau, S. 224 [*Entretiens avec Sylvie Jaudeau suivis d'une analyse des œuvres*, 2e éd., Paris 1990, S. 22; dt. *Ein Gespräch mit Sylvie Jaudeau* (übers. von V. von der Heyden-Rynsch), St. Gallen 1992, S. 18].

34 »Keinerlei literarische Originalität ist noch möglich, wenn man die Sprache nicht martert, nicht zermalmt. Anders verhält es sich, wenn man sich an den Ausdruck des Gedankens als solchen hält. Dann befindet man sich in einem Bereich, in dem sich die Ansprüche seit den Vorsokratikern kaum gewandelt haben.« Cioran, *De l'inconvénient d'être né*, Paris 1973, S. 39, Neuausgabe in der Reihe Idées, 1983, S. 39; *Œuvres*, S. 1287-1288; abgekürzt als: *De l'inconvénient*, *Vom Nachteil*. Dt. *Vom Nachteil, geboren zu sein*. Übers. von F. Bondy, Wien, München, Zürich 1977, S. 26, 2. Aufl., Frankfurt am Main 1979, S. 26 [Vgl. Cioran, *Cahiers 1957-1972*, Paris 1997, S. 46; dt. *Cahiers 1957-1972*. Ausgewählt und aus dem Franz. übers. von V. von der Heyden-Rynsch, Frankfurt am Main 2001, S. 25-26: »Solange man die Syntax respektiert, ist keine literarische Originalität möglich. Man muß den Satz zermahlen, wenn man ihm etwas entlocken möchte. Einzig der Denker muß sich an den alten Aberglauben halten, an die klare Sprache und die überlieferte Syntax. Die Originalität stellt heute *im Innersten* ähnliche Ansprüche wie zur Zeit des Thales.«]

35 *De l'inconvénient*, S. 85, 83; *Œuvres*, S. 1312; *Vom Nachteil*, S. 58.

36 Cioran, Brief an seinen Bruder Aurel vom 29. Juni 1967, in: *Secolul 20*, S. 26 [*Scrisori către cei de-acasă*, Nr. 77, S. 57] und Brief an seinen Bruder Aurel vom 17. Oktober 1967, *Secolul 20*, S. 27 [*Scrisori către cei de-acasă*, Nr. 83, S. 59].

37 »Die Müdigkeit ist die Spezialität meiner Familie!« (Cioran, Brief an Constantin Noica vom 29. Dezember 1979, *Secolul 20*, S. 27 [nicht enthalten in: *Scrisori către cei de-acasă*, vgl. aber den Brief vom 9. April 1980, Nr. 614, S. 310]).

38 »Wie sehr wünschte ich mir, jede Gasse, jeden Winkel dieses verfluchten, dieses herrlichen Răşinari wiederzusehen, und daß wir den Tag in irgendeiner *cârciumă* [Schenke, Kneipe] gemeinsam beenden, wenn es noch welche gibt!« (Cioran, Brief an Bucur Ţincu vom 26. März 1973, *ebd.*, S. 28 [*Scrisori către cei de-acasă*, Nr. 626, S. 319]).

39 *Histoire et Utopie*, S. 10, Cioran, Noica, *L'ami lointain*, S. 8, *Œuvres*, S. 980; *Geschichte und Utopie*, S. 8.

40 *Entretiens*, Gespräch mit Fernando Savater, S. 29, und mit Léo Gillet, S. 69-70.

41 Cioran, *La chute dans le temps*, Paris 1964; dt. *Der Absturz in die Zeit*. Autoris. Übers. aus dem Franz. von K. Leonhard, Stuttgart 1972.

42 Michael Jakob, *Aussichten des Denkens*, S. 9 und 10, *Entretiens*, S. 286.

43 *Entretiens*, Gespräch mit Jean-François Duval, S. 54.

44 *Entretiens*, Gespräche mit Léo Gillet S. 70, 91, mit Branka Bogavac Le Comte, S. 269, und mit Michael Jakob, S. 292; dt. Michael Jakob, *Aussichten des Denkens*, S. 16.

45 *Entretiens*, Gespräche mit Sylvie Jaudeau, S. 218 [Cioran, *Ein Gespräch mit Sylvie Jaudeau*, St. Gallen: Erker, 1992, S. 9], und mit Michael Jakob, S. 287; dt. M. Jakob, *Aussichten des Denkens*, S. 11.

46 *Entretiens*, Gespräche mit Léo Gillet, S. 86, und mit Michael Jakob, S. 290; dt. M. Jakob, *Aussichten des Denkens*, S. 14.

47 *Entretiens*, Gespräche mit Branka Bogavac Le Comte, S. 273.

Bildnis eines Antikonformisten mit Gruppe

1 *Secolul 20*, S. 36. Siehe auch G. Liiceanu, S. 24 [ein ähnliches Foto in: *Œuvres*, S. 283].

2 Siehe *Secolul 20*, Tafel zwischen den S. 46 und 47 [das Foto von 1938 auch in: *Œuvres*, S. 332].

3 Cioran, *Pe culmile disperării*, Bucureşti 1934, S. 18, Neuausgabe: Bucureşti 1990, S. 22-23; dt. *Auf den Gipfeln der Verzweiflung*. Aus dem Rumän. von F. Leopold, Frankfurt am Main 1989, [3]1991, S. 21.

4 Mircea Eliade, *Memorii (1907-1960)*. Ed. a II-a revăzută şi indice de M. Handoca, Bucureşti 1997, S. 226; *Les promesses de l'équinoxe, Mé-*

moire I, Paris 1980, S. 312; dt. *Erinnerungen 1907-1937*. Aus dem Rumän. von I. Gregori und H. Hermann, Frankfurt am Main 1987, S. 295.

5 *Exercices d'admiration*, S. 125, dt. *Widersprüchliche Konturen*, S. 35, zuerst: »Les débuts d'une amitié«, in: *Mircea Eliade. L'Herne. Cahiers de l'Herne* 33, Paris 1978, S. 261; dt. »Anfänge einer Freundschaft«, in: *Die Mitte der Welt. Aufsätze zu Mircea Eliade*. Hrsg. von H. P. Duerr, Frankfurt am Main 1984, S. 186.

6 [M. Eliade, »Scrisori către un provincial«, *Cuvântul* 14.12., 22.12. 1927, 17.8.1928; vielleicht denkt Cioran aber auch an die zwölfteilige Reihe »Itinerariu spiritual«, *ebd.*, vom 6.9.1927-16.11.1927, vgl. Marta Petreu, *Un trecut deocheat sau »Schimbarea la față a României«*, Cluj-Napoca 1999, S. 8; ed. a II-a, revăzută şi adăugită, Bucureşti 2004, S. 7.]

7 Siehe *Secolul 20*, S. 132. Siehe auch G. Liiceanu, S. 30 [das Foto auch in: *Œuvres*, S. 285, und *Mon pays*, S. 43].

8 »Welch ein blitzendes Genie! Ich erinnere mich an einige seiner Aussprüche, als hätte ich sie gestern gehört. Ich habe viele herausragende Geister kennengelernt [...]; auf keinen Fall bin ich jedoch einer derart glühenden Intelligenz wie der seinen begegnet« (Cioran, Brief an Bucur Ţincu vom 29. April 1974, angeführt in *Secolul 20*, S. 40, und bei G. Liiceanu, S. 30 [*Scrisori către cei de-acasă*, Nr. 629, S. 321. Vgl. *Aveux et Anathèmes*, S. 103, *Œuvres*, S. 1699; dt. *Der zersplitterte Fluch*, S. 103: »P. Tz. [= Petre Ţuţea] – Ein Genie, wenn es überhaupt welche gibt. Verbale Raserei aus Abscheu oder Unvermögen zu schreiben. Abertausende von Geistesblitzen, die im Balkan verstreut auf immer verloren sind. Wie könnte man eine Vorstellung seines sprühenden Witzes und seines Wahns vermitteln? ›Du bist eine Mischung aus Don Quixote und Gott‹, sagte ich ihm eines Tages. Zunächst schien er geschmeichelt, aber am nächsten Tag kam er frühmorgens, um mir mitzuteilen: ›Diese Geschichte mit Don Quixote gefällt mir nicht.‹« Ferner die Briefe, *Scrisori către cei de-acasă*, Nr. 82, S. 59, Nr. 84, S. 60, Nr. 301, S. 144, Nr. 483, S. 238, Nr. 558, S. 277, Nr. 593, S. 299, Nr. 628, S. 320]).

9 [»Tot despre ›noua generaţie‹«, *Cuvântul*, Jg. IV, Nr. 1141, 27. Juni 1928, S. 1-2.]

10 Zu einer Darstellung der »Jungen Generation« siehe insbesondere George Călinescu, *Istoria literaturii române de la origini până în prezent*, Bucureşti 1941, S. 861 ff.; erweiterte Neuausgabe: Ediţie şi prefaţă de Al. Piru, Bucureşti 1986, S. 947-973; engl. *History of Romanian Literature*, Milan 1989. Transl. by L. Leviţchi, Paris 1989, »The New Generation«, S. 818-840; ders., *Istoria literaturii române. Compendiu*, Bucureşti 1968, S. 387 ff.

11 Wir nennen hier das Jahr der endgültigen Anerkennung der Unabhängigkeit der vereinigten Fürstentümer der Moldau und der Walachei

durch die westeuropäischen Großmächte. Siehe vor allem C. Durandin, *Histoire des Roumains.*

12 [A. Heinen, *Die Legion »Erzengel Michael« in Rumänien. Soziale Bewegung und politische Organisation. Ein Beitrag zum Problem des internationalen Faschismus*, München 1986, S. 101.]

13 François Bondy, *Gespräche*, S. 111; Cioran, *Entretiens*, S. 9.

14 Paul Morand, *Bucarest*, Paris 1935, Nachdruck 1990, S. 291.

15 »Ein Land von häßlichen und ausgehungerten Bauern, die wegen der Fremden seit tausend Jahren Not und Elend erleiden.« »Tausend Jahre haben wir allesamt unter fremder Herrschaft gelebt«, Cioran, *Schimbarea la faţă a României*, Bucureşti 1937, S. 128 und 143; zum Teil auf rumänisch wiederaufgelegt: Bucureşti 1990, nicht übersetzt (fortan abgekürzt als: *Schimbarea la faţă*). Vgl. S. 294, Anm. 42.

16 [Genaue Hintergründe bei A. Heinen, *Die Legion »Erzengel Michael« in Rumänien*, S. 105 f.]

17 [Tabellarische Zusammenstellung der Wahlergebnisse bei A. Heinen, *Die Legion »Erzengel Michael« in Rumänien*, S. 166 f., 494.]

18 Einige Historiker haben die jüdische Herkunft Elena (oder früher Magda, geb. Lupu-Wolf) Lupescus bestritten. Deshalb haben wir den Begriff »Jüdin« in Anführungszeichen gesetzt.

19 [Vgl. *Schimbarea la faţă a României*, S. 128. Siehe Anm. 43, S. 294 und S. 109.]

20 Zur Geschichte der Juden in Rumänien siehe A. und J. Sellier, S. 140; Gérard Chaliand und Jean-Pierre Rageau, *Atlas des diasporas*, Paris 1991; und auch *L'Europe centrale et balkanique. Atlas d'histoire politique.* Sous la direction de Philippe Lemarchand, Bruxelles 1995.

21 Von 70 bis 44 v. Chr. soll es dem »König« der Daker Burebista gelungen sein, alle Völker Dakiens gegen die Kelten und gegen die griechischen Kolonien zusammenzuschweißen und einen echten Staat, das heißt eine Art frühe »rumänische Nation« zu gründen. Wenigstens behauptet dies eine sagen- und mythenumwobene Geschichtsschreibung, ähnlich wie in Frankreich diejenige der Gallier und des Vercingetorix, wenn sie nicht sogar unmittelbare politische Ziele verfolgt. Siehe insbesondere C. Durandin, *Histoire des Roumains*, S. 37, und G. Castellan, *Histoire de la Roumanie*, S. 3-4.

22 Ein Überblick über das Rumänien zwischen den beiden Weltkriegen bei C. Durandin, *Histoire des Roumains* und G. Castellan, *Histoire de la Roumanie* [A. Heinen, *Die Legion »Erzengel Michael« in Rumänien*, S. 99 ff., 171 ff. *et passim;* E. Völkl, *Rumänien*, S. 82 ff.]

23 Siehe G. Călinescu, *Istoria literaturii române de la origini până în prezent*, 2., erw. Aufl., S. 857 ff. [A. Heinen, *Die Legion »Erzengel Michael«*, S. 171 ff.]

24 Siehe C. Durandin, *Histoire de la Roumanie; Histoire de la Roumanie moderne*, Bruxelles 1993 und *Histoire des Roumains*, Paris 1995.

25 Siehe A. Papadopoulo, *Introduction à la philosophie russe* [Vgl. auch W. Goerdt, *Russische Philosophie. Zugänge und Durchblicke*, Freiburg i. Br., München 1984, und Helmut Dahm, »A. Rußland. II. Aufstieg und Weltgeltung«, in: *Geschichte der philosophischen Traditionen Osteuropas*. Hrsg. von H. Dahm und A. Ignatow, S. 44-229, bes. S. 116ff.]

26 Siehe G. Călinescu, *Istoria literaturii române*, 2., erw. Aufl., und den sehr aufschlußreichen Aufsatz von K. Hitchins, »*Gândirea*. Nationalism in a Spiritual Guise«, in: *Social Change in Romania, 1860-1940. A Debate on Development in a European Nation*. Edited by K. Jowitt, Berkeley 1978, S. 140ff. [Zur *Gândirea*-Bewegung siehe auch Gh. Vrabie, *Gândirismul. Istoric, doctrină, realizări*, Bucureşti 1940, und D. Micu, *»Gîndirea« şi gîndirismul*, Bucureşti 1975.]

27 [Dazu grundlegend: K. Heitmann, »Das ›rumänische Phänomen‹. Die Frage des nationalen Spezifikums in der Selbstbesinnung der rumänischen Kultur seit 1900«, in: *Südostforschungen*, Bd. XXIX (1970), S. 171-236. Vgl. auch Z. Ornea, *Tradiţionalism şi modernitate în deceniul al treilea*, Bucureşti 1980, Kap. V, S. 363-468.]

28 [Vgl. Emil Cioran, »Spiritul filosofiei d-lui Rădulescu-Motru«, in: *Calendarul*, Jg. I, Nr. 212, 7. Nov. 1932, M. Eliade, »Românismul d-lui Rădulescu-Motru«, in: *Vremea*, Jg. VIII, Nr. 395, 7. Juli 1935, S. 6; und D. Amzăr, »Constantin Rădulescu-Motru«, in: *Geschichte der philosophischen Traditionen Osteuropas*. Hrsg. von H. Dahm und A. Ignatow, S. 538-588.]

29 Oswald Spengler, *Der Untergang des Abendlandes. Umrisse einer Morphologie der Weltgeschichte*, I. Bd. Gestalt und Wirklichkeit, München 1917, völlig umgestaltete Aufl. 1923, II. Bd. Welthistorische Perspektiven, 1922.

30 [Vgl. D. Stăniloae, »Ortodoxie şi latinitate«, in: *Gândirea*, Jg. XVIII, Nr. 4, 1939, S. 197-202. Vgl. auch ders., *Ortodoxie şi românism*, Bucureşti 1998.]

31 Wir verwenden diesen Ausdruck in dem Sinne, in dem ihn Jean-Louis Loubet Del Bayle in seinem bekannten Buch gebraucht: *Les Non-Conformistes des années 30. Une tentative de renouvellement de la pensée politique française*, Paris 1969.

32 Siehe unsere Bemerkung in der Einleitung zu diesem Buch, Anmerkung 15, S. 276.

33 Wir berufen uns selbstverständlich auf den Titel und den Inhalt des Buches von Zeev Sternhell, *Ni droite ni gauche. L'idéologie fasciste en France*, Paris 1983; Nouvelle édition refondue et augmentée, Bruxelles [1987] 1992; engl. *Neither Right nor Left. Fascist Ideology in France*. Transl. by D. Maisel, Berkeley (1986), Nachdruck: Princeton 1996.

34 »Ich hänge ganz besonders an den sieben letzten Seiten von *Der Absturz in die Zeit*, sie stellen das Ernsthafteste dar, was ich je geschrieben habe. [...] Man hat wenig über dieses Buch geschrieben, obwohl

es meines Erachtens das persönlichste ist und ich in ihm das zum Ausdruck gebracht habe, was mir am meisten am Herzen lag« (*Entretiens*, Gespräch mit Sylvie Jaudeau, S. 233 [Cioran, *Entretiens avec Sylvie Jaudeau*, S. 35, *Ein Gespräch mit Sylvie Jaudeau*, St. Gallen 1992, S. 30-31]).

35 *Entretiens*, insbesondere S. 8 [Bondy, *Gespräche*, S. 111], 24 [Savater], 144 [*Ein Gespräch*. Geführt von Gerd Bergfleth, Tübingen 1985, S. 10-11], 217 [Cioran, *Entretiens avec Sylvie Jaudeau*, S. 12, *Ein Gespräch mit Sylvie Jaudeau*, S. 8].

36 E. M. Cioran et Constantin Noica, *L'ami lointain. Paris-Bucarest*, Paris 1991. Siehe insbesondere S. 63.

37 [Siehe seinen zweiseitigen, noch unveröffentlichten Aufsatz »Von Vaugelas zu Heidegger«, in dem zu lesen ist: »Ich habe mich etwa 1930 für Heidegger wirklich interessiert, als ich Student an der Universität Bukarest war. Ich fühlte mich betroffen von *Sein und Zeit* und besonders von *Was ist Metaphysik?* Zwei Ereignisse, eines unwichtig, das andere bedeutend, dämpften mich bald darauf in meiner Hingezogenheit. Ich hatte damals einen Aufsatz über Rodin* in einem mehr oder weniger heideggerschen Stil veröffentlicht, der einen Journalisten aus der Fassung brachte. Die Heftigkeit, mit der er mich attackierte, glich einer regelrechten Abkanzlung, aus der ich eine Lehre zog: Nie wieder einen solchen ›genialen‹ Versuch! Das zweite Ereignis war meine Entdeckung Simmels, dessen Klarheit mich endgültig von der philosophischen Wortvergötzung geheilt hat.« [*] Siehe »Auguste Rodin«, in: *Floarea de foc*, Jg. I, Nr. 1, 6. Januar 1932, S. 1, 3, wieder abgedruckt in: *Revelaţiile durerii. Eseuri*. Ediţie îngijită de M. Vartic şi A. Sasu. Prefaţă de Dan C. Mihăilescu, Cluj 1990, S. 33-38; *Singurătate şi destin*, S. 45-50.]

38 Cioran, Brief an seinen Bruder Aurel vom 25. November 1979, angeführt in: *Le Magazine littéraire*, Nr. 327, über Cioran, Dezember 1994 [Rumänische Übers. in: *Scrisori către cei de-acasă*, Nr. 376, S. 175].

39 [Diplomă de Licenţă, abgebildet bei Liiceanu, S. 28.]

40 Siehe Mircea Eliade, *Huliganii*, 2 Bände, Bucureşti 1935, 3. Aufl. 1943; dt. *Die Hooligans*. Aus dem Rumän. von R. Reschika, Freiburg i. Br., Basel, Wien 1993 [vgl. Ciorans Besprechung: »Mircea Eliade şi desamăgirile sale«, in: *Pagini literare*, Jg. III, Nr. 1, 15. Januar 1936, S. 49-51, wieder abgedruckt in: *Revelaţiile durerii. Eseuri*. Ediţie îngijită de M. Vartic şi A. Sasu, Cluj 1990, S. 147-151].

1 Die Frage, ob die Eiserne Garde als eine Art von Faschismus eingestuft werden muß oder nicht, kann man endlos erörtern. Pierre Milza (*Les Fascismes*) und Ernst Nolte (*Die Krise des liberalen Systems und die faschistischen Bewegungen*, München 1968; *Die faschistischen Bewegungen. Die Krise des liberalen Systems und die Entwicklung der Faschismen*, München 1966, [4]1973) scheinen sich über diese Frage nicht einig zu sein. Jener lehnt es ab, eine christliche Bewegung unter die heidnischen Faschismen wie den italienischen Faschismus Mussolinis und den Nationalsozialismus Hitlers einzuordnen; dieser sieht, ganz im Gegenteil, in der Eisernen Garde, trotz archaischer Elemente, die auf eine ältere Epoche zurückgehen, eine Bewegung, die zum Kern des Faschismus gehört. Diese Diskussion sprengt selbstverständlich den Rahmen dieses Buches. In gewisser Weise kommt ihr in bezug auf unser Vorhaben nur eine relative Bedeutung zu: Viel entscheidender für die Geschichte, um die es uns hier geht, nämlich derjenigen Cioran, sind einige Merkmale der Eisernen Garde, insbesondere deren uneindeutige Haltung gegenüber Links und Rechts, die zweifellos einen Teil der Faszination erklärt, die sie auf Geister ausüben konnte, die bei weitem nicht alle »Faschisten« im landläufigen Sinne des Wortes waren. Es ist übrigens angezeigt, die Eiserne Garde nach ihren verschiedenen Entwicklungsstufen zu unterscheiden. War sie stets antisemitisch, so hat sie sich in anderer Hinsicht doch gewandelt. Die Legion Horia Simas, die 1940 im »Nationallegionären Staat« des Marschalls und *conducător* Ion Antonescu an die Macht gelangen und Rache an ihren alten Gegnern üben wird, ist nicht dieselbe wie die von Codreanus Erzengel Michael von 1927 [A. Heinen, *Die Legion »Erzengel Michael« in Rumänien*, »Die Darstellung von Geschichte und Entwicklung der Legion ›Erzengel Michael‹ als ein Beitrag zum Problem des internationalen Faschismus« S. 19-39, »Faschismus und Nationalsozialismus als Bedingungsfaktoren des politischen Klimas« S. 188 ff., »Zur begrifflichen Einordnung der Legionären Bewegung« S. 464-490 *et passim*].

2 [A. Heinen, *Die Legion »Erzengel Michael«*, S. 121 ff.]

3 [Familiengeschichte zusammengefaßt bei A. Heinen, *Die Legion »Erzengel Michael*, S. 131 f.]

4 [La Cagoule (Kapuze, Mönchskappe), Bezeichnung des *Comité secret d'action révolutionnaire* (C.S.A.R.), einer französischen politischen Geheimorganisation mit faschistischer Tendenz, 1935 von Eugène Deloncle gegründet, führte Terroraktionen und Attentate gegen meist linksgerichtete Politiker durch. Die Mehrzahl der *Cagoulards* schloß sich nach 1940 der Vichy-Regierung, ein Teil der Résistance an.]

5 Hier stellen wir lediglich die Schlüsselworte der rauschhaften Prosa des Căpitanul zusammen, in: Corneliu Zelea-Codreanu, *Pentru le-*

gionari, Vol. I, Sibiu 1936, Nachdruck München 1968, S. 179, 295 ff. Beim Premierminister S. 165 ff., Ermordung des Polizeipräfekten von Iaşi S. 224 ff.; franz. *La Garde de Fer*, Paris 1938; dt. *Eiserne Garde*, Berlin 1939, [3]1941, Nachdruck München 1970, S. 144 f., 259 ff.; beim Ministerpräsidenten S. 127 ff., Ermordung des Polizeipräfekten S. 184 f.

6 [Vgl. etwa Nicholas M. Nagy-Talavera, *The Green Shirts and the Others. A History of Fascism in Hungary and Rumania*, Stanford 1970, S. 246-247.]

7 *Entretiens*, S. 12 [F. Bondy, *Gespräche*, S. 113].

8 [Nae Ionescu hatte 1919 in München mit der Dissertation *Die Logistik als Versuch einer neuen Begründung der Mathematik* promoviert.]

9 Einige behaupten, daß Nae Ionescu Zuwendungen vom König erhielt, was in dem Zeitraum zwischen 1930 und 1932 wahrscheinlich der Fall war, als seine Zeitung *Cuvântul* quasi als Sprachrohr des Hofs diente. Später soll er Gelder aus Mussolinis Italien, dann aus Hitlers Deutschland, ja von IG Farben empfangen haben. Wildere Gerüchte hielten ihn sogar für einen Waffenschmuggler ... [Ionescu war tatsächlich Vorsitzender der rumänischen Vertretung der IG Farben und besuchte in dieser Eigenschaft mehrmals das nationalsozialistische Deutschland, vgl. A. Heinen, *Die Legion »Erzengel Michael«*, S. 183, Anm. 42, Z. Ornea, *Anii treizeci. Extrema dreaptă românească*, Bucureşti 1995, S. 231; engl. *The Romanian Extreme Right. The Nineteen Thirties*. English Translation by E. M. Popescu, Boulder 1999, S. 210-211; zu den Beziehungen zu Carol II. siehe Heinen, S. 186 f.; Mircea Vulcănescu, *Nae Ionescu. Aşa cum l-am cunoscut* [1942-1946]. Ediţie îngrijită de A. Badea, Bucureşti 1992, S. 106 f.]

10 [Zur Beziehung N. Ionescus zu den Frauen siehe M. Vulcănescu, *Nae Ionescu*, S. 108 f.]

11 Siehe G. Liiceanu, S. 101, *Itinerariile unei vieţi: E. M. Cioran urmat de Apocalipsa după Cioran (Ultimul interviu)*, ediţia a II-a, Bucureşti [[1]1995] 2001, S. 81.

12 A. Schopenhauer, »Ueber die Universitäts-Philosophie«, in: *Parerga und Paralipomena, kleine philosophische Schriften, Bd. I, Sämtliche Werke*. Hrsg. von A. Hübscher, 5. Bd., Leipzig 1938, S. 147-210 [Vgl. G. Damblemont, »Zur Schopenhauer-Rezeption E. M. Ciorans«, in: *67. Schopenhauer-Jahrbuch für das Jahr 1986*, S. 131-144].

13 Siehe G. Liiceanu, S. 100, *Itinerariile*, S. 80.

14 Die Begebenheit wird von Eliade erzählt in: *Memorii (1907-1960)*, Bucureşti 1997, S. 117; dt. *Erinnerungen 1907-1937*, S. 151 [Vgl. auch M. Vulcănescu, *Nae Ionescu*, S. 23].

15 Cioran, »Nae Ionescu şi drama lucidităţii« (Nae Ionescu und das Drama der Klarsicht), Artikel in: *Vremea*, Jg. X, Nr. 490, 6. Juni 1937, S. 4, wieder abgedruckt in: Emil Cioran, *Revelaţiile durerii*, S. 164-168, und *Singurătate şi destin. Publicistică 1931-1944*. Ediţie îngrijită de M. Diaconu, Bucureşti 1991, S. 314-318; Zitat S. 164 bzw. 314.

16 [Siehe etwa H. Keyserling, *Sur l'art de la vie*, Paris 1936, S. 102: »[...] il y a aussi la polyphonie au sens de l'actualisation simultanée, à travers une expression unitaire, de plusieurs plans d'existence ou de l'être.«]

17 G. Liiceanu, S. 102, *Itinerariile*, S. 80, 81.

18 Leon Volovici, *Ideologia naţionalistă şi »problema evreiască« în România anilor '30. Eseu despre formele antisemitismului intelectual în România anilor '30*, Bucureşti 1995; engl. *Nationalist Ideology & Antisemitism. The Case of Romanian Intellectuals in the 1930s.* Transl. from the Romanian by Ch. Kormos, Oxford, New York, Seoul, Tokyo. Publ. for the Vidal Sassoon International Center for the Study of Antisemitism, The Hebrew University of Jerusalem, by Pergamon Press, 1991 [vgl. Z. Ornea, *Anii treizeci. Extrema dreaptă românească*, S. 403 ff.; engl. *The Romanian Extreme Right*, S. 380 ff.].

19 Obwohl Cioran in einem Interview (bei G. Liiceanu, *Itinerariile*, S. 82) bemerkt hat, daß Eliade, weil Ionescu kein ordentlicher Lehrstuhlinhaber war, nicht das Recht gehabt habe, den Titel eines »Assistenten« zu führen. Jedenfalls hatte er die Stelle eines Assistenten inne. Und 1938 wird Eliade bei *Cuvântul* zum Verantwortlichen für den Kulturteil ernannt, also zu einem Zeitpunkt, als sich die Tageszeitung bereits gänzlich der extremen Rechten verschrieben hatte.

20 Das 1937 in Bukarest veröffentlichte Buch wird *Roza vânturilor* (Die Windrose) heißen. [Zitat Eliades, S. 424.]

21 [A. Heinen, S. 183, Anm. 42, 186.]

22 *Encyclopedia of Philosophy*, Paul Edwards, Editor in Chief, New York, London 1967, Bd. 4, S. 212 ab.

23 *Pe culmile disperării.* Siehe auch den fotomechanischen Nachdruck der Originalausgabe, Paris 1988.

24 G. Călinescu, *Istoria literaturii române de la origini până în prezent*, S. 868-869, 2., erweiterte Aufl., S. 955, *History of Romanian Literature*, S. 827. »Als Schüler Nae Ionescus führt Emil Cioran in einer Art philosophischer und nebelhafter Essays die Ideen des Meisters fort [...], aber in einem exaltierteren Ton und in der aphoristischen Form Kierkegaards. [...] (Vermutlich stellt diese Todessehnsucht bei Mircea Eliade und Emil Cioran exaltierte Interpretationen der ›Erlösung‹ Nae Ionescus dar.)«

25 Eugen Ionescu, *Nu*, Bucureşti 1934, Eugène Ionesco, *Non*, aus dem Rumänischen übers. von Marie-France Ionesco, Paris 1986, und Constantin Noica, *Mathesis sau bucuriile simple*, Bucureşti 1934, noch nicht übersetzt.

26 *Pe culmile disperării*, S. 67, 2. Aufl. S. 86; *Auf den Gipfeln der Verzweiflung*, S. 76.

27 *Pe culmile*, S. 81-82, 2. Aufl. S. 103-104; *Auf den Gipfeln*, S. 92 [in etwas anderer Gestalt].

28 *Pe culmile*, S. 107, 2. Aufl. S. 133-134; *Auf den Gipfeln*, S. 118-119.

29 *Pe culmile*, S. 63, 2. Aufl. S. 80; *Auf den Gipfeln*, S. 72 [dort etwas freier].

30 *Pe culmile*, S. 130, 2. Aufl. S. 162; *Auf den Gipfeln*, S. 142. Dazu vergleiche man folgende Sätze aus dem *Précis*: »Müßiggänger erfassen mehr von den Dingen als Geschäftige, dringen tiefer als diese in sie ein: ihren Horizont begrenzt keinerlei Arbeit. In einen ewigen Sonntag hineingeboren, lassen sie ihre Blicke schweifen, betrachten sie sich selbst, während sie betrachten. Faulheit ist eine physiologische Skepsis, ist das Zweifeln des Fleisches« (*Précis*, S. 34, *Œuvres*, S. 600; *Lehre vom Zerfall*, S. 30, 2. Aufl. S. 31-32).

31 *Pe culmile disperării*, S. 117, 2. Aufl. S. 146; *Auf den Gipfeln der Verzweiflung*, S. 130. *Précis*, S. 13-15, *Œuvres*, S. 584-585; *Lehre vom Zerfall*, S. 10-12, 2. Aufl. S. 10-12.

32 *Pe culmile disperării*, S. 111, 2. Aufl. S. 139; *Auf den Gipfeln*, S. 123.

33 *De l'inconvénient d'être né*, S. 205, *Œuvres*, S. 1379-1380; *Vom Nachteil, geboren zu sein*, S. 141. Siehe auch unser Kapitel »Philosophie der Trümmer«, in dem die besprochene Stelle wiedergegeben ist, S. 143, Anm. 21.

34 Siehe *Entretiens*, S. 28 [Savater] und insbesondere S. 44 [Duval]: »Wissen Sie, ich hatte ein oder zwei Bücher auf rumänisch auf Anhieb geschrieben! Ich hatte sie nicht einmal wiedergelesen, es war einfach der erste Entwurf! Sie sind natürlich alle schlecht geschrieben.« Zu bemerken ist der Ausdruck »ein oder zwei Bücher auf rumänisch«, während Cioran 1937 bereits eine ganze Reihe von Büchern [es waren genau vier] veröffentlicht hatte. Das Gespräch ist 1979 geführt worden und zeigt, in welchem Maße Cioran damals noch immer seine rumänische Schaffenszeit herunterspielte.

35 *Pe culmile disperării*, S. 149, 2. Aufl. S. 186; *Auf den Gipfeln der Verzweiflung*, S. 160.

36 *Pe culmile*, S. 143, 2. Aufl. S. 178; *Auf den Gipfeln*, S. 155.

37 *Pe culmile*, S. 61, 2. Aufl. S. 79; *Auf den Gipfeln*, S. 70 [dort etwas freier].

38 Angeführt von Nicolas Tertulian, »La période roumaine d'E. M. Cioran«, in: *La Quinzaine littéraire*, Nr. 351, vom 1.-15. Juli 1981, S. 12-13. Siehe auch E. M. Cioran und C. Noica, *L'Ami lointain*, S. 68. [Verkürztes und ungenaues Zitat aus E. Cioran, »Prea multă claritate!«, in: *Calendarul*, Jg. II, Nr. 294 vom 12. Februar 1933, S. 1, wieder abgedruckt in: *Singurătate şi destin. Publicistică 1931-1944*, S. 160-163, bes. S. 161.]

39 *Histoire et Utopie*, S. 11; Cioran, Noica, *L'ami lointain*, S. 10; *Œuvres*, S. 980; *Geschichte und Utopie*, S. 9.

40 *Pe culmile disperării*, S. 72, 2. Aufl. S. 91; *Auf den Gipfeln der Verzweiflung*, S. 82.

1 Siehe insbesondere *Entretiens*, S. 12 [Bondy, *Gespräche*, S. 113], 131-132, 179-180 [F. J. Raddatz, »Tiefseetaucher des Schreckens. Ein ZEIT-Gespräch mit E. M. Cioran«, in: *Die Zeit*, Nr. 15 vom 4. April 1986, S. 50 bc, *ZEIT-Dialoge*, Reinbek 1996, S. 17-18], S. 309-310 [Michael Jakob, fehlt in der deutschen Ausgabe: *Aussichten des Denkens!*]; *Histoire et Utopie*, S. 11 ff.; *Geschichte und Utopie*, S. 9 ff.; und *Mon pays. Ţara mea*, Bucureşti 1996.

2 *Vremea*, Jg. VI, Jg. VII und Jg. VIII (1933, 1934 und 1935), Nr. 306, 314, 316, 324, 332, 335, 341, 346, 349, 352, 363, 376 und die Sonderausgaben zu Weihnachten 1933 und 1935, Biblioteca Academiei, Bukarest.

3 Ian Kershaw, *Hitler. Essai sur le charisme en politique*, traduit par J. Carnaud et M.-E. Dauzat, Paris 1995; engl. Originalausgabe: *Hitler*, London 1991 [vgl. *The »Hitler Myth«. Image and Reality in the Third Reich*, Oxford 1987; dt. *Der Hitler-Mythos. Führerkult und Volksmeinung*. Aus dem Engl. von K. Kochmann und B. Rehbein, Stuttgart 1999]. Siehe auch das neue Buch von Daniel Jonah Goldhagen, *Hitler's Willing Executioners. Ordinary Germans and the Holocaust*, New York 1996; dt. *Hitlers willige Vollstrecker. Ganz gewöhnliche Deutsche und der Holocaust*. Aus dem Amerikan. von K. Kochmann, Berlin 1996. Eine Besprechung dieses Werkes in: *Der Spiegel*, Nr. 21 vom 20. Mai 1996.

4 Emil Cioran, »Aspecte germane«, in: *Vremea*, Jg. VI, Nr. 314 vom 19. November 1933, S. 9.

5 [Anspielung auf Montesquieus *Lettres persanes* (1721/1754).]

6 Cioran, »Prin Universitatea din Berlin«, in: *Vremea*, Nr. 316 vom 3. Dezember 1933, S. 9.

7 Siehe Peter Gay, *Weimar Culture. The Outsider as Insider*, New York 1968; dt. *Die Republik der Außenseiter. Geist und Kultur in der Weimarer Zeit: 1918-1933*. Mit einer Einleitung von K. D. Bracher. Aus dem Amerikan. übers. von H. Lindemann, Frankfurt am Main 1970, S. 111-112. Vom Autor durchges. Neuausgabe Frankfurt am Main 1987; franz. *Le suicide d'une république. Weimar 1918-1933*. Traduit de l'américain par J.-F. Sené, Paris 1993, Nachdruck Paris 1995, insbesondere S. 107. Anzumerken wäre, daß die 13. Tagung der Deutschen Philosophischen Gesellschaft, die vom 21. bis zum 23. September 1936 in Berlin stattfand, zu einer Zeit also, als alle Institutionen dieser Art von den Nationalsozialisten beherrscht waren, dem von Klages aufgegriffenen Thema »Seele und Geist« gewidmet war [Vorträge abgedruckt in: *Blätter für Deutsche Philosophie*, Bd. X, H. 4, Berlin 1937, S. 351-440. Vgl. auch Tobias Schneider, »Ideologische Grabenkämpfe. Der Philosoph Ludwig Klages und der Nationalso-

zialismus 1933-1938«, in: *Vierteljahrshefte für Zeitgeschichte*, 49. Jg., 2001, S. 275-294].

8 Cioran, »Germania şi Franţa sau iluzia păcii«, in: *Vremea*, Jg. VI, Nr. 318 vom 18. Dezember 1933, S. 7, 13 (Sonderausgabe, Weihnachten).

9 [Cioran, »Germania şi Franţa sau iluzia păcii«, in: *Vremea*, Jg. VI, Nr. 318 vom 18. Dezember 1933, auch bei Z. Ornea, *Anii treizeci. Extrema dreaptă românească*, S. 191 [etwas fehlerhaft zitiert]; engl. *The Romanian Extreme Right. The Nineteen Thirties*, S. 173].

10 Cioran, »România în faţa străinătăţii«, in: *Vremea*, Jg. VII, Nr. 335 vom 29. April 1934, S. 3 a-d (Scrisori din München), stark gekürzt wieder abgedruckt in: *Singurătate şi destin. Publicistică 1931-1944*, S. 260-262.

11 Siehe insbesondere L. Volovici, *Ideologia naţionalistă şi »problema evreiască« în România anilor '30. Eseu despre formele antisemitismului intelectual în România anilor '30*, Bucureşti 1995; engl. *Nationalist Ideology and Antisemitism*, S. 78 [auch bei Z. Ornea, *Anii treizeci. Extrema dreaptă românească*, S. 191; engl. *The Romanian Extreme Right. The Nineteen Thirties*, S. 174. Was in dem genannten Artikel aber auch steht, jedoch stets verschwiegen wird, sind Sätze wie: »Ebenso wahr ist, daß die Diktaturen Krisen des Geistes darstellen. Jede Diktatur bedeutet eine Leere im geschichtlichen Fortschritt der Kultur. [...] Der Fehler der deutschen Kultur ist der Mangel an Universalität. Mit dem Nationalsozialismus ist auch noch die Illusion von Universalität verschwunden.« »Impresii din München. Hitler în conştiinţa germană«, in: *Vremea*, Jg. VII, Nr. 346 vom 15. Juli 1934, S. 3d.]

12 Cioran, »Impresii din München. Hitler în conştiinţa germană«, in: *Vremea*, Jg. VII, Nr. 346 vom 15. Juli 1934, S. 3 [Z. Ornea, *Anii treizeci. Extrema dreaptă românească*, S. 191; engl. *The Romanian Extreme Right. The Nineteen Thirties*, S. 174.].

13 Cioran, »Revolta sătuilor ...« (Scrisori din Germania; München, 15 Iulie), in: *Vremea*, Jg. VII, Nr. 349 vom 5. August 1934, S. 2 [vgl. auch Z. Ornea, *Anii treizeci. Extrema dreaptă românească*, S. 191-192; engl. *The Romanian Extreme Right. The Nineteen Thirties*, S. 174].

14 [»Ah! dieses Vorurteil des Wertes an sich des Menschen! ... Wert an sich! Das ist reine Feigheit. Denn dahinter verbirgt sich die Angst vor dem Opfer.« Cioran, »Revolta sătuilor ...« (Scrisori din Germania; München, 15 Iulie), in: *Vremea*, Jg. VII, Nr. 349 vom 5. August 1934, S. 2, bei Z. Ornea, *Anii treizeci. Extrema dreaptă românească*, S. 192.]

15 Pierre Tchaadaev, *Lettres philosophiques adressées à une dame*. Présentées par François Rouleau, Paris [1970]; dt. Peter Tschaadajew, *Schriften und Briefe*. Übers. u. eingel. von E. Hurwicz, München 1921, *Apologie eines Wahnsinnigen. Geschichtsphilosophische Schriften*. Aus dem Russ. von H. Falk u. R. Matwin-Buschmann. Aus dem Franz. von E. Hurwicz, Leipzig 1992.

16 Cioran, »Cultul puterii«, in: *Vremea*, Jg. VII, Nr. 352 vom 26. August

1934, S. 3, wieder abgedruckt in: *Singurătate şi destin. Publicistică 1931-1944*, S. 271-274. Zitate: S. 271, 273.

17 Hermann Rauschning, *Die Revolution des Nihilismus. Kulisse und Wirklichkeit im Dritten Reich*, Zürich, New York 1938.

18 Cioran, »În preajma dictaturii« (Am Vorabend der Diktatur), in: *Vremea*, Jg. X, Nr. 476 vom 21. Februar 1937, S. 3 b, zitiert bei G. Liiceanu, S. 32, *Itinerariile*, S. 28: »Um in Deutschland nicht vom Hitlerismus vergiftet oder damit angesteckt zu werden, habe ich begonnen, den Buddhismus zu studieren. Die Meditation über das Nichts half mir, durch diese Kontrastwirkung den Hitlerismus besser als mit Hilfe jedes ideologischen Lehrbuches zu verstehen. Die unmittelbare Tatsächlichkeit und der Terror der Entscheidung in der Zeit, der völlige Mangel des Politischen an Transzendenz, aber vor allem die erbarmungslose Unterwerfung unter die Macht des Werdens entwickeln sich in einer Diktatur bis zum Äußersten. Ein erstickender Rhythmus wechselt mit einem Atem des Größenwahns, das verleiht ihr eine eigentümliche Seelenstimmung. Das Kennzeichen der Diktatur ist ein monumentales Helldunkel.«

19 [»Vom Juli 1930 bis zum 13. November 1933 wechselte der Ministerpräsident achtmal.« A. Heinen, *Die Legion »Erzengel Michael«*, S. 163.]

20 [Heinen, *Die Legion »Erzengel Michael«*, S. 275 ff.]

21 [Heinen, S. 355, 496.]

22 [Heinen, S. 342-356, 496.]

23 [Heinen, S. 357 ff.: Nur O. Goga wurde damit beauftragt, A. C. Cuza wird Minister ohne Portefeuille, bleibt einflußlos.]

24 In dieser Erklärung, die in der Zeitschrift der Garde *Buna Vestire* (Die Verkündigung) am 17. Dezember 1937, das heißt drei Tage vor der Wahl, veröffentlicht wurde, kann man den Satz lesen: »Ich kann nicht glauben, daß die rumänische Nation ihr Leben mit dem traurigsten Niedergang, den man je in der Geschichte erlebt hat, beschließen wird, zerrüttet von Elend und Syphilis, überrannt von den Juden, zerfetzt von den Ausländern, demoralisiert, verraten, verkauft für einige Hundert Millionen Dollar« (M. Eliade, »De ce cred în biruinţa Mişcării Legionare«, in: *Buna Vestire*, Jg. I, Nr. 244 vom 17. Dezember 1937). Bleibt nachzutragen, daß nach dem zwar mit Vorsicht zu genießenden Buch von Claudio Mutti, *Le penne dell'Arcangelo. Intellettuali e Guardia di Ferro*, Mailand 1994, Eliade bei der Wahl von 1937 sogar Kandidat für *Totul pentru Ţară* gewesen sein soll. [Erw. rum. Ausg. *Penele Arhanghelului. Intelectualii români şi Garda de Fier (Nae Ionescu, Mircea Eliade, Emil Cioran, Constantin Noica, Vasile Lovinescu)*. Cu o prefaţă de Philippe Baillet. Traducere de F. Dumitrescu. Ediţie îngrijită şi postfaţă de R. Dumitrescu, Bucureşti 1997, S. 71; vgl. auch Z. Ornea, *Anii treizeci. Extrema dreaptă românească*, S. 205-207, engl. *The Romanian Extreme Right. The Nineteen Thirties*, S. 186-188, der diese Behauptung bestätigt.]

25 [Zu dem Kronstädter Jahr als Gymnasiallehrer für Philosophie und Logik siehe die bisher weithin unbekannten Erinnerungsberichte von Ştefan Baciu, »Emil Cioran profesor«, in seiner Autobiographie *Praful de pe tobă. Memorii 1918-1946*, Honolulu 1980, S. 345-355, und »Un profesor de învăţămînt secundar numit Emil Cioran«, auf spanisch in: *Vuelta* (Mexico), Bd. 13, Nr. 153, August 1989, S. 59-62; dann in: *Viaţa Românească*, LXXXV, Nr. 10, Okt. 1990, S. 46-51, zuletzt in: *Pro şi contra Emil Cioran. Între idolatrie şi pamflet*, Bucureşti 1998, S. 363-372.]

26 Cioran, *Cartea amăgirilor*, Bucureşti 1936, 2. Aufl. Bucureşti 1991, ins Deutsche übersetzt von F. Leopold unter dem Titel *Das Buch der Täuschungen*, Frankfurt am Main: Suhrkamp, 1990.

27 *Cartea amăgirilor*, S. 9, 2. Aufl. S. 7; *Buch der Täuschungen*, S. 9.

28 *Cartea amăgirilor*, S. 14, 2. Aufl. S. 12; *Buch*, S. 14.

29 *Cartea amăgirilor*, S. 97, 2. Aufl. S. 83; *Buch*, S. 85.

30 *Cartea amăgirilor*, S. 41, 2. Aufl. S. 37; *Buch*, S. 38.

31 *Cartea amăgirilor*, S. 99, 2. Aufl. S. 85; *Buch*, S. 86.

32 *Cartea amăgirilor*, S. 50, 2. Aufl. S. 43; *Buch*, S. 44.

33 *Schimbarea la faţă*, S. 46 und 88, Neuausg. S. 46 und 91.

34 *Schimbarea la faţă*, S. 108, Neuausg. S. 112.

35 *Schimbarea la faţă*, S. 107-108, Neuausg. S. 112.

36 *Schimbarea la faţă*, S. 228-229.

37 *Schimbarea la faţă*, S. 228.

38 Siehe vor allem den Artikel von Pierre-Yves Boissau, »La transfiguration du passé«, in: *Le Monde des livres* vom 28. Juli 1995, S. 12 [siehe die etwas veränderte Fassung: »Écrire pour effacer«, in: *Mon pays*, S. 201-209].

39 »În preajma dictaturii«, in: *Vremea*, Jg. X, Nr. 476 vom 21. Februar 1937, S. 3 d.

40 *Schimbarea la faţă*, S. 41.

41 *Schimbarea la faţă*, S. 96, Neuausg. S. 99.

42 *Schimbarea la faţă*, S. 142.

43 *Schimbarea la faţă*, S. 128.

44 *Schimbarea la faţă*, S. 132.

45 *Schimbarea la faţă*, S. 131.

46 *Schimbarea la faţă*, S. 129-130.

47 *Schimbarea la faţă*, S. 23.

48 *Schimbarea la faţă*, S. 130-132.

49 *Schimbarea la faţă*, S. 132-133.

50 *Schimbarea la faţă*, S. 128-129.

51 *Schimbarea la faţă*, S. 143, 144.

52 Friedrich Nietzsche, *Morgenröthe*, Drittes Buch, § 205, *KGW* Bd. V.1, S. 180-183, *KSA* Bd. 3, S. 180-183.

53 *Schimbarea la faţă*, S. 130.

54 L. Poliakov, *Histoire de l'Antisémitisme*, Bd. 1-4, Paris 1955-1977, verbesserte und ergänzte Neuauflage in zwei Bänden, Paris: Seuil, 1991; dt. *Geschichte des Antisemitismus*. Bd. I–VIII, Worms 1977-1988, ab Bd. VII: Frankfurt am Main.

55 [In seinem Buch *Die Juden und das Wirtschaftsleben*, Leipzig 1911, z. B. »Grundzug des jüdischen Wesens: überragende Geistigkeit (ihr Intellektualismus)«, S. 313 ff. Vgl. auch S. 183 ff., 225 ff., 312 ff.]

56 H. Rauschning, *Gespräche mit Hitler*, Zürich, New York 1940, S. 227.

57 Léon Poliakov, *Histoire de l'Antisémitisme*, Bd. 4: *L'Europe suicidaire. 1870-1933*, 1977, S. 50, verbesserte Neuausg. Bd. II: *L'Âge de la science*, Paris 1991, S. 288; dt. *Geschichte des Antisemitismus*. VII. *Zwischen Assimilation und »jüdischer Weltverschwörung«*, Frankfurt am Main 1988, S. 50.

58 Léon Bloy, *Le salut par les juifs*, Paris 1892, éd. revue 1906; Paris 1949; dt. in: L. Bloy, *Das Heil und die Armut. Das Blut der Armen* und *Das Heil durch die Juden*. Übers. von C. ten Holder, Heidelberg 1953, S. 295-401.

59 Es gibt in der Tat ernste Zweifel hinsichtlich der Zuverlässigkeit der in Rauschnings Buch wiedergegebenen Äußerungen. Siehe insbesondere Eberhard Jäckel, *Hitlers Weltanschauung. Entwurf einer Herrschaft*, Tübingen 1969, erw. u. überarb. Neuausg., 3. Aufl., Stuttgart 1986.

60 Siehe E. Jäckel, *Hitlers Weltanschauung*.

61 Es wäre im übrigen interessant, die »Quellen« von Ciorans Antisemitismus zu untersuchen. Dann wird man erkennen, daß die angebliche »Kenntnis des jüdischen Geistes«, dessen er sich in *Schimbarea la faţă* rühmt, in Wirklichkeit auf eine Reihe von Klischees aus jener Zeit hinausläuft, die vor ihm unzählige Male geäußert worden waren. Das gilt gleichermaßen für die antisemitischen Gedankengänge Nae Ionescus, der übrigens eine der wichtigsten Quellen für den Autor von *Schimbarea la faţă* in diesem Bereich gewesen zu sein scheint.

62 Volovici, S. 109-110, rumänische Originalausgabe: *Ideologia naţionalistă şi »problema evreiască« în România anilor '30. Eseu despre formele antisemitismului intelectual în România anilor '30*, Bucureşti 1995.

63 Dabei denken wir unter anderem an den leider berühmten Satz Ciorans in *Schimbarea la faţă*: »Wenn ich Jude wäre, würde ich auf der Stelle Selbstmord begehen« (S. 132). Wenn man das Vorangehende genau liest, wird deutlich, daß dieser Satz kein Aufruf zur Vernichtung der Juden ist. Sie folgt auf Betrachtungen über den tragischen Charakter jüdischen Daseins, »gebeugt unter einem Fluch, für den nur Gott verantwortlich ist« (S. 131-132). Diese unglückliche Äußerung ist also symbolisch zu verstehen: Demjenigen, der von einem göttlichen Fluch verfolgt wird, bleibt tatsächlich kein anderer Ausweg als der Tod. Der junge Verfasser von *Schimbarea la faţă* machte sich selbstverständlich keinerlei Gedanken über die Ungeheuerlichkeit

seiner Äußerungen. Der französische Cioran hingegen war darüber dermaßen bestürzt, daß die Seite seines Handexemplars von *Schimbarea la faţă*, auf der dieser Satz stand, fast verschwunden war unter den heftigen Strichen, die er mit rotem Filzstift gemacht hatte. Das soeben Bemerkte gilt ebenfalls für den Satz von *Schimbarea la faţă*, der behauptet, daß die Juden »von einer anderen Affenart abstammten« (S. 130) als wir, was sich aus den Anschauungen über den radikal »andersartigen« Charakter des Juden herleiten dürfte. Obwohl antisemitisch, verliert dieser Satz also an empörendem Affekt, wenn man ihn in seinen Zusammenhang stellt. Wir hätten uns diese Richtigstellungen gern erspart, wäre nicht Cioran zur Zeit in Rumänien Gegenstand einer finsteren »Rehabilitations«-Kampagne von seiten gewisser rechtsradikaler Parteien und Ideologen, die zu beweisen suchen, daß es sich dabei um »Wahrheiten« handle, auf die deren Verfasser nur stolz sein könne und denen er sein Leben lang treu geblieben sei!

64 Zum Inhalt dieser Rundfunkansprache Ciorans vom 27. November 1940 (später gedruckt unter dem Titel: »Profilul interior al Căpitanului«) siehe G. Liiceanu, S. 37, *Itinerariile*, S. 30 [vgl. Z. Ornea, *Anii treizeci. Extrema dreaptă românească*, S. 195-197, engl. *The Romanian Extreme Right. The Nineteen Thirties*, S. 177-180].

Die zweite Geburt Ciorans

1 Siehe insbesondere Cioran, *La tentation d'exister*, Paris: Gallimard, 1956, »Avantages de l'exil«: S. 59-63, Nachdruck in der Reihe Idées, 327, 1974, S. 63-68 (abgekürzt als: *La tentation*), *Œuvres*, S. 854-857; dt. *Dasein als Versuchung*, Stuttgart 1983, »Vorteile des Exils«: S. 65-70; *Histoire et Utopie*, S. 9-10, *Œuvres*, S. 979-980, *Geschichte und Utopie*, S. 7-8; *Écartèlement*, Paris 1979, S. 23-25, *Œuvres*, S. 1417-1418; dt. *Gevierteilt*. Aus dem Franz. von B. Mattheus, Frankfurt am Main 1982, S. 20-22; *Exercices d'admiration*, S. 209-214, *Œuvres*, S. 1627-1630; dt. »Beim Wiederlesen der ›Lehre vom Zerfall‹«, in: *Akzente* 26 (1979), S. 332-337; *Entretiens*, S. 28-29 [Savater], 43-46 [Duval], 72-77 [Gillet], 143-147 [Bergfleth, *Ein Gespräch*, S. 9-19] und 307-308 [M. Jakob, *Aussichten des Denkens*, S. 28-29]. [Aus einem Brief an die Eltern (*Scrisori către cei de-acasă*, Nr. 4, S. 15) geht hervor, daß Cioran am 15. Februar 1946 kurz vor dem Abschluß der »Exercices négatifs«, des späteren *Précis de décomposition*, stand und sie 1947 erscheinen sollten, was sich aus verschiedenen Gründen, etwa wegen des Papiermangels, verzögert hat. In einem Brief an Jeni Acterian vom 2. Dezember 1946 (Nr. 483, S. 238) heißt es, die »Exercices négatifs« seien abgeschlossen, Cioran wisse aber nicht, ob sie jemals erscheinen würden.]

2 [Bergfleth, *Ein Gespräch*, S. 12] *Entretiens*, S. 145.
3 *Entretiens*, S. 28 [Savater].
4 *Entretiens*, S. 144 [Bergfleth, *Ein Gespräch*, S. 10: »eine fast schmerzliche Erfahrung«] und 308 [M. Jakob, *Aussichten des Denkens*, S. 29: »regelrechte Tortur«].
5 *Précis; Lehre vom Zerfall.*
6 Siehe vor allem *Correspondance; Scrisori către cei de-acasă*, Nr. 4, 8, 11-15, 17, 18-21, 23, 24-26, 28, 59, 53, 54, 199, 201, 223, 296, 337, 483, 592, und auch *Exercices d'admiration*, S. 213, *Œuvres*, S. 1629; dt. »Beim Wiederlesen der ›Lehre vom Zerfall‹«, *Akzente* 26 (1979), S. 336.
7 Siehe *Secolul 20*, S. 36, Anm. 2, und G. Liiceanu, S. 42.
8 Jean Baruzi, *Saint Jean de la Croix et le problème de l'expérience mystique*, 2e éd., revue et augmentée d'une préface nouvelle, Paris: Alcan [[1]1924] 1931.
9 *Entretiens*, S. 144-145 [Bergfleth, *Ein Gespräch*, S. 11-12].
10 *Entretiens*, S. 28-29 [Savater]. Siehe auch S. 73-74 [Gillet] und 149 [Bergfleth, *Ein Gespräch*, S. 28-29].
11 [1989-1945, wurde 1934 aus der KP ausgeschlossen und gründete 1936 den Parti Populaire Français, der seit 1940 mit Deutschland kollaborierte.]
12 Cioran, Brief an Mircea Eliade vom 13. Dezember 1937, *Correspondance*. [Rumänische Originalfassung in: *Scrisori către cei de-acasă*, Nr. 558, S. 277.]
13 In diesem Brief bezeichnet Cioran die jungen französischen Nationalisten als »Cuzisten«, als Anhänger A.C. Cuzas, eine bei den Anhängern der Eisernen Garde damals üblicher Begriff, der die Nationalisten bezeichnen sollte, die im Vergleich zu den Ansichten Codreanus nicht »revolutionär« genug sind.
14 E.M. Cioran, *Ein Gespräch*, S. 12; *Entretiens*, S. 145.
15 »Ich bin 1937 nach Paris gekommen, als Stipendiat des Französischen Instituts von Bukarest. Ich hatte versprochen, eine Doktorarbeit zu schreiben, doch das war eine Lüge. Ich habe nicht den geringsten Versuch gemacht, aber immer behauptet, daß ich an meiner Doktorarbeit schreibe. Dabei hatte ich mir nicht einmal ein Thema ausgedacht« (Cioran, *Ein Gespräch*, S. 10; *Entretiens*, S. 144).
16 Das hat jedenfalls sein Bruder Aurel mehrmals erzählt.
17 Siehe das vorangehende Kapitel, S. 115 und Anm. 64.
18 Das ist tatsächlich nur eine Möglichkeit. Während Horia Simas Flucht nach Deutschland geduldet wurde, verhafteten die rumänischen Behörden seit dem 21. Januar 1941 mehrere Tausend Gardisten, und es wird geschätzt, daß während des gescheiterten Putsches vierhundert von ihnen verschwanden.
19 Ionesco sollte von 1942 bis 1944 als Presseattaché, anschließend als

Kulturattaché bei der rumänischen Botschaft von Vichy arbeiten. Siehe die Anmerkung [von Edgar Reichmann], in: *Le Monde des livres* vom 28. Juli 1995, S. 12, und den Artikel von Mihaï D. Gheorghiu, »Quelques révélations sur Eugène Ionesco« in: *Liber*, Nr. 26 vom 26. März 1996, S. 8-10. Offenbar war die Berufung junger Intellektueller auf diplomatische Posten (Eliade sollte zum Kulturattaché der Botschaft in Lissabon ernannt werden) Teil einer bewußten Strategie des rumänischen Staates, der auf diese Weise seine künftige Intelligenz zu verschonen suchte. Die rein politischen Erwägungen waren nachgeordnet – was erklärt, daß die Antonescu hat, die Berufung Eliades in Frage zu stellen.

20 »Ich bin zehn Jahre in Paris geblieben, ohne etwas Richtiges zu machen« (Cioran, *Ein Gespräch*. Geführt von Gerd Bergfleth, S. 12; *Entretiens*, S. 145: »Zehn Jahre, zehn unfruchtbare Jahre, in denen ich nur meine Kenntnisse des Rumänischen vertiefte«).

21 Zitiert von Claudio Mutti, rum. Ausg. *Penele Arhanghelului*, S. 82, 90 f., Anm. 2-6. Der besagte Artikel wurde ohne Verfassernamen in der monatlich in Madrid erscheinenden Zeitschrift *Carpaţii. Revistă de cultură şi acţiune românească în exil*, Nr. 16/17 vom 25. Oktober-25. November 1973, veröffentlicht. Nach derselben Quelle soll Cioran auch der Verfasser einer Einführung zu einer Broschüre zum Ruhm Codreanus gewesen sein, die in Paris in den vierziger Jahren erschienen ist. Diese nicht überprüfbaren Informationen rütteln jedenfalls nicht an der Tatsache, daß sich Cioran, wie dies einige Briefe eindeutig belegen, seit 1946 völlig von seinen früheren politischen Entscheidungen distanziert hat. Siehe die Anmerkung 72 dieses Kapitels.

22 Der Ausdruck kehrt in Ciorans Briefwechsel mehrfach wieder. Siehe vor allem die Briefe Ciorans an seinen Bruder Aurel 1973 und an Arşavir Acterian vom 15. März 1981, in: *Correspondance* [*Scrisori către cei de-acasă*, Nr. 223, 473, S. 114, 230-231].

23 Siehe vor allem P. Bollon, »Cioran. Aristocrate du doute«, in: *City Magazine*, Nr. 19, Februar 1986, S. 96 b, und *Entretiens*, S. 183 [F.-J. Raddatz, »Tiefseetaucher des Schreckens. Ein ZEIT-Gespräch mit E. M. Cioran«, in: *Die Zeit*, Nr. 15 vom 4. April 1986, S. 50 d, *ZEIT-Dialoge*, S. 20].

24 *Exercices d'admiration*, S. 151-158, *Œuvres*, S. 1601-1604; *Widersprüchliche Konturen*, S. 55-60 [Zur Beziehung Cioran – Fondane**** siehe neuerdings Alexandra Laignel-Lavastine, *Cioran, Eliade, Ionesco: L'oubli du fascisme. Trois intellectuels roumains dans la tourmente du siècle*, Paris 2002, S. 375 ff.].

25 Siehe Mircea Eliade, *Jurnal*, Vol. I. *1941-1969*, Bucureşti 1993, S. 58, 63; franz. *Fragments d'un journal*, Bd. I, Paris 1973, S. 8-9; dt. *Im Mittelpunkt. Bruchstücke eines Tagebuches*. Übers. von B. A. Egger, Wien, München, Zürich 1977, S. 10-11.

26 Das Manuskript wird schließlich 1993 unter dem Titel *Bréviaire des*

vaincus in der Übersetzung von Alain Paruit bei Gallimard in der Reihe Arcades erscheinen. [Die deutsche Ausgabe des *Leidenschaftlichen Leitfadens* erschien 1996 bei Suhrkamp in der Übersetzung von F. Leopold.]

27 Die wirtschaftliche und politische Situation Rumäniens hat zweifellos auch zu diesem Entschluß beigetragen: damals herrschte in Rumänien fast eine Hungersnot; und die Kommunisten ebenso wie die Sowjets übten auf die Übergangsregierung nach dem Krieg mehr und mehr Druck aus.

28 Zu Ciorans Verbundenheit mit Spanien siehe insbesondere Verena von der Heyden-Rynsch, »Entre Thérèse d'Ávila et Don Quichotte«, in: *Magazine littéraire*, Nr. 327, Dezember 1994, S. 49-50.

29 Cioran, *Ein Gespräch*. Geführt von G. Bergfleth, S. 15-20; *Entretiens*, S. 146-147.

30 [In seiner *Anthologie du portrait. De Saint-Simon à Tocqueville*, Paris 1996, S. 49-51, gab Cioran das Porträt der Duchesse du Maine von Madame de Staal de Launay heraus, *Mémoires*, Paris 1928, S. 15-16.]

31 *De l'inconvénient d'être né*, S. 131, 129, *Œuvres*, S. 1337; *Vom Nachteil, geboren zu sein*, S. 88.

32 Cioran, *Ein Gespräch*. Geführt von G. Bergfleth, S. 19, 20; *Entretiens*, S. 146 [Text leicht abgewandelt].

33 »Ich lebte in Paris, und es gibt zwei Dinge, die ich in Frankreich entdeckt habe. Was Essen bedeutet. Und was Schreiben bedeutet« (*Entretiens*, S. 73 [Gillet]. Siehe auch S. 28 [Savater] und 149 [Bergfleth, *Ein Gespräch*, S. 29]).

34 *Entretiens*, S. 74-75 [Gillet].

35 »Wenn ich nicht nach Frankreich gekommen wäre, hätte ich vielleicht geschrieben, aber ich hätte niemals gewußt, daß ich schreibe« (*Entretiens*, S. 76 [Gillet]).

36 Siehe »Le style comme aventure«, in: *La tentation*, S. 120-131; S. 127-138, *Œuvres*, S. 894-901; *Dasein als Versuchung*, »Der Stil als Abenteuer«: S. 131-143.

37 *Entretiens*, S. 75-76 [Gillet].

38 *Entretiens*, S. 76 [Gillet].

39 *Entretiens*, S. 76 [Gillet], und *La tentation*, S. 124, 131, *Œuvres*, S. 896-897; *Dasein als Versuchung*, S. 136.

40 *Entretiens*, S. 75 [Gillet].

41 *Entretiens*, S. 43 [Duval] und 73 [Gillet].

42 Cioran, *Histoire et Utopie*, S. 10, *Œuvres*, S. 980; *Geschichte und Utopie*, S. 8.

43 Zur Geschichte der rumänischen Sprache siehe Alexandru Rosetti, *Brève histoire de la langue roumaine des origines à nos jours*, The Hague, Paris 1973, und Valeriu Rusu, *Le Roumain. Langue, littérature, civilisation*, Paris 1992.

44 *Entretiens*, S. 215 [Cioran, *Entretiens avec Sylvie Jaudeau*, S. 9; *Ein Gespräch mit Sylvie Jaudeau*, S. 5].

45 *Entretiens*, S. 28 [Savater].

46 *Histoire et Utopie*, S. 10, *Œuvres*, S. 980; *Geschichte und Utopie*, S. 8.

47 *Entretiens*, S. 43 [Duval].

48 *Histoire et Utopie*, S. 9-10, *Œuvres*, S. 979; *Geschichte und Utopie*, S. 7.

49 Wir verdanken diese Informationen Alain Paruit, dem Übersetzer von Cioran und Eliade.

50 Siehe vor allem *Cartea amăgirilor; Das Buch der Täuschungen.*

51 Cioran, *Syllogismes*, S. 8, 2. Aufl. S. 10, *Œuvres*, S. 745; *Syllogismen*, S. 6, 2. Aufl. S. 7.

52 Siehe *Entretiens*, S. 44 [Duval].

53 Cioran wird in gewisser Weise dieser Auffassung sein Leben lang treu bleiben, wie dieser Satz aus den *Syllogismes* (S. 26, 2. Aufl. S. 24, *Œuvres*, S. 752; dt. *Syllogismen*, S. 17, 2. Aufl. S. 15) bezeugt: »Nichts trocknet einen Geist rascher aus als sein Abscheu vor dunklen Ideen.«

54 Wir »verfremden« hier einen Aphorismus aus *Aveux et Anathèmes*, S. 91, *Œuvres*, S. 1693; *Der zersplitterte Fluch*, S. 91.

55 *Aveux et Anathèmes*, S. 145, *Œuvres*, S. 1723; *Der zersplitterte Fluch*, S. 143.

56 Der Ausdruck kommt in seinem Briefwechsel sowie in seinen Widmungen von *Sur les cimes du désespoir* sehr häufig vor.

57 Wir greifen hier einige Beispiele auf (mit unserer eigenen Analyse), die Sanda Stolojan in ihrem Aufsatz über Cioran gegeben hat, den wir veröffentlicht und ebenfalls »La seconde naissance de Cioran« genannt haben, in: *Magazine littéraire*, Nr. 327, Dezember 1994, S. 38-41.

58 Cioran, *Lacrimi şi sfinţi*, Bucureşti 1937, Neudruck Paris 1972, S. 23; französische, überarbeitete und stark gekürzte Fassung: *Des larmes et des saints.* Texte traduit et préfacé par Sanda Stolojan, Paris 1986, S. 40; Neuaufl. Le Livre de Poche (Biblios-essais), 1990, S. 12, *Œuvres*, S. 292; dt. *Von Tränen und von Heiligen*, Frankfurt am Main 1988, S. 14 (abgekürzt als: *Lacrimi, Des larmes, Von Tränen*).

59 *Syllogismes*, S. 31, 2. Aufl. S. 29, *Œuvres*, S. 754; *Syllogismen*, S. 20, 2. Aufl. S. 18.

60 Cioran, *Amurgul gândurilor*, Sibiu 1940, S. 24, 2. Aufl., Bucureşti 1991, S. 21; dt. *Gedankendämmerung*. Aus d. Rumän. übers. u. mit einer Nachbemerkung versehen von F. Leopold, Frankfurt am Main 1993; ^{2}1995, S. 24.

61 *Syllogismes*, S. 12, 2. Aufl. S. 13, *Œuvres*, S. 747; *Syllogismen*, S. 8, 2. Aufl. S. 9.

62 Dabei handelt es sich zweifellos um eines der ergiebigsten Forschungsziele in bezug auf Cioran. Hier können wir lediglich die Grundlagen andeuten.

63 Cioran, *Lacrimi şi sfinţi*, Bucureşti 1937, Neudruck Paris 1972, S. 115; französische, überarbeitete und stark gekürzte Fassung: *Des larmes et des saints*, übers. von Sanda Stolojan, Paris 1986, S. 107, Neuaufl. Le Livre de Poche (Biblios-essais), 1990, S. 63, *Œuvres*, S. 292; *Von Tränen*, S. 65.

64 Sanda Stolojan, *Magazine littéraire*, S. 41.

65 Es handelt sich um das Gespräch mit Michael Jakob, in: *Aussichten des Denkens*, München 1994, S. 9-38, insbesondere S. 22-24; *Entretiens*, S. 285-319.

66 Marcel Proust, *Contre Sainte-Beuve*, Paris 1908; dt. *Gegen Sainte-Beuve*. Aus dem Franz. übers. von H. Scheffel, Frankfurt am Main 1997, in: M. Proust, *Werke*. Hrsg. von Luzius Keller, Bd. 3.

67 *Exercices d'admiration*, S. 214, *Œuvres*, S. 1630; dt. »Beim Wiederlesen der ›Lehre vom Zerfall‹«, in: *Akzente* 26 (1979), S. 337.

68 *La tentation*, S. 59, 63, *Œuvres*, S. 854; *Dasein als Versuchung*, S. 65.

69 »Un peuple de solitaires«, *La tentation*, S. 69-103, *Œuvres*, S. 858-879; »Ein Volk von Einzelgängern«, *Dasein als Versuchung*, S. 71-106. [Erstveröffentlichung dieses Aufsatzes unter dem Titel: »L'avant-garde de la solitude«, in: *La Nouvelle Revue Française*, Januar-Juni 1955, S. 1003-1024.]

70 Jean-Paul Sartre, *Réflexions sur la question juive*, Paris 1947, Paris 1954; dt. *Überlegungen zur Judenfrage*. Neuübers., Reinbek b. Hamburg 1994, in: *Gesammelte Werke in Einzelausgaben*. [5] *Politische Schriften*, Bd. 2.

71 Alle diese Ausdrücke sind zu finden in *La tentation*, S. 65, 66, 72, 77, 79, 80, 81, 82, 83, 95; 70, 71, 77, 82, 86, 87, 88; *Œuvres*, S. 859, 863, 866, 867, 868, 869, 870; *Dasein als Versuchung*, S. 72, 73, 80, 84, 86, 87, 88, 89, 90, 91, 100 [Falls nicht anders angegeben, stammen die Hervorhebungen von P. Bollon].

72 Siehe vor allem den Brief Ciorans vom 17. April 1946 an seine Eltern, in dem er seine Freundschaft mit »einem rumänischen Juden« in Paris erwähnt, der ihn regelmäßig zum Abendessen einlade. »Im Grunde«, schreibt er, »sind alle Ideen absurd und falsch; es zählen nur die Menschen, so wie sie sind, unabhängig von ihrer Herkunft und ihrem Glauben. In dieser Hinsicht habe ich mich sehr geändert. Ich glaube, ich werde mich nie wieder irgendeiner Ideologie verschreiben.« Eine klassische humanistische Botschaft gewiß, die mit seinem überschwenglichen Nietzscheanismus von 1933-1937 bricht. [Rumänische Originalfassung in: *Scrisori către cei de-acasă*, Nr. 5, S. 17; Nr. 7, S. 19: »Ich bin gegen alles immun geworden, gegen den Glauben der Vergangenheit und gegen jeden künftigen Glauben.«]

73 *Entretiens*, S. 55 [Duval].

Zweiter Teil
Die Lehre von der Ernüchterung

Philosophie der Trümmer

1 *La tentation*, S. 150, 157, *Œuvres*, S. 914; *Dasein als Versuchung*, S. 165.
2 *La tentation*, S. 150, 157, *Œuvres*, S. 914; *Dasein als Versuchung*, S. 165.
3 *Précis*, S. 74, 70, *Œuvres*, S. 624; *Lehre vom Zerfall*, S. 61, 2. Aufl. S. 64.
4 *Précis*, S. 204, 198, *Œuvres*, S. 706; *Lehre vom Zerfall*, S. 171, 2. Aufl. S. 177.
5 *Précis*, S. 73, 69, *Œuvres*, S. 623; *Lehre vom Zerfall*, S. 60, 2. Aufl. S. 63.
6 *Précis*, S. 74, 69-70, *Œuvres*, S. 624; *Lehre vom Zerfall*, S. 61, 2. Aufl. S. 64.
7 *Précis*, S. 203, 197, *Œuvres*, S. 706; *Lehre vom Zerfall*, S. 171, 2. Aufl. S. 177.
8 *Écartèlement*, S. 82, *Œuvres*, S. 1450; *Gevierteilt*, S. 77: »Verehrer des Zweifels«, vgl. Anm. 39, S. 234.
9 Siehe »La fleur des idées fixes«, in: *Précis*, S. 93, 89, *Œuvres*, S. 637; »Die Blüte der fixen Ideen«, in: *Lehre vom Zerfall*, S. 77, 2. Aufl. S. 81.
10 *Précis*, S. 87, 83, *Œuvres*, S. 633; *Lehre vom Zerfall*, S. 72-73, 2. Aufl. S. 76.
11 *De l'inconvénient*, S. 154, 152, *Œuvres*, S. 1350; *Vom Nachteil*, S. 103.
12 *De l'inconvénient*, S. 225, 222, *Œuvres*, S. 1388; *Vom Nachteil*, S. 152.
13 *La tentation*, S. 51, 54, *Œuvres*, S. 849; *Dasein als Versuchung*, S. 56.
14 *De l'inconvénient*, S. 23, 23, *Œuvres*, S. 1279; *Vom Nachteil*, S. 16.
15 *Précis*, S. 94-97, 90-91, *Œuvres*, S. 637-639; *Lehre vom Zerfall*, S. 78-80, 2. Aufl. S. 82-84.
16 *Histoire et Utopie*, S. 47, *Œuvres*, S. 1001; *Geschichte und Utopie*, S. 40.
17 Siehe »Défense de la corruption«, in: *Précis*, S. 130-131, 125-126, *Œuvres*, S. 662; »Verteidigung der Korruption«, in: *Lehre vom Zerfall*, S. 108-109, 2. Aufl. S. 113-114.
18 *Histoire et Utopie*, S. 67, *Œuvres*, S. 1013; *Geschichte und Utopie*, S. 59.
19 *La tentation*, S. 175, 185, *Œuvres*, S. 185; *Dasein als Versuchung*, S. 193.
20 »Les dangers de la sagesse«, in: *La Chute dans le temps*, S. 157-179, *Œuvres*, S. 1141-1151; »Die Gefahren der Weisheit«, in: *Der Absturz in die Zeit*, S. 116-132 [vgl. unten Anm. 18, S. 230].

21 *De l'inconvénient*, S. 207-208, 205, *Œuvres*, S. 1379-1380; *Vom Nachteil*, S. 141.

22 *Le Mauvais Démiurge*, Paris 1969, S. 154, *Œuvres*, S. 1244; *Die verfehlte Schöpfung*. Übersetzt von F. Bondy, Wien 1973, S. 106.

23 *Le Mauvais Démiurge*, S. 103, *Œuvres*, S. 1218; *Die verfehlte Schöpfung*, S. 73.

24 [Vgl. das Kapitel »L'Indélivré«, *Le Mauvais Démiurge*, S. 101-123, *Œuvres*, S. 1218-1229; »Der Unbefreite«, *Die verfehlte Schöpfung*, S. 73-87.]

25 *Aveux et Anathèmes*, S. 107, *Œuvres*, S. 1701; *Der zersplitterte Fluch*, S. 107.

26 Susan Sontag, »›Thinking Against Oneself‹: Reflections on Cioran« [1967], in: *Styles of Radical Will*, New York 1969, S. 74-95, Zitate S. 79, 80, und *Under the Sign of Saturn*, New York 1980; dt. »›Wider sich denken‹: Reflexionen über Cioran«, *Im Zeichen des Saturn. Essays*, München 1981, S. 17-39, Zitate S. 22, 24.

27 *Précis*, S. 71-74, 67-70, *Œuvres*, S. 622-624; *Lehre vom Zerfall*, S. 59-61, Zitat S. 59, 2. Aufl. S. 61-64, Zitat S. 61-62.

28 *Précis*, S. 139-155, 133-150, *Œuvres*, S. 666-678; *Lehre vom Zerfall*, S. 115-116, 2. Aufl. S. 121-136.

29 *Précis*, S. 139-140, 133-134, *Œuvres*, S. 666; *Lehre vom Zerfall*, S. 115, 2. Aufl. S. 121-122.

30 *Entretiens*, S. 103 [Luis Jorge Jalfen].

31 *Précis*, S. 137, 133, *Œuvres*, S. 666; *Lehre vom Zerfall*, S. 115, 2. Aufl. S. 121.

32 *Précis*, »Vérités de tempérament«, S. 138, 134 und S. 244-245, 238-239, *Œuvres*, S. 667 und 732; *Lehre vom Zerfall*, »Subjektive Wahrheiten«, S. 205-206, 2. Aufl. S. 122 und S. 212-213.

33 *Écartèlement*, S. 122, *Œuvres*, S. 1472; *Gevierteilt*, S. 114.

34 *Précis*, S. 138, 134, *Œuvres*, S. 666; *Lehre vom Zerfall*, S. 115, 2. Aufl. S. 121.

35 *Écartèlement*, S. 146, *Œuvres*, S. 1486; *Gevierteilt*, S. 137.

36 *Précis*, S. 139, 135, *Œuvres*, S. 667; *Lehre vom Zerfall*, S. 116, 2. Aufl. S. 122.

37 *Précis*, S. 246-247, 240-241, *Œuvres*, S. 733-734; *Lehre vom Zerfall*, S. 207, 2. Aufl. S. 214.

38 *De l'inconvénient*, S. 114, 111, *Œuvres*, S. 1328; *Vom Nachteil*, S. 76.

39 *Histoire et Utopie*, S. 29, Cioran, Noica, *L'ami lointain*, S. 28, *Œuvres*, S. 990; *Geschichte und Utopie*, S. 24.

40 *De l'inconvénient*, S. 141, 139, *Œuvres*, S. 1343; *Vom Nachteil*, S. 95.

41 *Syllogismes*, S. 20, *Œuvres*, S. 750; *Syllogismen*, S. 13, 2. Aufl. S. 13.

42 *La tentation*, S. 7-23, 9-26, *Œuvres*, S. 821-831; *Dasein als Versuchung*, S. 7-25.

43 *De l'inconvénient*, S. 223, 220, *Œuvres*, S. 1387; *Vom Nachteil*, S. 150.

44 *Entretiens*, S. 22-23 [Savater].

45 *Valéry face à ses idoles*, Paris 1970, S. 29, *Exercices d'admiration*, S. 87, *Œuvres*, S. 1568; dt. »Valéry und seine Idole«, in: *Über das reaktionäre Denken. Zwei Essays*. Aus dem Franz. übertragen von F. Bondy, Frankfurt am Main 1980, S. 104.

46 *Précis*, S. 72-73, 68, *Œuvres*, S. 623; *Lehre vom Zerfall*, S. 60, 2. Aufl. S. 62-63.

47 *Écartèlement*, S. 70, *Œuvres*, S. 1443; *Gevierteilt*, S. 65.

48 *Entretiens*, S. 68 [Gillet].

49 Susan Sontag, *Styles of Radical Will*, S. 79, *Under the Sign of Saturn*; dt. *Im Zeichen des Saturn*, S. 23.

50 *Écartèlement*, S. 19, *Œuvres*, S. 1415; *Gevierteilt*, S. 18 [Hervorhebung von Bollon].

51 *Aveux et Anathèmes*, S. 131, *Œuvres*, S. 1714; *Der zersplitterte Fluch*, S. 128.

52 »Rages et Résignations«, in: *La tentation*, S. 166-215, 175-225, *Œuvres*, S. 925-957; »Zorn und Verzicht«, in: *Dasein als Versuchung*, S. 183-235.

53 *Le Mauvais Démiurge*, S. 127-181, *Œuvres*, S. 1230-1259; *Die verfehlte Schöpfung*, S. 89-126.

54 *De l'inconvénient*, S. 20, 19, *Œuvres*, S. 1277; *Vom Nachteil*, S. 13.

55 Sextus Empiricus, *Pyrrhoniae institutiones* I, 25; dt. *Grundriß der pyrrhonischen Skepsis*. Eingeleitet und übers. von M. Hossenfelder, Frankfurt am Main 1968, S. 100.

56 *La tentation*, S. 102, 109, *Œuvres*, S. 882; *Dasein als Versuchung*, S. 111.

57 Wir meinen hier selbstverständlich den letzten Satz des *Tractatus logico-philosophicus*, Vorwort und 7: »Wovon man nicht sprechen kann, darüber muß man schweigen« (in: L. Wittgenstein, *Logisch-philosophische Abhandlung. Tractatus logico-philosophicus*. Kritische Edition. Hrsg. von B. McGuinness und J. Schulte, Frankfurt am Main 1989, S. 2, 178, 183, 253, vgl. auch S. XXIV).

58 Friedrich Nietzsche, *Zur Genealogie der Moral. Eine Streitschrift*, Vorrede, 8, *KGW* Bd. VI.2, S. 267, *KSA* Bd. 5, S. 255.

59 Siehe Pierre Hadot, *Exercices spirituels et philosophie antique*, 3e éd., revue et augmentée, Paris [[1]1981, [2]1987] 1993; dt. *Philosophie als Lebensform. Geistige Übungen in der Antike*. Aus d. Franz. von I. Hadot u. C. Marsch, Berlin 1991.

60 Fritz J. Raddatz, »Tiefseetaucher des Schreckens. Ein ZEIT-Gespräch mit E. M. Cioran«, in: *Die Zeit*, Nr. 15 vom 4. April 1986, S. 50 e, *ZEIT-Dialoge*, S. 22; *Entretiens*, S. 185.

61 »Ein Aphorismus braucht nicht wahr zu sein, aber er soll die Wahrheit überflügeln. Er muß mit einem Satz über sie hinauskommen« (in: Karl Kraus, *Sprüche und Widersprüche*, München 1909, S. 167, Wien, Leipzig 1924, S. 179, Frankfurt am Main 1986, S. 128).

62 *De l'inconvénient*, S. 183, 180, *Œuvres*, S. 1366; *Vom Nachteil*, S. 123-124.

63 *Syllogismes*, S. 65, *Œuvres*, S. 770; *Syllogismen*, S. 47 [fehlt in der 2. Aufl.].

64 *Syllogismes*, S. 120, *Œuvres*, S. 797; *Syllogismen*, S. 91, 2. Aufl. S. 71.

65 *De l'inconvénient*, S. 117, 115, *Œuvres*, S. 1330; *Vom Nachteil*, S. 79.

66 *Écartèlement*, S. 78, *Œuvres*, S. 1448; *Gevierteilt*, S. 73.

67 *De l'inconvénient*, S. 111, 109, *Œuvres*, S. 1326; *Vom Nachteil*, S. 74.

68 *De l'inconvénient*, S. 133, 131, *Œuvres*, S. 1338; *Vom Nachteil*, S. 89.

69 »Der Aphorismus deckt sich nie mit der Wahrheit; er ist entweder eine halbe Wahrheit oder anderthalb« (K. Kraus, *Sprüche und Widersprüche*, München 1909, S. 235, Wien, Leipzig 1924, S. 247, Frankfurt am Main 1986, S. 176).

70 Siehe Maurice Blanchot, *L'entretien infini*, Paris 1969, insbesondere S. 227-255; dt. Teilübers. *Das Unzerstörbare. Ein unendliches Gespräch über Sprache, Literatur und Existenz*. Aus dem Franz. von H.-J. Metzger und B. Wilczek, München, Wien 1991.

71 *De l'inconvénient*, S. 14, 14, *Œuvres*, S. 1274; *Vom Nachteil*, S. 9.

72 *Précis*, S. 73, 69, *Œuvres*, S. 624; *Lehre vom Zerfall*, S. 60, 2. Aufl. S. 63.

73 »Die unmittelbaren erotischen Stadien oder das Musikalisch-Erotische« (in: Sören Kierkegaard, *Entweder-Oder* [1843], Erster Teil, II, hrsg. von H. Diem und W. Rest, Köln, Olten 1960, S. 57-163).

74 *Entretiens*, S. 216 [dt. Cioran, *Ein Gespräch mit Sylvie Jaudeau*, S. 6].

75 *Entretiens*, S. 103 [Luis Jorge Jalfen. – Rudolf Carnap, »Überwindung der Metaphysik durch logische Analyse der Sprache«, § 6: Metaphysik als Ausdruck des Lebensgefühls, in: *Erkenntnis* (Leipzig), II. Bd. 1931 (= *Annalen der Philosophie*, Bd. X), S. 240].

Politik der ewigen Ketzerei

1 Joseph de Maistre, *Considérations sur la France* [1796], Nouvelle édition, *Œuvres*, Bd. I, Lyon, Paris 1855, S. 1-218; dt. *Betrachtungen über Frankreich*. Dt. von F. v. Oppeln-Bronikowski, Berlin 1924, S. 27-122.

2 Joseph de Maistre, *Textes choisis et presentés* par E. M. Cioran, Monaco-Ville 1957, Préface, S. 9, *Essai sur la pensée réactionnaire. À propos de Joseph de Maistre*, Montpellier 1977, S. 9, *Exercices d'admiration*, S. 11, *Œuvres*, S. 1519; dt. »Über das reaktionäre Denken. Zu Joseph de Maistre«, in: *Über das reaktionäre Denken. Zwei Essays*. Aus dem Franz. übertragen von F. Bondy, Frankfurt am Main 1980, S. 9.

3 J. de Maistre, *Textes choisis et presentés*, S. 7-51, bes. S. 17, *Essai sur la pensée réactionnaire*, S. 23, *Exercices d'admiration*, S. 11-71, bes. S. 23, *Œuvres*, S. 1519-1559, bes. S. 1527; *Über das reaktionäre Denken*, S. 7-86, bes. S. 25.

4 *Histoire et Utopie*, S. 64, *Œuvres*, S. 1011; *Geschichte und Utopie*, S. 56.

5 *Histoire et Utopie*, S. 42, *Œuvres*, S. 998; *Geschichte und Utopie*, S. 35.

6 *Histoire et Utopie*, S. 65, *Œuvres*, S. 1012; *Geschichte und Utopie*, S. 57.

7 *Histoire et Utopie*, S. 67, *Œuvres*, S. 1013; *Geschichte und Utopie*, S. 59.

8 *Histoire et Utopie*, S. 15, Cioran, Noica, *L'ami lointain*, S. 13, *Œuvres*, S. 983; *Geschichte und Utopie*, S. 12.

9 *Histoire et Utopie*, S. 15, Cioran, Noica, *L'ami lointain*, S. 14, *Œuvres*, S. 983; *Geschichte und Utopie*, S. 12-13: »Altersschwäche« *gâtisme;* »senil« *séniles.*

10 *Histoire et Utopie*, S. 67, *Œuvres*, S. 1013; *Geschichte und Utopie*, S. 59.

11 *Histoire et Utopie*, S. 53-74, *Œuvres*, S. 1005-1017; *Geschichte und Utopie*, S. 46-65.

12 *Entretiens*, S. 12-13 [F. Bondy, *Gespräche*, S. 114; vgl. *De l'inconvénient*, S. 162, 159, *Œuvres*, S. 1354-1355; *Vom Nachteil*, S. 109: »›Sie sind gegen alles, was man seit dem letzten Krieg getan hat‹, sagte mir eine Bescheid wissende Dame. ›Sie täuschen sich im Datum. Ich bin gegen alles, was man seit Adam getan hat.‹«].

13 *Libération*, Nr. 2670 vom 23. und 24. Dezember 1989.

14 *Entretiens*, S. 67 [Léo Gillet].

15 *Entretiens*, S. 12 [François Bondy, *Gespräche*, S. 113].

16 *Syllogismes*, S. 34, 2. Aufl. S. 31, *Œuvres*, S. 755; *Syllogismen*, S. 21, fehlt in der 2. Auflage.

17 »Sur l'inutilité des révolutions«, in: *La Nouvelle Revue Française*, Mai, S. 1-9, und Juni 1972, S. 29-42.

18 *Aveux et Anathèmes*, S. 79, *Œuvres*, S. 1685; *Der zersplitterte Fluch*, S. 79.

19 *De l'inconvénient*, S. 166, 163, *Œuvres*, S. 1357; *Vom Nachteil*, S. 112.

20 *Aveux et Anathèmes*, S. 146; *Œuvres*, S. 1724; *Der zersplitterte Fluch*, S. 143 [vgl. oben Anm. 1, S. 7].

21 J. de Maistre, *Textes choisis*, S. 51, *Essai sur la pensée réactionnaire*, S. 79, *Exercices d'admiration*, S. 71, *Œuvres*, S. 1559; *Über das reaktionäre Denken*, S. 86.

22 *Histoire et Utopie*, S. 59, *Œuvres*, S. 1008; *Geschichte und Utopie*, S. 51.

23 *Histoire et Utopie*, S. 120, *Œuvres*, S. 1045; *Geschichte und Utopie*, S. 106.

24 *Histoire et Utopie*, S. 45, *Œuvres*, S. 1000; *Geschichte und Utopie*, S. 38.

25 Hannah Arendt, *The Origins of Totalitarianism*, New York 1951; dt. *Elemente und Ursprünge totaler Herrschaft.* Von der Verfasserin übertragene und neubearbeitete Ausgabe, Frankfurt am Main 1955, [2]1958.

26 Raymond Aron, *L'opium des intellectuels*, Paris 1955, Neuausgaben in der Reihe Agora, 13, S. 353, und Le Livre de Poche; dt. *Opium für Intellektuelle oder Die Sucht nach Weltanschauung.* Deutsch von K. P. Schulz, Köln, Berlin 1957, S. 384.

27 Siehe Jean Duvignaud, »Le mur de la détresse. E. M. Cioran: Histoire et Utopie«, in: *Preuves* 120, Februar 1961, S. 78-80.

28 *Histoire et Utopie*, S. 62, *Œuvres*, S. 1010; *Geschichte und Utopie*, S. 54.

29 *De l'inconvénient*, S. 151, 149, *Œuvres*, S. 1350; *Vom Nachteil*, S. 101.

30 Estienne de La Boëtie, *Discours de la servitude volontaire*, in: *Œuvres complètes.* Publiées par P. Bonnefon, Bordeaux, Paris 1892; *Discours de la servitude volontaire.* Texte présenté par M. Rat, Paris 1963; *Discours de la servitude volontaire.* ed. S. Goyard-Fabre, Paris 1983; *De la servitude volontaire ou Contr'un.* Édité avec introduction et notes par M. Smith, Genève 1987; dt. *Über die freiwillige Knechtschaft des Menschen.* Hrsg. und eingeleitet von H.-J. Heydorn. Aus dem Franz. übertragen von W. Koneffke, Frankfurt am Main, Wien 1968; *Von der freiwilligen Knechtschaft*, übers. u. hrsg. von H. Günther, Frankfurt am Main 1980.

31 La Boëtie, ed. Bonnefon S. 45, ed. Rat S. 83, ed. Goyard-Fabre S. 162, ed. Smith S. 66; Übers. Koneffke S. 56-57: *bandes des gens à cheual, compaignies des gens de pied*: »Kavallerieschwadronen«, »Infanteriekompanien«; Günther S. 81: »Reiterscharen«, »Fußtruppen«.

32 La Boëtie, ed. Bonnefon S. 2 und 3, ed. Rat S. 48 und 49, ed. Goyard-Fabre S. 131 und 132-133, ed. Smith S. 33 und 34; Übers. Koneffke S. 31 und 32, Günther S. 33 und 35.

33 La Boëtie, ed. Bonnefon S. 9, ed. Rat S. 53, ed. Goyard-Fabre S. 136, ed. Smith S. 38; Übers. Koneffke S. 35, Günther S. 41.

34 *Précis*, S. 153, 149, *Œuvres*, S. 677; *Lehre vom Zerfall*, S. 129, 2. Aufl. S. 135.

35 *Précis*, S. 153-154, 149, *Œuvres*, S. 677; *Lehre vom Zerfall*, 2. Aufl. S. 135-136.

36 La Boëtie, ed. Bonnefon S. 36, ed. Rat S. 75, ed. Goyard-Fabre S. 155, ed. Smith S. 58; Übers. Koneffke S. 51: *le naturel du menu populaire*: »Charakter des unteren Volkes«, Günther S. 71.

37 La Boëtie, ed. Bonnefon S. 45, ed. Rat S. 83, ed. Goyard-Fabre S. 162, ed. Smith S. 66; Übers. Koneffke S. 57: »vier oder fünf Handlanger, die den Despoten schützen«, Günther S. 81.

38 Wilhelm Reich, *Rede an den kleinen Mann*. Typoskript. Rangely, Maine: Orgonon, 1946; engl. *Listen, Little Man!* A Document from the Archives of the Orgone Institute. Translated by Th. P. Wolfe, New York 1948.

39 *Histoire et Utopie*, S. 72, *Œuvres*, S. 1016; *Geschichte und Utopie*, S. 63.

40 *Précis*, S. 9 und 147, 7 und 143, *Œuvres*, S. 581 und 673; *Lehre vom Zerfall*, S. 7 und 123, 2. Aufl. S. 7 und 129.

41 *Histoire et Utopie*, S. 72, *Œuvres*, S. 1016; *Geschichte und Utopie*, S. 63.

42 Fjodor M. Dostojewski, *Die Brüder Karamasow*. Aus dem Russischen übertragen von H. Ruoff und R. Hoffmann, München 1958, V. Buch, 5, Zitate: S. 337, 341, 343-344.

43 Dostojewskij, *Die Brüder Karamasow*, S. 345, 346.

44 Dostojewskij, *Die Brüder Karamasow*, S. 348, 349.

45 *Entretiens*, S. 208 [Benjamin Ivry].

46 *Précis*, S. 146-147, 142-143, *Œuvres*, S. 672; *Lehre vom Zerfall*, S. 123, 2. Aufl. S. 129.

47 La Boëtie, ed. Bonnefon S. 38, ed. Rat S. 77, ed. Goyard-Fabre S. 157, ed. Smith S. 59; Übers. Koneffke S. 53: *qui donna congé aus lois & à la liberté*: »hatte Gesetz und Freiheit gemordet« [?!], Günther S. 73.

48 »Nie aus den Augen verlieren, daß der Pöbel Nero nachtrauerte. Daran sollte man sich jedesmal erinnern, wenn man von irgendeinem Hirngespinst in Versuchung geführt wird« (*Écartèlement*, S. 111, *Œuvres*, S. 1466; *Gevierteilt*, S. 105).

49 *Entretiens*, S. 201 [François Fejtő].

50 *Histoire et Utopie*, S. 109, *Œuvres*, S. 1039; *Geschichte und Utopie*, S. 96.

51 *Précis*, S. 14, 12, *Œuvres*, S. 584; *Lehre vom Zerfall*, S. 10-11, 2. Aufl. S. 11.

52 *Précis*, S. 147, 143, *Œuvres*, S. 773; *Lehre vom Zerfall*, S. 124, 2. Aufl. S. 130.

53 *Histoire et Utopie*, S. 123, *Œuvres*, S. 1047; *Geschichte und Utopie*, S. 108.

54 *La tentation*, S. 25, 28, *Œuvres*, S. 833; *Dasein als Versuchung*, S. 28.

55 *Histoire et Utopie*, S. 114, *Œuvres*, S. 1041-1042; *Geschichte und Utopie*, S. 101.

56 F.M. Dostoevskij, *Besy* II, 7, ii. *Sobranie sočinenij v pjatnadcati tomach*. T. VI, Leningrad 1990, S. 378: »Vychodja iz bezgraničnoj svobody, ja zaključaju bezgraničnym despotizmom.« Dt. Dostojewski, *Sämtliche Werke*, I. Abt., 6. Bd.: *Die Dämonen*. 2. Teil. Übertragen von E.K. Rahsin, 2. vermehrte u. durchges. Aufl. München, Leipzig 1907, S. 96: »Ich gehe von der grenzenlosen Freiheit aus und schließe mit grenzenlosem Despotismus.« – *Romane und Novellen*, Bd. 19:

Die Teufel. Übertragen von H. Röhl, Leipzig 1921, II. Bd., S. 330: »Indem ich von unbeschränkter Freiheit ausgehe, schließe ich mit unbeschränktem Despotismus.«

57 »Mécanisme de l'utopie«, in: *Histoire et Utopie*, S. 103-124, *Œuvres*, S. 1035-1047; »Mechanismus der Utopie«, in: *Geschichte und Utopie*, S. 91-110.

58 *Précis*, S. 13, 11, *Œuvres*, S. 584; *Lehre vom Zerfall*, S. 10, 2. Aufl. S. 10.

59 *Précis*, S. 12, 10, *Œuvres*, S. 583; *Lehre vom Zerfall*, S. 9, 2. Aufl. S. 10. [Celan übersetzt »accommodants« mit »anpassungsfähig«!]

60 *Précis*, S. 12, 10, *Œuvres*, S. 583; *Lehre vom Zerfall*, S. 9, 2. Aufl. S. 10.

61 »Défense de la corruption«, in: *Précis*, S. 130, 125, *Œuvres*, S. 662; »Verteidigung der Korruption«, in: *Lehre vom Zerfall*, 2. Aufl. S. 113-114.

62 *Histoire et Utopie*, S. 23, Cioran, Noica, *L'ami lointain*, S. 22, *Œuvres*, S. 987; *Geschichte und Utopie*, S. 20.

63 *Histoire et Utopie*, S. 65, *Œuvres*, S. 1012; *Geschichte und Utopie*, S. 57.

64 *Histoire et Utopie*, S. 104, *Œuvres*, S. 1036; *Geschichte und Utopie*, S. 92.

65 *Histoire et Utopie*, S. 21, Cioran, Noica, *L'ami lointain*, S. 20, *Œuvres*, S. 986; *Geschichte und Utopie*, S. 17.

66 *De l'inconvénient*, S. 225, 222-223, *Œuvres*, S. 1389; *Vom Nachteil*, S. 152.

67 Peter Sloterdijk, *Kritik der zynischen Vernunft*, Frankfurt am Main 1983, 1. Bd., S. 344-369.

68 *Histoire et Utopie*, S. 81, *Œuvres*, S. 1021; *Geschichte und Utopie*, S. 71.

69 *De l'inconvénient*, S. 161, 159, *Œuvres*, S. 1354; *Vom Nachteil*, S. 109.

70 *Écartèlement*, S. 176, *Œuvres*, S. 1503; *Gevierteilt*, S. 167.

71 *La tentation*, S. 30, 33, *Œuvres*, S. 836; *Dasein als Versuchung*, S. 34.

72 *Histoire et Utopie*, S. 21, Cioran, Noica, *L'ami lointain*, S. 20, *Œuvres*, S. 986; *Geschichte und Utopie*, S. 18.

73 *Histoire et Utopie*, S. 22, Cioran, Noica, *L'ami lointain*, S. 21, *Œuvres*, S. 986-987; *Geschichte und Utopie*, S. 18.

74 *Histoire et Utopie*, S. 22, Cioran, Noica, *L'ami lointain*, S. 21, *Œuvres*, S. 987; *Geschichte und Utopie*, S. 19.

75 *Histoire et Utopie*, S. 136, *Œuvres*, S. 1055; *Geschichte und Utopie*, S. 120.

76 *Histoire et Utopie*, S. 22, Cioran, Noica, *L'ami lointain*, S. 21, *Œuvres*, S. 987; *Geschichte und Utopie*, S. 19.

77 [Winston Churchill, Rede im Unterhaus, in: *Hansard*, 11. November 1947, Sp. 206: »Mancherlei Regierungsformen sind in diesem Jammertal schon ausprobiert worden und werden in Zukunft noch auspro-

biert werden. Kein Mensch behauptet, Demokratie sei der Weisheit letzter Schluß. Ja, man hat gesagt, Demokratie sei die schlechteste Regierungsform überhaupt – mit Ausnahme aller anderen, mit denen man es von Zeit zu Zeit versucht hat.«]

78 [Vgl. [François Pierre Guillaume] Guizot, *Mémoires pour servir à l'histoire de mon temps*, 2e éd., t. I, Paris: M. Lévy, 1858, S. 6: »Herr von Talleyrand sagte mir eines Tages: ›Wer nicht in den Jahren um 1789 gelebt hat, weiß nicht, was die Lust zu leben ist.‹«]

79 *De l'inconvénient*, S. 161, 159, *Œuvres*, S. 1350; *Vom Nachteil*, S. 109.

80 José Ortega y Gasset, *Le Spectateur tenté*. Essais traduits de l'espagnol par M. Pomès, Paris 1958, Neuausgabe unter dem Titel *Le Spectateur*, Paris 1992; Originalausgabe: »Mirabeau o el político«, Madrid: Revista de Occidente, 1927, in: *Obras completas*, Tomo III, Madrid 1947, S. 601-637; dt. »Mirabeau oder der Politiker«, in: *Gesammelte Werke*. Übers. von H. Weyl und U. Weber, Bd. II, Stuttgart 1955, S. 373-413.

81 *Syllogismes*, S. 157, 2. Aufl. S. 130-131, *Œuvres*, S. 803; *Syllogismen*, S. 100, 2. Aufl. S. 78.

82 [*La Chute*, S. 77, *Œuvres*, S. 1104: »devenir gelé«; *Der Absturz in die Zeit*, S. 59.]

Ein Mystiker ohne Absolutes

1 [*Transfiguratio Iesu*: Die Hauptstellen im Evangelium sind: Matthäus 17, 1-9, Markus 9, 2-10, Lukas 9, 28-36. Mt 17,2: *metemorphōthē*: *transfiguratus est*, Luther übersetzt: *ward verkleret*, eigentl. »verwandelt«.]

2 *Précis*, S. 182-183, 177, *Œuvres*, S. 693; *Lehre vom Zerfall*, S. 154, 2. Aufl. S. 160.

3 *La tentation*, S. 150-165, 157-173, *Œuvres*, S. 914-924; *Dasein als Versuchung*, S. 165-181.

4 *Entretiens*, S. 90 [Léo Gillet- , vgl. auch »Die Paradoxien des E.M. Cioran. Ein Gespräch mit Leonhard Reinisch«, in: *Merkur* 338 (1976), S. 657].

5 *Entretiens*, S. 80 [Léo Gillet- ; vgl. G. Bergfleth, *Ein Gespräch*, S. 51].

6 *Entretiens*, S. 239 [G. Liiceanu, *Itinerariile unei vieţi: E.M. Cioran urmat de Apocalipsa după Cioran (Ultimul interviu)*, ediţia a II-a, Bucureşti [1995] 22001, S. 114].

7 *Entretiens*, S. 204 [François Fejtő].

8 *Entretiens*, S. 219 [Sylvie Jaudeau, dt. Cioran, *Ein Gespräch mit Sylvie Jaudeau*, S. 11].

9 *Entretiens*, S. 90 [Léo Gillet].

10 Cioran, *Cahiers 1957-1972*. Avant-propos de Simone Boué, Paris 1997, S. 23, 31.

11 *Entretiens*, S. 89 [Léo Gillet].

12 *De l'inconvénient*, S. 18, 18, *Œuvres*, S. 1276; *Vom Nachteil*, S. 12.

13 *Entretiens*, S. 71 [Léo Gillet].

14 Rudolf Otto, *West-östliche Mystik. Vergleich und Unterscheidung zur Wesensdeutung*. Zweite ergänzte Auflage, Gotha [1926] ^{2}1929, 3. Aufl., überarbeitet von G. Mensching, München 1971 [Die gründlichste Einführung in die Madhyamaka-Philosophie ist: D. Seyfort Ruegg, *The Literature of the Madhyamaka School of Philosophy in India*, Wiesbaden 1981 (*A History of Indian Literature*, Vol. VII, Fasc. 1)].

15 Siehe vor allem das Gespräch mit Sylvie Jaudeau, in: *Entretiens*, S. 215-233, dt. Cioran, *Ein Gespräch mit Sylvie Jaudeau*, und Jacques Lacarrière, *Les Gnostiques*. Édition revue et completée, Paris 1973, Neuausgabe: *Les Gnostiques*, Paris 1991, Nachdruck 1994.

16 Zur Gnosis und ihrer Geschichte siehe außer J. Lacarrière, Simone Pétrement, *Essai sur le dualisme chez Platon, les gnostiques et les manichéens*, Paris 1947, *Le Dieu séparé. Les origines du gnosticisme*, Paris 1984, sowie Charles Schmidt, *Histoire et doctrine de la secte des Cathares ou Albigeois*, Bd. I-II, Paris, Genève 1849, Nachdruck unter dem Titel: *Histoire et doctrine des Cathares*, Bayonne 1983, Jacques Ménard, *De la gnose au manichéisme*, Paris 1986, und Dimitri Angelov, *Le Bogomilisme*, Sofia 1948, 1987.

17 J. Lacarrière, S. 176. Die Bogomilen (diejenigen, »deren Gott sich erbarmt«; [vgl. *Le traité contre les Bogomiles de Cosmas le prêtre*. Traduction et étude par H.-Ch. Puech, A. Vaillant, Paris 1945, S. 27, Anm. 2, S. 282-283]) entstanden im 10. Jahrhundert in Bulgarien, waren Vertreter einer dualistischen Häresie, die von dem namengebenden Priester Bogomil ins Leben gerufen wurde, und wollten gegen die Unterdrückung durch den byzantinischen Klerus kämpfen. Sie lehnten die Sakramente, etwa die Taufe, Heiligenverehrung sowie Ikonen und Reliquien ab. Sie griffen die Lehren der Messalianer und der Paulikianer wieder auf und betrachteten das Alte Testament als das Werk eines bösen Gottes, Satanaël. Die Bogomilen wurden vom Adel unterstützt, der in dieser Häresie eine Lehre der nationalen Behauptung erblickte, und setzten sich in Byzanz fest, wo sie im 11. Jahrhundert eine richtige Kirche gründeten, mit eigener Geistlichkeit und sogar mit Klöstern. Nachdem sie zunächst in Byzanz geduldet wurden, begann man sie im 12. Jahrhundert zu verfolgen und verbrannte sogar deren »Papst«. Dann breitete sich die häretische Sekte in einigen Balkanländern aus, namentlich in Bosnien und Herzegowina, wo sie eine eigene autarke gesellschaftliche und politische Organisation schuf, die sich weiter in Richtung Italien, Flandern, Deutschland sowie Languedoc, wo sie die Form des Katharertums annahm, ausdehnte. Eine kurze Zusammenfassung dieser verwickelten Geschichte ist vor allem bei Raoul Vaneigem zu finden: *Les Hérésies*, Paris 1994.

18 *Umbră şi vis*, »Schatten und Traum«, ist ein rumänischer Ausdruck, der in Ciorans Briefwechsel immer wiederkehrt. Siehe *Correspondance*. [*Scrisori către cei de-acasă*, Nr. 38, S. 40, Nr. 59, S. 50. *Căci viaţa pământeanului este umbră şi vis*, »Denn das Leben des Erdenkindes ist Schatten und Traum«, ein Ausdruck, der bei der Seelenandacht gebraucht wird und den Cioran in einem Brief an seinen Bruder anläßlich des Todes der Mutter anführt.]

19 *Le Mauvais Démiurge*, S. 12, *Œuvres*, S. 1170; *Die verfehlte Schöpfung*, S. 9.

20 *Le Mauvais Démiurge*, S. 10, *Œuvres*, S. 1169; *Die verfehlte Schöpfung*, S. 7.

21 *Le Mauvais Démiurge*, S. 11, *Œuvres*, S. 1170; *Die verfehlte Schöpfung*, S. 8-9.

22 *Le Mauvais Démiurge*, S. 9, *Œuvres*, S. 1169; *Die verfehlte Schöpfung*, S. 7.

23 Sylvie Jaudeau, *Cioran ou le dernier homme*, Paris 1990, S. 65: »gnostique empoisonné par une lucidité qui nie la foi et le salut«, »Gnostiker, vergiftet von einer Klarsicht, die den Glauben und das Heil leugnet«. S. 54: »gnosticisme athée«, S. 65: »gnosticisme sans dieu«.

24 *Aveux et Anathèmes*, S. 42, *Œuvres*, S. 1663; *Der zersplitterte Fluch*, S. 40. Siehe auch »Exercice d'insoumission«, in: *Précis*, S. 199-200, 192-193, *Œuvres*, S. 704-705; »Übung im Ungehorsam«, in: *Lehre vom Zerfall*, S. 167-168, 2. Aufl. S. 174.

25 *Des larmes*, S. 127; Neuaufl. 1990, S. 79, *Œuvres*, S. 327; *Von Tränen*, S. 81 [*Lacrimi şi sfinţi*, Paris 1972, S. 152-153, Bucureşti 1991, S. 174].

26 Sylvie Jaudeau, *Cioran ou le dernier homme*, S. 113 [Paul Claudel: »Arthur Rimbaud fut un mystique *à l'état sauvage*, une source perdue qui ressort d'un sol saturé«, *Œuvres en prose*, Paris 1965 (Pléiade), S. 514; dt. *Kritische Schriften*, Heidelberg, Einsiedeln, Zürich, Köln 1958, S. 176].

27 *De l'inconvénient*, S. 164-165, 162, *Œuvres*, S. 1356; *Vom Nachteil*, S. 111-112.

28 *Entretiens*, S. 130 [Lea Vergine].

29 *Entretiens*, S. 277 [Branka Bogavac Le Comte].

30 *Entretiens*, S. 250 [Georg C[arpat] Focke, »Im Zeitalter der Epigonen. ›Ich verzweifle, also bin ich‹. Ein Gespräch mit dem Philosophen Emil Cioran (I)«, in: *Neuer Weg* (Bukarest) vom 10. April 1992, S. 3 c].

31 *La tentation*, S. 152, 159, *Œuvres*, S. 915; *Dasein als Versuchung*, S. 167.

32 *Des larmes*, S. 88; Neuaufl. 1990, S. 48, *Œuvres*, S. 311; *Von Tränen*, S. 50 [*Lacrimi şi sfinţi*, Paris 1972, S. 93, Bucureşti 1991, S. 102].

33 *La tentation*, S. 153, 160, *Œuvres*, S. 916; *Dasein als Versuchung*, S. 168.

34 *La tentation*, S. 152, 159, *Œuvres*, S. 915; *Dasein als Versuchung*, S. 167.

35 *Précis*, S. 183, 177-178, *Œuvres*, S. 694; *Lehre vom Zerfall*, S. 154, 2. Aufl. S. 161.

36 *Précis*, S. 180, 175, *Œuvres*, S. 692; *Lehre vom Zerfall*, S. 152, 2. Aufl. S. 158.

37 *La tentation*, S. 152, 159, *Œuvres*, S. 915; *Dasein als Versuchung*, S. 167: »Verweigerung«, *protestation*.

38 *Précis*, S. 184, 179, *Œuvres*, S. 695; *Lehre vom Zerfall*, S. 155, 2. Aufl. S. 161: »Eigenwillig und hemmungslos von Natur«, *natures volontaires, effrénées*.

39 *La tentation*, S. 154, 161, *Œuvres*, S. 916; *Dasein als Versuchung*, S. 169.

40 *La tentation*, S. 160, 167, *Œuvres*, S. 920; *Dasein als Versuchung*, S. 175.

41 *Des larmes*, S. 87-88; Neuaufl. 1990, S. 48, *Œuvres*, S. 311; *Von Tränen*, S. 49-50 [*Lacrimi*, Paris 1972, S. 93, Bucureşti 1991, S. 102, in der rumänischen Fassung ausführlicher].

42 Vgl. *Précis*, S. 189, 173, *Œuvres*, S. 698; *Lehre vom Zerfall*, S. 159, 2. Aufl. S. 165: »Heiligkeit [...] ungeheuerlich«, *sainteté* [...] *monstreuse*.

43 *La tentation*, S. 154, 161, *Œuvres*, S. 916; *Dasein als Versuchung*, S. 169.

44 *La tentation*, S. 152, 159, *Œuvres*, S. 915; *Dasein als Versuchung*, S. 167.

45 *La tentation*, S. 151, 158, *Œuvres*, S. 914; *Dasein als Versuchung*, S. 166.

46 Alain de Libera, *Introduction à la mystique rhénane d'Albert le Grand à Maître Eckhart*, Paris 1984, Neuausgabe: *La Mystique rhénane d'Albert le Grand à Maître Eckhart*, Paris 1994.

47 [Meister Eckhart, Predigt 83, Pfeiffer, Nr. XCIX, S. 320,9-11, in: *Die deutschen und lateinischen Werke. Die deutschen Werke*, 3. Bd. Meister Eckharts *Predigten*. Hrsg. u. übers. von J. Quint, Stuttgart 1976, S. 447,5-6, Übers. S. 586, *Werke II*. Hrsg. und kommentiert von N. Largier, Frankfurt am Main 1993, S. 194,11-13, S. 195,14-17: »Got mûs vil bi ich werden vnd ich vil bi got, alse gar ein, das dis ›er‹ vnd dis ›ich‹ Ein ›ist‹ werdent vnd sint vnd in dér istikeit ewiklich éin werk wirkent [...].«] Zitiert bei A. de Libera, S. 241.

48 *Des larmes*, S. 111; Neuaufl. 1990, S. 66, *Œuvres*, S. 321; *Von Tränen*, S. 68 [*Lacrimi*, Paris 1972, S. 121, Bucureşti 1991, S. 135].

49 [*Meister Eckharts deutsche Predigten und Traktate*. Ausgewählt, übertragen und eingeleitet von F. Schulze-Maizier, Leipzig 1927, 2., verb. Aufl. 1934, [3]1938, S. 334, [2,3]342: »[...] so wenig, wie ein leiblich Toter sich selber zu bewegen vermag, so wenig vermag die Seele, die in dieser Weise geistlich tot ist, den Menschen noch irgendeine Erscheinungsform noch irgendeine Gestaltung darzubieten; denn solch ein Geist ist tot und ist begraben in der Gottheit, – die Gottheit aber lebt für niemand anders denn für sich selber.« Vielleicht unechte Predigt »Wie die Seele ihren eigenen Weg geht und sich selber findet«. Mhd. Ausgabe: *Meister Eckhart und seine Jünger. Ungedruckte Texte zur Geschichte der deutschen Mystik*. Hrsg. von F. Jostes, Freiburg (Schweiz) 1895, Nr. 82, S. 95,32-36.]

50 Meister Eckhart, *Von abegescheidenheit* [Textstelle nicht bei Pfeiffer,

S. 483 f.], Eduard Schaefer, *Meister Eckeharts Traktat »Von Abegescheidenheit«. Untersuchung und Textneuausgabe*, Bonn 1956, S. 152, 6-7, Übers. S. 210; *Die deutschen Werke*. Meister Eckharts *Traktate*. Hrsg. u. übers. von J. Quint, Stuttgart 1963, 5. Bd., Traktat 3, S. 401,1, Übers. S. 539; *Werke* II, S. 434,8-9, 435,8-9: »[...] der mensche von gnâden werden müge, daz got ist von natûre [...].«] Zitiert bei A. de Libera, S. 246 und Anm. 46.

51 Meister Eckhart, *Von abegescheidenheit*, Pfeiffer, S. 486,14-18; E. Schaefer, *Meister Eckeharts Traktat »Von Abegescheidenheit«*, S. 164, 4-165,1, Übers. S. 213; *DW* Bd. 5, S. 411,12-412,3, Übers. S. 541; *Werke* II, S. 442,7-11, 443,10-12: »Hie solt dû wizzen, daz rehtiu abegescheidenheit niht anders enist, wan daz der geist alsô unbewegelich stande gegen allen zuovellen liebes und leides, êren, schanden und lasters als ein blîgîn berc unbewegelich ist gegen einem kleinen winde.«

52 [»abgeschiedene Lauterkeit«, *Werke* II, S. 453; *abegescheideniu lûterkeit, lûter abegescheidenheit*, Pf. 491,3.]

53 Meister Eckhart, *Von abegescheidenheit*, Pfeiffer, S. 491,7-9, E. Schaefer, *Meister Eckeharts Traktat »Von Abegescheidenheit«*, S. 183,4-5, Übers. S. 217; *DW* Bd. 5, S. 428,7-9, Übers. S. 545; *Werke* II, S. 454,8-10, 455,9-11: »Und sô diu abegescheidenheit kumet ûf daz hœchste, sô wirt si von bekennene kennelôs und von minne minnelôs und von liehte vinster.«

54 *Des larmes*, S. 75; Neuaufl. 1990, S. 39, *Œuvres*, S. 306; *Von Tränen*, S. 40 [*Lacrimi*, Paris 1972, S. 72-73, Bucureşti 1991, S. 78: »Die spanische Mystik ist ein Einbruch des Unbedingten in die Geschichte. Ein Zeitalter, in dem die Verzückung alltäglich wurde, sobald sie in die Theorie eingegangen war und Gott nach einer noch nie dagewesenen Lehrkunst des Herzens gelernt wurde. Eine der Herzenslehre huldigende Zeit des Werdens. Die Mystik ist der Glanz jeder Kultur – deren letzte Rechtfertigung. Deshalb ist sie *jenseits* der Kultur – wie die Musik übrigens auch.«].

55 *Entretiens*, S. 266 [Branka Bogavac Le Comte].

56 *Entretiens*, S. 89 [Léo Gillet].

57 *Syllogismes*, S. 93, 2. Aufl. S. 79, *Œuvres*, S. 777; *Syllogismen*, S. 59, 2. Aufl. S. 45. [*Lacrimi*, Paris 1972, S. 90, Bucureşti 1991, S. 98: »Alles ist ohne Gott nichts; und Gott ist nur das höchste Nichts.«]

58 *Des larmes*, S. 68; Neuaufl. 1990, S. 34, *Œuvres*, S. 304; *Von Tränen*, S. 35 [*Lacrimi*, Paris 1972, S. 66, Bucureşti 1991, S. 70].

59 »Gott *ist*, sogar wenn er nicht ist« (*De l'inconvénient*, S. 221, 219, *Œuvres*, S. 1386; *Vom Nachteil*, S. 149).

60 [Hippolytos, *Refutatio omnium haeresium*. Edited by M. Marcovich. Berlin, New York 1986, VII, 21, 5, S. 287f.: *ouk ōn theós*; dt. *Widerlegung aller Häresien (Philosophumena)*. Übers. von Graf Konrad Preysing, München 1922; VII, 21: S. 199-200.]

61 *De l'inconvénient*, S. 142, 140, *Œuvres*, S. 1343; *Vom Nachteil*, S. 96.
62 *Entretiens*, S. 82 [Léo Gillet].
63 *Entretiens*, S. 81 [Léo Gillet; dort geht Cioran ausführlich auf Rudolf Ottos *West-östliche Mystik* ein].
64 *Des larmes*, S. 69; Neuaufl. 1990, S. 34, *Œuvres*, S. 304; *Von Tränen*, S. 35 [*Lacrimi*, Paris 1972, S. 66, Bucureşti 1991, S. 71].
65 *Écartèlement*, S. 70, *Œuvres*, S. 1444; *Gevierteilt*, S. 66.
66 *Le Mauvais Démiurge*, S. 127-128, *Œuvres*, S. 1230; *Die verfehlte Schöpfung*, S. 89.
67 *Entretiens*, S. 205 [F. Fejtő]; *Exercices d'admiration*, S. 131, *Œuvres*, S. 1591; *Widersprüchliche Konturen*, S. 42; auch in: Cioran, »Les débuts d'une amitié«, in: *Mircea Eliade. L'Herne*, S. 263; dt. »Anfänge einer Freundschaft«, in: *Die Mitte der Welt. Aufsätze zu Mircea Eliade*, S. 191.
68 *Entretiens*, S. 239 [G. Liiceanu, *Itinerariile unei vieţi*, S. xxx; vgl. auch »Die Paradoxien des E. M. Cioran. Ein Gespräch mit Leonhard Reinisch«, in: *Merkur* 338 (1976), S. 657].
69 *Entretiens*, S. 85 [Léo Gillet].
70 *Entretiens*, S. 266 [B. Bogavac Le Comte].
71 *Entretiens*, S. 220 [dt. Cioran, *Ein Gespräch mit Sylvie Jaudeau*, S. 12. Vgl. *La tentation*, S. 113, 121, *Œuvres*, S. 890; *Dasein als Versuchung*, S. 124, und »Die Paradoxien des E.M. Cioran. Ein Gespräch mit Leonhard Reinisch«, S. 661, wo sich Cioran auf Flauberts Wort beruft: »Ich bin ein Mystiker und ich glaube an nichts.« Bei Flaubert lautet der Satz: »Je suis mystique au fond et je ne crois à rien«, Brief an Louise Colet vom 8. Mai 1852, *Correspondance* II. Édition établie, présentée et annotée par J. Bruneau, Paris 1980 (Pléiade), S. 88. Vgl. neuerdings auch C. Hell, »›Ich bin ein Mystiker und ich glaube an nichts.‹ Die religionsphilosophische Position E. M. Ciorans«, in: H. R. Schlette (Hrsg.), *Religion – aber wie? Religionsphilosophische Perspektiven*, Würzburg 2002, S. 81-90. Vgl. auch den Ausdruck »Mystiker ohne Mystik« bei Hugo von Hofmannsthal, *Ad me ipsum*, in: *Gesammelte Werke in Einzelausgaben* [12]: Aufzeichnungen, Frankfurt am Main 1959, S. 215].
72 *Entretiens*, S. 219 [Cioran, *Ein Gespräch mit Sylvie Jaudeau*, S. 10-11].
73 *Syllogismes*, S. 107, 2. Aufl. S. 91, *Œuvres*, S. 783; *Syllogismen*, S. 69, 2. Aufl. S. 53.
74 *Le Mauvais Démiurge*, S. 154, *Œuvres*, S. 1244; *Die verfehlte Schöpfung*, S. 106.
75 Benjamin Fondane, *Rencontres avec Léon Chestov*. Textes établis et annotés par N. Baranoff et M. Carassou, Paris 1982, S. 80.
76 *Précis*, S. 187, 181, *Œuvres*, S. 697; *Lehre vom Zerfall*, S. 158, 2. Aufl. S. 164.
77 »Le parasite des poètes«, in: *Précis*, S. 141-144, 137-140, *Œuvres*,

S. 669-671; »Der Schmarotzer der Poesie«, in: *Lehre vom Zerfall*, S. 118-121, 2. Aufl. S. 124-127.

78 *Aveux et Anathèmes*, S. 66-67, *Œuvres*, S. 1678; *Der zersplitterte Fluch*, S. 65.

79 *Le Mauvais Démiurge*, S. 170, *Œuvres*, S. 1253; *Die verfehlte Schöpfung*, S. 118.

80 *Le Mauvais Démiurge*, S. 162, *Œuvres*, S. 1249; *Die verfehlte Schöpfung*, S. 112.

81 *Valéry face à ses idoles*, S. 10, *Exercices d'admiration*, S. 76, *Œuvres*, S. 1561; »Valéry und seine Idole«, *Über das reaktionäre Denken*, S. 90.

82 *De l'inconvénient*, S. 137, 135, *Œuvres*, S. 1340; *Vom Nachteil*, S. 92.

83 *Précis*, S. 185, 179, *Œuvres*, S. 695; *Lehre vom Zerfall*, S. 156, 2. Aufl. S. 162.

84 *Le Mauvais Démiurge*, S. 163, *Œuvres*, S. 1249; *Die verfehlte Schöpfung*, S. 113: »Übung in Entfaszination«.

Die Wiederverzauberungen eines Entzauberers

1 *Entretiens*, S. 42-43 [Jean-François Duval].

2 *Entretiens*, S. 43 [Duval].

3 *Pe culmile disperării*, S. 12, 2. Aufl. S. 14; *Auf den Gipfeln der Verzweiflung*, S. 15.

4 *Entretiens*, S. 136 [Lea Vergine].

5 *Entretiens*, S. 32 [Helga Perz, »›Mein ganzes Leben war vom Tod beherrscht ...‹ Ein Gespräch mit dem Schriftsteller E. M. Cioran«, in: *Süddeutsche Zeitung* 231, 7./8. Oktober 1978, S. 112].

6 *De l'inconvénient*, S. 245-246, 243, *Œuvres*, S. 1400; *Vom Nachteil*, S. 166.

7 *La chute dans le temps*, S. 63, *Œuvres*, S. 1097; *Der Absturz in die Zeit*, S. 48.

8 *De l'inconvénient*, S. 68, 67, *Œuvres*, S. 1303; *Vom Nachteil*, S. 46.

9 J.-P. Sartre, *Baudelaire*, Paris 1946; dt. *Baudelaire. Ein Essay.* Übertragen von B. Möhring, Hamburg 1953.

10 *Écartèlement*, S. 133, *Œuvres*, S. 1478; *Gevierteilt*, S. 125.

11 Friedrich Nietzsche, *Nachgelassene Fragmente*, Herbst 1887, 9[123], *KGW* Bd. VIII.2, S. 72, *KSA* Bd. 12, S. 407-408: »Zur Genesis des Nihilisten. Man hat nur spät den Muth zu dem, was man eigentlich weiß. Daß ich von Grund aus bisher Nihilist gewesen bin, das habe ich mir erst seit Kurzem eingestanden: die Energie, die Nonchalance, mit der ich als Nihilist vorwärts gieng, täuschte mich über diese Grundthatsache. Wenn man einem Ziele entgegengeht, so scheint es unmöglich, daß ›die Ziellosigkeit an sich‹ unser Glaubensgrundsatz

ist.« Siehe auch *Das Vermächtnis Friedrich Nietzsches. Versuch der neuen Auslegung allen Geschehens und einer Umwertung aller Werte.* Aus dem Nachlaß und nach den Intentionen Nietzsches geordnet von F. Würzbach, Salzburg, Leipzig 1940, 2. Aufl. Graz 1943, Neuausgabe: *Umwertung aller Werte.* Aus dem Nachlaß zusammengestellt und hrsg. von F. Würzbach, München 1969, 2 Bde., 2. Aufl. in einem Bd. 1977.

12 Nietzsche, *Nachgelassene Fragmente*, November 1887-März 1888, 11[411], *KGW* Bd. VIII.2, S. 431, *KSA* Bd. 13, S. 190.

13 Nietzsche, *Antichrist*, §§ 55, 61, *KGW* Bd. VI.3, S. 237, 249, *KSA* Bd. 6, S. 239, 251. Vgl. auch *Ecce homo*, Die Geburt der Tragödie 2, *KGW* Bd. VI.3, S. 309, *KSA* Bd. 6, S. 311; Warum ich ein Schicksal bin 4, *KGW* Bd. VI.3, S. 366, *KSA* Bd. 6, S. 368.

14 Nietzsche, *Nachgelassene Fragmente*, Herbst 1887, 9[60], *KGW* Bd. VIII.2, S. 31, *KSA* Bd. 12, S. 367; *Der Wille zur Macht, Werke* [»Großoktavausgabe«]. *Nachgelassene Werke.* [Hrsg. von O. Weiss], Leipzig 1911, Bd. XVI, § 585 A, S. 85.

15 Nietzsche, *Nachgelassene Fragmente*, Herbst 1887, 10[42], *KGW* Bd. VIII.2, S. 142, *KSA* Bd. 12, S. 476, *Der Wille zur Macht, Werke*, Leipzig [2]1911, Bd. XV, § 28, S. 159.

16 Nietzsche, *Nachgelassene Fragmente*, November 1887-März 1888, 11[411], *KGW* Bd. VIII.2, S. 432, *KSA* Bd. 13, S. 190, *Der Wille zur Macht, Werke*, Leipzig [2]1911, Bd. XV, Vorrede 4, S. 138.

17 Nietzsche, *Nachgelassene Fragmente*, Herbst 1887-März 1888, 11 [411], *KGW* Bd. VIII.2, S. 432, *KSA* Bd. 13, S. 190.

18 Nietzsche, *Nachgelassene Fragmente*, Frühjahr 1888, 15[31], *KGW* Bd. VIII.3, S. 221, *KSA* Bd. 13, S. 427.

19 Nietzsche, *Nachgelassene Fragmente*, November 1887-März 1888 11[118], *KGW* Bd. VIII.2, S. 298, *KSA* Bd. 13, S. 56, *Der Wille zur Macht, Werke*, Leipzig [2]1911, Bd. XV, § 390, S. 422 [Vgl. »sublimste Lockung und Verführung [...] in's Nichts«, *Zur Genealogie der Moral*, Vorrede 5, *KGW* Bd. VI.2, S. 264, *KSA* Bd. 5, S. 252].

20 Nietzsche, *Nachgelassene Fragmente*, Sommer 1886-Herbst 1887 5[71] 15, *KGW* Bd. VIII.1, S. 216, *KSA* Bd. 12, S. 217, *Der Wille zur Macht, Werke*, Leipzig [2]1911, Bd. XV, § 55, S. 186.

21 Nietzsche, *Nachgelassene Fragmente*, Herbst 1887 9[60], *KGW* Bd. VIII.2, S. 28, *KSA* Bd. 12, S. 368, *Werke*, Leipzig 1911, Bd. XVI, § 585 B, S. 86.

22 Nietzsche, *Nachgelassene Fragmente*, Herbst 1887, 9[60], *KGW* Bd. VIII.2, S. 31, *KSA* Bd. 12, S. 367, *Der Wille zur Macht, Werke*, Leipzig 1911, Bd. XVI, § 585 A, S. 85.

23 Nietzsche, *Ecce homo*, Die Geburt der Tragödie 1, *KGW* Bd. VI.3, S. 308, *KSA* Bd. 6, S. 310.

24 Nietzsche, *Nachgelassene Fragmente*, November 1887-März 1888,

11[411], *KGW* Bd. VIII.2, S. 432, *KSA* Bd. 13, S. 190, *Der Wille zur Macht, Werke*, Leipzig 1911, Bd. XV, Vorrede 4, S. 138.

25 »Wir haben mit Nietzsche an den ewigen Bestand der Rauschzustände geglaubt; dank der Reife unseres Zynismus sind wir weiter gegangen als er. Die Vorstellung vom Übermenschen erscheint uns nur noch als ein Hirngespinst; sie erschien uns ebenso zutreffend wie eine Gegebenheit der Erfahrung. So verblaßt *der Verzauberer unserer Jugend* [unsere Hervorhebung]« (Cioran, *Syllogismes*, S. 49, 2. Aufl. S. 44, *Œuvres*, S. 761; *Syllogismen*, S. 31, 2. Aufl. S. 26-27).

26 P. Sloterdijk, *Kritik der zynischen Vernunft*, 1. Bd., S. 355-356.

27 Nietzsche, *Ecce homo*, Warum ich ein Schicksal bin 9, *KGW* Bd. VI.3, S. 372, *KSA* Bd. 6, S. 374.

28 Nietzsche, *Nachgelassene Fragmente*, Herbst 1887, 9[60], *KGW* Bd. VIII.2, S. 28-29, *KSA* Bd. 12, S. 364-365; *Der Wille zur Macht, Werke*, Leipzig 1911, Bd. XVI, § 585 A, S. 82-83.

29 *Entretiens*, S. 56-57 [Jean-François Duval]. Siehe auch *De l'inconvénient*, S. 105-106, 103, *Œuvres*, S. 1323-1324; *Vom Nachteil*, S. 71-72.

30 *Écartèlement*, S. 112, *Œuvres*, S. 1467; *Gevierteilt*, S. 105.

31 *Entretiens*, S. 21-22 [F. Savater] und 42-43 [J.-F. Duval].

32 *Des larmes*, S. 117; Neuaufl. 1990, S. 71, *Œuvres*, S. 323; *Von Tränen*, S. 73 [*Lacrimi*, Paris 1972, S. 138, Bucureşti 1991, S. 155: »[...] Je mehr ich die Pessimisten lese, desto mehr liebe ich das Leben. Wenn ich Schopenhauer lese, bedauere ich, kein frisch Verlobter zu sein. [...] Schopenhauer hat recht, wenn er behauptet, das Leben sei ein Traum. Aber er verfällt in einen schweren Denkfehler, wenn er die Illusionen, statt sie zu bestärken, entlarvt, und uns glauben macht, es gebe etwas anderes außer ihnen.«].

33 *Le Mauvais Démiurge*, S. 163, *Œuvres*, S. 1249; *Die verfehlte Schöpfung*, S. 113: »Übung in Entfaszination«.

34 *De l'inconvénient*, S. 165, 163, *Œuvres*, S. 1357; *Vom Nachteil*, S. 112.

35 Um Diogenes' Zynismus der Zwecke vom gemeinen Zynismus, der sich nur auf die Mittel bezieht, zu unterscheiden, empfiehlt P. Sloterdijk (1. Bd., S. 363-367) den Gebrauch des Begriffes »Kynismus«. Wir meinen hier selbstverständlich diese befreiende Übung, diese rückhaltlose Subversion, womit wir Cioran gleichsetzen.

36 *De l'inconvénient*, S. 106, 103, *Œuvres*, S. 1323; *Vom Nachteil*, S. 72.

37 *Écartèlement*, S. 143, *Œuvres*, S. 1484; *Gevierteilt*, S. 135.

38 *Aveux et Anathèmes*, S. 48, *Œuvres*, S. 1667; *Der zersplitterte Fluch*, S. 46.

39 Giacomo Leopardi, *Zibaldone di pensieri*. Edizione commentata e revisione del testo critico a cura di R. Damiani, Tomo secondo, Milano 1997 [6. Juli 1822, p. 2555], S. 1636: »A goder della vita, è necessario uno stato di disperazione.« Vgl. 22. August 1821, pp. 1545-1546], I, S. 1091-1092.

40 *Le Mauvais Démiurge*, S. 86, *Œuvres*, S. 1210; *Die verfehlte Schöpfung*, S. 61.

41 Wir nehmen hier vor allem auf die sogenannte Schule von Palo Alto Bezug. Nach diesen Psychologen, wie Paul Watzlawick , John H. Weakland und W. Fry, die über Gregory Bateson von den Gedanken Bertrand Russells über die »logischen Typen« beeinflußt wurden, würde man – da die Depression als die Gesamtheit der Mittel definiert wird, deren sich der Betroffene bedient, um sich gegen die Traurigkeit zu schützen, als das System, das er sich geschaffen hat, um sie ertragen zu können – dem Patienten helfen, wenn man die Legitimität seiner Melancholie, deren Gründe anerkennt – ihn also völlig ernüchtert; dies ist das Mittel, um ihn aus der Welt, in der er sich verfangen hat, herauszuholen, um ihm zu ermöglichen, einen kritischen Standpunkt in bezug auf sich selbst einzunehmen und, da er auf diese Weise zur Wirklichkeit zurückfindet, ihn von seinen Suizidneigungen zu heilen. Daher bildet die Anerkennung des Wunsches zu sterben für die Psychologen von Palo Alto ebenso wie für Cioran einen Weg, das, wie es heißt, *acting out*, die Verwirklichung des Selbstmords, abzuwenden. Zu dieser Schule siehe vor allem Paul Watzlawick, *How real is real?*; dt. *Wie wirklich ist die Wirklichkeit? Wahn, Täuschung, Verstehen*, München, Zürich 1976, und *Die erfundene Wirklichkeit. Wie wissen wir, was wir zu wissen glauben? Beiträge zum Konstruktivismus*. Hrsg. u. komm. von P. Watzlawick, München, Zürich 1981.

42 *Syllogismes*, S. 93, 2. Aufl. S. 79, *Œuvres*, S. 777; *Syllogismen*, S. 59, 2. Aufl. S. 46.

43 *Syllogismes*, S. 87, 2. Aufl. S. 74, *Œuvres*, S. 775; *Syllogismen*, S. 56, 2. Aufl. S. 43.

44 *Syllogismes*, S. 108-109, 2. Aufl. S. 92, *Œuvres*, S. 783-784; *Syllogismen*, S. 70, 2. Aufl. S. 54.

45 *Écartèlement*, S. 134, *Œuvres*, S. 1478-1479; *Gevierteilt*, S. 125.

46 *Aveux et Anathèmes*, S. 36, *Œuvres*, S. 1660; *Der zersplitterte Fluch*, S. 34 [vgl. oben S. 9, 275, Anm. 5].

47 *Aveux et Anathèmes*, S. 68, *Œuvres*, S. 1679; *Der zersplitterte Fluch*, S. 67.

48 *Aveux et Anathèmes*, S. 48, *Œuvres*, S. 1667; *Der zersplitterte Fluch*, S. 46.

49 *Écartèlement*, S. 142, *Œuvres*, S. 1482; *Gevierteilt*, S. 132.

50 *Aveux et Anathèmes*, S. 54, *Œuvres*, S. 1670; *Der zersplitterte Fluch*, S. 52.

51 *Le Mauvais Démiurge*, S. 181, *Œuvres*, S. 1259; *Die verfehlte Schöpfung*, S. 126.

52 *De l'inconvénient*, S. 165, 163, *Œuvres*, S. 1357; *Vom Nachteil*, S. 112.

53 G. Bataille, *La littérature et le mal*, Paris 1957, Neuausgabe in der Reihe Folio Essais, 148, 1990, S. 27-47; dt. *Das theoretische Werk in*

Einzelbänden. Hrsg. von G. Bergfleth. *Die Literatur und das Böse. Emily Brontë, Baudelaire, Michelet, Blake, Sade, Proust, Kafka, Genet*. Aus dem Franz. übers. von C. Langendorf, München 1987.

Dritter Teil
Das Stilprinzip

1 Georg C[arpat] Focke, »Im Zeitalter der Epigonen. ›Ich verzweifle, also bin ich‹. Ein Gespräch mit dem Philosophen Emil Cioran (II)«, in: *Neuer Weg* (Bukarest) vom 17. April 1992; *Entretiens*, S. 259.

2 Erste Buchausgabe: *Îndreptar pătimaş*, Bucureşti 1991, § 13, S. 31; *Leidenschaftlicher Leitfaden*, übers. von F. Leopold, Frankfurt am Main 1996, S. 36, 2., verbesserte Aufl. 1998, S. 32.

3 *Îndreptar pătimaş*, § 23, S. 47-48; *Leidenschaftlicher Leitfaden*, S. 55, 2. Aufl. S. 49.

4 *Îndreptar pătimaş*, § 10, S. 23; *Leidenschaftlicher Leitfaden*, S. 25, 2. Aufl. S. 23.

5 *Îndreptar pătimaş*, § 41, S. 80; *Leidenschaftlicher Leitfaden*, S. 96, 2. Aufl. S. 84.

6 *Îndreptar pătimaş*, § 25, S. 56; *Leidenschaftlicher Leitfaden*, S. 66, 2. Aufl. S. 58.

7 *Îndreptar pătimaş*, § 53, S. 100; *Leidenschaftlicher Leitfaden*, S. 118-119, 2. Aufl. S. 104.

8 *Histoire et Utopie*, S. 11; Cioran, Noica, *L'ami lointain*, S. 10; *Œuvres*, S. 980; , S. 9 [vgl. S. 89, Anm. 39]. *Geschichte und Utopie*

9 F. Nietzsche, *Nachgelassene Fragmente*, Ende 1886-Frühjahr 1887, 7[4], *KGW* Bd. VIII.1, S. 271, *KSA* Bd. 12, S. 263.

10 Nietzsche, *Nachgelassene Fragmente*, Herbst 1885-Herbst 1886, 2 [128], *KGW* Bd. VIII.1, S. 125, *KSA* Bd. 12, S. 127; *Der Wille zur Macht, Werke*, Leipzig [2]1911, Bd. XV, § 134, S. 238.

11 Nietzsche, *Nachgelassene Fragmente*, Sommer 1886-Frühjahr 1887, 6[25], *KGW* Bd. VIII.1, S. 248, *KSA* Bd. 12, S. 242; *Der Wille zur Macht, Werke*, Leipzig [2]1911, Bd. XV, § 32, S. 163.

12 Wittgenstein, *Tractatus logico-philosophicus*, Vorwort und 7, S. 2, 178, 183, 253, vgl. S. XXIV, Einzelausg. BS, S. 38, Neubearb. Pichler 1994, S. 52 [Cioran, »Gabriel Marcel«, *The Philosophy of Gabriel Marcel*. Ed. by P. A. Schilpp and L. E. Hahn, La Salle, Ill. 1984; *Widersprüchliche Konturen*, S. 69: »Ein Philosoph, der aus nächster Nähe das Unaussprechbare berührt hat, ist der Trauer ausgesetzt, weder Musiker noch Dichter noch Mystiker zu sein.«].

13 »Ohne Zweifel sehe ich in der Weisheit das Hauptziel des Lebens und deshalb kehre ich immer wieder zu den Stoikern zurück. Sie hatten die Weisheit erreicht, deswegen kann man sie eigentlich nicht Philoso-

phen im eigentlichen Sinn nennen. Aus meiner Sicht ist Weisheit das natürliche Ende der Philosophie, ihr Zweck und ihr Ende. Eine Philosophie endet in Weisheit und geht dadurch unter« (in: Georg C. Focke, »Im Zeitalter der Epigonen. ›Ich verzweifle, also bin ich‹. Ein Gespräch mit dem Philosophen Emil Cioran (II)«, in: *Neuer Weg* (Bukarest) vom 17. April 1992; *Entretiens*, S. 258).

14 Siehe Pierre Hadot, *Qu'est-ce que la philosophie antique?* Paris 1995; dt. *Wege zur Weisheit oder Was lehrt uns die antike Philosophie?* Aus dem Franz. von H. Pollmeier, Berlin 1999.

15 Siehe insbesondere Ludwig Wittgenstein, *Vermischte Bemerkungen. Eine Auswahl aus dem Nachlaß*. Hrsg. von G. H. von Wright, *Werkausgabe*, Bd. 8: *Bemerkungen über die Farben. Über Gewißheit. Zettel. Vermischte Bemerkungen*, Frankfurt am Main: Suhrkamp, 1984, [1937] S. 487, Einzelausg. BS, S. 58, Neubearb. Pichler 1994, S. 62 [siehe unten S. 241 und 320, Anm. 61].

16 Siehe vor allem G.C. Focke, »Im Zeitalter der Epigonen. ›Ich verzweifle, also bin ich‹. Ein Gespräch mit dem Philosophen Emil Cioran (II)«, in: *Neuer Weg* vom 17. April 1992; *Entretiens*, S. 258-259.

17 *Aveux et Anathèmes*, S. 10, *Œuvres*, S. 1644; *Der zersplitterte Fluch*, S. 8.

18 »Les dangers de la sagesse«, in: *La chute dans le temps*, S. 157-179, *Œuvres*, S. 1141-1151; »Die Gefahren der Weisheit«, in: *Der Absturz in die Zeit*, S. 116-132 [vgl. oben S. 298, Anm. 20].

19 *De l'inconvénient*, S. 62, 61, *Œuvres*, S. 1300; *Vom Nachteil*, S. 42.

20 *La chute dans le temps*, S. 167, *Œuvres*, S. 1145; *Der Absturz in die Zeit*, S. 123: »sich kontrolliert und sich drangsaliert« [!]

21 *La chute dans le temps*, S. 162, *Œuvres*, S. 1142; *Der Absturz in die Zeit*, S. 118-119.

22 *La chute dans le temps*, S. 174, *Œuvres*, S. 1149; *Der Absturz in die Zeit*, S. 128.

23 *La chute dans le temps*, S. 174, *Œuvres*, S. 1149; *Der Absturz in die Zeit*, S. 128.

24 *La tentation*, S. 10, 11, 13, *Œuvres*, S. 823; *Dasein als Versuchung*, S. 11.

25 *La chute dans le temps*, S. 160, 161, 164, 166, *Œuvres*, S. 1141, 1142, 1143, 1144; *Der Absturz in die Zeit*, S. 117, 120, 121-122.

26 *De l'inconvénient*, S. 91-92, 89, *Œuvres*, S. 1315; *Vom Nachteil*, S. 61.

27 *Précis*, S. 123, 118-119, *Œuvres*, S. 657; *Lehre vom Zerfall*, S. 102, 2. Aufl. S. 107-108.

28 *Précis*, S. 123, 118, *Œuvres*, S. 657; *Lehre vom Zerfall*, S. 102, 2. Aufl. S. 107.

29 *Précis*, S. 87, 83, *Œuvres*, S. 633; *Lehre vom Zerfall*, S. 72, 2. Aufl. S. 76.

30 Nietzsche, *Nachgelassene Fragmente*, Sommer-Herbst 1884, 26[58],

KGW Bd. VII.2, S. 161, *KSA* Bd. 11, S. 163; *Werke. Nachgelassene Werke. Unveröffentlichtes aus der Umwerthungszeit* (1882/83-1888), Leipzig 1904, Bd. XIV, § 29, S. 19.

31 *Précis*, S. 123, 119, *Œuvres*, S. 657; *Lehre vom Zerfall*, S. 102, 2. Aufl. S. 107-108.

32 Siehe Richard Rorty, *Consequences of Pragmatism. Essays 1972-1980*, Minneapolis 1982.

33 Nietzsche, *Nachgelassene Fragmente*, Herbst 1885-Herbst 1886, 2 [33], *KGW* Bd. VIII.1, S. 77, *KSA* Bd. 12, S. 79; *Werke. Nachgelassene Werke. Unveröffentlichtes aus der Umwerthungszeit* (1882/83-1888), Leipzig 1903, Bd. XIII, § 692, S. 286.

34 Wir nehmen Bezug auf die Überschrift des letzten Teils von *Aveux et Anathèmes*, »Cette néfaste clairvoyance«, S. 123-146, *Œuvres*, S. 1711-1724.

35 *La tentation*, S. 202-203, 212-213, *Œuvres*, S. 949; *Dasein als Versuchung*, S. 221-222.

36 *Précis*, S. 150-151, 146, *Œuvres*, S. 675; *Lehre vom Zerfall*, S. 126, 2. Aufl. S. 133.

37 *De l'inconvénient*, S. 139, 137, *Œuvres*, S. 1341; *Vom Nachteil*, S. 94.

38 Nietzsche, *Nachgelassene Fragmente*, Frühjahr-Herbst 1881, 11[217], *KGW* Bd. V.2, S. 424, *KSA* Bd. 9, S. 526, *Werke. Nachgelassene Werke. Unveröffentlichtes aus der Zeit der Fröhlichen Wissenschaft und des Zarathustra* (1881-1886), neugestaltete Ausg., 3. Aufl., Leipzig 1919, Bd. XII, § 88, S. 48.

39 [*Écartèlement*, S. 82, *Œuvres*, S. 1450; *Gevierteilt*, S. 77, siehe oben S. 142-143, 302, Anm. 8.]

40 Siehe J.-P. Dumont, *Les Sceptiques grecs*, Paris 1966; ders., *Le Scepticisme et le phénomène. Essai sur la signification et les origines du pyrrhonisme*, Paris 1972, und Sextus Empiricus, *Grundriß der pyrrhonischen Skepsis* [*Pyrrhoniae institutiones*]. Eingeleitet und übers. von M. Hossenfelder, Frankfurt am Main 1968.

41 *La chute dans le temps*, S. 73, *Œuvres*, S. 1102; *Der Absturz in die Zeit*, S. 55.

42 *La chute dans le temps*, S. 75, *Œuvres*, S. 1103; *Der Absturz in die Zeit*, S. 58.

43 *Entretiens*, S. 150 [*Ein Gespräch*. Geführt von G. Bergfleth S. 35, der Satz fehlt aber in der deutschen Fassung].

44 *Aveux et Anathèmes*, S. 105, *Œuvres*, S. 1700; *Der zersplitterte Fluch*, S. 105.

45 Wittgenstein, *Vermischte Bemerkungen. Eine Auswahl aus dem Nachlaß*, in: *Werkausgabe*, Bd. 8, [1931] S. 465, Einzelausg. BS, S. 30, Neubearb. Pichler 1994, S. 37.

46 *Aveux et Anathèmes*, S. 126, *Œuvres*, S. 1712; *Der zersplitterte Fluch*, S. 124.

47 *La chute dans le temps*, S. 75, *Œuvres*, S. 1103; *Der Absturz in die Zeit*, S. 57.

48 Nietzsche, *Nachgelassene Fragmente*, Winter 1883-1884, 24[1], *KGW* Bd. VII.1, S. 683, *KSA* Bd. 10, S. 643, und *Nachgelassene Fragmente*, April-Juni 1885, 34[65], *KGW* Bd. VII.3, S. 159, *KSA* Bd. 11, S. 439; *Werke. Nachgelassene Werke. Unveröffentlichtes aus der Umwerthungszeit* (1882/83-1888), Leipzig 1904, Bd. XIV, § 231 und 412, S. 107 und 205.

49 Nietzsche, *Die fröhliche Wissenschaft*, Vorrede zur zweiten Ausgabe 4 [Herbst 1886], *KGW* Bd. V.2, S. 19-20, *KSA* Bd. 3, S. 351-352.

50 *Aveux et Anathèmes*, S. 141; *Œuvres*, S. 1721; *Der zersplitterte Fluch*, S. 139.

51 *Syllogismes*, S. 43, 2. Aufl. S. 39, *Œuvres*, S. 758; *Syllogismen*, S. 27, 2. Aufl. S. 24.

52 *Écartèlement*, S. 155, *Œuvres*, S. 1491; *Gevierteilt*, S. 146.

53 *Écartèlement*, S. 70, *Œuvres*, S. 1444; *Gevierteilt*, S. 66.

54 *Précis*, S. 143, 139, *Œuvres*, S. 670; . *Lehre vom Zerfall*, S. 120, 2. Aufl. S. 126.

55 *Précis*, S. 141-144, 137-140, *Œuvres*, S. 669-671; *Lehre vom Zerfall*, S. 118-121, 2. Aufl. S. 124-127.

56 Wittgenstein, *Vermischte Bemerkungen*, in: *Werkausgabe*, [1933-1934] Bd. 8, S. 483, Einzelausg. BS, S. 53, Neubearb. Pichler 1994, S. 58.

57 Wittgenstein, *Vermischte Bemerkungen*, in: *Werkausgabe*, [1939] Bd. 8, S. 498, Einzelausg. BS, S. 72, Neubearb. Pichler 1994, S. 76.

58 Wittgenstein, *Tractatus logico-philosophicus*, 6.41, S. 170, 250.

59 Wittgenstein, *Vermischte Bemerkungen*, in: *Werkausgabe*, [1939-1940] Bd. 8, S. 501, Einzelausg. BS, S. 75, Neubearb. Pichler 1994, S. 79.

60 Wittgenstein, *Vermischte Bemerkungen*, in: *Werkausgabe*, [1930] Bd. 8, S. 460, Einzelausg. BS, S. 23, Neubearb. Pichler 1994, S. 32.

61 Wittgenstein, *Vermischte Bemerkungen*, in: *Werkausgabe*, Bd. 8 [1937], S. 487, Einzelausg. BS, S. 58, Neubearb. Pichler 1994, S. 62.

62 Wittgenstein, *Tractatus logico-philosophicus*, 6.4221, S. 172, 251: »Ethik und Ästhetik sind Eins.«

63 [Vgl. L. Wittgenstein, *Tractatus* 6,421, *Protractatus* 6.422, S. 170, 251.]

64 L. Wittgenstein, *Vermischte Bemerkungen*, in: *Werkausgabe*, Bd. 8, [um 1932-1934] S. 481, Einzelausg. BS, S. 50, Neubearb. Pichler 1994, S. 55.

65 Wittgenstein, *Vermischte Bemerkungen*, in: *Werkausgabe*, Bd. 8, [1947] S. 540, Einzelausg. BS, S. 122, Neubearb. Pichler 1994, S. 125.

66 Wittgenstein, *Vermischte Bemerkungen*, in: *Werkausgabe*, Bd. 8, [1940] S. 502, Einzelausg. BS, S. 77, Neubearb. Pichler 1994, S. 83.

67 Wittgenstein, Brief vom Okt./Nov. 1919 in: *Briefe an Ludwig von*

Ficker. Hrsg. von G. H. von Wright, Salzburg 1969, Nr 23, S. 35. *Briefe. Briefwechsel mit* ... Hrsg. von B. F. McGuinness und G. H. von Wright, Frankfurt am Main 1980, S. 96-97.

68 *Entretiens*, S. 41 [Duval].

69 *De l'inconvénient*, S. 160, 157, *Œuvres*, S. 1353; *Vom Nachteil*, S. 108.

70 Helga Perz, »›Mein ganzes Leben war vom Tod beherrscht ...‹ Ein Gespräch mit dem Schriftsteller E. M. Cioran«, *Süddeutsche Zeitung* 231, 7./8. Oktober 1978, S. 112 a; *Entretiens*, S. 31.

71 *Syllogismes*, S. 14, 2. Aufl. S. 15, *Œuvres*, S. 748; *Syllogismen*, S. 9, 2. Aufl. S. 10.

72 *Précis*, S. 17, 15, *Œuvres*, S. 586; *Lehre vom Zerfall*, S. 13, 2. Aufl. S. 14.

73 *Syllogismes*, S. 12, 2. Aufl. S. 13, *Œuvres*, S. 747; *Syllogismen*, S. 8, 2. Aufl. S. 9.

74 *Syllogismes*, S. 53, 2. Aufl. S. 47, *Œuvres*, S. 762; *Syllogismen*, S. 34, 2. Aufl. S. 28.

75 Nietzsche, *Die fröhliche Wissenschaft*, Vorrede zur zweiten Ausgabe 4 [Herbst 1886], *KGW* Bd. V.2, S. 20, *KSA* Bd. 3, S. 352.

76 *Syllogismes*, S. 106, 2. Aufl. S. 91, *Œuvres*, S. 783; *Syllogismen*, S. 68, 2. Aufl. S. 52-53.

77 *La tentation*, S. 110, 117, *Œuvres*, S. 888; *Dasein als Versuchung*, S. 120.

78 [Vgl. Oscar Wilde: »It is only the superficial qualities that last. Man's deeper nature is soon found out.« »Phrases and Philosophies for the Use of the Young«, in: *Chameleon*, December 1894.]

79 *La tentation*, S. 125, 133, *Œuvres*, S. 897; *Dasein als Versuchung*, S. 137.

80 *Précis*, S. 16-18, 14-15 und 227-229, 221-223, *Œuvres*, S. 586-587 und 720-722; *Lehre vom Zerfall*, S. 13-14 und 190-192, 2. Aufl. S. 13-14 und 196-198.

81 *La tentation*, S. 120-131, 127-138, *Œuvres*, S. 894-901; *Dasein als Versuchung*, S. 131-143.

82 *Écartèlement*, S. 23-35, *Œuvres*, S. 1417-1425; *Gevierteilt*, S. 20-34 [und in erweiterter Gestalt in: *Anthologie du portrait*, S. 11-31].

83 *La chute dans le temps*, S. 61, *Œuvres*, S. 1096; *Der Absturz in die Zeit*, S. 46.

84 *Précis*, S. 17, 15, *Œuvres*, S. 586; *Lehre vom Zerfall*, S. 13, 2. Aufl. S. 14.

85 *La tentation*, S. 125, 133, *Œuvres*, S. 897; *Dasein als Versuchung*, S. 137.

86 *Syllogismes*, S. 9, 2. Aufl. S. 11, *Œuvres*, S. 746; *Syllogismen*, S. 6, 2. Aufl. S. 8.

87 Jules Amédée Barbey d'Aurevilly, *Du Dandysme et de George Brummell* [1844, [2]1876, 3e éd. Paris 1879], *Œuvres romanesques complètes*.

II. Textes présentés, établis et annotés par J. Petit, Paris 1966, ²1980 (Pléiade), S. 667-733; dt. *Vom Dandytum und von G. Brummell.* Ins Deutsche übertragen und eingeleitet von Richard Schaukal, München, Leipzig 1909, Neuausgabe Nördlingen 1987, und Charles Baudelaire, *Mon cœur mis à nu, Œuvres complètes.* I. Texte établi, présenté et annoté par C. Pichois, Paris 1975 (Pléiade), S. 676-708; dt. *Mein entblößtes Herz, Sämtliche Werke/Briefe in acht Bänden.* Hrsg. von F. Kemp und C. Pichois, München, Wien 1991, Bd. 6, S. 222-258.

88 [Vgl. Nietzsche, *Nachgelassene Fragmente*, Juli-August 1882 1[32], *KGW* VII.1, S. 13; *KSA* 10, S. 17: »Advocatus diaboli. Neue Vorstellungen von Gott und Teufel. Die unbedingte Erkenntniß ist ein Wahnsinn der Tugend-Periode; an ihr gienge das Leben zu Grunde. Wir müssen die Lüge, den Wahn und Glauben, die Ungerechtigkeit heiligen. Wir müssen uns von der Moral befreien, um moralisch leben zu können. Meine freie Willkür, mein selbstgeschaffenes Ideal will diese und jene Tugend von mir d. h. den Untergang in Folge der Tugend. Das ist Heroismus.«]

89 *Écartèlement*, S. 80, *Œuvres*, S. 1449; *Gevierteilt*, S. 75.

90 *De l'inconvénient*, S. 146, 144, *Œuvres*, S. 1346; *Vom Nachteil*, S. 99.

91 *Écartèlement*, S. 134, *Œuvres*, S. 1479; *Gevierteilt*, S. 126.

92 Siehe Jean-Noël Vuarnet, *Le Philosophe-Artiste*, Paris 1977; dt. *Der Künstler-Philosoph.* Aus dem Franz. von B. Wehinger, Berlin 1986.

93 [Zu *Dionysos philosophos* vgl. Nietzsche, *Nachgelassene Fragmente*, Sommer 1886-Herbst 1887 5[92 ff.], *KGW* Bd. VIII. 1, S. 228, *KSA* Bd. 12, S. 224, und Oktober 1888 23[13-14], *KGW* Bd. VIII.3, S. 423-423, *KSA* Bd. 13, S. 613-614.]

Schlußfolgerung
Der lange verschlungene Weg ...

1 Siehe Pierre Hadot, *Qu'est-ce que la philosophie antique?* Paris 1995; dt. *Wege zur Weisheit oder Was lehrt uns die antike Philosophie?* Berlin 1999, S. 256 ff.

2 Clément Rosset, »Le mécontentement d'E. M. Cioran«, in: *La Nouvelle Revue Française*, Nr. 349, 1. Februar 1982, S. 92-98.

3 *Syllogismes*, S. 151, 2. Aufl. S. 126, *Œuvres*, S. 801; *Syllogismen*, S. 96, 2. Aufl. S. 75.

4 *Écartèlement*, S. 110, *Œuvres*, S. 1466; *Gevierteilt*, S. 104 [Cioran führt Candrakīrti an: »le gouffre [*prapāta*] de l'hérésie du moi [*ātma-* oder *satkāya-dṛṣṭi*].« Zum Begriff *satkāyadṛṣṭi* siehe St. Schayer, *Ausgewählte Kapitel aus der Prasannapadā*, Krakau 1931, S. 27. Der Begriff »Abgrund« (*prapāta*) kommt zwar in Candrakīrtis Hauptwerk vor (*Prasannapadā* XXVII, 30, ed. 1. de La Vallée Poussin, S. 592, 4), steht

aber dort nicht im Zusammenhang mit *satkāyadṛṣṭi*. Das übliche Bild ist das eines zwanziggipfeligen breiten riesigen Berges der *satkāyadṛṣṭi, Prasannapadā* XVI, 8, S. 294, 7-8, Schayer, S. 103].

5 [Meister Eckhart, *Von abegescheidenheit*, Pfeiffer, S. 492,23-24; E. Schaefer, *Meister Eckeharts Traktat »Von Abegescheidenheit«*, S. 189, 1-2, Übers. S. 219; *DW* Bd. 5, S. 433,1-2, Anm. 115 S. 460, Übers. S. 547; *Werke* II, S. 458,4-5, 459,4-5: »Daz snelleste tier, daz iuch treget ze dirre volkomenheit, daz ist lîden.« Vgl. Bernardi *Sententiae*, Series 2, Sententia 150, in: Bernardi *Opera*, ed. J. Leclercq et H. M. Rochais, Turnhout 1972, Bd. 6, 2, S. 52, Z. 9: »Equi quibus ad caelum evehimur tres sunt.« »Der Pferde, die uns zum Himmel tragen, sind drei.« – Auch Nietzsche führt Eckharts Satz an in seiner dritten *Unzeitgemässen Betrachtung*, 4, *KGW* Bd. III.1, S. 368, *KSA* Bd. 1, S. 372. Er übernimmt ihn von Schopenhauer, der ihn wohl als erster aus der Pfeifferschen Ausgabe zitiert: *Die Welt als Wille und Vorstellung*, 2. Bd. (3. Aufl. 1859), IV. Buch, Kap. 48, in: *Sämtliche Werke*, hrsg. von A. Hübscher, Leipzig 1938, Bd. 3, S. 729.]

6 *De l'inconvénient*, S. 206, 204, *Œuvres*, S. 1379; *Vom Nachteil*, S. 140.

7 *La tentation*, S. 16, 19, *Œuvres*, S. 827; *Dasein als Versuchung*, S. 17.

8 *Aveux et Anathèmes*, S. 72, *Œuvres*, S. 1682; *Der zersplitterte Fluch*, S. 71.

9 *De l'inconvénient*, S. 139, 138, *Œuvres*, S. 1342; *Vom Nachteil*, S. 94.

10 [Ende des III. Aufzugs: »[. . .] we are all in the gutter, but some of us are looking at the stars.«]

11 *Écartèlement*, S. 170, *Œuvres*, S. 1499; *Gevierteilt*, S. 161.

12 Siehe vor allem das Gespräch mit Michael Jakob in: *Aussichten des Denkens*, S. 9-38, bes. S. 19-22; *Entretiens*, S. 285-319, bes. S. 294-297.

13 *Syllogismes*, S. 12, 2. Aufl. S. 13, *Œuvres*, S. 747; *Syllogismen*, S. 8, 2. Aufl. S. 9.

14 *De l'inconvénient*, S. 207, 205, *Œuvres*, S. 1379; *Vom Nachteil*, S. 140.

15 Vgl. *De l'inconvénient*, S. 25-26, 25, *Œuvres*, S. 1281; *Vom Nachteil*, S. 17: »Wer geistig begabt ist, erkennt man an Folgendem: Er wird das Scheitern höher stellen als jeden Erfolg, es sogar suchen, unbewußt, versteht sich. Denn das, stets *wesentliche*, Scheitern enthüllt uns uns selbst, gestattet uns, uns zu sehen, wie Gott uns sieht, während der Erfolg uns von dem entfernt, was in uns und in allem am innerlichsten ist.«

16 *De l'inconvénient*, S. 205, 202-203, *Œuvres*, S. 1378; *Vom Nachteil*, S. 138-139.

17 Siehe Pierre-Yves Boissau, »La transfiguration du passé«, in: *Le Monde*, 51. Jg., Nr. 15708, 28. Juli 1995, *Le Monde des livres*, S. 12, in einer leicht veränderten Fassung: »Écrire pour effacer«, in: *Mon pays*, S. 201-209.

18 [André Gide, *Dostoïevsky (Articles et causeries)*, Paris 1923, S. 200; dt.

Dostojewski. Aufsätze und Vorträge. Dt. von E. Ploog, Stuttgart 1952, S. 180, und *Journal* II. 1926-1950. Édition établie, présentée et annotée par M. Sagaert, Paris 1997 (Pléiade), 2. September 1940, S. 728-729; dt. *Tagebuch 1939-1949*, übers. von M. Schäfer-Rümelin, in: *Gesammelte Werke IV*: Autobiographisches, 4. Bd., Stuttgart 1990, S. 87: »Mit den schönen Gefühlen macht man schlechte Literatur.«]

19 *Histoire et Utopie*, S. 9-32; Cioran, Noica, *L'ami lointain*, S. 5-31; *Œuvres*, S. 979-992; *Geschichte und Utopie*, S. 7-27.

20 *Exercices d'admiration*, S. 175-187 und 97-108, *Œuvres*, S. 1612-1619 und 1574-1579; *Widersprüchliche Konturen*, S. 43-54 und 7-15.

21 Nietzsche, *Unzeitgemässe Betrachtungen. Drittes Stück*: Schopenhauer als Erzieher, 3, *KGW* Bd. III.1, S. 346, *KSA* Bd. 1, S. 350, und *Nachgelassene Fragmente*, Sommer-Herbst 1873, 29[205], *KGW* Bd. III.4, S. 320, *KSA* Bd. 7, S. 712: »Das Product des Philosophen ist sein Leben (zuerst, vor seinen Werken). Das ist sein Kunstwerk.«

22 Martin Heidegger, *Écrits politiques 1933-1966*. Présentation, traduction et notes par François Fédier, Paris 1995.

23 F. Fédier in: M. Heidegger, *Écrits politiques*, S. 31-40.

24 Siehe vor allem die Seiten, die Pierre Bourdieu diesem Problem widmet in seinem Buch *L'ontologie politique de Martin Heidegger*, Paris 1988; dt. *Die politische Ontologie Martin Heideggers*. Aus dem Franz. von B. Schwibs, Frankfurt am Main 1988, S. 73-90.

25 M. Heidegger, *Écrits politiques*, S. 223. M. Heidegger, *Die Selbstbehauptung der deutschen Universität. Rede, gehalten bei der feierlichen Übernahme des Rektorats der Universität Freiburg i. Br. am 27.5. 1933. – Das Rektorat 1933/34. Tatsachen und Gedanken* [1945]. [Hrsg. und Vorwort von H. Heidegger], Frankfurt am Main 1983, 2., durchges. Aufl. 1990, S. 27, *Gesamtausgabe* [= *GA*]. I. Abteilung: *Veröffentlichte Schriften 1910-1976*. Bd. 16. *Reden und andere Zeugnisse eines Lebensweges 1910-1976*. Hrsg. von H. Heidegger, Frankfurt am Main 2000, S. 378.

26 M. Heidegger, »Wege zur Aussprache«, in: *GA* Bd. 13, S. 15; Heidegger, *Écrits politiques*, S. 157.

27 M. Heidegger, *Die Selbstbehauptung der deutschen Universität*, S. 11, *GA* Bd. 16, S. 108; Heidegger, *Écrits politiques*, S. 103.

28 [Vgl. Safranski, *Ein Meister aus Deutschland. Heidegger und seine Zeit*, München, Wien 1994, S. 270.]

29 F. Fédier in: M. Heidegger, *Écrits politiques*, S. 40.

30 Rüdiger Safranski, *Ein Meister aus Deutschland. Heidegger und seine Zeit*, München, Wien 1994, S. 266.

31 [Das »Seiende wird seiender«: *GA* 34, 62, vgl. Safranski, S. 260.]

32 R. Safranski, S. 268.

33 Cioran, *Élan vers le pire*. Avec les photographies d'Irmeli Jung, Paris 1988.

34 M. Heidegger, *Das Rektorat 1933/34. Tatsachen und Gedanken* [1945], in: *Die Selbstbehauptung der deutschen Universität*, S. 21-43, *GA* Bd. 16, S. 372-394.

35 Das ist beinahe die einzige Frage, über die sich F. Fédier und R. Safranski, deren Ansichten im übrigen weit auseinander gehen, einig zu sein scheinen: Wenn Heidegger am Ende des Jahres 1934 vom Nationalsozialismus Abstand nahm, so geschah dies nicht aus humanistischen Gründen, sondern weil er von der »Revolution«, die er sich von ihm erhofft hatte, enttäuscht wurde. Vor allem an der Universität sollte die Selbstbestimmung, zu der seine Rektoratsrede von 1933 aufrief, sehr bald an der Herausbildung einer neuen politischen Bürokratie scheitern.

36 [Geführt am 23.9.1966, »Nur ein Gott kann uns retten«, in: *Der Spiegel*, 30. Jg., 31.5.1976, durchges. Text in: G. Neske, E. Kettering (Hrsg.), *Antwort. Heidegger im Gespräch*, Pfullingen 1988, S. 81-114, und *GA* Bd. 16, S. 652-683.]

37 *Mon pays.* Avec un avant-propos de Simone Boué. Suivi de fragments de correspondance et entretiens. »Itinéraires de Cioran«, débat avec Alain Finkielkraut, Pierre-Yves Boissau et Gabriel Liiceanu, »Ècrire pour effacer« par Pierre-Yves Boissau, »Je doute, donc je suis« par François Fejtő, Bucureşti, 1996 [zweisprachige, rumänisch-französische Ausgabe: Faksimile der Handschrift, S. 97-119, französische Erstausgabe, S. 129-133, rumänische Übersetzung, S. 13-15.]

38 *Mon pays*, S. 136.

39 [fatras sanglants? Vgl. »farces sanglantes«: *Précis*, S. 9, 7, *Œuvres*, S. 581; *Lehre vom Zerfall*, S. 7, 2. Aufl., S. 7: siehe oben S. 22, 227, Anm. 17.]

40 Wittgenstein, *Vermischte Bemerkungen*, in: *Werkausgabe*, Bd. 8 [1944], S. 512, Einzelausg. BS, S. 88, Neubearb. Pichler 1994, S. 91.

41 Siehe P. Hadot, *Qu'est-ce que la philosophie antique?*; dt. *Wege zur Weisheit oder Was lehrt uns die antike Philosophie*, S. 284 ff.

42 Lautréamont, *Poésies* I, in: Lautréamont, Germain Nouveau, *Œuvres complètes*. Textes établis, présentés et annotés par P.-O. Walzer, Paris 1988 (Pléiade), S. 270: »Toute l'eau de la mer ne suffirait pas à laver une tache de sang intellectuelle.« »Alles Wasser der Meere reicht nicht aus, einen geistigen Blutfleck wegzuwaschen.«

43 *Aveux et Anathèmes*, S. 146, *Œuvres*, S. 1724; *Der zersplitterte Fluch*, S. 144.

Benutzte und weiterführende Literatur

A. Werke Ciorans

Bemerkung des Übersetzers: Alle rumänischen und französischen Originalzitate Ciorans wurden durchgesehen und gegebenenfalls zum Teil oder vollständig neu übersetzt, um eine möglichst große inhaltliche und stilistische Nähe zum Original zu erreichen. Alle nicht auf deutsch vorliegenden rumänischen Zitate wurden aus den Originalquellen übersetzt.

I. Bücher

1934

Pe culmile disperării, Bucureşti: Fundaţia pentru Literatură şi Artă »Regele Carol II«, 1934, 163 S.; fotomechanischer Nachdruck: Paris: Éditions de l'Herne, 1988; Neuausgabe: Bucureşti: Humanitas, 1990; dt. *Auf den Gipfeln der Verzweiflung*. Übersetzung aus dem Rumänischen und Nachbemerkung von Ferdinand Leopold, Frankfurt am Main: Suhrkamp, 1989, 3. [durchges.] Aufl. 1991, 179 S. (Bibliothek Suhrkamp 1008).

1936

Cartea amăgirilor, Bucureşti: Editura Cugetarea, 1936, 255 S.; dt. *Das Buch der Täuschungen*. Aus dem Rumänischen von Ferdinand Leopold, Frankfurt am Main: Suhrkamp, 1990, ²1994, 229 S. (BS 1046) [Übersetzt nach dem verbesserten und leicht überarbeiteten Handexemplar Ciorans.]

1937

Schimbarea la faţă a României, Bucureşti: Editura Vremea, 1936 ([Januar] 1937), 2. Auflage 1941, 235 S.; von Cioran um das IV. Kapitel gekürzte Neuausgabe, mit einem neuen Vorwort Ciorans, Bucureşti: Humanitas, 1990, 208 S.

[Die wichtigsten Rezensionen zu diesem Buch sind abgedruckt in: *Pro şi contra Emil Cioran. Între idolatrie şi pamflet.* Antologie, cuvînt înainte şi note de Marin Diaconu, Bucureşti: Humanitas, 1998, S. 75-109, 118-119, 155-157.]

1937

Lacrimi şi sfinţi, Bucureşti: Editura autorului, 1937, Neudruck Paris: Ioan Cuşa, 1972, 166 S., Neuauflage: Bucureşti: Humanitas, 1991, 189 S.; französische, von Cioran und Sanda Stolojan überarbeitete und stark gekürzte Fassung: *Des larmes et des saints*. Texte traduit et préfacé par Sanda Stolojan, Paris: L'Herne, 1986 (Méandres), 133 S. Neuaufl. Paris: Le Livre de Poche (Biblios-essais), 1990; dt. *Von Tränen und von Heiligen*. Mit einem Nachwort von Sanda Stolojan. Aus dem Franz. übers. von Verena von der Heyden-Rynsch, Frankfurt am Main: Suhrkamp, 1988, 101 S. (Bibliothek Suhrkamp 979).

1940

Amurgul gândurilor, Sibiu: »Dacia Traiană«, 1940, 282 S.; 2. Aufl., Bucureşti: Humanitas, 1991; dt. *Gedankendämmerung*. Aus dem Rumänischen übersetzt und mit einer Nachbemerkung versehen von Ferdinand Leopold, Frankfurt am Main: Suhrkamp, 1993, Neuausgabe 1995 (Bibliothek Suhrkamp 1201), 261 S.

1940-1944

Îndreptar pătimaş. Erste Buchausgabe: Bucureşti: Humanitas, 1991, 123 S.; dt. *Leidenschaftlicher Leitfaden*. Aus dem Rumänischen übers. und mit einer Nachbemerkung versehen von Ferdinand Leopold [übers. nach der letzten Fassung von Ciorans Manuskript], Frankfurt am Main: Suhrkamp, 1996, 155 S.; 2., verbesserte Auflage 1998, 136 S. (BS 1273).

1949

Précis de décomposition, Paris: Gallimard, 1949, 255 S. (*nrf*. Les Essais XXXV), Neuausgabe in der Reihe Idées, 94; dt. *Lehre vom Zerfall. Essays*. Übertragung von Paul Celan, Hamburg: Rowohlt, 1953, 215 S., 2. Aufl., Stuttgart: Klett-Cotta, 1978, 222 S.

1952

Syllogismes de l'amertume, Paris: Gallimard, 1952, 184 S. (*nrf*. Les Essais LII), Neuausgabe in der Reihe Folio Essais, 1987, dt. *Syllogismen der Bitterkeit*. Aus dem Franz. übers. von Kurt Leonhard, Frankfurt am Main: S. Fischer, 1969, 117 S.; 2., neu bearb. Aufl., Frankfurt am Main: Suhrkamp, 1980, 90 S. (suhrkamp taschenbuch 607); Neuaufl. 1995 in der Bibliothek Suhrkamp, 1177, 90 S.

1956

La tentation d'exister, Paris: Gallimard, 1956, 237 S. (*nrf.* Les Essais LXXXII), Nachdruck in der Reihe Idées, 327, 1974; dt. *Dasein als Versuchung.* Übertragen von Kurt Leonhard, Stuttgart: Klett-Cotta, 1983, 2. Aufl. 1993, 260 S.

1957

Cioran, »Préface« zu:
Joseph de Maistre, *Textes choisis et presentés* par E. M. Cioran, Monaco-Ville: Éditions du Rocher, 1957, S. 7-51. Später gedruckt unter dem Titel: *Essai sur la pensée réactionnaire. À propos de Joseph de Maistre*, Montpellier: fata morgana, 1977, 79 S., wieder abgedruckt in: *Exercices d'admiration;* dt. »Über das reaktionäre Denken. Zu Joseph de Maistre«, in: *Über das reaktionäre Denken. Zwei Essays.* Aus dem Franz. übertragen von François Bondy, Frankfurt am Main: Suhrkamp, 1980 (BS 643), S. 7-86.

1960

Histoire et Utopie, Paris: Gallimard, 1960, 147 S. (*nrf.* Les Essais XCVI), (Neuausgabe in der Reihe Idées, 383, 1977; »Lettre à un ami lointain« auch in: E. M. Cioran et Constantin Noïca, *L'ami lointain. Paris-Bucarest*, Paris: Criterion, 1991; dt. *Geschichte und Utopie.* Autorisierte Übersetzung aus dem Franz. von Kurt Leonhard, Stuttgart: Ernst Klett, 1965, 130 S. (Versuche, 1), 2. Aufl. Klett-Cotta, 1979.

1964

La chute dans le temps, Paris: Gallimard, 1964 (*nrf.* Les Essais CXIV), 197 S.; dt. *Der Absturz in die Zeit.* Autorisierte Übersetzung aus dem Franz. von Kurt Leonhard, Stuttgart: Ernst Klett, 1972, 2. Auflage 1980, 143 S. (Versuche, 20).

1969

Le Mauvais Démiurge, Paris: Gallimard, 1969, 181 S. (*nrf.* Les Essais CXLVII); dt. *Die verfehlte Schöpfung.* Übersetzt von François Bondy. Das Kapitel »Die neuen Götter« [S. 21-37] wurde von Elmar Tophoven übersetzt, Wien: Europa, 1973, 126 S., 2. Aufl. Frankfurt am Main, 1979 (suhrkamp taschenbuch 550).

1970

Valéry face à ses idoles, Paris: Éditions de l'Herne, 1970, 45 S. (Glose); dt. »Valéry und seine Idole«, in: *Über das reaktionäre Denken*. Zwei Essays. Aus dem Franz. übertragen von François Bondy, Frankfurt am Main: Suhrkamp, 1980, S. 87-115 (BS 643).

1973

De l'inconvénient d'être né, Paris: Gallimard, 1973 (*nrf*. Les Essais CLXXXVI), 246 S., Neuausgabe in der Reihe Idées, 480, 1983; dt. *Vom Nachteil, geboren zu sein*. Übersetzt von François Bondy, Wien, München, Zürich: Europa, 1977, 166 S.; 2. Aufl. Frankfurt am Main: Suhrkamp, 1979 (suhrkamp taschenbuch 549).

1979

Écartèlement, Paris: Gallimard, 1979, 178 S. (*nrf*. Les Essais); dt. *Gevierteilt*. Aus dem Französischen von Bernd Mattheus, Frankfurt am Main, 1982, 168 S. (Bibliothek Suhrkamp 799); erweiterte Fassung des Aufsatzes »L'amateur de Mémoires« in: Cioran, *Anthologie du portrait. De Saint-Simon à Tocqueville*, Paris: Gallimard, 1996, 281 S. (Arcades, 45), Préface, S. 11-31.

1986

Exercices d'admiration. Essais et portraits, Paris: Gallimard, 1986 (Arcades, 8), dt. zum Teil in: *Widersprüchliche Konturen. Literarische Porträts*. Hrsg., aus dem Franz. übers. und mit einem Nachwort versehen von Verena von der Heyden-Rynsch, Frankfurt am Main: Suhrkamp, 1986 (Bibliothek Suhrkamp 898) [Im Gegensatz zur deutschen Ausgabe enthalten die *Exercices d'admiration* auch die längeren Aufsätze *Joseph de Maistre. Essai sur la pensée réactionnaire* (1957), *Valéry face à ses idoles* (1970) und den Aufsatz »En relisant ...« (1979), dt. »Beim Wiederlesen der ›Lehre vom Zerfall‹«, in: *Akzente* 26 (1979), S. 332-337.]

1987

Aveux et Anathèmes, Paris: Gallimard, 1987, 146 S. (Arcades, 11), dt. *Der zersplitterte Fluch. Aphorismen*. Aus dem Französischen von Verena von der Heyden-Rynsch, Frankfurt am Main: Suhrkamp, 1987, 147 S. (Bibliothek Suhrkamp, 948).

1995

Œuvres, Paris: Gallimard, 1995, 1820 S. (Quarto).

1996

Mon pays. Avec un avant-propos de Simone Boué. Suivi de fragments de correspondance et entretiens. »Itinéraires de Cioran«, débat avec Alain Finkielkraut, Pierre-Yves Boissau et Gabriel Liiceanu, »Écrire pour effacer«, par Pierre-Yves Boissau, »Je doute, donc je suis«, par François Fejtő, București: Humanitas, 1996, 218 S. [zweisprachige, rumänisch-französische Ausgabe].

1997

Cahiers 1957-1972. Avant-propos de Simone Boué, Paris: Gallimard, 1997, 999 S.; dt. *Cahiers 1957-1972.* Ausgewählt und aus dem Franz. übers. von Verena von der Heyden-Rynsch, Frankfurt am Main: Suhrkamp, 2001, 265 S.

II. Ciorans Aufsätze (Auswahl)

A. rumänisch

»Prea multă claritate!« [Zuviel Klarheit!], in: *Calendarul*, Jg. II, Nr. 294 vom 12. Februar 1933, S. 1, wieder abgedruckt in: *Singurătate și destin. Publicistică 1931-1944*, S. 160-163.

»Aspecte germane« (Berlin, Noembrie 1933) [Deutsche Aspekte], in: *Vremea*, Jg. VI, Nr. 314 vom 19. November 1933, S. 9.

»Prin Universitatea din Berlin« (Berlin, Noembrie 1933) [An der Berliner Universität], in: *Vremea*, Jg. VI, Nr. 316 vom 3. Dezember 1933, S. 9.

»Germania și Franța sau iluzia păcii« (Berlin, Dec. 1933) [Deutschland und Frankreich oder die Illusion des Friedens], in: *Vremea*, Jg. VI, Nr. 318 vom 18. Dezember 1933, S. 7, 13 (Sonderausgabe, Weihnachten).

»Problematica etică în Germania (Scrisori din Germania. Berlin, Ian. 1934)«, in: *Vremea*, Jg. VII, Nr. 324 vom 4. Februar 1934, S. 2.

»Pătimirea ca destin« (Berlin, Martie 1934) [Leiden als Schicksal], in: *Vremea*, Jg. VII, Nr. 332, Ostern 1934, S. 2.

»România în fața străinătății« [Rumänien im Angesicht des Auslands] (Scrisori din München. München, Aprilie 1934), in: *Vremea*, Jg. VII, Nr. 335 vom 29. April 1934, S. 3, wieder abgedruckt in: *Singurătate și destin. Publicistică 1931-1944*, S. 260-262.

»Impresii din München. Hitler în conștiința germană« [Münchner Eindrücke. Hitler im Bewußtsein der Deutschen] (München, 4 Iulie 1934), in: *Vremea*, Jg. VII, Nr. 346 vom 15. Juli 1934, S. 3.

»Revolta sătuilor ...« [Die Revolte der Satten ...] (Scrisori din Germania, München, 15 Iulie), in: *Vremea*, Jg. VII, Nr. 349 vom 5. August 1934, S. 2.

»Cultul puterii« [Der Kult der Macht], in: *Vremea*, Jg. VII, Nr. 352 vom 26. August 1934, S. 3, wieder abgedruckt in: *Singurătate şi destin. Publicistică 1931-1944*, S. 271-274.

»În preajma dictaturii« [Am Vorabend der Diktatur], in: *Vremea*, Jg. X, Nr. 476 vom 21. Februar 1937, S. 3 a-d.

»Nae Ionescu şi drama lucidităţii« [Nae Ionescu und das Drama der Klarsicht], in: *Vremea*, Jg. X, Nr. 490, 6. Juni 1937, S. 4, wieder abgedruckt in: *Revelaţiile durerii*, S. 164-168, und *Singurătate şi destin. Publicistică 1931-1944*, S. 314-318.

B. französisch

»Comment on devient fataliste«, in: *Preuves* 14, April 1952, S. 30-31.

»Sur l'inutilité des révolutions«, in: *La Nouvelle Revue Française*, Mai, S. 1- und Juni 1972, S. 29-42.

»Prometheus ist für immer kompromittiert. Aussichten auf die Nach-Geschichte«. Dt. von Elmar Tophoven, in: *Die Zukunft der Vergangenheit. Lebendige Geschichte – klagende Geschichte*. Hrsg. von Gerd-Klaus Kaltenbrunner, München, Freiburg, Basel, Wien: Herder, 1975 (Herderbücherei. Initiative 8), S. 135-144.

»Beim Wiederlesen der ›Lehre vom Zerfall‹«, in: *Akzente* 26 (1979), S. 332-337, Originalfassung: »En relisant . . .«, in: *Exercices d'admiration*, S. 209-214, *Œuvres*, S. 1627-1630.

»Die radikale Einsamkeit. Ueber die Verführung der Schrift«, in: *Neue Zürcher Zeitung*, 24. Juni 1983, Fernausgabe Nr. 144, S. 39 a-c.

»Les débuts d'une amitié«, in: *Mircea Eliade. L'Herne. Cahiers de l'Herne* 33. Ce cahier a été dirigé par Constantin Tacou, Paris: Éditions de l'Herne, 1978, 2. Aufl. 1987, S. 259-263; dt. »Anfänge einer Freundschaft«. Aus dem Engl. von Udo Rennert, in: *Die Mitte der Welt. Aufsätze zu Mircea Eliade*. Hrsg. von Hans Peter Duerr, Frankfurt am Main: Suhrkamp, 1984 (st 981), S. 183-191.

»Gabriel Marcel«, in: *The Philosophy of Gabriel Marcel*. Ed. by Paul Arthur Schilpp and Lewis Edwin Hahn, La Salle, Illinois: Open Court, 1984, Nachdruck 1991 (The Library of Living Philosophers, Bd. 17).

»Die negative Seite des Fortschritts«, in: *Vor der Jahrtausendwende: Berichte zur Lage der Zukunft*. Hrsg. von Peter Sloterdijk, Frankfurt am Main: Suhrkamp, 1990, 2. Bd., S. 660-667 (edition suhrkamp 1550. Neue Folge Bd. 550). [Originalfassung]

»Manie épistolaire«, in: *La Nouvelle Revue Française*, Nr. 489, Oktober 1993, S. 40-43.

III. Aufsatzsammlungen

Revelaţiile durerii. Eseuri. Ediţie îngijită de Mariana Vartic şi Aurel Sasu. Prefaţă de Dan C. Mihăilescu, Cluj: Echinox, 1990, 202 S.
Singurătate şi destin. Publicistică 1931-1944. Cuvînt înainte al autorului. Ediţie îngrijită de Marin Diaconu, Bucureşti: Humanitas, 1991, 351 S.

IV. Ciorans Briefwechsel

Scrisori către cei de-acasă. Stabilirea şi transcrierea textelor de Gabriel Liiceanu şi Theodor Enescu. Traduceri din franceză de Tania Radu. Ediţie, note şi indici de Dan C. Mihăilescu, Bucureşti: Humanitas, 1995, 357 S.
12 scrisori de pe culmile disperării, însoţite de 12 scrisori de bătrîneţe şi alte texte, Cluj: Biblioteca Apostrof, 1995, 139 S.
Correspondance, Paris: Gallimard, noch nicht erschienen.

V. Ciorans Gespräche (Auswahl)

1970

Bondy, François: »Der untätigste Mensch in Paris. Besuch bei einem radikalen Pessimisten: E. M. Cioran«, in: *Die Zeit* Nr. 15, 10. April 1970, S. LIT 2, wieder abgedruckt in: *Gespräche*, Wien, München, Zürich: Europa, 1972, Gespräch mit Cioran, S. 109-115.

1976

Reinisch, Leonhard: »Die Paradoxien des E. M. Cioran. Ein Gespräch mit Leonhard Reinisch«, in: *Merkur* 338 (1976), S. 654-664.

1978

Perz, Helga: »›Mein ganzes Leben war vom Tod beherrscht ...‹ Ein Gespräch mit dem Schriftsteller E. M. Cioran«, in: *Süddeutsche Zeitung* Nr. 231, 7./8. Oktober 1978, S. 112.

1983

Heinrichs, Hans-Jürgen: »›Das Scheitern ist wichtiger als der Tod‹. E.M. Cioran im Gespräch mit Hans-Jürgen Heinrichs, Paris, Frühjahr 1983«, in: E.M. Cioran: *Cafard. Originaltonaufnahmen 1974-1990*. Hrsg. von Thomas Knöfel und Klaus Sander. Mit einem Nachwort von Peter Sloterdijk, Köln: supposé, 1998, S. 18-57.

1985

E. M. Cioran: *Ein Gespräch*. Geführt von Gerd Bergfleth. Mit Bildbeigaben und dem Faksimile eines Briefes von Henri Michaux, Tübingen: Konkursbuchverlag, 1985, 63 S. (Tübingen Rive Gauche)

1986

Fritz J. Raddatz: »Tiefseetaucher des Schreckens. Ein ZEIT-Gespräch mit E. M. Cioran«, in: *Die Zeit*, Nr. 15 vom 4. April 1986, S. 49-50, wieder abgedruckt in: Fritz J. Raddatz, *ZEIT-Dialoge*, Reinbek bei Hamburg: Rowohlt Taschenbuch Verlag, 1996 (Sachbuch, 60100), S. 7-23.

1988

Jakob, Michael: *Aussichten des Denkens*, München: Wilhelm Fink, 1994, Gespräch mit Cioran: S. 9-38 [Interview vom 7. März 1988].

1990

E.M. Cioran: *Entretiens avec Sylvie Jaudeau suivis d'une analyse des œuvres*, Paris: José Corti, 1990, 92 S.; dt. *Ein Gespräch mit Sylvie Jaudeau* [Die Übers. der Texte ins Dt. besorgte Verena von der Heyden-Rynsch], St. Gallen: Erker, 1992, 31 S.

1992

Focke, Georg C[arpat]: »Im Zeitalter der Epigonen. ›Ich verzweifle, also bin ich‹. Ein Gespräch mit dem Philosophen Emil Cioran (I–II)«, in: *Neuer Weg* (Bukarest) vom 10. und 17. April 1992, Kulturbeilage.

Entretiens, Paris: Gallimard, 1995, 319 S. (Arcades, 41).

VI. Bildband

Cioran: *Élan vers le pire*. Avec les photographies d'Irmeli Jung, Paris: Gallimard, 1988.

B. Sekundärliteratur und Allgemeines

Amzăr, Dumitru: »Constantin Rădulescu-Motru«, in: *Geschichte der philosophischen Traditionen Osteuropas.* Hrsg. von Helmut Dahm und Assen Ignatow, S. 538-588.

Arendt, Hannah: *The Origins of Totalitarianism*, New York 1951; dt. *Elemente und Ursprünge totaler Herrschaft.* Von der Verfasserin übertragene und neubearbeitete Ausgabe (Geleitwort von Karl Jaspers), Frankfurt am Main: Europäische Verlagsanstalt, 1955, 2. Aufl. 1958, 732 S.

Aron, Raymond: *L'Opium des intellectuels*, Paris: Calmann-Lévy, 1955, 337 S. (Liberté de l'Esprit), Neuausgabe in der Reihe Agora, 13, 356 S.; dt. *Opium für Intellektuelle oder Die Sucht nach Weltanschauung.* Deutsch von Klaus Peter Schulz, Köln, Berlin: Kiepenheuer & Witsch, 1957, 386 S.

Ayer, Alfred J.: *Wittgenstein*, London: Weidenfeld and Nicolson, 1985, 155 S.

Bailey, Alan: *Sextus Empiricus and Pyrrhonean Scepticism*, Oxford: Clarendon Press, 2002, XVI, 302 S.

Barbey d'Aurevilly, Jules Amédée: »Du Dandysme et de George Brummell« [1844, ^{2}1876, 3me éd. Paris: Lemerre, 1879], in: *Œuvres romanesques complètes.* II. Textes présentés, établis et annotés par Jacques Petit, Paris: Gallimard, 1966, ^{2}1980 (Bibliothèque de la Pléiade, 184), S. 667-733; dt. *Vom Dandytum und von G. Brummell.* Ins Deutsche übertragen und eingeleitet von Richard Schaukal, München, Leipzig: Georg Müller, 1909, XXVIII, 132 S. Neuausgabe: Nördlingen: Greno, 1987, 118 S. (10/20, 7).

Bartley, William Warren, III: *Wittgenstein, ein Leben*, München: Matthes & Seitz, 1983 (Liebhaber-Bibliothek, 3).

Baruzi, Jean: *Saint Jean de la Croix et le problème de l'expérience mystique*, 2e édition, revue et augmentée d'une préface nouvelle, Paris: Alcan [^{1}1924] 1931, XXIX, 740 S. (Bibliothèque de philosophie contemporaine).

Bataille, Georges: *La littérature et le mal*, Paris: Gallimard, 1957, Neuausgabe in der Reihe Folio Essais, 148, 1990; dt. *Das theoretische Werk in Einzelbänden.* Hrsg. von Gerd Bergfleth. *Die Literatur und das Böse. Emily Brontë, Baudelaire, Michelet, Blake, Sade, Proust, Kafka, Genet.* Mit einem Nachwort von Gerd Bergfleth und einem Essay von Daniel Leuwers. Aus dem Franz. übers. von Cornelia Langendorf, München: Matthes & Seitz, 1987 (Batterien, 28).

Baudelaire, Charles: *Œuvres complètes.* I. Texte établi, présenté et annoté par Claude Pichois, Paris: Gallimard, 1975 (Bibliothèque de la Pléiade, 1); dt. »Mein entblößtes Herz«, in: *Sämtliche Werke/Briefe in acht Bänden.* Hrsg. von Friedhelm Kemp und Claude Pichois in Zusammenarbeit mit Wolfgang Drost, München, Wien: Carl Hanser, 1991, Bd. 6, S. 222-258.

Blanchot, Maurice: *L'Entretien infini*, Paris: Gallimard, 1969; zum Teil dt. in: *Das Unzerstörbare. Ein unendliches Gespräch über Sprache, Literatur und Existenz*. Aus dem Franz. von Hans-Joachim Metzger und Bernd Wilczek, München, Wien: Carl Hanser, 1991, 267 S.

Bloy, Léon: *Le salut par les juifs*, Paris 1892, éd. revue 1906, Paris: Mercure de France, 1949, 212 S.; dt. in: *Das Heil und die Armut. Das Blut der Armen* und *Das Heil durch die Juden*. Mit Beiträgen von Georges Bernanos, Raïssa Maritain und Karl Pfleger. Übers. von Clemens ten Holder, Heidelberg: F. H. Kerle, 1953, S. 295-401.

Boia, Lucian: *Istorie şi mit în conştiinţa românească*, Bucureşti: Humanitas, 1997, 310 S. (Istorie); engl. *History and Myth in Romanian Consciousness*, Budapest [u. a.]: Central European University Press, 2001, 285 S.; dt. *Geschichte und Mythos. Über die Gegenwart des Vergangenen in der rumänischen Gesellschaft*. Übers. aus dem Rumänischen von Annemarie Weber unter Mitwirkung von Horst Weber, Köln, Wien, Weimar: Böhlau, 2003, VII, 291 S. (Studia Transylvanica, Bd. 30).

Boissau, Pierre-Yves: »La transfiguration du passé«, in: *Le Monde*, 51e année, n° 15708, Vendredi, 28 juillet 1995, *Le Monde des livres*, S. 12, in einer leicht veränderten Fassung: »Écrire pour effacer«, in: Cioran, *Mon pays*, S. 201-209.

Bollon, Patrice: »Mais qui est donc Cioran?«, in: *Paris-Match*, Nr. 2071 vom 2. Juni 1989, S. 4-5.

–, »Cioran. Aristocrate du doute«, in: *City Magazine* nr. 19, Februar 1986, S. 94-96.

–, »Face au fascisme. Cioran, Eliade, Ionesco: l'oubli du fascisme. Alexandra Laignel-Lavastine«, in: *Magazine littéraire*, Nr. 410, Juni 2002, S. 87.

Bourdieu, Pierre: *L'ontologie politique de Martin Heidegger*, Paris: Les Éditions de Minuit, 1988, 122 S. (Le sens commun); dt. *Die politische Ontologie Martin Heideggers*. Aus dem Franz. von Bernd Schwibs, Frankfurt am Main: Suhrkamp, 1988, 156 S. (edition suhrkamp, 1514 = N. F., Bd. 514).

[Brădescu, Faust]: »Emil Cioran îşi reneagă trecutul« [Emil Cioran verleugnet seine Vergangenheit], in: *Carpaţii. Revistă de cultură şi acţiune românească în exil* (Madrid), Nr. 16/17 vom 25. Oktober–25. November 1973.

Buhociu, Octavian: »Cioran in Rumänien«, in: *Criticón* 45, Januar-Februar 1978, S. 36-38 [2. Teil von »Physisches und metaphysisches Exil. Cioran in Frankreich und Rumänien«; zu *Schimbarea la faţă a României*, mit Übersetzungsproben].

Čaadaev, Pëtr Jakovlevič: Pierre Tchaadaev, *Lettres philosophiques adressées à une dame*. Présentées par François Rouleau, Paris: Librairie des Cinq Continents [1970] (Les Inédites Russes, 2); dt. Peter Tschaadajew, *Schriften und Briefe*. Übers u. eingel. von Elias Hurwicz, München: Drei Masken, 1921 (Bücherei für Politik und Geschichte), *Apologie eines Wahnsinnigen. Geschichtsphilosophische Schriften*. Aus dem Russ. von Heinrich Falk u. Roswitha Matwin-Buschmann. Aus dem Franz. von Elias Hurwicz. Hrsg. u. mit e. Nachw. vers. von Gabriela Lehmann-Carli u. Ulf Lehmann, Leipzig: Reclam, 1992 (Reclam-Bibliothek, 1422: Philosophie, Geschichte, Kulturgeschichte).

Călinescu, George: *Istoria literaturii române de la origini până în prezent*, Bucureşti: Fundaţia Regală pentru Literatură şi Artă, 1941; fotomechanischer Nachdruck: Milano: Fundaţia Europeană Drăgan, 1980; Ediţia a II-a, revăzută şi adăugită. Ediţie şi prefaţă de Al. Piru, Bucureşti: Minerva, 1986, XVI, 1060 S.; engl. *History of Romanian Literature*. Translated by Leon Leviţchi, Milan: UNESCO-Nagard Publishers, 1989, 893 S.

–, *Istoria literaturii române. Compendiu* [1945, ²1946], Bucureşti: Editura pentru Literatură, 1968, 429 S.

Călinescu, Matei: »›How Can One Be What One Is?‹: Reading the Romanian and the French Cioran«, in: *Salmagundi. A Quarterly of the Humanities & Social Sciences* (Skidmore College, Saratoga Springs, NY) No. 112, Herbst 1996, S. 192-215.

Carnap, Rudolf: »Überwindung der Metaphysik durch logische Analyse der Sprache«, in: *Erkenntnis* (Leipzig: Felix Meiner), II. Bd. 1931 (= *Annalen der Philosophie*, Bd. X), S. 219-241.

Castellan, Georges: *Histoire de la Roumanie*, Paris: Presses Universitaires de France, 1984, 127 S. (Que sais-je? 2124); engl. *A History of the Romanians*, Boulder u. a.: East European Monographs, 1989, 268 S. (East European Monographs, 257)

–, *Histoire du peuple roumain*, Crozon: Éditions Armeline, 2002, 388 S.

Chaliand, Gérard; Rageau, Jean-Pierre: *Atlas des diasporas*, Paris: Odile Jacob, 1991.

Cihac, A[lexandru] de: *Dictionnaire d'étymologie daco-romane*. [1] *Éléments latins comparés avec les autres langues romanes*, [2] *Éléments slaves, magyars, turcs, grecs-modernes et albanais*, Francfort s/M.: Ludolphe; St.-Goar; Berlin: Asher; Bucarest: Socec, 1870, 1879; XII, 331 S., XXIV, 816 S. Nachdruck Osnabrück: Biblio, 1978.

Claudel, Paul: *Œuvres en prose*. Préface par Gaëtan Picon. Textes établis et annotés par Jacques Petit et Charles Galpérine, Paris: Gallimard, 1965, ²1973, ³1989 (Bibliothèque de la Pléiade, 179); dt. *Kritische Schriften*, Heidelberg: F. H. Kerle, Einsiedeln, Zürich, Köln: Benziger, 1958.

Dahm, H.; Ignatow, A. [Hrsg.]: *Geschichte der philosophischen Traditionen Osteuropas*. Hrsg. von Helmut Dahm und Assen Ignatow, Darmstadt: Wissenschaftliche Buchgesellschaft, 1996, XIX, 695 S.

Damblemont, Gerhard: »Zur Schopenhauer-Rezeption E. M. Ciorans«, in: 67. *Schopenhauer-Jahrbuch für das Jahr 1986* (Frankfurt am Main), S. 131-144.

Diaconu, Marin [Hrsg.]: *Pro şi contra Emil Cioran. Între idolatrie şi pamflet.* Antologie, cuvînt înainte şi note de Marin Diaconu, Bucureşti: Humanitas, 1998, 461 S.

Dostoevskij, Fëdor Michailovič: *Böse Geister.* Aus dem Russ. von Swetlana Geier, Zürich: Ammann, 1998; *Die Dämonen.* Aus dem Russ. übertragen von Marianne Kegel, München: Winkler, 1961; *Die Dämonen.* Roman in drei Teilen. Deutsch von Günter Dalitz, Berlin, Weimar: Aufbau, 1985, [2]1988, in: Fjodor Dostojewski, *Gesammelte Werke in zwanzig Bänden.* Hrsg. von Gerhard Dudek und Michael Wegner.

–, *Die Brüder Karamasow.* Aus dem Russischen übertragen von Hans Ruoff und Richard Hoffmann, München: Winkler, 1958.

Dumont, Jean-Paul: *Les Sceptiques grecs.* Textes choisis et traduits par Jean-Paul Dumont, Paris: Presses Universitaires de France, 1966.

–, *Le Scepticisme et le phénomène. Essai sur la signification et les origines du pyrrhonisme.* Thèse principale pour le doctorat ès lettres, Paris: J. Vrin, 1972, 256 S. (Université de Paris. Faculté des Lettres et Sciences humaines).

Durandin, Catherine: *Histoire de la Roumanie moderne*, Bruxelles: Éditions Complexe, 1993.

–, *Histoire des Roumains*, Paris: Fayard, 1995, 573 S.

Duvignaud, Jean: »Le mur de la détresse. E. M. Cioran: Histoire et Utopie«, in: *Preuves* 120, Februar 1961, S. 78-80.

Meister Eckhart: *Deutsche Mystiker des 14. Jahrhunderts*, Band II. *Meister Eckhart.* Hrsg. von Franz Pfeiffer, Leipzig: G.J. Göschen, 1857, IV. unveränderte Aufl. Photomechanischer Neudruck der Ausgabe von 1857, Göttingen: Vandenhoeck & Ruprecht, 1924, X, 686 S. [Mittelhochdeutsche Ausgabe der Predigten und Traktate.]

–, *Die deutschen und lateinischen Werke.* Hrsg. im Auftrage der Deutschen Forschungsgemeinschaft. [I] *Die deutschen Werke.* Meister Eckharts *Predigten.* Hrsg. u. übers. von Josef Quint, Stuttgart, Berlin: W. Kohlhammer, 3. Bd. 1976; 5. Bd.: Meister Eckharts *Traktate.* Hrsg. u. übers. von Josef Quint, Stuttgart: W. Kohlhammer, 1963.

–, *Werke* I, II. Hrsg. und kommentiert von Niklas Largier, Frankfurt am Main: Deutscher Klassiker Verlag, 1993 (Bibliothek des Mittelalters, Bd. 20, 21; Bibliothek deutscher Klassiker, 91, 92).

–, *Meister Eckharts deutsche Predigten und Traktate.* Ausgewählt, übertragen und eingeleitet von Friedrich Schulze-Maizier, Leipzig: Insel, 1927, 438 S.; 2. [verb.] Aufl. 1934, [3]1938, 449 S. (Der Dom. Bücher deutscher Mystik [10]).

–, *Meister Eckhart und seine Jünger. Ungedruckte Texte zur Geschichte der deutschen Mystik.* Hrsg. von Franz Jostes, Freiburg (Schweiz): Commissionsverlag der Universitätsbuchhandlung, 1895 (Collectanea Friburgensia, Fasciculus IV), Nachdruck: Mit einem Wörterverzeichnis von Peter Schmitt und einem Nachwort von Kurt Ruh, Berlin,

New York: Walter de Gruyter, 1972, XVIII, 211 S. (Deutsche Neudrucke, Reihe: Texte des Mittelalters).

–, Schaefer, Eduard: *Meister Eckeharts Traktat »Von Abegescheidenheit«. Untersuchung und Textneuausgabe*, Bonn: Ludwig Röhrscheid, 1956, 236 S.

–, »Der Traktat über die Abgeschiedenheit«, in: Karl Eugen Neumann, *Die innere Verwandtschaft buddhistischer und christlicher Lehren.* Zwei buddhistische Suttas und ein Traktat Meister Eckharts aus den Originalquellen übersetzt und mit einer Einleitung und Anmerkungen herausgegeben, Leipzig: Max Spohr [1891], S. 75-91. [Erste neuhochdeutsche Übersetzung.]

–, »Von Abgeschiedenheit«, in: Ilse Roloff, *Meister Eckeharts Schriften zur Gesellschaftsphilosophie*, Jena: Gustav Fischer, 1934 (Die Herdflamme. Sammlung der gesellschaftswissenschaftlichen Grundwerke aller Zeiten und Völker, 20. Bd.), S. 67-83. [Die Übersetzung lehnt sich eng das mittelhochdeutsche Original an.]

–, Meister Eckehart. *Deutsche Predigten und Traktate.* Hrsg. und übersetzt von Josef Quint, München: Carl Hanser, 1955, 547 S.

Eliade, Mircea: *Huliganii*, 2 Bände, Bucureşti: Editura Naţională Ciornei, 1935, 3. Aufl. Bucureşti: Cugetarea, 1943, 457 S.; dt. *Die Hooligans.* Aus dem Rumän. von Richard Reschika, Freiburg i. Br., Basel, Wien: Herder, 1993, 358 S.

–, *Amintiri (I). Mansarda* [nur Kap. 1-8], Madrid: Destin, 1966, 174 S. (Colecţia Destin); *Memorii (1907-1960).* Ediţia a II-a revăzută şi indice de Mircea Handoca, Bucureşti: Humanitas, [1991] ^{2}1997, 554 S.; *Les Promesses de l'équinoxe, Mémoire I*, trad. par Constantin N. Grigorescu, Paris: Gallimard, 1980, *Les Moissons du solstice, Mémoire II, 1937-1960.* Trad. par Alain Paruit, Paris: Gallimard, 1988; dt. *Erinnerungen 1907-1937.* Aus dem Rumänischen von Ilina Gregori und Heinz Hermann, Frankfurt am Main: Insel, 1987.

–, *Fragments d'un journal*, I–III, Paris: Gallimard, 1973; dt. *Im Mittelpunkt. Bruchstücke eines Tagebuches.* Übersetzt von Bertrand A. Egger, Wien, München, Zürich: Europa, 1977; *Jurnal*, Vol. I. *1941-1969*, Vol. II. *1970-1985.* Ediţie îngrijită şi indice de Mircea Handoca, Bucureşti: Humanitas, 1993.

–, »Itinerariu spiritual« [6.9.1927-16.11.1927], abgedruckt in: M. Eliade, *Lucrurile de taină.* Eseuri. Ediţie îngrijită, note şi prefaţă de Emil Manu, Bucureşti: Editura Eminescu, 1995, S. 23-79.

Encyclopedia of Philosophy, Paul Edwards, Editor in Chief, New York: The Macmillan Comp. & The Free Press, London: Collier-Macmillan, 1967, Vol. 4.

Engelmann, Paul: *Letters from Ludwig Wittgenstein. With a Memoir.* Translated [from the German] by L. Furtmüller, Oxford: Blackwell, 1967, XV, 150 S.; dt. *Ludwig Wittgenstein. Briefe und Begegnungen.* Hrsg. von B[ernard] F[rancis] McGuinness. Anmerkungen und Nach-

wort wurden aus dem Engl. von Arvid Sjögren übersetzt, Wien, München: R. Oldenbourg, 1970, 127 S.
Fejtő, François: *Histoire de la destruction de l'Autriche-Hongrie*, Paris: Edima-Lieu Commun, 1988 und 1992, Neuausgabe Paris: Seuil, 1993 (Points); dt. *Requiem für eine Monarchie. Die Zerschlagung Österreich-Ungarns*, Wien: ÖBV [Österreichischer Bundesverlag], 1991, 451 S.
–, »Je doute, donc je suis«, in: *Le Monde*, 51e année, n° 15708, Vendredi, 28 juillet 1995, *Le Monde des livres*, S. 13; auch in: Cioran, *Mon pays*, S. 211-218.
Flaubert, Gustave: *Correspondance II (juillet 1851 – décembre 1858)*. Édition établie, présentée et annotée par Jean Bruneau, Paris: Gallimard, 1980 (Bibliothèque de la Pléiade, 284); dt. *Die Briefe an Louise Colet*. Mit allen erhaltenen Briefen und Tagebuchnotizen von Louise Colet an Gustave Flaubert und einem Vorwort von Julian Barnes. Aus dem Franz. und Anmerkungen von Cornelia Hasting, Zürich: Haffmans, 1995, 992 S.
Floridi, Luciano: *Sextus Empiricus. The Transmission and Recovery of Pyrrhonism*, Oxford, New York: Oxford University Press, 2002, XVI, 150 S. (American Philological Association. American Classical Studies, Vol. 46).
Flückiger, Hansueli: *Die Herausforderung der philosophischen Skepsis*, Wien: Passagen, 2003, 224 S. (Passagen Philosophie).
Fondane [= Fundoianu, eigentl. Vecsler], Benjamin: *Rencontres avec Léon Chestov*. Textes établis et annotés par Nathalie Baranoff et Michel Carassou. Préface de Michel Carassou, Paris: Plasma, 1982, 260 S. (Arcanes, 17).
Gay, Peter: *Weimar Culture. The Outsider as Insider*, New York: Harper & Row, 1968; dt. *Die Republik der Außenseiter. Geist und Kultur in der Weimarer Zeit: 1918-1933*. Mit einer Einleitung von Karl Dietrich Bracher. Aus dem Amerikan. übers. von Helmut Lindemann, Frankfurt am Main: S. Fischer, 1970, 256 S. Vom Autor durchges. Neuausgabe, Fischer Taschenbuch-Verlag, 1987 (Fischer TB, 4378); franz. *Le suicide d'une république. Weimar 1918-1933*. Traduit de l'américain par Jean-François Sené [Préface à l'édition française], Paris: Calmann-Lévy, 1993, 269 S. (Librairie européenne des idées. Essai histoire), Nachdruck Paris: Gallimard, 1995 (Tel).
Gebert, Sigbert: *Negative Politik. Zur Grundlegung der Politischen Philosophie aus der Daseinsanalytik und ihrer Bewährung in den Politischen Schriften Martin Heideggers von 1933/34*, Berlin: Duncker & Humblot, 1992, 204 S (Philosophische Schriften, Bd. 7).
Georgescu, Vlad: *Istoria românilor. De la origini pînă în zilele noastre*, American Romanian Academy of Arts, 1984; *The Romanians. A History*. Edited by Matei Călinescu. Translated by Alexandra Bley-Vroman, Columbus: Ohio State University Press, 1991, XIV, 357 S. (Romanian Literature and Thought in Translation Series).

Goerdt, Wilhelm: *Russische Philosophie. Zugänge und Durchblicke*, Freiburg (im Breisgau), München: Karl Alber, 1984, 768 S.

Hadot, Pierre: *Exercices spirituels et philosophie antique*, 3e édition, revue et augmentée, Paris: Institut d'Études Augustiniennes, [[1]1981, [2]1987] 1993, 261 S. (Collection des Études Augustiniennes. Série Antiquité, 136); dt. *Philosophie als Lebensform. Geistige Übungen in der Antike.* Aus dem Franz. von Ilsetraut Hadot und Christiane Marsch, Berlin: Mathias Gatza, 1991, 223 S.

–, *Qu'est-ce que la philosophie antique?* Paris: Gallimard, 1995, 461 S. (Folio Essais, 280); dt. *Wege zur Weisheit oder Was lehrt uns die antike Philosophie?* Aus d. Franz. von Heiko Pollmeier, Berlin: Eichborn, 1999, 398 S.

Heidegger, Martin: *Die Selbstbehauptung der deutschen Universität. Rede, gehalten bei der feierlichen Übernahme des Rektorats der Universität Freiburg i. Br. am 27.5.1933. Das Rektorat 1933/34. Tatsachen und Gedanken* [1945]. [Hrsg. und Vorwort von Hermann Heidegger], Frankfurt am Main: Vittorio Klostermann, 1983, 2., durchges. Aufl. 1990, 43 S. – Dazu: Rainer Alisch, »Heideggers Rektoratsrede im Kontext«, in: *Deutsche Philosophen 1933*, Hamburg [u. a.]: Argument-Verlag (1989), S. 69-98.

–, *Gesamtausgabe* [*GA*]. I. Abteilung: Veröffentlichte Schriften 1910-1976. Bd. 13. *Aus der Erfahrung des Denkens 1910-1976*. Hrsg. von Hermann Heidegger, Frankfurt am Main: Vittorio Klostermann, 1983, 254 S.

–, *Gesamtausgabe* [*GA*]. I. Abteilung: Veröffentlichte Schriften 1910-1976. Bd. 16. *Reden und andere Zeugnisse eines Lebensweges 1910-1976*. Hrsg. von Hermann Heidegger, Frankfurt am Main: Vittorio Klostermann, 2000, XXI, 842 S.

–, *Écrits politiques 1933-1966*. Présentation, traduction et notes par François Fédier, Paris: Gallimard, 1995, 336 S. (Bibliothèque de philosophie).

Heinen, Armin: *Die Legion »Erzengel Michael« in Rumänien. Soziale Bewegung und politische Organisation. Ein Beitrag zum Problem des internationalen Faschismus*, München: R. Oldenbourg, 1986, 558 S. (Südosteuropäische Arbeiten, 83).

Heitmann, Klaus: »Das ›rumänische Phänomen‹. Die Frage des nationalen Spezifikums in der Selbstbesinnung der rumänischen Kultur seit 1900«, in: *Südostforschungen. Internationale Zeitschrift für Geschichte, Kultur und Landeskunde Südosteuropas* im Auftrag des Südost-Instituts München, Bd. XXIX (1970), S. 171-236.

Hell, Cornelius: »›Ich bin ein Mystiker und ich glaube an nichts.‹ Die religionsphilosophische Position E.M. Ciorans«, in: Heinz Robert Schlette (Hrsg.), *Religion – aber wie? Religionsphilosophische Perspektiven*, Würzburg: Königshausen & Neumann, 2002 (Tagung. Schwabenakademie Irsee), S. 81-90.

Heres, Doris: *Die Beziehungen der französischen Werke Émile Ciorans zu seinen ersten rumänischen Schriften*, Bochum: Studienverlag Dr. N. Brockmeyer, 1988, 463 S. (Kurier [der] Rumänischstudenten. Beiheft, 1) [Diss. Univ. Bochum 1987.]

Hitchins, Keith: »*Gândirea.* Nationalism in a Spiritual Guise«, in: Kenneth Jowitt, *Social Change in Romania: 1860-1940*, Berkeley 1978, S. 140ff.

Hutin, Serge: *Les Gnostiques*, 2e éd. revue et corrigée, Paris: Presses Universitaires de France, [[1]1959] 1963, 127 S.(Que sais-je?, 808).

Ionescu, Nae: *Roza vânturilor. 1926-1933*. Culegere îngrijită de Mircea Eliade, Bucureşti, Ed. »Cultura Naţională« [1937], 450 S. Nachdruck Bucureşti: Ed. Roza Vânturilor, 1990 [Prefaţă de Dan Zamfirescu, VIII S.] (Cărţi fundamentale ale culturii româneşti în ediţii anastatice).

Jäckel, Eberhard: *Hitlers Weltanschauung. Entwurf einer Herrschaft*, Tübingen: Rainer Wunderlich, 1969, 159 S.; Erw. u. überarb. Neuausg., 3. Aufl., 11.-13. Tsd., Stuttgart: Dt. Verlags-Anstalt, 1986, 175 S.

Jaudeau, Sylvie: *Cioran ou le dernier homme*, Paris: José Corti, 1990, 173 S.

Jowitt, Kenneth [Hrsg.]: *Social Change in Romania: 1860-1940. A Debate on Development in a European Nation*, Berkeley: Institute of International Studies, University of California, 1978, XI, 207 S. (University of California, Berkeley. Institute of International Studies. Research Series, 36).

Kershaw, Ian: *Hitler*, London: Longman, 1991; franz. *Hitler. Essai sur le charisme en politique*. Traduit par J. Carnaud et M.-E. Dauzat, Paris: Gallimard, 1995 (*nrf*. Essais).

–, *The »Hitler Myth«. Image and Reality in the Third Reich*, Oxford: Clarendon Press, 1987; dt. *Der Hitler-Mythos. Führerkult und Volksmeinung*. Aus dem Engl. von Klaus Kochmann und Boike Rehbein, Stuttgart: Dt. Verl.-Anst., 1999.

Keyserling, Comte Hermann de: *Sur l'art da la vie*, Paris: Stock, 1936, 295 S.

Kierkegaard, Sören: *Entweder-Oder*. Unter Mitwirkung von Niels Thulstrup und der Kopenhagener Kierkegaard-Gesellschaft hrsg. von Hermann Diem und Walter Rest, Köln, Olten: Jakob Hegner, 1960.

Kluback, William; Finkenthal, Michael: *The Temptation of Émile Cioran*, New York: Peter Lang, 1997, 228 S. (American University Studies, 221).

Köpeczi, Béla [Hrsg.] *Kurze Geschichte Siebenbürgens*. Hrsg. von Béla Köpeczi, unter Mitarbeit von Gábor Barta, István Bóna, László Makkai, Zoltán Szász, Budapest: Akadémiai Kiadó, 1990, 781 S. (Institut für Geschichte der Ungarischen Akademie der Wissenschaften).

Kraus, Karl: *Sprüche und Widersprüche*, München: Albert Langen. Verlag für Literatur und Kunst, 1909, [2]1914; 4.-6. Tsd. Wien, Leipzig: Die Fackel, 1924; Frankfurt am Main: Suhrkamp, 1986, [2]1988 (BS 141).

Kürenberg, Joachim von: *Carol II. und Madame Lupescu*, Bonn: Athenäum, 1952, 242 S.

La Boëtie, Estienne de: *Discours de la servitude volontaire* [1548], in: *Œuvres complètes*. Publiées Avec Notice biographique, Variantes, Notes et Index par Paul Bonnefon, Bordeaux: G. Gounouilhou; Paris: J. Rouam, 1892, S. 1-57, *Discours de la servitude volontaire*. Texte présenté par Maurice Rat, Paris: Armand Colin, 1963 (Bibliothèque de Cluny. Le Trésor), Text S. 47-94, *Discours de la servitude volontaire*. Chronologie, introduction, bibliographie, notes par Simone Goyard-Fabre, Paris: Flammarion, 1983 (GF-Flammarion, 394), Historisch-kritische Ausgabe: *De la servitude volontaire ou Contr'un*. Édité avec introduction et notes par Malcolm Smith, Genève: Droz, 1987 (Textes littéraires français, 351); dt. *Über freiwillige Knechtschaft*, übersetzt und eingeleitet von Felix Boenheim, Berlin: Malik, 1924, W. Hoffmann-Harnisch 1961, *Über die freiwillige Knechtschaft des Menschen*. Hrsg. und eingeleitet von Heinz-Joachim Heydorn. Aus dem Franz. übertragen von Walter Koneffke, Frankfurt am Main: Europäische Verlagsanstalt, Wien: Europa, 1968 (Politische Texte), Text S. 31-64; *Von der freiwilligen Knechtschaft*. Unter Mitwirkung von Neithard Bulst übersetzt und hrsg. von Horst Günther, Frankfurt am Main: Europäische Verlagsanstalt, 1980, 235 S. (Europäische Bibliothek, 2), franz.-dt. Text S. 32-95.

Lacarrière, Jacques: *Les Gnostiques*. Édition revue et completée. Préface de Lawrence Durrell, Paris: Gallimard, 1973, 158 S. (Idées, 290); Neuausgabe: Paris: Métailié, 1991, Nachdruck bei Albin Michel, 1994 (Spiritualités vivantes poche).

Laignel-Lavastine, Alexandra: *Cioran, Eliade, Ionesco: L'oubli du fascisme. Trois intellectuels roumains dans la tourmente du siècle*, Paris: Presses Universitaires de France, 2002, 553 S. (Perspectives critiques). – Rezensionen: Dominique Jamet, in: *Marianne*, 22. April 2002; Ricardo Paseyro, »Une mémoire hémiplégique«, in: *Le Figaro*, 5. Juni 2002; Patrice Bollon, »Face au fascisme. Cioran, Eliade, Ionesco: l'oubli du fascisme. Alexandra Laignel-Lavastine«, in: *Magazine littéraire*, Nr. 410, Juni 2002, S. 87; Alain Paruit, »Comment critiquer Eliade, Cioran et Ionesco?«, in: *Esprit*, August-September 2002, S. 230-239.

Lautréamont, *Poésies I*, in: Lautréamont, Germain Nouveau, *Œuvres complètes*. Textes établis, présentés et annotés par Pierre-Olivier Walzer, Paris: Gallimard, 1988 (Bibliothèque de la Pléiade, 218).

Lemarchand, Philippe: *L'Europe centrale et balkanique. Atlas d'histoire politique*. Sous la direction de Philippe Lemarchand, Bruxelles: Éditions Complexe, 1995, 287 S.

Leopardi, Giacomo: *Zibaldone di pensieri*. Edizione critica e annotata a cura di Giuseppe Pacella, volume secondo, Milano: Garzanti, 1991.

–, *Zibaldone*. edizione commentata e revisione del testo critico a cura di Rolando Damiani, I–III, Milano: Arnoldo Mondadori, 1997 (I Meridiani).

Libera, Alain de: *Introduction à la mystique rhénane d'Albert le Grand à Maître Eckhart*, Paris: O. E. I. L., 1984, 488 S. (Sagesse chrétienne, 3).
–, *La Mystique rhénane d'Albert le Grand à Maître Eckhart*, Paris: Seuil, 1994, 484 S. (Points. Sagesses, 68); rum. *Mistica renană de la Albert cel Mare la Meister Eckhart*, Timişoara: Amarcord, 1997, 364 S.
–, *Maître Eckhart et la mystique rhénane*, Paris: Éditions du Cerf, 1999, 142 S. (Initiations au Moyen-Âge).
Liiceanu, Gabriel: *Itinerariile unei vieţi: E. M. Cioran urmat de Apocalipsa după Cioran (Ultimul interviu)*, ediţia a II-a, Bucureşti: Humanitas ['1995] 2001, 117 S.
–, *Itinéraires d'une vie: E. M. Cioran. Suivi de »Les Continents de l'insomnie«. Entretien avec E. M. Cioran.* Traduit du roumain par Alexandra Laignel-Lavastine, Paris: Michalon, 1995.
Loubet del Bayle, Jean-Louis: *Les non-conformistes des années 30. Une tentative de renouvellement de la pensée politique française*, Paris: Seuil, 1969, 495 S.
Magee, Bryan: *The Philosophy of Schopenhauer*, Oxford Clarendon Press, New York: Oxford University Press, 1983, 400 S.
Maistre, Joseph de: *Considérations sur la France* [1796], Nouvelle édition, in: *Œuvres*, T. I, Lyon, Paris: J. B. Pélagaud, 1855, S. 1-218, Nachdruck Genève: Slatkine, 1980; dt. *Betrachtungen über Frankreich*. Dt. von Friedrich v. Oppeln-Bronikowski. Hrsg. von Dr. Peter Richard Rohden, Berlin: Reimar Hobbing, 1924 (Klassiker der Politik, I. Bd.), S. 27-122, Neuausgabe: Wien: Karolinger, 1991 (Bibliothek der Reaktion).
Martin, Bernd (Hrsg.): *Martin Heidegger und das ›Dritte Reich‹. Ein Kompendium*. Hrsg. von Bernd Martin, Darmstadt: Wissenschaftliche Buchgesellschaft, 1989, IX, 235 S.
Ménard, Jacques: *De la gnose au manichéisme*, Paris: Cariscript, 1986, 105 S.
Micu, Dumitru: *»Gîndirea« şi gîndirismul*, Bucureşti: Ed. Minerva, 1975, 1042 S.
Mihăilescu, Dan C.: »Recitind ›Schimbarea la faţă a României‹«, in: *Cotidianul* Nr. 9, 28. März 1990, S. 12.
Milza, Pierre: *Les Fascismes*, Paris: Imprimerie nationale, 1985 (Notre siècle), 504 S., Paris: Seuil, 1991 (Points).
Modreanu, Simona: *Cioran*, Paris: Oxus, 2003, 239 S. (Les étrangers de Paris. Les Roumains de Paris).
Morand, Paul: *Bucarest.* Avec deux cartes, Paris: Librairie Plon, 1935, 295 S. Nachdruck Paris 1990.
Moret, Philippe: »Cioran et le travail de la pointe«, in: *Tradition et modernité de l'aphorisme. Cioran, Reverdy, Scutenaire, Jourdan, Chazal*, Genève: Droz, 1997, S. 221-255 (Histoire des idées et critique littéraire, Vol. 361).
Mutti, Claudio: *Mircea Eliade e la Guardia di Ferro*, Parma: Edizioni all'insegna del Veltro, 1989; rum. *Mircea Eliade şi Garda de Fier*. Ediţie

îngrijită şi traducere de Adolf Crivăţ-Vasile [= Răzvan Codrescu], Sibiu: Puncte Cardinale, 1995, 72 S.
–, *Le penne dell'Arcangelo. Intellettuali e Guardia di Ferro*, Milano: Società Editrice Barbarossa, 1994; franz. *Les plumes de l'archange. Quatre intellectuels roumains face à la Garde de Fer: Nae Ionescu, Mircea Eliade, Emil Cioran, Constantin Noica.* Traduit de l'italien par Philippe Baillet, Chalon-sur-Saône: Hérode, 1993; rum. *Penele Arhanghelului. Intelectualii români şi Garda de Fier (Nae Ionescu, Mircea Eliade, Emil Cioran, Constantin Noica, Vasile Lovinescu).* Cu o prefaţă de Philippe Baillet. Traducere de Florin Dumitrescu. Ediţie îngrijită şi postfaţă de Răzvan Codrescu [= Adolf Crivăţ-Vasile], Bucureşti: Anastasia, 1997, 155 S.
Nagy-Talavera, Nicholas M.: *The Green Shirts and the Others. A History of Fascism in Hungary and Rumania*, Stanford: Hoover Institution Press. Stanford University, 1970, XII, 427 S. (Hoover Institution Publications, 85).
Neske, Günther; Kettering, Emil (Hrsg.), *Antwort. Heidegger im Gespräch*, Pfullingen: Günther Neske, 1988.
Nietzsche, Friedrich: *Werke.* Kritische Gesamtausgabe. Hrsg. von Giorgio Colli und Mazzino Montinari, Berlin, New York: Walter de Gruyter, 1968ff. (*KGW*); *Sämtliche Werke.* Kritische Studienausgabe in 15 Bänden. Hrsg. von G. Colli und M. Montinari, München: dtv, Berlin, New York: de Gruyter, 1980 (*KSA*).
–, *Das Vermächtnis Friedrich Nietzsches. Versuch der neuen Auslegung allen Geschehens und einer Umwertung aller Werte.* Aus dem Nachlaß und nach den Intentionen Nietzsches geordnet von Friedrich Würzbach, Salzburg, Leipzig: Pustet, 1940, 2. Aufl. Graz: Pustet, 1943, XLIII, 700 S.; Neuausgabe: F. Nietzsche, *Umwertung aller Werte.* Aus dem Nachlaß zusammengestellt und hrsg. von Friedrich Würzbach. Mit einem Nachwort von Heinz Friedrich, München: Dt. Taschenbuch Verlag, 1969, 2 Bde., 2. Aufl. in einem Bd. 1977, 844 S.
–, Nietzsche's *Werke.* [Großoktavausgabe] *Nachgelassene Werke. Unveröffentlichtes aus der Zeit der Fröhlichen Wissenschaft und des Zarathustra* (1881-1886), Bd. XII [= Abth. 2, Bd. 4]. Neugestaltete Ausg., 3. Aufl., Leipzig: Alfred Kröner, 1919, X, 437 S.
–, Nietzsche's *Werke. Nachgelassene Werke. Unveröffentlichtes aus der Umwerthungszeit* (1882/83-1888), Bd. XIII [= Abth. 2, Bd. 5], Leipzig: C. G. Naumann, 1903, XII, 383 S.
–, Nietzsche's *Werke. Nachgelassene Werke. Unveröffentlichtes aus der Umwerthungszeit* (1882/83-1888), Bd. XIV [= Abth. 2, Bd. 6], Leipzig: C. G. Naumann, 1904, X, 442 S.
–, Nietzsche's *Werke. Nachgelassene Werke. Ecce homo. Der Wille zur Macht. Erstes und Zweites Buch*, Bd. XV [= Abth. 2, Bd. 7] [Hrsg. von Otto Weiss], 2., völlig neugestaltete und vermehrte Ausg., Leipzig: Alfred Kröner, 1910, ^{2}1911, XLII, 502 S.

–, Nietzsche's *Werke. Nachgelassene Werke. Der Wille zur Macht. Drittes und Viertes Buch*, Bd. XVI [= Abth. 2, Bd. 8], Leipzig: Alfred Kröner, 1911, ²1922, X, 560 S.
Nolte, Ernst: *Die Krise des liberalen Systems und die faschistischen Bewegungen*, München: Piper, 1968, 475 S.
–, *Die faschistischen Bewegungen. Die Krise des liberalen Systems und die Entwicklung der Faschismen*, München: Deutscher Taschenbuchverlag, 1966, 333 S. (dtv-Weltgeschichte des 20. Jahrhunderts. Hrsg. von Martin Broszat, Bd. 4; dtv 4004).
Noica, Constantin: *Mathesis sau bucuriile simple*, Bucureşti: Fundaţia pentru Literatură şi Artă »Regele Carol II«, 1934.
Ornea, Z[igu]: *Anii treizeci. Extrema dreaptă românească*, Bucureşti: Editura Fundaţiei Culturale Române, 1995, 474 S.; engl. *The Romanian Extreme Right. The Nineteen Thirties*. English Translation by Eugenia Maria Popescu, Boulder: East European Monographs. Distributed by Columbia University Press, New York, 1999, X, 437 S. (East European Monographs, No. DXXXII)
–, *Tradiţionalism şi modernitate în deceniul al treilea*, Bucureşti: Ed. Eminescu, 1980, 666 S.
Ortega y Gasset, José: *Le Spectateur tenté*. Essais traduits de l'espagnol par Mathilde Pomès. Préface de E. M. Cioran, Paris: Plon, 1958 (Collection Cheminements), Neuausgabe unter dem Titel *Le Spectateur*, Paris: Rivages (Rivages poche), 1992, »Mirabeau o el político«, Madrid: Revista de Occidente, 1927, in: *Obras completas*, Tomo III (1917-1928), Madrid: Revista de Occidente, 1947, ²1950, S. 601-637; dt. »Mirabeau oder der Politiker«, in: *Gesammelte Werke*. Übers. von Helene Weyl und Ulrich Weber, Bd. II, Stuttgart: Deutsche Verlags-Anstalt, 1955, S. 373-413.
Otto, Rudolf: *West-östliche Mystik. Vergleich und Unterscheidung zur Wesensdeutung*. Zweite ergänzte Auflage, Gotha: Leopold Klotz, [¹1926] 1929, XIV, 445 S.; 3. Aufl., überarbeitet von Gustav Mensching, München: C. H. Beck, 1971, XIV, 314 S.
Papadopoulo, Alexandre: *Introduction à la philosophie russe des origines à nos jours*, Paris: Seuil, 1995, 315 S.
Pétrement, Simone: *Le Dualisme dans l'histoire de la philosophie et des religions. Introduction à l'étude du dualisme platonicien, du gnosticisme et du manichéisme*, Paris: Gallimard, 1946, 127 S. (La Montagne Sainte-Geneviève, 5).
–, *Essai sur le dualisme chez Platon, les gnostiques et les manichéens*, Paris: Presses Universitaires de France, 1947, 354 S. (Diss. phil.: Université de Paris. Faculté des Lettres).
–, *Le Dieu séparé. Les origines du gnosticisme*, Paris: Les Éditions du Cerf, 1984, 698 S. (Patrimoines. gnosticisme).
Petreu, Marta: *Un trecut deocheat sau »Schimbarea la faţă a României«*, Cluj-Napoca: Biblioteca Apostrof, 1999, 436 S. (Ianus). Ed. a II-a, re-

văzută şi adăugită, Bucureşti: Editura Institutului Cultural Român, 2004 (Context. Eseuri), 414 S.
–, *Ionescu în ţara tatălui*, Cluj-Napoca: Biblioteca Apostrof, 2001, ²2002, 175 S. (Ianus).
Poliakov, Léon: *Histoire de l'Antisémitisme*, Paris: Calmann-Lévy, 1955-1977 (Liberté de l'Esprit), Nachdruck Paris: Seuil (Points), 1991: [1] *Du Christ aux Juifs de Cour*, 1955, 342 S.; [2] *De Mahomet aux Marranes*, 1961, XVI, 378 S.; [3] *De Voltaire à Wagner*, 1977, 508 S.; [4] *L'Europe suicidaire. 1870-1933*, 1977, 364 S.; *Histoire de l'Antisémitisme*. Nouvelle édition corrigée et mise à jour: Vol. 1: *L'Âge de la foi*, Vol. 2: *L'Âge de la science*, Paris: Seuil, 1991, 491, 542 S. (Points. Histoire, 143, 144); dt. *Geschichte des Antisemitismus*. [Die dt. Übers. besorgte Rudolf Pfisterer], Worms: Georg Heintz, ab Bd. 7 (1988): Frankfurt am Main: Athenäum-Jüdischer Verlag.
IV. *Die Marranen im Schatten der Inquisition: Mit einem Anhang: Die Morisken und ihre Vertreibung*, 1981, 249 S.; V. *Die Aufklärung und ihre judenfeindliche Tendenz*, 1983, 269 S.; VI. *Emanzipation und Rassenwahn*; VII. *Zwischen Assimilation und »jüdischer Weltverschwörung«*, 1988, 190 S.; VIII. *Am Vorabend des Holocaust*, 1988, 278 S.
Praz, Mario: *Goût néoclassique*, Neuausgabe: Paris: Le Promeneur-Quai Voltaire, 1989; Originalausgaben: ¹1939, ²1958, ³1974; Neuausgabe: *Gusto neoclassico*, Milano: Biblioteca Universale Rizzoli, 1990, 410 S.
Prost, Henri: *Destin de la Roumanie (1918-1954)*. Préface d'Albert Mousset, Paris: Berger-Levrault, 1954, 279 S.
Proust, Marcel: *Contre Sainte-Beuve*, Paris 1908.
–, *Gegen Sainte-Beuve*. Deutsch von Helmut Scheffel, Frankfurt am Main: Suhrkamp, 1962, 165 S. (Bibliothek Suhrkamp, 83).
–, *Gegen Sainte-Beuve*. Aus dem Franz. übers. von Helmut Scheffel, Frankfurt am Main: Suhrkamp, 1997, in: Marcel Proust, *Werke*. Hrsg. von Luzius Keller, Bd. 3 [Publiziertes und Unpubliziertes aus dem Nachlaß].
Rădulescu-Motru, Constantin: *Românismul. Catehismul unei noi spiritualităţi*, Bucureşti: Fundaţia pentru Literatură şi Artă »Regele Carol II«, 1936, ²1939, 215 S. (Biblioteca de filosofie românească).
Rauschning, Hermann: *Die Revolution des Nihilismus. Kulisse und Wirklichkeit im Dritten Reich*, Zürich, New York: Europa, 1938, 510 S.
–, *Gespräche mit Hitler*, Zürich, New York: Europa, 1940, 272 S.
–, *Masken und Metamorphosen des Nihilismus. Der Nihilismus des XX. Jahrhunderts*, Frankfurt am Main, Wien: Humboldt, 1954, 224 S.
Reich, Wilhelm: *Rede an den kleinen Mann*. Rangely, Maine: Orgonon, 1946. Typoskript. Titelblatt, 95 einseitig beschriebene Seiten; engl. *Listen, Little Man!* A Document from the Archives of the Orgone Institute. Translated by Theodore P[eter] Wolfe (Illustrated by William Steig), New York: Orgone Institute, 1948, 126 S.
Reichmann, Edgar: »Le funambule du désespoir«, in: *Le Monde*, 51ᵉ année, nº 15708, Vendredi, 28 juillet 1995, *Le Monde des livres*, S. 12.

Ricken, Friedo: *Antike Skeptiker*, München: C. H. Beck, 1994, 174 S. (Beck'sche Reihe. Denker 526).
Rorty, Richard: *Consequences of Pragmatism. Essays 1972-1980*, Minneapolis: University of Minnesota Press, 1982, XLVII, 237 S.
Rosetti, Alexandru: *Brève histoire de la langue roumaine des origines à nos jours*, The Hague, Paris: Mouton, 1973, 211 S. (Janua linguarum. Series critica, 13), rum. *Schiţă de istorie a limbii române de la origini şi pînă în zilele noastre*, Bucureşti 1976.
–, *Istoria limbii române. I. De la origini pînă la începutul secolului al XVII-lea.* Ediţie definitivă, Bucureşti: Editura ştiinţifică şi enciclopedică, 1986, 931 S.
Rosset, Clément: »Le mécontentement d'E. M. Cioran«, in: *La Nouvelle Revue Française*, Nr. 349, 1. Februar 1982, S. 92-98.
Rusu, Valeriu: *Le Roumain. Langue, littérature, civilisation*, Paris: Ophrys, 1992, 227 S.
Safranski, Rüdiger: *Ein Meister aus Deutschland: Heidegger und seine Zeit*, München, Wien: Carl Hanser, 1994, 538 S.
Sartre, Jean-Paul: *Baudelaire*. Précédé d'une note de Michel Leiris, Paris: Gallimard, 1946; dt. *Baudelaire. Ein Essay*. Übertragen von Beate Möhring. Vorwort von Michel Leiris, Hamburg: Rowohlt, 1953.
–, *Réflexions sur la question juive*, Paris: Morihien, 1947, 198 S., Paris: Gallimard, 1954; dt. *Überlegungen zur Judenfrage*. Neuübers., Reinbek b. Hamburg: Rowohlt, 1994, 280 S., in: *Gesammelte Werke in Einzelausgaben*. In Zusammenarbeit mit dem Autor und Arlette Elkaïm-Sartre begr. von Traugott König, hrsg. von Vincent von Wroblewsky; [5]: *Politische Schriften*, Bd. 2, rororo 13149).
Schmidt, Charles: *Histoire et doctrine de la secte des Cathares ou Albigeois*, T. I–II, Paris, Genève: J. Cherbuliez, 1849, XII, 391; 318 S., Nachdruck unter dem Titel: *Histoire et doctrine des Cathares*, Bayonne 1983.
Schneider, Tobias: »Ideologische Grabenkämpfe. Der Philosoph Ludwig Klages und der Nationalsozialismus: 1933-1938«, in: *Vierteljahrshefte für Zeitgeschichte* (München: R. Oldenbourg), Bd. 49, 2001, S. 275-294.
Schopenhauer, Arthur: »Ueber die Universitäts-Philosophie«, in: *Parerga und Paralipomena, kleine philosophische Schriften*, Bd. I, *Sämtliche Werke*. Hrsg. von Arthur Hübscher, 5. Bd., Leipzig: F. A. Brockhaus, 1938, S. 147-210.
Schuller, Wolfgang (Hrsg.): *Siebenbürgen zur Zeit der Römer und der Völkerwanderung*, Köln, Weimar, Wien: Böhlau, 1994 (Siebenbürgisches Archiv, Bd. 29).
Secolul 20. Revistă des sinteză. Literatură universală – Arte – Dialogul culturilor, Nr. 328-330, Bucureşti 1991, S. 4-169 [Cioran gewidmeter Band].
Sellier, André; Sellier, Jean: *Atlas des peuples d'Europe centrale*, Paris: La Découverte, 1991, 1992 (Librairie Européenne des Idées).

Sextus Empiricus: *Grundriß der pyrrhonischen Skepsis* [*Pyrrhoniae institutiones*]. Eingeleitet und übers. von Malte Hossenfelder, Frankfurt am Main: Suhrkamp, 1968, 310 S.; 2. Aufl. 1985, [3]1993 (stw 499).
–, *Gegen die Wissenschaftler 1-6*. Aus dem Griechischen übersetzt, eingeleitet und kommentiert von Fritz Jürß, Würzburg: Königshausen & Neumann, 2001, 164 S.
Seyfort Ruegg, David: *The Literature of the Madhyamaka School of Philosophy in India*, Wiesbaden: Otto Harrassowitz, 1981, IX, 146 S. (*A History of Indian Literature*, Vol. VII, Fasc. 1).
Sima, Horia: in: *Ţara şi Exilul*, Jg. IX, Nr. 9-10, Juli-August 1973, S. 18.
Sloterdijk, Peter: *Kritik der zynischen Vernunft*, 2 Bde., Frankfurt am Main: Suhrkamp, 1983 (es 1099, NF 99).
Spengler, Oswald: *Der Untergang des Abendlandes. Umrisse einer Morphologie der Weltgeschichte*. Erster Band: Gestalt und Wirklichkeit, 33.-47. völlig umgestaltete Aufl. [[1]1917] 1923, XV, 557; Zweiter Band: Welthistorische Perspektiven, 1.-15. Aufl. 1922, München: C. H. Beck'sche Verlagsbuchhandlung Oskar Beck, 1922-1923, VII, 635 S.
Sontag, Susan: »›Thinking Against Oneself‹: Reflections on Cioran« [1967], in: *Styles of Radical Will*, New York: Farrar, Straus & Giroux, 1969, S. 74-95, und in: *Under the Sign of Saturn*, New York: Farrar, Straus & Giroux, 1980, dt. »›Wider sich denken‹: Reflexionen über Cioran«, in: *Im Zeichen des Saturn. Essays*, München: Carl Hanser, [übers. von Karin Kersten], 1981, S. 17-39, Frankfurt am Main: Fischer Taschenbuch, S. 19-41 (Fischer TB 6486).
–, »Une américaine à l'écoute de l'Europe«, in: *La Quinzaine littéraire*, Nr. 306, 16.-31. Juli 1979.
Stăniloae, Dumitru: *Ortodoxie şi românism*. Studiu introductiv, note şi îngrijire de ediţie Constantin Schifirneţ, Bucureşti: Albatros, 1998, XXXV, 245 S. (Ethnos).
Sternhell, Zeev: *Ni droite ni gauche. L'idéologie fasciste en France*, Paris: Seuil, 1983, 410 S.; Nouvelle édition refondue et augmentée, Bruxelles: Éditions Complexe, [1987] 1992 (Historiques, 35); engl. *Neither Right nor Left. Fascist Ideology in France*. Translated by David Maisel, Berkeley: University of California Press (1986), XXII, 416 S., Nachdruck: Princeton: Princeton University Press, 1996.
Stolojan, Sanda: »La seconde naissance de Cioran«, in: *Magazine littéraire*, Nr. 327, Dezember 1994, S. 38-41.
Tertulian, Nicolas: »La période roumaine d'E. M. Cioran«, in: *La Quinzaine littéraire*, Nr. 351, vom 1.-15. Juli 1981, S. 12-13.
Trubetzkoy, Fürst Eugen N.: *Die religiöse Weltanschauung der altrussischen Ikonenmalerei*. Hrsg. u. eingeleitet von Nikolaus v. Arseniew. Die Übersetzung besorgte Georg v. Arseniew, Paderborn: Ferdinand Schöningh, 1927, XI, 99 S., S. 57-99: »Eine Weltanschauung in Farben. Die Frage vom Sinne des Lebens in der altrussischen kirchlichen Malerei«. Originalausgabe: Kn. Evgenij Trubeckoj, *Tri očerka o russkoj*

ikone, Paris: YMCA-Press, 1965. Rum. Ausgabe: Evgheni N. Trubeţkoi, *3 eseuri despre icoană*. În româneşte de Boris Buzilă, Bucureşti: Anastasia, 1999 (Eikona). I: »Contemplare spirituală în culori« [1915].

Uscătescu, George: »Cioran in Frankreich«, in: *Criticón* 45, Januar-Februar 1978, S. 33-35 (1. Teil von »Physisches und metaphysisches Exil. Cioran in Frankreich und Rumänien«).

Vaneigem, Raoul: *La résistance au christianisme. Les hérésies des origines au XVIIIe siècle*, Paris: Fayard, 1993, 490 S.

–, *Les hérésies*, Paris: Presses Universitaires de France, 1994, 128 S. (Que sais-je? 2838).

Völkl, Ekkehard: *Rumänien. Vom 19. Jahrhundert bis in die Gegenwart*, Regensburg: Friedrich Pustet, Südosteuropa-Gesellschaft München, 1995, 280 S. (Ost- und Südosteuropa. Geschichte der Länder und Völker).

Volovici, Leon: *Ideologia naţionalistă şi »problema evreiască« în România anilor '30. Eseu despre formele antisemitismului intelectual în România anilor '30*. Notă editorială de Gabriel Liiceanu, Bucureşti: Humanitas, 1995 (Istorie); engl. *Nationalist Ideology & Antisemitism. The Case of Romanian Intellectuals in the 1930s*. Transl. from the Romanian by Charles Kormos, Oxford, New York, Seoul, Tokyo: Published for the Vidal Sassoon International Center for the Study of Antisemitism [SIC-SA], The Hebrew University of Jerusalem, by Pergamon Press, 1991, XI, 213 S. (Studies in Antisemitism).

Vrabie, Gheorghe: *Gândirismul. Istoric doctrină realizări*, Bucureşti: Cugetarea – Georgescu Delafras, 1940, 359 S.

Vuarnet, Jean-Noël: *Le Philosophe-Artiste*, Paris: UGE, 1977 (coll. 10/18); dt. *Der Künstler-Philosoph*. Aus dem Franz. von Brunhilde Wehinger, Berlin: Merve, 1986, 231 S. (Internationaler Merve-Diskurs, 127).

Vulcănescu, Mircea: *Nae Ionescu. Aşa cum l-am cunoscut* [1942-1946]. Ediţie îngrijită de Alexandru Badea, Bucureşti: Humanitas, 1992, 174 S.

Watzlawick, Paul: *How real is real?*; dt. *Wie wirklich ist die Wirklichkeit? Wahn, Täuschung, Verstehen*, München, Zürich: Piper, 1976, 252 S.

–, *Die erfundene Wirklichkeit. Wie wissen wir, was wir zu wissen glauben? Beiträge zum Konstruktivismus*. Hrsg. u. kommentiert von Paul Watzlawick, München, Zürich: Piper, 1981, 326 S.

Wittgenstein, Ludwig: *Logisch-philosophische Abhandlung. Tractatus logico-philosophicus*. Kritische Edition. Hrsg. von Brian McGuinness und Joachim Schulte, Frankfurt am Main: Suhrkamp, 1989.

–, *Vermischte Bemerkungen. Eine Auswahl aus dem Nachlaß*. Hrsg. von Georg Henrik von Wright unter Mitarbeit von Heikki Nyman [neu durchges. von Joachim Schulte], in: *Werkausgabe*, Bd. 8: *Bemerkungen über die Farben. Über Gewißheit. Zettel. Vermischte Bemerkungen*, Frankfurt am Main: Suhrkamp, 1984 (stw 508), S. 445-573; Einzelaus-

gaben: Frankfurt am Main: Suhrkamp, 1977 (BS 535), 168 S. und dass., Neubearbeitung des Textes durch Alois Pichler, 1994, 205 S.
–, *Briefe*. Briefwechsel mit B. Russell, G. E. Moore, J. M. Keynes, F. P. Ramsey, W. Eccles, P. Engelmann und L. von Ficker. Hrsg. von B. F. McGuinness und Georg Henrik von Wright. Die englisch geschriebenen Briefe wurden von Joachim Schulte übersetzt, Frankfurt am Main: Suhrkamp, 1980, 306 S.
–, *Briefe an Ludwig von Ficker*. Hrsg. von Georg Henrik von Wright unter Mitarbeit von Walter Methlagl, Salzburg: Otto Müller, 1969, 110 S. (Brenner-Studien, Bd. I).
Zelea-Codreanu, Corneliu: *Pentru legionari*, Vol. I, Sibiu: Ed. »Totul pentru Ţară«, 1936, 476 S., Nachdruck München: Traian Golea, 1968 (Colecţia »Omul Nou«), mit dem Nachwort von Horia Sima, »Destinul scrierilor legionare«, S. I–VI; franz. *La Garde de Fer (Pour les Légionnaires)*, Paris: Prométhée, 1938, Neudruck Grenoble 1972; dt. *Eiserne Garde*, Berlin: Brunnen-Verlag/Willi Bischoff, 1939, [3]1941, 463 S. Nachdruck München: T. Golea, 1970 [um die Zitate, Dokumente, Belege gekürzte Übersetzung].

Zusammengestellt von Ferdinand Leopold

Register

Werke

Namen

Suhrkamp Verlag GmbH
Torstraße 44, 10119 Berlin
info@suhrkamp.de
www.suhrkamp.de